21世纪新概念教材 · 高等职业教育现代物流管理专业教材新系

WULIU SHESHI YU SHEBEI

物流设施与设备

(第五版)

王金萍 主 编

张军 孙泽华 孙晨祐 副主编

东北财经大学出版社
Dongbei University of Finance & Economics Press
大连

图书在版编目（CIP）数据

物流设施与设备 / 王金萍主编．—5版．—大连：东北财经大学出版社，2023.5

（21世纪新概念教材·高等职业教育现代物流管理专业教材新系）

ISBN 978-7-5654-4810-2

Ⅰ.物…　Ⅱ.王…　Ⅲ.物流-设备管理-高等职业教育-教材　Ⅳ.F252

中国国家版本馆CIP数据核字（2023）第045467号

东北财经大学出版社出版

（大连市黑石礁尖山街217号　邮政编码　116025）

网　址：http://www.dufep.cn

读者信箱：dufep@dufe.edu.cn

大连永盛印业有限公司印刷　　东北财经大学出版社发行

幅面尺寸：185mm×260mm　字数：421千字　印张：18.5　插页：1

2023年5月第5版　　2023年5月第1次印刷

责任编辑：郭海雷　张爱华　　责任校对：包利华

封面设计：原　皓　　版式设计：原　皓

定价：45.00元

教学支持　售后服务　　联系电话：（0411）84710309

如有印装质量问题，请联系营销部：（0411）84710711

第五版前言

本书第四版于2018年年底出版，至今已4年。其间，一是中国的物流市场和需求海量增长，抛开国货出海的物流业务量，仅以国内快递业务量的增长为例，2018年中国快递业务量为507亿件，2021年增长到1 083亿件，2022年达1 106亿件，4年增长了118%。市场的迅猛扩容，强劲地推动着中国物流行业飞速发展。二是在“新零售”的大环境下，无论是零售业还是制造业，都需要后端的物流系统进行智能化、数字化升级，否则会导致整个供应链成本的增加及效率的降低。三是电子信息技术、大数据技术、人工智能技术等日新月异，移动互联网市场出现爆发式增长，各个行业都在深入进行数字化变革，物流企业尤其是物流头部企业更是着力打造供应链全链路的数字化、智能化，打造“数智物流”。四是这几年遭遇新冠肺炎疫情，物流供应链面临着极大的挑战和不确定性，但祸兮福之所倚，危机蕴藏转机，也反向作用物流业的智能化、数字化升级。在诸多背景下，本版修订尽可能地吸纳了物流设施与设备近4年间发展的最新成果，与时俱进，从内容到形式做了全新的调整和增补。

现实中物流“数智化”除创新的“数智化”物流产品外，更多的是对原有设施与设备进行“数智化”升级和赋能。比如，兰剑智能将场景的机械设备升级为智能化仓储机器人，对传统仓储技术赋能，进行智能化升级。因此，我们在内容安排上，保留传统的还在应用的物流设施与设备的篇幅，加入物流创新和智能化升级的内容。如在第7章集装单元设备中，增补了7.4智能集装箱、7.6智能共享物流箱，介绍了对传统集装箱的数字化、智能化升级赋能的详细过程等。

本版对教材内容、案例、拓展阅读等进行了全面的更新，包括：对教材中的物流基础术语、物流作业服务术语、物流管理术语等，按照最新的《物流术语》（GB/T 18354-2021）进行了严格的订正；对教材中出现的设施与设备参数，按照最新的《物流设施设备的选用参数要求》（GB/T 39660-2020）进行了严格订正；对于每章的拓展阅读，本着新近、前沿和有代表性的原则进行了全部的更新。

本版全面贯彻党的教育方针，落实立德树人的根本任务，在每章章后新增“思政专栏”，融入了课程思政内容。按照价值引领、能力达成、知识传授的总体要求，深入挖掘和运用本课程蕴含的思想政治教育元素，选取了体现社会主义制度优势的“凭借强大冷链物流网络顺丰助力上海抗疫”、体现国家战略规划的“提高‘一带一路’物流保障能力”、“受疫情影响，物流业数字化与智能化加速”等思政案例，以充分发挥本门课程的思想政治教育作用。

本版进行了栏目调整。除增设了“思政专栏”外，将上版每章后边的“知识应用”改为“综合应用”。在“综合应用”专栏中，设置两个题目：案例分析题和实训题。实训题是新增设的题目，通常有“目标、内容、时间、步骤”4部分内容，由一个学习小组共同完成一个学习任务，如“观察在日常生活中见到的流通加工设备，分析其用途和特点”。实训题目的设置和设计，遵循了学生的认知特点和人才培养规律，引导学生在实践活动中学习，在观察生活中获得知识，在协作互助中认识事物，践行了先进的职业教育理念。

全书由王金萍担任主编，张军、孙泽华、孙晨祐担任副主编，具体分工如下：王金萍负责统稿和第1、6章；张军负责第3、5、8、10章；孙泽华负责第2、4章；孙晨祐负责第7、9章。

物流设施与设备不但涉及的专业多、专业性强、知识跨度大，而且近几年行业的发展迅速，限于编者的水平和精力，书中难免会出现错误和不当之处，敬请读者批评指正。

编　者

2023年4月

第四版前言

随着社会经济的工业化和现代化以及科学技术的信息化、智能化发展，汽车、火车、飞机、计算机等替代了农耕时代的马车驿站，物流的样式、物流的管理也随之突飞猛进地发展和丰富起来。可以说，不了解日新月异发展的物流设施与设备，就不能真正地管理好物流。基于此，我们紧随现代物流设施与设备的自动化、集成化和智能化发展方向，在《物流设施与设备》第三版的基础之上进行了全面的更新、补充和丰富。

第一，内容编写突出适时性和前瞻性。本次修订推陈出新，根据物流设施与设备新变化补充、丰富新内容。一是依据近两年新出台的国家、行业标准，对仓储、配送、分拣、集装箱、托盘、射频识别等的技术参数、规定等进行了全面更新；二是对书中所涉及的具体数字资料（如世界上最大油轮载重量、最大集装箱船载重量、管道最大口径等）都做了适时更新；三是吸纳了最前沿的物流设施与设备内容（如2018包装行业发展大趋势、京东建成全球首个无人货仓、我国管道运输发展的最新情况等）；四是适时更新了每章后“知识应用”之中“案例分析”栏目的内容。

第二，栏目设置优化。本次修订针对上一版分布不均衡、不合理的栏目进行了调整，使栏目安排更具吸引力。一是每章新增一个“引例”栏目，援引最新案例和最新数据，内容紧密贴合章节内容，起到了承上启下的作用；二是将原来个别章节设置的“知识链接”栏目更新为每章均设置的“拓展阅读”栏目，以方便感兴趣的读者进一步了解与本章相关的知识；三是根据课程特点和人才培养需要整合“学习目标”，将每章章首设置的“技能目标”和“能力目标”合并为一个“技能目标”。

第三，突出配套资源的可视化和教材的趣味性。为提高学生的学习兴趣，延伸和拓展本书内容，本次修订在大部分章节之后的“拓展阅读”中增设了二维码，通过扫描二维码，读者可以更全面了解相关内容，包括视频、图文等。

此外，本次修订增加了大量图片，并对绝大部分原有图片进行了更新，使书中图片更清晰、更有助于认知和理解。

全书由王金萍担任主编，张军、孙泽华担任副主编，具体修订分工如下：王金萍负责统稿和第1、6、7、8、9、10章；张军负责第3、5章；孙泽华负责第2、4章。

由于物流设施与设备涉及的专业多、专业性强、知识跨度大，限于编者的水平，书中难免会出现错误和不当之处，敬请读者批评指正。

编　者

2018年10月

目 录

第 1 章　物流设施与设备概述 / 1

学习目标 / 1
1.1　物流设施与设备的概念与分类 / 2
1.2　物流设施与设备在物流系统中的地位和作用 / 5
1.3　物流设施与设备的现状和发展趋势 / 6
思政专栏 / 10
基本训练 / 11
综合应用 / 11

第 2 章　包装设备 / 14

学习目标 / 14
2.1　包装概述 / 16
2.2　主要包装设备 / 19
2.3　包装自动生产线 / 35
思政专栏 / 42
基本训练 / 43
综合应用 / 43

第 3 章　仓储设施与设备 / 46

学习目标 / 46
3.1　仓储设施与设备概述 / 47
3.2　货架 / 52
3.3　站台 / 62
3.4　输送设备 / 66
3.5　巷道式堆垛机 / 70
3.6　装卸堆垛机器人 / 73
3.7　自动导引车 / 75
3.8　自动化立体仓库 / 82
思政专栏 / 92
基本训练 / 93

综合应用 / 94

第 4 章 流通加工设备 / 96

学习目标 / **96**
4.1 流通加工及其设备 / 98
4.2 剪切加工机械 / 100
4.3 冷链设备 / 109
思政专栏 / 114
基本训练 / 115
综合应用 / 116

第 5 章 自动分拣设备 / 118

学习目标 / **118**
5.1 自动分拣系统概述 / 119
5.2 自动分拣系统的组成及工作过程 / 124
5.3 自动分拣机的类型 / 126
5.4 自动分拣设备的选用原则 / 130
5.5 自动分拣系统的规划及选型应注意的问题 / 131
思政专栏 / 134
基本训练 / 135
综合应用 / 136

第 6 章 装卸搬运设备 / 138

学习目标 / **138**
6.1 装卸搬运概述 / 139
6.2 起重设备 / 142
6.3 输送设备 / 149
6.4 搬运设备 / 153
思政专栏 / 159
基本训练 / 161
综合应用 / 162

第 7 章 集装单元设备 / 164

学习目标 / **164**
7.1 集装单元化概述 / 166
7.2 集装单元化系统 / 167
7.3 集装箱 / 169

7.4 智能集装箱 / 174
7.5 托盘 / 177
7.6 智能共享物流箱 / 182
7.7 其他集装方式 / 182
思政专栏 / 186
基本训练 / 186
综合应用 / 187

第 8 章 运输设施与设备 / 189

学习目标 / 189
8.1 公路运输设备 / 190
8.2 铁路运输设备 / 200
8.3 水路运输设备 / 203
8.4 航空设备和管道运输设施 / 211
思政专栏 / 219
基本训练 / 220
综合应用 / 221

第 9 章 信息平台与设备 / 223

学习目标 / 223
9.1 条码设备 / 224
9.2 条码数据采集设备 / 232
9.3 射频设备 / 236
9.4 IC 卡识读设备 / 240
9.5 POS 及 POS 系统的应用 / 242
9.6 GPS 设备 / 246
9.7 北斗卫星导航系统 / 248
9.8 道路运输车辆卫星定位系统 / 249
9.9 物联网技术及其在物流中的应用 / 252
思政专栏 / 256
基本训练 / 256
综合应用 / 257

第 10 章 现代物流设备管理 / 260

学习目标 / 260
10.1 现代物流设备管理概述 / 261
10.2 物流设备的选配管理 / 263

10.3　现代物流设备的使用管理 / 267
10.4　现代物流设备的更新和技术改造 / 275
思政专栏 / 279
基本训练 / 280
综合应用 / 280

主要参考文献 / 283

第1章 物流设施与设备概述

- 学习目标
- 1.1 物流设施与设备的概念与分类
- 1.2 物流设施与设备在物流系统中的地位和作用
- 1.3 物流设施与设备的现状和发展趋势
- 思政专栏
- 基本训练
- 综合应用

学习目标

□ 知识目标：掌握物流设施与设备的分类和基本构成体系，对物流设施与设备有比较全面的了解。

□ 技能目标：掌握各类物流设施与设备的功用、常用类型、主要应用场合和适用范围；能够充分认识物流设施与设备在现代物流系统中的地位和作用，认识和掌握物流设施与设备的重要意义。

□ 素养目标：认清大力发展智慧物流，加快对传统物流设施的数字化改造，以促进现代物流业与农业、制造业等产业的融合发展，服务国家战略的重大意义。

【引例】

新技术与新业态层出不穷　物流装备制造业注入“智能”基因

云计算、大数据、物联网等现代信息技术开始应用，智能化和自动化的物流装备与技术流行起来，装卸搬运、分拣包装、加工配送等专用物流装备和智能标签、跟踪追溯、路径优化等技术迅速推广。与此同时，现代物流中心趋势渐显，仓储集团化与储备科学化，技术性能日趋现代化，集装箱运输得到了快速发展……

在此背景下，随着计算机网络技术在物流活动中的应用，先进的物流设备系统不断涌现，物流装备制造业智能化发展势在必行。

目前，我国已具备开发研制大型装卸设备和自动化物流系统的能力，物流装备制造业发展取得长足进步，具体体现在以下5个方面：

第一，物流设备总体数量迅速增加。我国物流产业发展很快，受到各级政府极大重视，在这种背景下，物流设备的总体数量迅速增加，如运输设备、仓储设备、配送设备、物流信息设备等。

第二，物流设备的自动化水平和信息化程度得到了一定的提高。以往我们的物流设备基本上是以手工或半机械化为主，工作效率较低；现在物流设备的自动化水平和信息化程度得到了一定的提高，工作效率有了较大的提高。

第三，基本形成了物流设备生产、销售和消费系统。物流设备的生产、销售、消费的系统已经基本形成，国内拥有一批物流设备的专业生产厂家、专业销售公司和消费群体，使得物流设备能够在生产、销售、消费的系统中逐步得到改进和发展。

第四，物流设施与设备在物流的各个环节都得到了一定的应用。无论是在生产企业的生产、仓储，流通过程的运输、配送，还是在物流中心的包装加工、装卸搬运等，物流设施与设备都得到了一定的应用。

第五，专业化的新型物流设施与设备不断涌现。随着物流各环节分工的不断细化，以及以满足顾客需要为宗旨的物流服务需求的增加，专业化的新型物流设施与设备不断涌现。这些设施与设备多是专门为某一物流环节的物流作业，或为某一专门商品、某一专门顾客提供服务，专业化程度很高。

资料来源　前瞻产业研究院．新技术与新业态层出不穷　物流装备制造业注入“智能”基因［EB/OL］．［2021-03-13］．http：//news.jsdushi.cn/2017/0829/118348.shtml.

伴随着传统物流模式向现代物流体系转型升级，企业在生产与物流环节正不断寻求变革和创新。新技术与新业态层出不穷，智能化和信息化技术在生产与物流中快速普及应用，为物流装备制造业注入了“智能”的基因。

1.1　物流设施与设备的概念与分类

1.1.1　物流设施与设备的概念

物流是物品从供应地向接收地的实体流动过程，由一系列具体的物流活动组成。所谓物流活动，是指物流功能的实施与管理过程。物流活动由物品包装、装卸、运输、储存、流通加工、配送、物流情报等工作构成。各种物流活动都是在一定的场所或设施条件下，通过人的直接劳动或人操控一定的作业工具或机械设备，实施对货物的作业。

现代物流是建立在现代科学技术基础上的新兴产业，从事现代物流生产活动必须依靠现代物流技术的支撑。所谓物流技术，是指物流活动中采用的自然科学与社会科学方面的理论、方法以及设施、设备、装置与工艺的总称。其中的设施与设备是从事物流活动的重要技术要素，是从事物流生产活动的基本物质基础。

根据《物流术语》(GB/T 18354-2021)，物流设施是指用于物流活动所需的、不可移动的建筑物、构筑物及场所；物流设备是物流活动所需的装备及器具的总称。物流设施包括节点要素和线路要素以及基础信息平台。节点要素包括仓库、物流中心、车站、码头、空港等物流据点；线路要素包括连接这些据点的公路、铁路、航线、管道等运输线路；基础信息平台是为企业的物流信息系统提供基础信息服务的，包括公用物流信息平台和专用物流信息平台。以上构成了物流系统的基本要素。物流设备则是为实现物流系统中特定功能而在物流设施的基础上配备的各种必要的技术装备，包括包装、运输、储存、装卸、搬运、流通加工、配送等物流机械设备。

1.1.2　物流设施与设备的分类

物流设施与设备种类繁多，由于其功能的不同，差异很大。目前，对物流设施与设备的分类方法尚无统一的标准，本书将物流设施与设备分为如下几大类：

1）物流基础性设施

（1）交通枢纽。根据《物流术语》(GB/T 18354-2021)，交通枢纽是指在一种或多种运输方式的干线交叉与衔接处，共同为办理物品中转、发送、到达所建设的多种运输设施的综合体。它包括全国或区域性铁路枢纽、公路枢纽、水路枢纽港、航空枢纽港及综合交通枢纽。其中，服务于一种交通方式的枢纽称为单式枢纽，如单一的航空机场、铁路火车站、公路客货运输中心、海运与内河港口等；服务于两种或两种以上交通方式的枢纽称为综合交通枢纽或复式交通枢纽，如物流基地。物流基地是一个规模大、综合性强的物流节点，它的集约功能非常强，是由一些小的物流节点集约而成的产物，是不同的物流线路共同的交汇点。

（2）交通运输线。交通运输线是连接物流网络中节点要素的各种运输线路的总称，包括铁路、公路、水路、航道、输送管道等。

（3）物流信息平台。物流信息平台不同于物流信息系统，其任务是为企业的物流信息系统提供基础信息服务（如交通状态信息、交通组织与管理信息、城市商务及经济地理信息等），承担不同企业间的信息交换、枢纽支持，提供车辆跟踪、定位等共享功能服务，提供政府行业管理决策支持等。它主要分为两个层次：①公用物流信息平台，包括通信系统、传输系统、数据交换系统、计算机网络、物流情报信息系统、通关系统等。②专用物流信息平台，包括卫星定位系统、地理信息系统、射频识别标签系统、专用数据库、供应链解决方案等。

以上几类设施一般具有公共设施性质，是宏观物流的基础，一般由政府投资建设，战略地位高，辐射范围大。

2）物流功能性设施

（1）储存性节点。储存性节点主要包括商业仓库、中转仓库、货栈储备仓库、营业仓库等。货物在这种节点上停滞的时间较长。

（2）流通性节点。流通性节点主要包括流通仓库、流通中心、配送中心、流通加工中心等。这几类设施往往被第三方物流企业所拥有，是提供物流功能性服务的基本手段。

3）物流设备

物流设备门类多、品种复杂、功能各异，有的物流设备可以一机多用，有的物流设备则需要组合配套使用，因此在对物流设备分类时，很难进行严格的界定。通常，按照物流设备所完成物流作业的不同来划分，可把物流设备分为：

（1）包装机械。包装机械是用于产品包装的机械设备。其目的是保护产品、方便储存和运输及促进销售等。包装机械主要有充填机械、罐装机械、捆扎机械、裹包机械、贴标机械、封口机械、清洗机械、干燥机械、杀菌机械、集装机械、真空包装机械、多功能包装机械等。

（2）仓储机械。仓储机械是主要用于各类仓库、配送中心进行货物存取、储存的各种机械设备和器具，主要有货架、堆垛机、分拣设备、提升机、AGV（自动导引车）、搬运机器人、室内搬运车、出入库输送设备等。

（3）流通加工机械。流通加工是指物品从生产地到使用地的过程中，根据需要进行包装、分割、计量、分拣、贴标志、拴标签、组装等简单作业的总称。流通加工机械主要有切割机械与包装机械两大类。切割机械有金属、木材、玻璃、塑料等原材料切割机械；包装机械见上面的介绍。

（4）自动分拣设备。自动分拣是指将一批相同或不同的货物，按照不同的要求（如品种、发运的目的地、要货客户等）分别拣开，进行配送或发运。自动分拣作业是整个物流系统中的重要组成部分。自动分拣设备一般由控制装置、分类设备、输送设备以及分拣道口组成。

（5）装卸搬运机械。装卸搬运机械是用于升降、装卸搬运和短距离运输货物的机械。主要用于升降、装卸搬运的机械有桥式起重机、装卸桥、悬臂式起重机、千斤顶、手动葫芦等。主要用于短距离运输的机械有叉车、AGV、连续运输机、牵引车等。

（6）集装单元化器具。集装单元化器具主要有集装箱、周转箱等。应用集装单元化器具对货物进行组合包装后，可提高货物流动的活性，使货物随时都处于准备流动状态，便于达到储存、装卸、搬运、运输、包装一体化，实现物流作业机械化、标准化。

（7）运输设备。运输设备是用于较长距离运输货物的设备。根据运输方式不同，运输设备可分为公路运输设备、铁路运输设备、水路运输设备、航空运输设备和管道运输设备五大类型。

（8）物流信息技术设备。物流信息技术设备是应用于物流系统中的信息技术及装备的总称，主要包括基于各种通信方式的移动通信手段及设备、全球卫星定位（GPS）技术设备、地理信息（GIS）技术设备、计算机网络技术设备、自动化仓库管理技术设备、智能标签技术设备、条码及射频识别技术设备、信息交换技术设备等。

1.2　物流设施与设备在物流系统中的地位和作用

随着我国社会和经济的快速发展，商品的流通量越来越大，流通范围越来越广，对物流的运作速度和效率提出了越来越高的要求。现代物流生产实践不断证明，物流设施与设备对于物流的运作速度和效率起着至关重要的作用，物流系统的高效运行离不开物流设施与设备。物流设施与设备作为重要的物流技术要素，在现代物流系统的构成中处于极其重要的地位，在现代物流系统的运行中发挥着越来越重要的作用，主要体现在以下4个方面：

1）物流设施与设备是现代物流系统的硬件要素，是物流系统运行的物质基础

从系统论的角度分析，现代物流系统是由若干要素组成的一个庞大系统，主要包括人、财、物等一般要素，运输、仓储、装卸搬运等功能要素，法规、制度、标准等支撑要素，以及物流设施、设备、信息网络等物质基础要素。可以看出，在这些构成要素中物流设施与设备是最重要的硬件要素，是物流系统得以正常运行的基本物质基础。

2）物流设施与设备是物流产业的基本生产要素，是评价物流企业的重要条件

物流业是服务性行业，物流生产所提供的是物流服务。物流生产不同于一般的工业生产，物流企业不需要占有生产产品的原材料。所以，物流设施与设备是物流产业最基本的生产要素。现代先进的物流设施与设备一般都需要巨大的资本投入，除了物流基础设施通常由国家和社会资本投资建设外，物流企业要购置先进的物流设备，需要有较强的经济实力。物流企业拥有的物流设施与设备的条件，通常是反映物流企业经济实力和技术能力的重要标志。由此可见，物流设施与设备在物流企业的经营和发展中具有重要的地位与作用。

3）物流设施与设备是现代物流生产的基本技术手段

在现代物流生产活动中，无论是对物品的包装、装卸搬运，还是对物品的储存、运输等，都需要借助物流设施与设备来实现；无论是从生产速度和效率上，还是从作业质量上，都要求实现物流作业的机械化、自动化甚至智能化。现代物流生产已经摆脱了落后的人力作业，物流设施与设备已经成为现代物流生产作业的基本技术手段，能够彻底改变传统的物流作业方式，全面提高物流速度和效率。可以说，没有先进的物流设施与设备，物流生产就难以顺利、高效进行。

4）物流设施与设备是物流系统现代化水平高低的主要标志

现代物流与传统物流的主要区别之一就在于现代物流设施与设备的应用程度不同。一个国家和地区物流业的发展水平、物流系统的现代化水平高低，在很大程度上体现在其物流设施与设备的现代化程度上。现代物流离不开现代物流设施与设备的广泛应用。随着现代物流设施与设备的进步和发展，物流活动各个环节都在各自的领域中不断提高技术水平，主要反映在各种类型的先进物流设施与设备得到了快速的发展和应用，例如现代化的交通运输设施和运输工具、现代化的物流园区和物流中心、先进的大型自动化立体仓库、快速的自动化货物分拣系统等，这些现代化的物流设施与设备都标志着物流系统的现代化水平。

1.3 物流设施与设备的现状和发展趋势

1.3.1 物流设施与设备的现状

1）以高速公路为骨架、普通干线为脉络、农村公路为基础的全国公路网形成

2013年10月31日，中国最后一个不通公路县——墨脱正式通车。这标志着我国实现了县县通公路的目标，形成了以高速公路为骨架、普通干线为脉络、农村公路为基础的全国公路网。我国公路通车里程数逐年增长，根据交通运输部数据的显示，截至2021年年底我国公路总里程已达528万公里，以我国国土总面积约960万平方公里计算，公路密度达到55公里/百平方公里。高速公路通车总里程已突破10万公里，居世界第一；我国是世界上高速铁路运营里程最长、速度最快、在建规模最大的国家，截至2020年年底，我国高速铁路运营里程达3.79万公里，较2015年年末的1.98万公里增长近1倍，“八纵八横”主骨架已搭建完成七成以上；我国还是世界上最具有影响力的水运大国，港口规模居世界第一。

2）物流市场需求为物流设施与设备的发展提供了广阔空间

中国的物流市场需求海量增长，仅以国内快递业务量的增长为例，2018年中国快递业务量为507亿件，2021年增长到1 083亿件，2022年达1 106亿件，4年增长了约118%。市场的迅猛扩容，强劲地推动着中国物流行业、物流设施与设备的飞速发展。与此同时，物流中心或物流园区的建设逐渐普及到了三、四线城市，也促进了仓储设备、输送分拣设备、货架、叉车等物流设备的生产规模的不断扩大和品质的不断提升，现代物流企业正在面临转型升级。

3）物流业实现智能化、数字化升级

在电子信息技术、大数据技术、人工智能技术等日新月异，移动互联网市场爆发式增长的背景下，各个行业都在深入进行数字化变革，物流企业尤其是物流头部企业更是不甘落后，着力打造供应链全链路的数字化、智能化，打造“数智物流”。

在“新零售”的大环境下，无论是零售业还是制造业，都需要后端的物流系统进行智能化、数字化升级，否则会拖累整个供应链，导致整个供应链成本的增加及效率的降低。2019年年末，遭遇新冠肺炎疫情，物流供应链面临极大挑战和不确定性，但祸兮福之所倚，危机蕴藏转机，防疫常态化也倒逼物流业的智能化、数字化升级。据统计，2021年我国自动化物流装备市场规模超2 100亿元，年复合增长率达到25%以上，其中自动化分拣设备市场规模约260亿元，年度增长率约为21.8%。与此同时，电商巨头们纷纷推进智慧仓储物流体系建设，包括阿里、京东、苏宁以及唯品会在内的企业已明确提出了仓储物流体系智能化、数字化的定位与建设规划。

1.3.2 物流设施与设备的发展趋势

随着现代物流的发展，物流设施与设备作为其物质基础表现出了以下几个方面的发展趋势：

1）大型化

大型化是指物流设施与设备的容量、规模、能力越来越大。大型化是实现物流规模效应的基本手段。大型化是为了弥补自身速度很难提高的缺陷而逐渐进行的大型化，包括海运、铁路运输、公路运输等。目前世界上最大的油轮“海上巨人号”，船身的长度达到了458.45米，比起中国第一高楼（上海中心大厦结构高度580米），仅仅只少了100多米，载重量达到56.4万吨；世界上最大的集装箱船“Ever Alot”，船长399.9米，载箱量24 004标准集装箱。管道运输的大型化体现在大口径管道的建设上，目前世界上最长且输量最大的原油管道是前苏联的友谊管道，总长为9 912千米，管径为1 020毫米和1 220毫米，年输油量为1亿吨。这些运输方式的大型化基本满足了基础性物流需求量大、连续、平稳的特点。

2）高速化

高速化是指物流设施与设备的运转速度、运行速度、识别速度、运算速度等大大加快。在运输方面，提高运输速度一直是各种运输方式努力的方向，如正在发展的高速铁路就有3种类型：传统的高速铁路、摇摆式高速铁路和磁悬浮铁路。目前世界各国都在努力建设高速公路网，作为公路运输的骨架。在航空运输中，不断研制双音速（亚音速和超音速）货机，超音速化成为民用货机的发展方向。在水运中，水翼船的速度可达100千米/小时，而飞翼船的速度可达170千米/小时。在管道运输中，高速体现为高压力，美国阿拉斯加原油管道的最大工作压力达到了8.2兆帕。在仓储方面，仓储规模日益扩大，物流作业量不断增加，客户响应时间越来越短。要在极短的时间内完成拣选、配送任务，只有不断提高物流设施与设备的运行速度和处理能力。因此，堆垛机、拣选系统、输送系统等物流设施与设备总是朝着高速运转目标而努力。例如，日本冈村、KITO、村田、大福等公司都推出了行走速度300米/秒、升降速度100米/秒以上的超高速堆垛机，三星、范德兰德等公司开发出高速分拣系统。三星的高速分拣系统比普通输送线效率可提高2~5倍，而范德兰德推出的交叉皮带分拣机，不仅可处理球等不稳定性产品，而且其最高速度可达2.3米/秒，单机每小时处理量达27 000件。

3）信息化

未来社会将是一个完全信息化的社会，信息和信息技术在物流领域的作用将会更加明显，条码技术、数据库技术、电子订货系统、电子数据交换、快速反应、有效客户反应、企业资源计划等将在物流中得到广泛应用。物流信息化将表现为物流信息收集的数据库化和代码化、物流信息处理的电子化和计算机化、物流信息传递的标准化和适时化、物流信息存储的数字化等。随着人们对信息的重视程度日益提高，要求物流与信息流实现在线或离线的高度集成，使信息技术逐渐成为物流技术的核心。物流设备与信息技术紧密结合、实现高度自动化是未来的发展趋势。

现场总线、无线通信、数据识别与处理、互联网等高新技术与物流设施与设备的有效结合运用，成为越来越多的物流系统的发展模式。无线数据传输设备在物流系统中发挥着越来越大的作用。通过全球定位系统，可以实现对汽车、飞机、船舶等物资运载工具的精确定位跟踪，了解在途物资的所有信息。运用无线数据终端，可以在货物接收、储存、提取、补货及运输的全过程中，将货物品种、数量、位置、价格等信息及时传递给控制系统，实现对库存的准确掌控。借由联网计算机指挥物流设施与设备准确操作，几乎消灭了差错，缩短了系统反应时间，使物流设施与设备得到了有效利用，整体控制提升到更高效的新水平。而将无线数据传输系统与客户计算机系统连接，实现共同运作，则可为客户提供实时信息管理，从而极大地改善了客户整体运作效率，全面提高了客户服务水平。

4）多样化

为满足不同行业、不同规模的客户对不同功能的要求，物流设施与设备的形式越来越多，专业化程度日益提高。

许多物流设施与设备厂商都致力于开发生产多种多样的产品，以满足客户的多样化需求作为自己的发展方向，所提供的物流设施与设备也由全行业通用转向针对不同行业特点设计制造，由不分场合转向适应不同环境、不同情况要求，由一机多用转向专机专用。例如，仅叉车就有内燃叉车、平衡重叉车、前移式叉车、拣选叉车、托盘搬运车、托盘堆垛车等多种产品；其中每种产品又可细分为不同车型。世界著名叉车生产企业永恒力公司就拥有超过580种不同的车型，以满足客户的各种实际需要。此外，自动化立体仓库、分拣设备、货架等都有按行业、用途、规模等不同标准细分的多种不同形式的产品。许多厂商还可根据客户特殊情况为其量身定做各种物流设施与设备，体现了更高的专业化水平。

自动化仓库的类型也将向多品种方向发展。例如，作为国内首批物流设备企业，中鼎集成拥有30多年的设备制造经验，在输送、仓储、拣选、控制、软件等各个环节，致力于为不同行业客户量身打造从前期咨询、方案设计、数据仿真、设备制造，直至运输、安装调试、售后服务等于一体的定制化解决方案。国外大型、高层的自动化仓库，往往采用整体式自动化仓库。

5）标准化

当前，经济全球化特征日渐明显，中国的"入世"更是加快了企业的国际化进程。物流设施与设备也需要走向全球化，而只有实现了标准化和模块化，才能与国际接轨。因此，标准化、模块化成为物流设施与设备发展的必然趋势。标准化既包括硬件设施与设备的标准化，也包括软件接口的标准化。物流设施与设备、物流系统的设计与制造只有按照统一的国际标准，才能适应各国各地区之间相互实现高效率物流的要求。比如，运输工具和装卸储存设施与设备的标准化，可以满足国际联运和"门到门"直达运输的要求；推进通信协议的统一和标准化，可以满足电子数据交换的要求。

通过实现标准化，可以轻松地与其他企业生产的物流设施与设备或控制系统对接，为客户提供多种选择和系统实施的便利性。模块化可以满足客户的多样化需求，可按不同需要自由选择不同功能模块，灵活组合，增强了系统的适应性。同时模块化结构能够更好地利用现有空间，可以根据货物存取量的增加和供货范围的变化进行调整。标准化有助于实现物流设施与设备的通用化。通用化设备还可以实现物流作业的快速转换，极大地提高了物流作业效率。以集装箱运输为例，国外的公路、铁路两用车辆与机车，可直接实现公路、铁路运输方式的转换，极大地提高了作业效率。公路运输中，大型集装箱拖车可运载海运、空运、铁运的所有尺寸的集装箱。通用化的运输工具为物流系统供应链保持高效率提供了基本保证。

6）系统化

物流系统化是指组成物流系统的设施与设备成套、匹配，达到高效、经济的要求。在物流设施与设备单机自动化的基础上，计算机将各种物流设施与设备集成系统，通过中央控制室的控制，与物流系统协调配合，形成不同机种的最佳匹配和组合，以取长补短，发挥最佳效用。

物流设施与设备供应商应当按客户实际情况，制订系统方案，将不同用途的物流设施与设备进行有机整合，以达到最佳效果。自动化立体仓库、无人搬运车、分拣系统、机器人系统等各种设施与设备功能各异，各有所长，只有在整体规划下选择最合适的产品综合利用才能使其各显其能，发挥最大效益。为使系统容易整合且效果最佳，物流设施与设备最好使用同一家公司的产品。因此，供应商都在向提供全套物流产品方向发展。如大福、村田、冈村等公司，都可自行设计生产全部物流设施与设备，满足客户的整体要求。

同时，客户对物流系统的投入往往不是一步到位的，而是预留能力、按需配置，且要考虑今后系统的可扩展性。当然，在物流设施与设备实现了模块化设计后，可较容易地根据需要进行扩展，有些物流设施与设备也可通过改变控制软件完成系统的调整或扩展。

7）智能化

智能化是物流自动化、信息化的更高层次。物流作业过程中大量的运筹和决策如库存水平的确定、运输（搬运）路径的选择、自动导引车的运行轨迹和作业控制、自动分拣机的运行、物流配送中心经营管理的决策支持等问题都需要借助于大量的知识才能解决。智能化已成为物流技术与装备发展的新趋势。

科技的进步使物流设施与设备越来越重视智能化与人性化设计，应用人工智能技术，以降低工人的劳动强度，改善劳动条件，使操作更轻松自如。目前，人们在人工智能及其有关在物料储运领域中的专家系统技术方面进行了大量研究。例如，正在研究的将专家系统应用于自动导引车和单轨系统，使它们具有确定在线路线和合理地运行决策的功能。

8）绿色化

绿色化就是要达到环保要求。随着全球环境的恶化和人们环保意识的增强，对物流设施与设备提出了更高的环保要求，有些企业在选用物流设施与设备时会优先考虑对环境污染小的绿色产品或节能产品。因此，物流设施与设备供应商也开始关注环保问题，采取有效措施以达到环保要求，如尽可能选用环保型材料；有效利用能源，注意解决设备排污问题，尽可能将排污量减少到最低水平；采用新的装置与合理的设计，降低设备的振动、噪声与能源消耗量等。更多的企业已经通过或正在抓紧进行ISO 14000认证，借此保证所提供产品的“绿色”特性。

总之，客户需求与科技进步将推动物流技术与装备不断向前发展。物流设施与设备供应商应随时关注市场需求的变化，提供让客户满意的产品与服务，提高物流设施与设备的整体发展水平。

拓展阅读1-1

2021年全球智慧物流峰会（以下简称峰会）于6月9—10日在杭州未来科技城举行。作为全球物流行业标杆性会议，峰会主题为“数智物流：新发展、新机遇”，紧跟政策趋势与行业热点。

此次峰会内容更加多元丰富，除主论坛外还包括8场分论坛、1场绿色物流沙龙、1场户外音乐节和展现物流科技最新进展的数智物流展区。阿里巴巴董事会主席兼首席执行官张勇、阿里巴巴集团首席技术官程立现场解读了商业与物流的前沿思考，菜鸟CEO万霖发布了菜鸟数智物流新动向。

学习微平台

2021年全球智慧物流峰会

峰会还邀请了近千位全球物流企业家、制造业与商业代表，以及政策和商业研究专家学者，共同探讨在新发展阶段下，全球数智物流的挑战和机遇。峰会以线下会议和线上直播的方式同步举行。

思政专栏

疫情为无人配送提供了“试验场”

无人配送车、配送无人机、配送机器人……新冠肺炎疫情暴发后，旨在解决“最后一公里”末端配送问题的无人配送公司先后加入战“疫”。

“疫情期间的无人配送，为今后的无人配送技术、模式发展提供了很好的‘试验场’，同时外卖、快递等物流行业的持续增长为无人配送提供了更为广阔的发展空间，无人配送或将迎来快速发展。”在世界机器人大会组委会秘书处近日组织召开的“无人配送”线上主题座谈会上，中国电子学会副秘书长梁靓表示。

在新冠肺炎疫情期间，看到一些医护人员被感染的消息，很多人在揪心之余冒出这样一个想法：要是有机器人替代他们的一部分工作就好了！

事实上，这个想法已经在多个医院实现。新冠肺炎疫情对于物流配送提出的无接触、高频率、实时监控等要求，加速了无人配送的落地。

京东物流在新冠肺炎疫情期间提供了楼宇内的物流配送、最后5公里的末端物流配送等解决方案。京东物流自动驾驶算法科学家朱伟铖介绍，在新冠肺炎疫情背景下，由于缺人手，很多快递小哥的工作时间普遍变长了。“他们的劳动强度太大了，无人配送提供了非常好的解决方案。”

更重要的是，在此次疫情中无人配送这项科技充分展示了它在另一方面的优势——最大限度地减少人员接触，减少病毒传播的风险。

资料来源 蒋菡. 疫情为无人配送提供了“试验场”[N]. 工人日报，2020-03-18.

解读：习近平总书记在统筹推进新冠肺炎疫情防控和经济社会发展工作部署会议上指出：“疫情对产业发展既是挑战也是机遇。一些传统行业受冲击较大，而智能制造、无人配送、在线消费、医疗健康等新兴产业展现出强大成长潜力。要以此为契机，改造提升传统产业，培育壮大新兴产业。”这一重要讲话不仅肯定了无人配送在抗击新冠肺炎疫情过程中发挥的重要作用，也为物流装备制造行业未来发展指明了方向。

基本训练

1. 单项选择题

(1) 流通加工机械主要有切割机械与（ ）两大类。

A. 自动分拣机械 B. 装卸搬运机械 C. 包装机械 D. 仓储机械

(2) 下列属于包装机械的是（ ）。

A. 干燥机械 B. 千斤顶 C. 连续运输机 D. 牵引车

(3) 下列属于仓储机械的是（ ）。

A. 提升机 B. 铁路货车 C. 货车 D. 牵引车

2. 多项选择题

(1) 物流基础性设施包括（ ）。

A. 交通枢纽 B. 交通运输线

C. 储存性节点 D. 物流信息平台

(2) 物流功能性设施包括（ ）。

A. 储存性节点 B. 交通枢纽

C. 流通性节点 D. 物流信息平台

(3) 物流设施与设备的地位与作用有（ ）。

A. 是物流系统的物质技术基础

B. 是物流系统中的重要资产

C. 涉及物流活动的每一个环节

D. 物流设施与设备的水平高低是物流技术水平高低的标志

3. 简答题

(1) 什么是物流设施、物流设备？物流设施与设备的种类有哪些？

(2) 物流设施与设备在现代物流系统中的作用是什么？

(3) 物流设施与设备的发展趋势如何？

综合应用

1. 案例分析题

亚马逊如何做物流

“我们要基于长远去创造更好的客户体验。”这是亚马逊创始人杰夫·贝索斯的理念。

自1994年创立起，亚马逊就将电子商务当作一场马拉松长跑，在长达8年的亏损运营中打造了独步全球的三驾马车，除了声名显赫的网络服务（AWS）和Kindle出版业务（KDP），另一个更为隐秘的便是物流（FBA）。

当中国电商企业笃信“以快制慢”法则、以烧钱做广告换取竞争优势，亚马逊早就看到了电商的本质是零售企业，精细化运营是核心竞争力。对于电商来说，用简洁、清新的网页吸引用户购物是第一步，仓储与配送才是最关键的检验。

一、出入库动态平衡

亚马逊天津运营中心每天的工作包括入库和出库两个环节。就像过关一样，每件商品来到天津运营中心的时候都需要进行一系列的“体检”——测身高、量腰围、称体重。拣货员根据每件商品的长、宽、高确定每件商品的摆放位置、包装箱大小、包裹价格等。当这些数据扫描进系统之后，电脑与手持设备都会自动做出相关判断。

在入库环节，亚马逊最值得称道的是一货一位、一货多位、多货多位的储存方式。同一种货物散落在不同地方，但“形散而神不散”，凭借由其强大的IT系统，以及规范化的产品管理与流程，拣货员从来都不会找不到货。

货物放入仓库后，只有用户下单，它才有了最好的出库机会。如果不幸成为滞销品，那么会被迫出库，返回厂家。

亚马逊运营中心出库流程很细致，一共包括15步：打印订单、拣货、合并货筐、配货、扫描检验、扫描包裹、分拣、移动包裹、订单发货，以及调拨分拣、调拨包裹、移动调拨箱、调拨发货、返厂包装、返厂发货等流程。

现在，亚马逊中国的网站上有28大类近600万种商品。这些商品每秒钟都有人购买，各个运营中心的订单量时时发生变化。周涛告诉记者，拣货员何时批量拣货、订单何时发货，亚马逊都有自己的一套方法。“我们的原则是达到动态平衡，运营中心就是一个水池子，我们要保证订单量的变化与出库、发货的变化是协调的，让流入的水与流出的水一致，这样效率是最高的。”周涛说道。

二、租赁仓储

每天傍晚，亚马逊天津运营中心都会给全国其他10个运营中心发出调拨车，这些车上装满了各式各样的调运货物。每天调拨的货物清单，都是IT系统计算得来的。这个钻研进销存的系统可以预测某个货物的某一型号在某个地区一天能够产生多少订单量，然后根据预测结果提前完成备货与调货。

货物调拨能够较好地提升用户体验。亚马逊的商品显示是面向全国的，仓储也需要做到全国统一，而不是北京有货、其他地区无货。而有些电商在全国各地的物流基地就无法进行互相调拨，用户在购买时，需要按照所属的省份与大型城市查看有无货物。

尽管中国市场很广，但在华中、西北等地区购物人群较少，此地区运营中心不会存放太多的货物，亚马逊上存有很多数据，调拨车可以及时调整因区域、季节不同带来的货物储存。

根据亚马逊的财报，2011年，亚马逊的净销售额为480.8亿美元，增长了41%；净利润为6.31亿美元，同比降低了45%。其运营现金流却保持得很好，同比增长12%至39亿美元。从1997年至2005年，亚马逊连续8年亏损。缘何还能够持续运转，这缘于亚马逊对企业命脉——现金流进行控制。在节约现金流上，亚马逊采取了一系列的方法，其中仓储租赁贡献最大。

三、中国式创新

“在中国市场的一线城市，我们的发货速度是当日达或次日达，这是一种创新，提升了客户体验。”周涛告诉记者，在美国，一个订单3天送达是正常情况。

定时送货、当日达、次日达等变化是从中国研发出来的，现在已经在全球做推广使用。比如，亚马逊中国自建配送队伍，加快发货速度的做法已经复制到全球人口集中的城市，如美国迈阿密。亚马逊中国发现消费者点击商品时，更喜欢弹出新窗口，而不是在原有页面上直接跳转。这些经验此前亚马逊并不知晓，如今被复制到日本。

2012年3月，亚马逊用7.75亿美元收购了一家机器人制造公司。亚马逊美国已经逐步使用机器人进行全自动化的仓储拣货。

资料来源　柳健. 新编物流管理案例及解析［M］. 北京：北京大学出版社，2013.

问题：(1) 亚马逊天津运营中心是如何保证拣货效率的？

(2) 亚马逊“中国式创新”的实质是什么？

2. 实训题

● 目标

认识身边的物流设施与设备。

● 内容

观察在日常生活中见到的物流设施与设备，分析其用途和特点。

● 时间

本章授课后的周末时间。

● 步骤

(1) 同学们3～5人一组，制订考察方案。

(2) 进行实地观察。

(3) 对观察得到的资料进行分析，整理成文字材料。

(4) 各组在班级进行交流、讨论。

第2章
包装设备

- 学习目标
- 2.1 包装概述
- 2.2 主要包装设备
- 2.3 包装自动生产线
- 思政专栏
- 基本训练
- 综合应用

学习目标

□ 知识目标：了解包装的概念；掌握包装设备的概念、作用、类别、特点；掌握包装自动生产线的概念、分类及组成和特点。

□ 技能目标：熟悉包装生产线，具备使用包装设备的操作能力。

□ 素养目标：践行工匠精神，树立精益求精、追求极致的意识。

【引例】

中国智能包装行业运行情况

智能包装是指通过创新思维，在包装中加入了更多机械、电气、电子和利用化学性能等新技术，使其既具有通用的包装功能，又具有一些特殊的性能，以满足商品的特殊要求和特殊的环境条件。其中涉及保鲜技术、水溶膜技术、二维码技术、包装性与结构创新技术、便携包装技术、纹理防伪技术、磁共振射频防伪识别技术、食品安全溯源方案技术等。

智能包装可以实现对产品的流通过程全程定位，并显示产品的实际品质。随着全球化程度的提高，市场范围大大延伸，产品供应链也随之扩大。消费者对产品品质的保证要求越来越高，尤其对食品的新鲜度和精密仪器的保护程度以及药品的安全性等要求越来越高。这就间接控制了产品供应链中的制造商、物流运输第三方和零售商，比如，让制造商提高生产产品的品质及让物流运输第三方提高运输效率，来保证产品流通的高品质，减少消费者的退货和投诉。消费者对产品包装功能的不断追求，是促进智能包装的主要动力。智能包装指通过检测包装食品的环境条件，提供在流通和储存期间包装产品品质信息的包装，如时间-温度显示包装、新鲜度显示包装、包装泄露显示包装等。随着社会的发展，人们对商品的包装越来越重视，人们对商品的挑选也不再单一停留在原来的常规信息上，要将产品的更进一步的信息展示给消费者，仅凭原来的传统包装已经无法满足。

近年来，我国材料科学、现代控制技术、计算机技术与人工智能等的进步，带动了智能包装的迅速发展。据中金企信国际咨询公布的《2020—2026年中国智能包装行业现状分析及赢利性研究预测报告》统计数据的显示：2010年至今，中国智能包装行业市场规模不断攀升。2010年中国智能包装行业市场规模已达713亿元。2013年中国智能包装行业市场规模首次突破千亿元。截止到2017年，中国智能包装行业市场规模为1 488亿元，同比增长了8.99%。2018年全年中国智能包装行业的市场规模接近1 600亿元左右。中国智能包装行业快速发展为诸多传统包装印刷企业带来了新的发展机遇。未来随着印刷电子、RFID、柔性显示等创新技术的发展与深度融合，尤其是RFID技术与电子标签的高速发展，将为智能包装及业内企业的发展带来利好，预计到2023年中国智能包装行业市场规模有望突破2 000亿元。总体来看，中国智能包装行业市场前景广阔，进而吸引了许多投资者的进入。尤其对于传统包装印刷企业而言，在2015年受全国包装印刷行业下游需求出现疲弱影响，多数包装印刷企业产销量增速明显放缓，部分企业开始主动选择向智能包装领域转型，并进行技术升级，其中包括了美盈森、劲嘉股份、贵联控股、裕同科技等企业。

智能包装正日益成为产品功能的延伸，并成为集成印刷电子、RFID、柔性显示等各种创新技术手段的载体，被应用于包括电子产品、食品、饮料、医药、生活用品等几乎所有领域和行业。此外，RFID技术应用又以电子标签为主，占RFID行业规模的近70%，而电子标签在智能包装中的应用最为广泛。因此，总体来看，RFID技术与电子标签的结合以及高速发展将大力推动智能包装行业的发展。

根据最新报告，全球智能包装市场将以近8%的年复合增长率增长；电子包装市场的主要服务对象仍将以拥有电子功能的包装消费品（CPG）为主，其10年内的总产品数量将增至145亿件。而相对于国外已有相当数量的成熟应用案例，并成立了相应的行业组织指导产业的发展，国内智能包装产业目前尚处于起步阶段，但用户需求和应用环境丝毫不亚于国外，未来智能包装市场必将成为物联网产业新的蓝海。

资料来源 佚名．2020年智能包装行业市场规模及发展现状分析［EB/OL］．［2022-01-02］．http：//www.bjzjqx.com/IndustryInner/491316.html.

包装是在流通过程中为了保护产品、方便储运、促进销售，按一定技术方法采用容器、材料及辅助物等将产品予以适当的包封和标志的工作总称。简言之，包装是包装物及包装操作的总称。在社会生产过程中，包装既是生产的终点，又是物流的始点，也是实现商品价值和使用价值的重要手段之一，是产品生产和消费的桥梁。作为生产的终点，产品生产工艺的最后一道工序是包装，标志着生产的完成。作为物流的始点，包装完成之后，包装了的产品便具有了物流的能力。在整个物流过程中，包装可发挥对产品保护的作用和进行物流的作用，最后实现销售。由此可见，包装在物流体系中占有极为重要的地位。

2.1 包装概述

2.1.1 包装的概念和类型

1）包装的概念

按照《物流术语》（GB/T 18354-2021），包装的定义为："包装是指为在流通过程中保护产品、方便储运、促进销售，按一定技术方法而采用的容器、材料及辅助材料等的总体名称。包装也指为了达到上述目的而在采用容器、材料、辅助材料的过程中施加一定技术方法等的操作活动。"由此可知，包装具有两重含义：一是指包装物，即盛装产品的容器、材料及辅助材料等；二是指包装作业，即对产品进行盛装、裹包和捆扎等技术操作。在流通领域中，包装大致可分为销售包装和运输包装两类。前者主要目的在于美化、宣传产品，以扩大销售量，包装是连同产品一起卖给消费者的；后者主要目的在于方便装卸、储运，使产品在整个物流过程中完好无损。

2）包装的类型

（1）按包装材料的不同分类。

① 纸质包装。纸质包装由于成本低、质量轻、回收容易，所以应用广泛，但难以封口、受潮后牢度下降以及气密性、防潮性、透明性差。

② 木材包装。木材具有特殊的耐压、耐冲击和耐气候的能力，并有良好的加工性能，目前仍是大型和重型产品运输包装的重要材料，也用于包装那些批量小、体积小、重量大、强度要求高的产品。木材包装的主要形式有各种箱、桶、托盘等。

③ 塑料包装。由于塑料包装具有许多优点，如气密性好、易于成形封口、防潮、耐酸碱、耐腐蚀等，所以应用较为广泛。常用的塑料材质有聚乙烯（PE）、聚丙烯（PP）、聚偏二氯乙烯（PVDC）、聚苯乙烯（PS）。除PVDC为"绿色包装"，无毒、安全外，其他或多或少存在问题，难以处理，会造成环境问题。针对此问题，一些企业开发了降解塑料。

④ 金属包装。它具有强度高、牢固性强、密封性好、易于回收等优点。常用的金属包装有以下3种：马口铁容器、铝罐和喷雾罐。马口铁容器易生锈；铝罐质量轻，但价格较高；喷雾罐使用方便，通常用于杀虫剂、摩丝（发胶）、药物喷剂等。

⑤ 玻璃和陶瓷包装。玻璃、陶瓷包装的主要特点是有很强的抗腐蚀性、强度较高、装饰性好、密封性优、可重复使用等，是目前采用最普遍的食品包装容器，有宣传、美化的推销作用。

（2）按包装容器的不同分类。

按包装容器的不同，产品包装大致可分为桶包装、袋包装、木箱包装、瓦楞纸箱包装4种。

① 桶包装。该包装所用的桶一般有钢桶、塑料桶和纤维桶3类。a.钢桶由薄钢板制成，刚度、强度均较好，其缺点是造价高、自重大、易腐蚀，被广泛用于石油、油脂、食用油及化工产品的储运。由于钢板的导热性好，不宜包装对温度敏感的产品。b.塑料桶与钢桶相比较，自重轻、纵向强度高而横向强度低，所以只能竖直码垛；防水、防潮能力较差，不能室外存放，更忌雨淋；密封性差，如有需要，可在桶内加塑料袋密封。c.纤维桶的自重较轻，纵向强度高而横向强度低，所以只能纵向码垛而不能横向码垛；防潮、防水能力差，不能露天存放；密封性差，如有必要，可在桶内加塑料袋密封；成本低，回收容易，对环境无影响。

② 袋包装。它用来包装块状、粉状、粒状货物。包装袋有纸质包装袋、塑料薄膜包装袋、塑料编织袋、组合包装袋几种。

③ 木箱包装。包装用的木箱大致可以分成两类：一类为钉板箱或捆板箱，用来包装仪器、器械以及其他轻小物品，其体积大都在1立方米以下，载重量在200千克以下。其优点是抗碰撞、刺穿能力强，可承受较大载荷，对物品有较好的保护能力；缺点是自重、体积均较大。目前其需求量极大，居各种木箱首位。另一类为滑木钉板箱，顾名思义，也就是箱底装有滑木的钉板箱（又称滑木箱），主要用来包装大型机械设备。

④ 瓦楞纸箱包装。运输包装常用的为开槽型瓦楞纸箱，是由一整张瓦楞纸板，通过折叠、钉合、黏合而成，其顶部和底部通常分别构成箱顶和箱底。瓦楞纸板经常和泡沫垫配合使用，以达到更好的防震效果。

（3）按包装目的、技术的不同分类。

按包装的目的、技术不同，产品包装可以分为防水、防霉、防震3种：防水包装的外壁材料除强度要求外，还需要涂有防水涂料，内包装密封，外包装有时需要开通风孔，以避免凝露。防霉包装在结构工艺上有密封包装和非密封包装两种。前者主要手段是置换惰性气体、干燥气体封存、除氧等；后者主要手段是开启通风窗，从而降低包装内的温度和湿度，防止发霉。防震包装又称缓冲包装，常用的方法是在外包装与物品之间充填防震材料，所以防震效果的好坏，防震材料是关键。常用的防震材料为泡沫塑料，其他的有气泡塑料薄膜、兽毛、充填橡胶等。

2.1.2　包装机械的主要特点和基本结构

1）包装机械的主要特点

《包装术语 第2部分：机械》（GB/T 4122.2-2010）中关于包装机械的定义是：

"完成全部或部分包装过程的机器，包装过程包括成型、充填、封口、裹包等主要包装工序，以及清洗、干燥、杀菌、贴标、捆扎、集装和拆卸等前后包装工序，转送、选别等其他辅助工序。"包装机械具有以下特点：

（1）包装机械一般结构复杂，动作精度高。

（2）包装机械一般设计成自动包装机，能连续自动进行包装。

（3）包装机械应在标准卫生条件下工作，不能有任何污染产品的现象。

（4）进行包装作业的工艺力较小，所以电动机的功率一般都比较小，一般采取无级变速装置，以调节生产能力，实际工作中的包装机械以机械传动为主要形式。

2）包装机械的基本结构

包装机械由供送系统、传送系统、执行机构、控制系统等组成。虽然包装机械的种类很多，性能也有很大的差异，但是根据其工作原理和性能特征，通常将其分为八大组成部分。

（1）包装材料的整理与供送系统。

包装材料的整理与供送系统是将包装材料（包括刚性、半刚性、挠性包装材料和包装容器及辅助物）进行定长切断或整理排列，并逐个输送到预定工位的系统。例如，糖果裹包机中包装纸的供送、切断机构，饮料灌装生产线中包装容器的上升、定位等工作，有的封罐机的供送系统还可完成罐盖的定向、供送等工作。

（2）被包装物品的计量与供送系统。

被包装物品的计量与供送系统是将被包装物品进行计量、整理、排列，并输送到预定工位的系统，有的还可完成被包装物品的定型、分割。例如，饮料灌装机的液料计量和供送系统，香皂包装机的香皂整理、排列和供送系统。

（3）主传送系统。

主传送系统是将包装材料和被包装物品由一个包装工位按顺序传送到下一个包装工位的系统。单工位包装机没有传送系统。包装工序在包装机上往往被分散成几个工位来协调完成，如包装材料和被包装物品供送、计量、灌装、封口等，协同完成产品包装和输出，所以必须由专门的机构来传送包装材料和被包装物品，直到把产品输出。主传送机构的形成，一般决定了包装机的形式并影响其外形。

（4）包装执行机构。

包装执行机构是直接完成包装操作的机构，包括完成灌装、封口、裹包、贴标、捆扎等操作的机构。如灌装机中的灌装阀和封罐机中的两道卷封滚轮，糖果裹包机的糖钳手和扭结手等都是包装执行机构。

（5）成品输出机构。

成品输出机构是将包装好的产品从包装机上卸下、定向排列并输出的机构。有的包装机械设备的成品输出是由主传送机构完成的或是靠包装产品的自重卸下的。例如，糖果裹包机的打糖杆。

（6）动力机与传动系统。

动力机是包装机械工作的原动力，在现代工业生产中通常为电动机，也有使用燃动机或其他动力机。传动系统是指将动力机产生的动力与运动传给执行机构和控制系统，使其实现预定动作的装置，通常由带轮、链轮、齿轮、凸轮、蜗轮、蜗杆等组成，或者由机、电、液、气等多种形式的传动组成。

（7）控制系统。

控制系统由各种自动、手动装置组成。在包装机中从动力的输出、传动机构的运转、包装执行机构的运作和相互配合到包装产品的输出等，都是由控制系统指令操纵的。现代包装机械设备的控制方法除机械形式外，还有电动控制、气动控制、光电控制、电子控制和射流控制等，可根据包装机械设备的自动化水平和包装作业的要求进行选择，主要包括包装过程控制、包装质量控制、故障控制与安全控制等。

（8）机身。

机身即用于安装、固定、支撑包装机所有的零部件，并能够满足其相互运动和相互位置的要求的部分。机身必须具有足够的强度、刚度和稳定性。

2.2 主要包装设备

根据《包装机械分类与型号编制方法》（GB/T 7311-2008），按照包装机械主要功能的不同对包装机械进行分类，常见包装机械分类为充填机械、裹包机械、灌装机械、封口机械、多功能包装机械、贴标机械、清洗机械、干燥机械、杀菌机械、捆扎机械、集装机械、辅助包装机械及其他包装机械。

（1）充填机械。将产品按预定量充填到包装容器内的机器称为充填机，代号为C。

（2）裹包机械。用挠性包装材料全部或局部裹包产品的机器称为裹包机，代号为B。

（3）灌装机械。将液体产品按预定量灌装到包装容器内的机器称为灌装机，代号为G。

（4）封口机械。将容器的开口部分封闭起来的机器称为封口机，代号为F。

（5）多功能包装机械。能完成两个或两个以上包装工序的机器称为多功能包装机，有以其完成的包装工序联合命名的，也有以其主要功能命名的，代号为D。

（6）贴标机械。在产品或包装件上加贴标签的机器称为贴标机，代号为T。

（7）清洗机械。清洗包装材料、包装件等，使其达到预期清洗程度的机器称为清洗机，代号为Q。

（8）干燥机械。减少包装材料、包装件等的水分，使其达到预期干燥程度的机器称为干燥机，代号为Z。

（9）杀菌机械。清除或杀死包装材料、产品或包装件上的微生物，使其降到允许范围内的机器称为杀菌机，代号为S。

（10）捆扎机械。通过捆扎或结扎封闭包装容器的机器称为捆扎机，代号为K。

（11）集装机械。将若干个产品或包装件集合包装而形成一个销售或搬运单元的机器称为集装机，代号为J。

（12）辅助包装机械。代号为U。

2.2.1 充填机械

充填机械是指将产品按预定量充填到包装容器内的机器。其运用范围很广泛，主要运用在液体产品及小颗粒产品的灌装上，像可乐，啤酒等。充填机种类很多，按计量方式不同，可分为容积式充填机、称重式充填机和计数式充填机；按充填物的物理状态不同，可分为粉料充填机、颗粒物料充填机、块状物料充填机、膏状物料充填机、液体灌装机；按功能不同，可分为制袋充填机、成型充填机、仅完成充填功能的充填机等。通常充填机主要是按计量方式不同，可分为容积式充填机、称重式充填机、计数式充填机3种类型（见表2-1）。

表2-1 常用计量充填机械的类别、工作原理及特点

类别	工作原理	特点
容积式充填机	将产品按预定容量充填到包装容器内	结构简单，体积较小，计量速度高，计量精度低
称重式充填机	将产品按预定质量充填到包装容器内	结构复杂，体积较大，计量速度低，计量精度高
计数式充填机	将产品按预定数量充填到包装容器内	结构较复杂，计量速度较快

容积式充填机是将产品按预定容量充填到包装容器内的机器。它适合于充填固体粉料或稠状产品，以及价格比较便宜的产品包装作业。

称重式充填机是将产品按预定质量充填到包装容器内的机器。充填过程中，先称出预定质量的产品，然后充填到包装容器内。对于易结块或粘滞的产品，如红糖等，可采用在充填过程中产品连同包装容器一起称重的毛重式充填机。

计数式充填机是将产品按预定数量充填到包装容器内的机器。按其计数方法不同，分为单件计数与多件计数两类。

1）容积式充填机

容积式充填机是将精确体积的物料装进每一个容器，而不考虑物料的密度或质量，常用于那些比重相对不变的物料，或用于那些体积要求比质量要求更重要的物料。根据计量原理不同，容积式充填机有固定量杯式、螺杆式、计量泵式、气流式、柱塞式、插管式等多种类型（见表2-2）。

表2-2 容积式充填机的分类、适用范围及特点

分类	适用范围	特点
固定量杯式充填机	流动性良好的粉末状、颗粒状、碎片状物料	工作速度高，计量精度低，结构简单
螺杆式充填机	流动性良好的粉末状、颗粒状的物料或在出料口容易起桥而不易落下的物料，如咖啡粉、砂糖、面粉等	结构紧凑，无粉尘飞扬，计量范围宽
计量泵式充填机	表观密度稳定、流动性好、无结块细粉粒物料，如茶叶末、精盐等	结构紧凑，计量速度高
柱塞式充填机	粉料、颗粒料及黏稠类物料	计量精度高，工作速度低，计量范围易于调节
气流式充填机	医药、化工行业粉料	计量精度高，可减少物料的氧化
插管式充填机	医药行业的小剂量药粉	计量范围小，计量精度低

固定量杯式充填机是采用定量的量杯量取物料并将其充填到包装容器内的机器（如图2-1所示）。适用于颗粒较小且均匀的物料，计量范围一般在200ml以下为宜。固定量杯式充填机采用的量杯容量固定，不能调整，适用于那些比重较为稳定的物

料。若要改变容积量，则要更换量杯。

螺杆式充填机是利用螺杆的螺旋槽的容腔来计量物料的（如图2-2所示）。由于每个螺距中都有一定的理论容积，因此只要准确地控制螺杆的转速及转数，就能获得较为准确的计量值。这种装置适合于流动性良好的颗粒物料、粉末物料，也适用于黏稠状的物料，但不宜用于易破碎的片、块状物料或视比重变化较大的物料。计量螺杆通常做垂直安装使用，这样做主要是为了让物料易于充满螺旋槽，从而获得较为精确的计量值。

计量泵式充填机是利用计量泵中齿轮的一定转数量取物料，并将其充填到包装容器内的机器（如图2-3所示）。该装置适用于流动性好的粉粒状物料的计量。该机采用的计量泵可以是齿轮泵或转阀式计量泵。

图2-1　固定量杯式充填机

图2-2　螺杆式充填机

图2-3　计量泵式充填机

柱塞式充填机是采用可调节柱塞行程而改变物料容量的柱塞筒量取物料，并将其充填到包装容器内的机器。该机适用范围较广，粉料、颗粒料及黏稠类物料均可采用，但由于其工作速度较低，故不应用在要求较高速度的工作场合。

气流式充填机是利用真空吸粉原理量取定量容积的物料，并采用净化压缩空气将物料充填到包装容器内的机器。该机计量精度高，可减少物料的氧化，主要用于医药、化工行业粉料的计量充填。对不同物料，其最佳的真空压力是不同的，因为当真空度过高时，某些物料会被压成粉末；当真空度过低时，物料松散达不到夯实效果，影响计量精度。

插管式充填机是将内径较小的插管插入储粉斗中，利用粉末之间的附着力上粉，到卸粉工位由顶杆将插管中的粉末充填到包装容器内的机器。该机计量精度较低，主要应用于医药行业的小剂量药粉的计量充填。

2）称重式充填机

称重式充填机是将物料按预定质量进行充填的机械（如图2-4、图2-5所示）。其特点是结构复杂，体积大，计量精度高，计量速度低，适用于对计量精度要求较高的物料或是一些流动性差、密度变化幅度较大或易受潮结块使颗粒大小不均的物料。通常分为毛重式充填机和净重式充填机。

毛重式充填机是指对完成充填作业的物料和包装容器一起称重的机器，其结构简单，价格较低，但包装容器的质量直接影响充填物料的规定质量，所以它不适用于包装容器质量变化较大、物料质量占总体质量比例较小的充填包装。净重式充填机是指对物料称出预定质量后再充填到包装容器内的机器，其称量结果不受容器质量的影响，

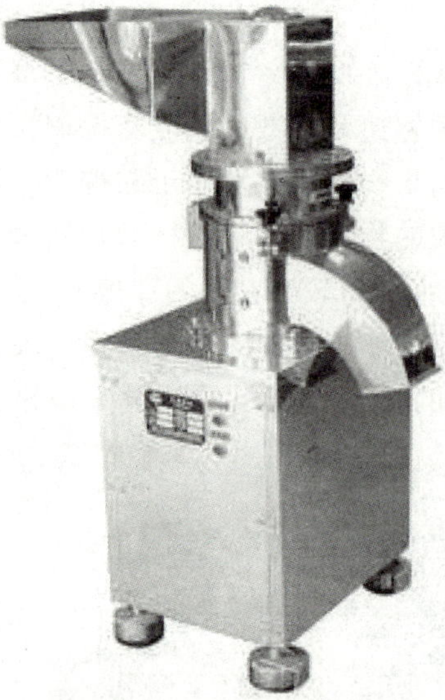

图2-4　称重式充填机

图2-5　自动称量式充填机

因此是最精确的称量充填机。该机可分为单秤斗、多秤斗、组合式、连续式和螺旋推进式称量充填机。

单秤斗称量充填机是由单台秤称出预定物料的质量并将其充填到包装容器内的机器。该机工作速度较低，当物料粒度变化大或物料粘秤斗时，称量精度一般不高。多秤斗称量充填机是由多台秤（一般为2~4台秤）各自称出预定物料的质量并将其分别充填到包装容器内的机器。其工作原理与单秤斗称量充填机基本相同，但它采用了多套称量系统，使其工作速度成倍于单秤斗称量充填机。组合式称量充填机是由多台秤各自称出一定质量的物料，然后通过微处理机将某几个秤斗的物料质量组合起来，使之最接近预定的物料质量，并将其充填到包装容器内的机器。该机计量精度高，工作速度快，但设备体积大且造价较高。连续式称量充填机是应用连续称量检测和自动调节技术，确保在连续运转的输送机上得到稳定的物料的质量流率，然后进行等分截取，以得到各个相同的定量份值。该机计量精度较低但速度较高。该机可用于粒度均匀、小颗粒状物料的计量，计量范围一般在500 g以下。螺旋推进式称量充填机采用螺杆推进物料，由电子秤对物料进行称重后进入下一个工位，定时称量的物料量更加准确。

3）计数式充填机

计数式充填机是将物品按预定数量充填到包装容器内的机器（如图2-6、图2-7所示），包括单件计数充填机、多件计数充填机和定时充填机。该机可对预先就具有或经过整理后才具有的规则而排列整齐的物品进行计数充填，也可对杂乱无序的物品进行计数充填。

长度式、容积式和堆积式计数充填机适用于规则排列物品的充填。长度式计数充填机常用于饼干包装、香烟、茶叶装盒后的第二次大包装等，主要用于食品、化工等行业。容积式计数充填机通常用于等径或等长类规则排列的物品包装。其结构简单但计量精度较差，主要用于低价格及计数允许偏差较大的场合。堆积式计数充填机可将几种不同品种物品进行组合包装，每种各取一定数量（数量可以相等或不等）包装成一个大包；也

图2-6 计数式充填机

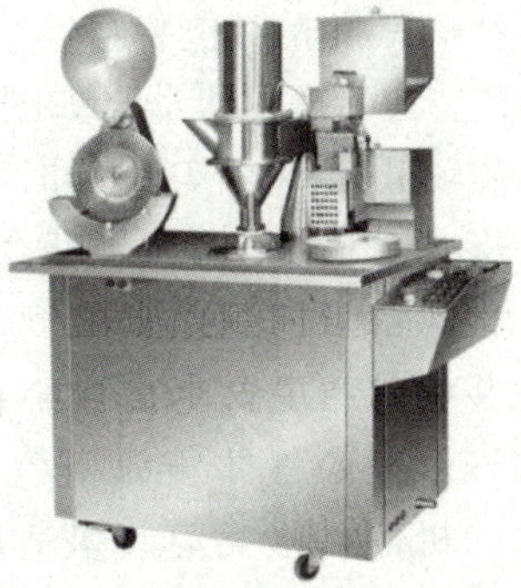

图2-7 全自动胶囊充填机（属于计数式充填机）

可将形状及大小有差异的物品进行小包计数充填。杂乱无序物品的计数充填机主要适用于颗粒状、块状等呈杂乱状排列物品的计数充填。常用的有转鼓式、转盘式、推板式等计数充填机。转鼓式和转盘式计数充填机主要适用于规则小颗粒物品的集合包装计数充填。推板式计数充填机适用于规则颗粒、块料或主体有规则形状的物品的计数充填。

2.2.2 灌装机械

灌装机械是指将液体产品按预定量灌装到包装容器内的机械，主要用于在食品领域中对啤酒、饮料、乳品、酒类、植物油和调味品等的包装，还包括对洗涤剂、矿物油和农药等化工类液体产品的包装。包装所用容器主要有桶、瓶、软管等。

灌装机械的基本组成包括：包装容器的供送装置，将待装容器间隔地送至灌装工位，待灌装后，将已装容器送出灌装机；灌装物料的供送装置，将物料供给灌装阀，再灌装入待装容器；灌装阀，根据灌装工艺要求切断或沟通液室、气室和待装容器之间的液料流通的通道，是灌装机械的关键部件。

1）按灌装方法不同分类

常压灌装机是指在常压状态下，液料箱和计量装置处于高位，包装容器置于下方，在大气压力下，依靠液体自重自动流进包装容器内的机械设备（如图2-8所示）。这类灌装机适用于灌装低黏度不含气体的液体如牛奶、酱油、矿泉水及日化类产品，能使用由各种材料制成的包装容器，如玻璃瓶、塑料瓶、塑料袋、金属桶等。

图2-8 常压灌装机

负压灌装机是指先对包装容器抽气形成负压，然后将液体充填到包装容器内的机器（如图2-9所示）。这类灌装机适用于灌装较低黏度的液料，如油类、糖浆、含维生素的饮料、农药、化工试剂，但不适合于灌装含芳香性的酒类，因为会增加酒香的损失。

等压灌装机是指先向包装容器内充气，使其内部气体压力和储液缸内的气体压力相等，然后将液体充填到包装容器内的机器。这类灌装机适用于含气体饮料的灌装，如啤酒、汽水等，可减少其中所含二氧化碳气体的损失。

压力法灌装机是指利用外部的机械压力将液体产品充填到包装容器内的机器。这类灌装机适用于灌装黏稠性物料，如番茄酱、肉糜、牙膏、香脂等。

图2-9 负压灌装机

2）按包装容器的主要运动形式不同分类

旋转型灌装机是在包装容器进入灌装工位后，由灌装机转盘带动绕主立轴旋转运动，转动近一周完成连续灌装，然后由转盘送入压盖机进行压盖（如图2-10所示）。这种灌装机在食品、饮料行业应用最广泛，如汽水、果汁、啤酒、牛奶的灌装，主要由供料系统、供瓶系统、灌装阀、大转盘、传动系统、机体、自动控制等部分组成。其中灌装阀是保证灌装机能否正常工作的关键。

直线型灌装机是包装容器沿着平直的直线运动，并在停歇时进行成排灌装（如图2-11所示）。这种灌装机结构比较简单，制造方便，但占地面积比较大，由于是间歇运动，生产能力的提高受到一定限制，因此一般只用于无气类液料的灌装，局限性较大。

图2-10 旋转型灌装机

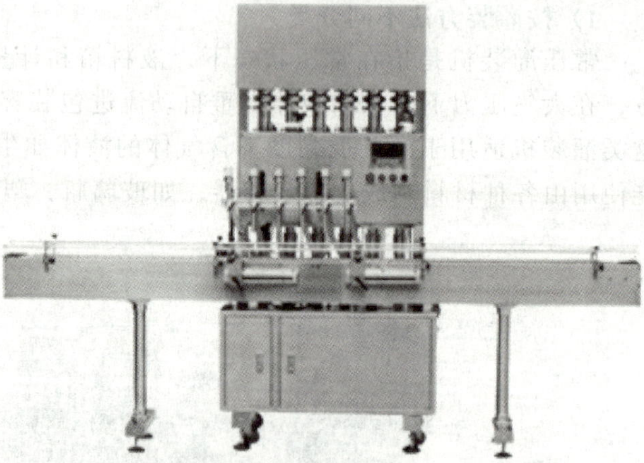

图2-11 直线型灌装机

3）按自动化程度不同分类

手工灌装是指灌装过程全部采用人工操作控制，多为无气类液料的灌装，但目前较少使用。

半自动化灌装机是指在液体灌装中，上瓶、卸瓶均以手工操作，但灌装过程为自动，一般适用于含气液料的灌装。

自动化灌装机可分为单机自动机和联合自动机（可以包括连续进行洗瓶、灌装、压盖、贴标、装箱等工序）。其中联合自动机适用于大中型厂的灌装生产线，如饮料、啤酒等的灌装生产线（如图2-12所示）。

图2-12 自动化灌装机

2.2.3 封口机械

封口机械是指在包装容器内盛装产品后对容器进行封口的机器。制作包装容器的材料有很多，如纸类、塑料、玻璃、陶瓷、金属、复合材料等，而包装容器的形状也各不相同，因此所选用的封口方式及封口设备也不一样。通常按有无包装材料，可分为：无封口材料封口机，包括热压式、冷压式、熔焊式、插合式、折叠式等封口机；有封口材料封口机，包括旋合式、滚纹式、卷边式、压合式等封口机；有辅助封口材料封口机，包含胶带式、黏结式、钉合式、结扎式、缝合式等封口机。按操作方式，可分为手压式、脚踏式、连续式等封口机。按包装容器内是否有气体，可分为真空封口机、充气封口机等。按包装材料的力学性能，可分为柔性容器封口机和刚性容器封口机两大类。按封口方式不同，可分为热压式、熔焊式、缝合式、卷边式、滚压式、旋合式、结扎式等封口机。下面介绍两种主要的分类。

1）按包装材料的力学性能分类

（1）柔性容器是用柔性材质，如纸张、塑料薄膜、复合薄膜等制造的袋类容器。这类容器的封口多与制袋、充填构成联合机，因为材质不一样，其封口设备也不一样。

① 纸袋封口设备。关于纸类材质，通常选用在封口处涂刷黏合剂，再施以机械压力封口。

② 塑料薄膜袋及复合薄膜袋封口设备。许多塑料具有很好的热封性，用这类塑料制造的塑料袋或复合袋，通常选用在封口处直接加热并施以机械压力，使其熔合封口。

③ 口杯类容器封口装置，例如：常见的豆浆杯、奶茶杯等，通过加热使杯沿和膜黏合，使容器密封。

（2）刚性容器是指容器成型后其形状不易改变的容器。其封口多用不同形式的盖子，常用的封口机有以下几种：

① 旋盖封口机。旋盖封口机是靠旋转瓶盖时，将其压紧于容器口部，以封闭包装容器的机器。这种封盖事先加工出内螺纹，瓶盖与容器以螺纹连接方式形成封口，而得到密封性连接。它适用于塑料瓶和玻璃瓶。瓶盖可用金属薄板或塑料制成，瓶盖内通常衬有弹性密封垫，新型带密封结构的螺口塑料盖及用作密封元件的瓶盖可不加弹性密封垫。螺纹有单头或多头之分，如药瓶多用单头螺纹，罐头瓶多用多头螺纹。塑料瓶的封口器材通常是带有单头螺纹的瓶盖以旋拧的方式旋紧在带有螺纹的瓶口上。瓶盖旋合过程中，瓶盖与瓶口间的运动是螺旋运动，相互间既有转动，也有轴向的位移行进运动。玻璃容器的旋合式封口机与塑料瓶的旋合式封口机类似，都是通过旋转封口器材以封闭包装容器的机器。饮料果汁、医药及其他物品包装所用的窄口瓶多采用单头螺纹连接，而且升角较小，以保证得到可靠的连接。罐头食品用的广口瓶，为便于消费者开启，多采用多头螺纹连接，即在瓶子的封口部位制成三或四道的螺纹段，每道螺纹长度约为其整圈螺纹长度的三分之一，而且具有较大的导程，与之相配的瓶盖内侧，制成与瓶子螺纹道数相对应的数个凸爪，以便与瓶子连接。

② 滚纹封口机。这种封盖多用铝制，事先没有螺纹，是用滚轮滚压铝盖，使之出现与瓶口螺纹形状完全相同的螺纹，而将容器密封。这种盖子在启封时将沿裙部周边的压痕断开，所以称这种封口的盖子为“扭断盖”；又由于这种封口开启后无法复原，便于识别启封与否，又称“防盗盖”。滚纹封口在设计上有两种形式：一种只在裙部圆周方向上压印一定深度的痕迹，封口后，只要沿与螺纹相反的旋向施加一定的转动力，瓶盖即沿周边压痕扭断，但压边环仍套在瓶颈上，使瓶子回收使用不便；另一种新设计的铝盖，在裙部的周向和轴向都有压痕，启封后，压边环沿周向和轴向压痕自行断开，便于旧瓶的回收使用。滚纹封口不仅具有密封严密可靠、启封方便、包装外形美观等优点，而且由于能识别瓶内产品是否被用过，所以特别适用于盛装像葡萄酒、白兰地等高档酒类玻璃瓶的封口，也常用于饮料塑料瓶的封口包装。

③ 滚边封口机。它是先将圆筒形金属盖套在瓶口，用滚轮滚压其底边，使其内翻变形，紧扣住瓶颈凸缘的下端面上而将其封口。位于瓶颈凸缘与瓶盖间的环形弹性胶垫，使封口得到可靠的密封。该机多用于广口罐头瓶等的封口包装。

④ 压盖封口机。它是将盖子置于瓶口上，下压其压盖模，从而使盖子的波纹周边被挤压内缩，卡在瓶口颈部，使得瓶盖与瓶口间形成机械勾连，完成封口，适用于啤酒、汽水等饮料的皇冠盖封口。

⑤ 压塞封口机。这种瓶塞是用橡胶、塑料、软木等具有一定弹性的材料做成的，利用其本身的弹性变形来密封瓶口。该机封口时，将瓶塞置于瓶口上方，通过对瓶塞的垂直方向的压力将其压入瓶口来实现封口包装。压塞封口既可用作单独封口，也可与瓶盖一起用作组合封口，很适用于葡萄酒、果酒等玻璃瓶软木塞的封口。在瓶口压塞封口后，再辅以蜡封、旋盖封或压盖封，以提高封口的密封性。

⑥ 卷边封口机。它用滚轮将金属盖与包装容器开口处相互卷曲、勾合、压紧来实现密封包装，主要用作金属食品罐的封口，又称封罐机，主要用于马口铁罐、铝罐等金属容器的密封。马口铁三片罐大多使用低碳马口铁板，分别制造出带凸缘的罐

身、罐底和罐盖，并在罐底、罐盖凸缘的封口结合部位涂上橡胶或树脂材料配制的胶液，形成具有弹韧性的密封用薄膜层，采用双重卷边封口法将罐身与罐底、罐盖的凸缘进行密封性卷封。已封底的罐筒体称为空罐，经检验合格后方可供充填产品。铝质二片罐直接采用挤压加工法制造成空罐。卷边有二重卷缝（或称双重卷缝）、三重卷缝等形式，其中以二重卷边封口居多。

一般情况下，玻璃瓶主要选择压盖、旋盖、滚边、压塞等封口形式，塑料瓶常选用旋盖、压塞和旋盖等封口形式，金属罐常用卷边封口形式（如图2-13所示）。

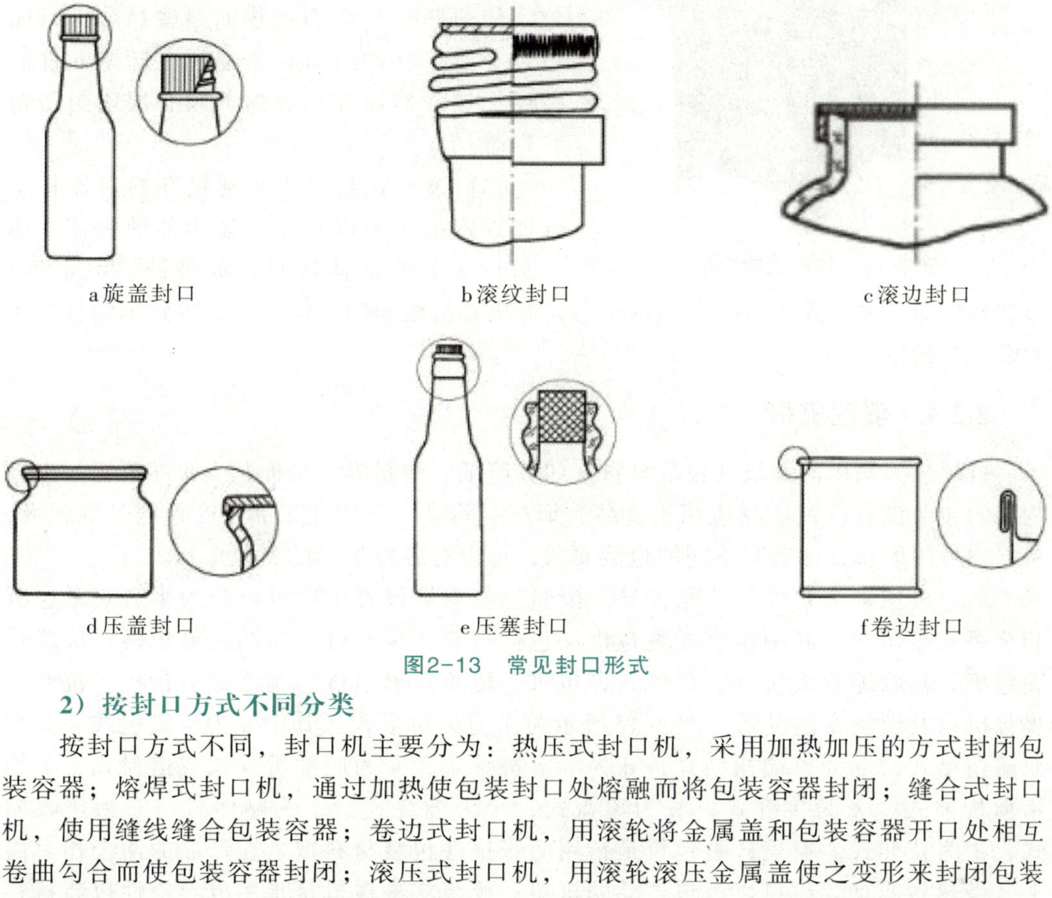

图2-13 常见封口形式

2）按封口方式不同分类

按封口方式不同，封口机主要分为：热压式封口机，采用加热加压的方式封闭包装容器；熔焊式封口机，通过加热使包装封口处熔融而将包装容器封闭；缝合式封口机，使用缝线缝合包装容器；卷边式封口机，用滚轮将金属盖和包装容器开口处相互卷曲勾合而使包装容器封闭；滚压式封口机，用滚轮滚压金属盖使之变形来封闭包装容器；旋合式封口机，通过旋转封口器材来封闭包装容器；结扎式封口机，使用线绳等结扎材料来封闭包装容器。不同的包装容器有不同的封口方式，如塑料袋多采用接触式的热压式封口或非接触式的超声波熔焊式封口；麻袋、布袋、编织袋多采用缝合式封口；瓶类容器多采用滚压式或旋合式封口；罐类容器多采用卷边式封口；箱类容器多采用钉封或胶带粘封。

（1）热压式封口机是指用热封合的方式封闭包装容器的机器（如图2-14所示）。热压式封口机采用电加热方法使塑料袋口的两层薄膜受热软化，然后对其施加接触压力，使处于软化熔融状态的两层薄膜黏合成一体，冷却后即得密封性封口。该机中的电加热器一般是将电阻丝镶嵌在用金属材料制成的板片或滚轮中；加压动作可以由电加热器完成，也可由专门机构完成；加热或加压装置的封口工作面上，通常加工出花

图2-14　热压式封口机

迹（如直纹、斜纹或格纹等）来提高封口质量并使封口美观。根据加热加压装置不同，将塑料薄膜封口机分为板式、滚式、滚板式和环带式热封机。

（2）熔焊式封口机是指通过加热使包装容器封口处熔融封闭的机器。超声波封口机利用超声波聚能器作用在包装容器封口部位，使薄膜的叠合面发热而熔融黏合，封闭包装容器。脉冲封口机是通过电脉冲元件的瞬时加热，然后加压热封薄膜叠层以封闭包装容器。

（3）滚压式封口机是通过在封口器材上施加预定的压力以封闭包装容器的机器。压力封口是某些液体饮料（如啤酒、汽水等）包装封口的主要方式，由机械施以压力，造成盖与瓶间的机械勾连，得到牢固且严密的密封性封口。

2.2.4　裹包机械

裹包机械是用薄型挠性包装材料（如玻璃纸、塑料膜、拉伸膜、收缩膜等）裹包物料的包装设备，被广泛应用于食品、烟草、药品、日用化工品及音像制品等领域。根据物料的形状、性质和不同的包装要求，可以有各种不同的裹包形状。

裹包机械种类繁多、功能各异，按照包装物被包裹程度可以分为半裹式裹包机和全裹式裹包机。其中全裹式裹包机又包括折叠式裹包机、扭结式裹包机、接缝式裹包机、热收缩式裹包机、贴体式裹包机、覆盖式裹包机、缠绕式裹包机、拉伸式裹包机以及现场发泡设备。图2-15所示为典型裹包形式。其中a为半裹包式，b为双端扭结式，c为单端扭结式，d为端部折叠式，e为底部折叠式或信封式，f为褶形折叠式，g为接缝式，h为覆盖式，i为缠绕式，j为贴体式，k为热收缩式，l为拉伸式。覆盖式裹包机是指用两张挠性包装材料覆盖在产品的两个相对面上，借热封或黏合封口以裹包产品的机器；缠绕式裹包机是指用成卷挠性包装材料多圈缠绕产品的机器；拉伸式裹包机是指使用拉伸薄膜在一定张力下裹包产品的机器，常用于把集积在托盘上或浅盘上的产品连同托盘或浅盘一起裹包；现场发泡设备指用于产品包装时在容器与衬有薄膜的内装物之间的空隙处注入能产生塑料泡沫体的原料，并通过化学反应形成紧包内装物的泡沫体缓冲材料的机器，通常是在包装的现场使用。

裹包机按照结构可分为托盘裹包机、无托盘裹包机、水平裹包机、悬臂裹包机、环形裹包机、滚筒裹包机、钢带裹包机。裹包机按膜架结构可分为预拉伸裹包机、阻拉伸裹包机和机械预拉伸裹包机。目前市场主流产品为托盘裹包机、无托盘裹包机、预拉伸裹包机。裹包机按照机械自动化程度可分为全自动裹包机、半自动裹包机、手动裹包机。全自动裹包机即生产线型，机器自动控制裹膜过程，包裹速度比简易型要

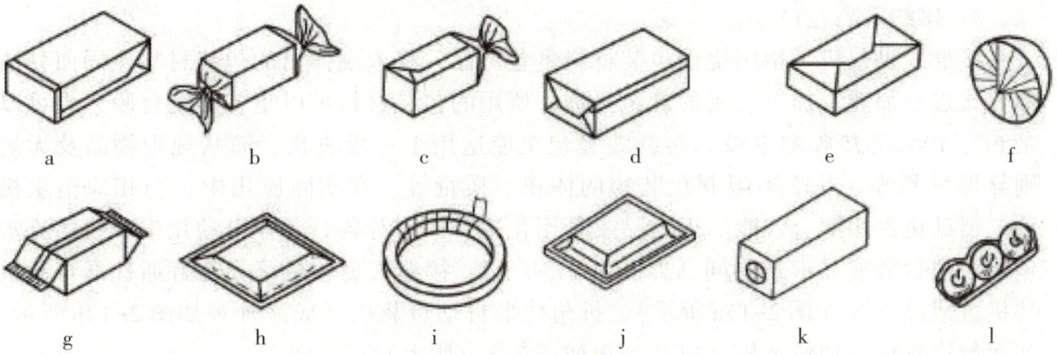

图2-15 典型裹包形式

快。全自动裹包机可直接与生产线上的传送带相连，操作控制系统可连在生产线的主控机上，统一控制货物的供给与输出以及传送带的运转，所有调节参数为预设置，配有可拆卸的安全防护栏及自动安全锁，确保操作人员的安全。

1）折叠式裹包机

折叠式裹包机是指用挠性包装材料裹包产品，将末端伸出的包装材料按一定的工艺方式进行折叠封闭的裹包机器。它能使产品紧紧地贴在包装材料内，既节省包装材料，又使产品外观规整，并可以避免产品在运输过程中相互发生冲撞、变形或摩擦，适用于长方体产品。折叠式裹包机类型很多，而且适用性较广，可进行单个包装、集合包装、内包装或外包装，常用来裹包糖果、巧克力、香烟及香皂等。折叠式裹包机根据工艺要求，一般是先将产品置于包装材料上，然后按顺序折叠各边，然后采用搭接缝封口（有的在最后一道折边之前上胶使之黏合，有的用电热烫合，有的则只靠包装材料受力变形而成型）。

2）扭结式裹包机

扭结式裹包机是指用挠性包装材料裹包产品，将末端伸出的包装材料扭结封闭的裹包机器。按裹包形式分为单端和双端扭结裹包机，按传动方式分为间歇式和连续式扭结裹包机。它主要适用于糖果、雪糕、牛肉干类块（粒）状等物品的包装（如图2-16所示）。

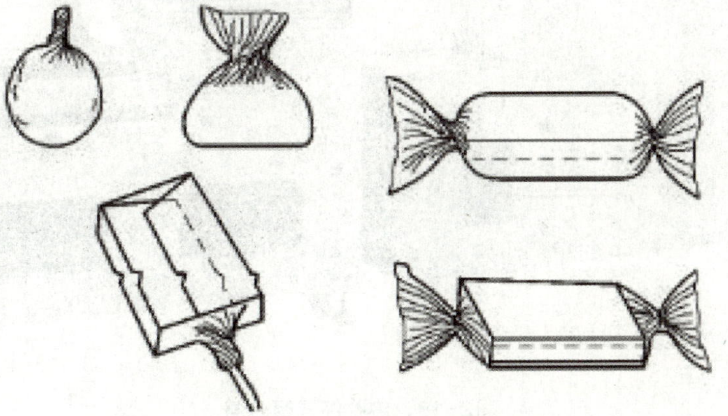

图2-16 扭结式裹包成品外观

3）接缝式裹包机

接缝式裹包机是指用挠性包装材料裹包产品，将末端伸出的包装材料按同面黏结的方式进行加热、加压封闭的裹包机器。所用的包装材料可以是各类复合膜，也可以是PE、PVC等热收缩单膜。接缝式裹包机能适用于一般块状、筒状规则物品及无规则异形物品等，几乎不限制包装物的体积、质量等。在实际应用中，与相应衍生机种、辅助机种相配合，能实现食品、日用化工、医药等各行各业自动化生产线的流水包装。按包装成品形式不同（如图2-17所示），接缝式裹包机可分为普通枕形自动包装机（成品外观如图2-17a所示）、折角枕形自动包装机（成品外观如图2-17b所示）和无封边枕形自动包装机（成品外观如图2-17c所示）。

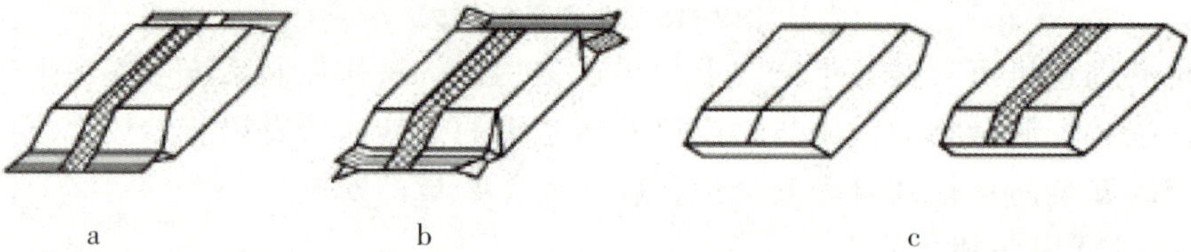

图2-17　接缝式裹包成品外观

4）热收缩式裹包机

热收缩式裹包机是用热收缩薄膜对产品进行裹包后再进行加热，使薄膜收缩后包裹产品的裹包机器（如图2-18所示）。收缩包装是国际市场上较先进的包装方法之一，能够充分展示产品，增加美观及价值感；同时，包装后的产品能密封、防潮、防污染，并保护产品免受外部的冲击，具有一定的缓冲性，此外，可降低产品被拆、被窃的可能性。热收缩薄膜收缩时产生一定的拉力，可以把一组要包装的产品裹紧，起到绳带的捆扎作用，特别适用于多组产品的集合与托盘包装。热收缩式裹包机常用于啤酒、饮料等瓶装产品以及其他小型单件产品的集合包装。热收缩式裹包机常见的加热方式有烘道式、烘箱式、柜式、枪式等类型。

图2-18　热收缩式裹包机

5）贴体式裹包机

贴体式裹包机是将产品置于底板上，使覆盖产品的塑料薄片（膜）在加热和抽真空作用下紧贴产品，并与底板封合的裹包机器（如图2-19所示）。贴体式裹包机可把产品紧紧裹包在贴体膜和底板之间，使产品可以防潮、防震，并且有较强的立体感，被广泛用于五金、工量具、电子元件、小型零部件、装饰品、工艺品、玩具以及食品等行业产品的包装。

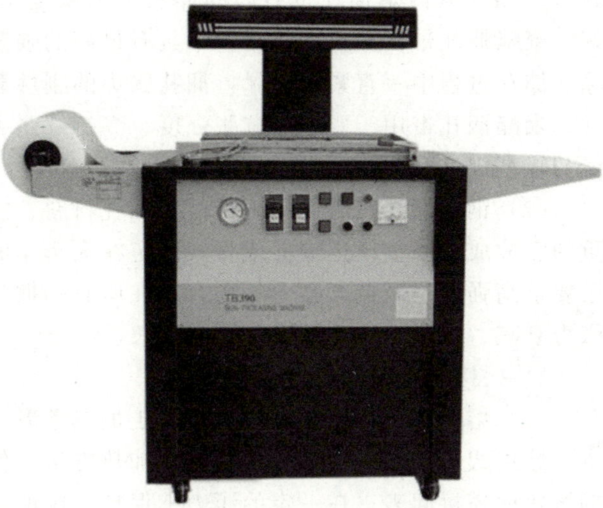

图2-19 贴体式裹包机

2.2.5 捆扎机械

捆扎机械是利用带状或绳状捆扎材料将一个包装物扎紧或将多个包装物捆扎在一起的机器，属于外包装设备。它能够自动把捆扎带缠绕在包装物上，然后将其收紧，并通过热效应熔融或使用卡扣等材料将捆扎带两端相连接，从而将一个包装物扎紧或者将多个包装物紧紧捆扎在一起。捆扎机械在物流过程中应用非常广泛，可以起到减少货件体积、加固单元包装件的作用，从而便于货物装卸、运输和储存等。

由于不同的包装物对捆扎的要求不同，因此捆扎形式有很多种，被捆扎的包装物以长方体和正方体居多。常见的捆扎形式有单道、双道、十字交叉、井字、多道交叉等（如图2-20所示）。通常将平行捆扎若干道称为一组；十字交叉捆扎是两组捆扎，每组为一道；井字捆扎为两组捆扎，每组为两道。

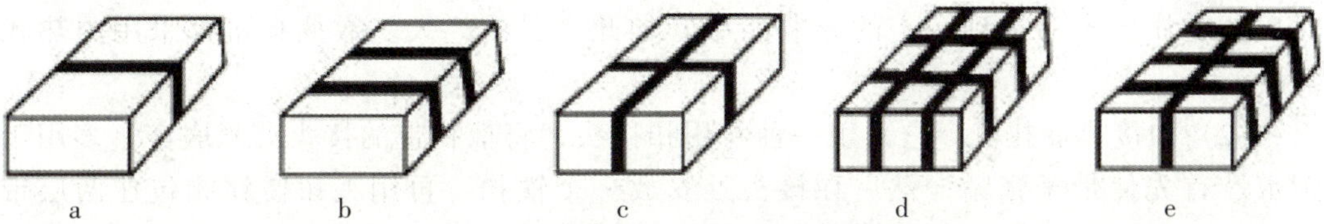

图2-20 常见的捆扎形式

捆扎机械的种类很多，按照捆扎材料不同可以分为塑料带捆扎机、钢带捆扎机等；按照接头方式可以分为熔接式捆扎机、扣接式捆扎机等；按照结构特点可以分为基本型捆扎机、侧置式捆扎机、加压捆扎机、开合轨道捆扎机、水平轨道捆扎机、手提捆扎机等；按照自动化程度不同可以分为手动式、自动式、半自动式和全自动式捆扎机。目前我国生产的捆扎机械大多数采用聚丙烯塑料带作为捆扎材料，利用热熔连接的方法使塑料带两端加压黏合。

1）按捆扎材料分类

（1）塑料带捆扎机。它是用聚丙烯带、尼龙带、聚酯带等塑料带作为捆扎材料，用于中、小重量包装箱的捆扎机。尼龙捆扎带具有高的持续张力，一般用于重型物品和能经受住高的初始张力的收缩型载荷的捆扎，其伸长率和恢复率比聚酯和聚丙烯捆扎带的大。聚丙烯捆扎带是最便宜的捆扎材料，一般用于较轻型载荷的捆扎、打捆和封口纸箱。聚丙烯捆扎带有高的伸长率和恢复率，但持续张力不如其他塑料捆扎带好。聚酯捆扎带在塑料捆扎材料中具有最高的强度和持续张力，对于要求在装卸、运输和储存过程中一直紧紧地保持捆扎张力的刚性载荷来说是一种极好的捆扎材料。通常，聚酯捆扎带用于要求高抗张强度、高持续张力和伸长的场合，在很多场合，其性能与轻型规格的钢捆扎带一样好。

（2）钢带捆扎机。它用钢带作为捆扎材料，主要用于沉重、大型包装箱，使非常重的载荷成为一整体运输件或将其固定在火车车厢、拖车或远洋货轮内。钢捆扎带用于要求高强度、高持续张力的场合，在所有的捆扎带中具有最高的抗张强度、最小的张力衰减，在所有的应用中都不会伸长。

2）按接头方式分类

（1）熔接式捆扎机。因塑料带易于加热熔融，故熔接式捆扎机多适用于塑料带接头。熔接式捆扎机是采用各种有效的加热方法，使塑料带表层受热熔化，将两个带端的熔化面搭接起来，在一定的压力下保持一定的时间，待熔化面冷凝后，黏结好塑料带接头的捆扎机器。根据加热的方式不同，熔接式捆扎机又分为电热熔接捆扎机、超声波熔接捆扎机、高频熔接捆扎机、脉冲熔接捆扎机等。

电热熔接加热是最普遍使用的加热方法，因为热熔搭接具有连接强度高、装置结构简单、操作简便等优点。将加热元件烫头放在需要烫合的两层带子中间，热板直接与塑料带接触，热板采用导热性能好的材料如铜或镍铬板制成，电热丝用镍铬丝绕制而成，被云母包裹装在热板中间。另外，依靠一套自动控温系统，在电热丝上通以脉冲电流，使烫头保持恒定的温度。烫头有两种形式，即热板和装在其内的电热丝一起进入两层带子中间的内热式（或直热式）以及只将热板的延长部分（内无电热丝）伸入带子中间的外热式（或旁热式）。内热式烫头预热时间短，热量损失少，但因工作时反复受压，寿命受到一定的影响。尽管如此，目前绝大多数捆扎机都采用内热式烫头。

（2）扣接式捆扎机。它采用一种专用扣接头，将捆扎带的接头夹紧嵌牢，多用于钢带。首先使带子张紧，然后在接头处安放一个铁扣，再用夹钳使铁扣包住两层带子，并将铁扣的侧边压出凹凸的齿形，咬住带子不致松脱。铁扣用镀锌铁皮制成。操作时要根据捆扎带型号选择不同规格的铁扣，捆扎时使用的专用工具是张紧器和夹钳。

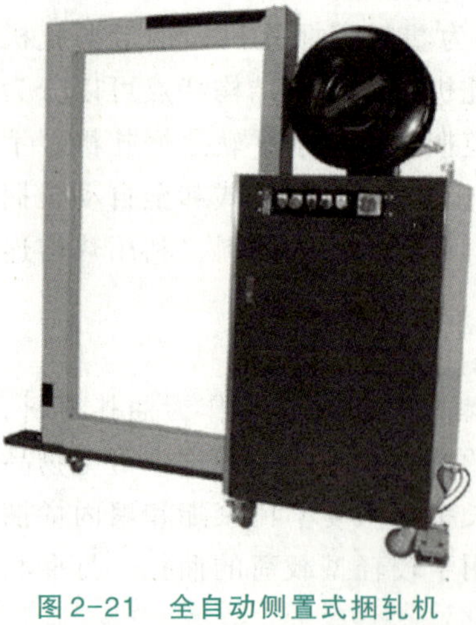

图 2-21 全自动侧置式捆轧机

3）按结构特点分类

（1）基本型捆扎机。它是适用于各种行业的捆扎机，其台面高度适合于站立操作，多用于捆扎中、小包装件，如纸箱、钙塑箱、书刊等。

（2）侧置式捆扎机。侧置式捆扎机适用于带有托盘的包装件和特大包装件（如图 2-21 所示）。由于考虑到托盘结构的特点和特大包装件需尽可能降低工作台面的要求，因此将机器的传动机构和封口机构配置在轨道的侧面（或顶部），使捆扎带的烫合接头处于包装件的侧面或顶部而不是在包装件的底面，以保证捆扎的有效性。

(3) 加压捆扎机。它适用于密度较小而体积较大的包装件，如皮革、纸制品、棉毛纤维制品等软性、弹性包装件，为了减少其体积，通过轨道顶部的预压装置，将置于工作平台的包装件预先压紧，然后进行捆扎（如图2-22所示）。加压方式分为气压和液压两种。

(4) 开合轨道捆扎机。它的带子轨道框架可在水平或垂直方向上开合，便于各种圆筒状或环状包装件的放入，而后轨道闭合捆扎。

(5) 水平轨道捆扎机。它的带子轨道为水平布置，对包装件进行水平方向捆扎。它适用于诸如托盘包装件的横向捆扎。

图2-22 加压捆扎机

(6) 手提捆扎机。一般置于包装件顶面，当带子包围包装件一圈后，用该机将带子拉紧锁住。它手动操作，灵活轻便。

4）按自动化程度分类

(1) 手动捆扎机。依靠手工操作实现捆扎锁紧，多用塑料带捆扎（如图2-23所示）。它结构简单、轻便，适用于体积较大或批量很小包装件的捆扎。

(2) 半自动捆扎机。用输送装置将包装件送至捆扎工位，再用人工将带子缠绕包装件，最后将带子拉紧固定。它工作台面较低，很适合大型包装件的捆扎。

(3) 自动捆扎机。在工作台上方有带子轨道框架，当包装件进入捆扎工位时，即自动进行送带缠带、拉带紧带、固定切断等工序（如图2-24所示）。该机带子轨道框架固定，一般适用于尺寸单一、批量较大的包装件捆扎。捆扎时，包装件的移动和转向需靠人工进行。

(4) 全自动捆扎机。该机能在无人操作和辅助的情况下自动完成预定的全部捆扎工序，包括包装件的移动和转向，适用于大批量包装件的捆扎。

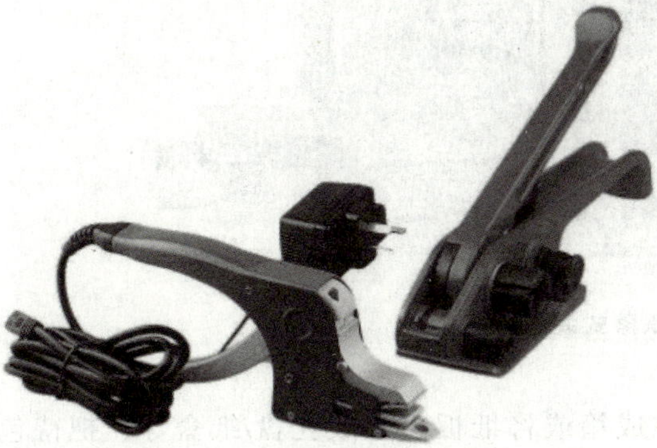

图2-23 手动捆扎机

图2-24 自动捆扎机

2.2.6 装箱机

装箱机是指将无包装产品或小包装产品按一定的方式装入包装箱中的一种包装机器。其工作原理是将产品按一定排列方式和定量装入包装箱（如瓦楞纸箱、塑料箱、托盘）中，一般还会把箱的开口部分闭合或封牢。装箱机一般由机械抓手机构、动力装置和控制装置等部分组成，能够准确、可靠地将成组产品抓起，然后放入包装箱中；同时，根据装箱作业的要求，它一般还具有纸箱成型（或打开）、产品整列、产品计量等功能，有些还具有封口或捆扎功能。装箱机可单机使用，也可以用于自动包装生产线，完成最后的装箱封箱作业。

装箱机结构简单、操作方便、工作安全可靠、运行平稳、生产率高、环保和卫生性能好，被广泛应用于医药、啤酒、饮料、化工、食品等行业的产品包装。装箱机按照装箱产品类型的不同可分为瓶类装箱机、盒类装箱机和袋类装箱机；按照产品装入方式的不同可分为跌落式装箱机和抓取式装箱机；按照自动化程度的不同可分为自动装箱机和半自动装箱机；按照装箱作业运动形式的不同可分为连续式装箱机和间歇式装箱机。

1）跌落式装箱机和抓取式装箱机

按产品装入方式的不同，装箱机可分为跌落式装箱机和抓取式装箱机（分别如图2-25、图2-26所示）。跌落式装箱机是采用落箱缓冲装置实现柔性落箱，将整列的被包装产品有效移载到纸箱的上方，根据装箱要求，自动整列通过定位装置保证被包装产品落入纸箱，主要用于袋装箱或大容器产品的装箱。抓取式装箱机通过双四连杆机构使瓶子被抓起放入纸箱，由抓头夹具来实现抓、放瓶子，通过机械运转，气动和电控制把瓶子准确、可靠地从输瓶台上抓起并装入箱中，适用于包装各种容器，包括各种大小扁形瓶、圆形瓶、椭圆形瓶、方形罐、不规则形瓶等，另外适用于带隔板的包装箱的装箱。

图2-25 跌落式装箱机

2）自动装箱机

自动装箱机是用于将折叠的纸箱直立成箱或将纸板折叠成托盘/纸盒等，把待包装的成品装入纸箱或托盘/纸盒等中，并进行封箱的自动化装置（如图2-27所示）。自动装箱机能自动将被包装物整形排列，装入打开的纸箱等中，并完成不干胶封口等动作，所有动作都是全自动完成的。大多数自动装箱机采用新型的组合结构，包括成箱装置、整列装置、充填装置和封箱装置等功能单元，分别完成相应的功能动作，各装置都安装在同一主机架上。成箱装置的箱坯架在上方，充填装置在成箱装置正下方，整列装置在充填装置的前方，封箱装置在充填装置的后方，大大方便操作、管理，减少生产人员和劳动强度，是自动化规模生产必不可少的设备。

图2-26　抓取式装箱机

图2-27　自动装箱机

2.3　包装自动生产线

2.3.1　包装自动生产线的概念和分类

1）包装自动生产线的概念

包装自动生产线又称自动包装线，即按包装的工艺过程，将自动包装机和有关辅助设备用输送装置连接起来，再配以必要的自动检测、控制、调整补偿装置及自动供送料装置，成为具有独立控制能力，同时能使被包装物料与包装材料、包装辅助材料、包装容器等按预定的包装要求和工艺要求与工艺顺序，完成物料包装全过程的工作系统。

采用包装自动生产线，产品的包装不再是以单机一道一道地完成单个包装工序，而是将各自独立的自动或半自动包装设备和辅助设备，按照包装工艺的先后顺序组合成一个连续的流水线。被包装物料从流水线一端进入，以一定的生产节拍，按照设定的包装工艺顺序，依次经过各个包装工位，通过各工位的包装设备使包装材料与被包装物料实现结合，完成一系列包装工序之后，形成的包装成品不断地从流水线的末端输出。

包装自动生产线可以改善劳动条件，提高劳动生产率，可以提高包装产品的包装质量，合理利用资源，还可以降低产品包装成本，一般适用于少品种、大批量的产品包装，是大规模包装生产的重要装备。

2）包装自动生产线的分类

（1）按包装机之间连接特征不同分类。

① 刚性包装自动生产线。该生产线在产品完成前一道包装工序之后，由输送装置立即送至后一工序进行再次包装，在各自动包装机之间没有存储装置。这一生产线有一个缺点，即所有机器按同一节奏工作，如果某一生产环节出现故障，将会导致全线停产。通常可靠性非常高的包装机可采用该类生产线。

② 柔性包装自动生产线。该生产线在每个包装机之间均加设存储装置，根据需要由输送装置送至下一包装工序。这样就克服了刚性包装自动生产线的缺陷，即使某台包装机发生故障，也不会影响其他包装机的包装作业。

③ 半柔性包装自动生产线。该生产线将自动生产线分成若干区段，对不易出现故障的区段不加设存储装置，以提高其刚性；对经常出现故障的区段加设存储装置，以提高其柔性。这样，既保证了生产率，又减少了投资。

包装自动生产线大多采用刚性包装自动生产线，如灌装生产线中灌装机与压盖机常以刚性连接组成机组，以避免全线结构复杂而使投资过大，只是在某些产品的包装工艺路线中，包装机存在步伐的差异时，才采用柔性或半柔性包装自动生产线，以利用工序或工段间的存储装置作为补偿环节。

（2）按包装机的组合布局不同分类。

① 串联包装自动生产线。该生产线各包装机按照工艺流程单向连接，各单机生产节奏相同。这种生产线的结构比较简单，布局比较紧凑，要求各包装机的作业速度比较一致。

② 并联包装自动生产线。该生产线将具有相同包装功能的设备分成数组，共同完成同一包装作业，直至完成物料包装的全部任务。在这一类生产线中，一般需加设转向或合流装置。

③ 混联包装自动生产线。该生产线在一条生产线上同时采用串联和并联两种形式，其目的主要是平衡各包装机的生产节拍，实现各包装机的生产率匹配。不过，这样常会使包装自动生产线较长、机器数量较多，因此输送、转向、分流、合流等装置的种类也随之复杂。

（3）按被包装产品的类型不同分类。

① 液体产品包装自动生产线。该生产线是对液体产品（包括膏体类产品）进行灌装的包装自动生产线，例如啤酒、饮料等产品的罐式容器包装自动生产线，矿泉水、调味品等产品的瓶类容器包装自动生产线，牛奶、果酱等软袋容器包装自动生产线等。

② 粉粒产品包装自动生产线。该生产线是对粉粒产品进行充填包装的自动生产线，例如奶粉、蛋白粉、砂糖、精盐、洗衣粉等粉粒产品的罐式容器充填包装、软袋容器包装的自动生产线等。

③ 小块状产品包装自动生产线。该生产线是对大批量小块状产品进行裹包或充填的包装自动生产线，例如糖果、巧克力、糕点、肥皂、化工产品等产品裹包自动生产线，药片、药丸、胶囊、口香糖等产品充填包装自动生产线。

2.3.2 包装自动生产线的组成和特点

1）包装自动生产线的组成

包装自动生产线的种类繁多，所包装的产品也各不相同，但总体来讲，可分为控制系统、自动包装机、输送装置和辅助工艺装置4个组成部分。

（1）控制系统。

在包装自动生产线中，控制系统起着类似于人类大脑的作用。它将生产线中所有的设备联结成一个有机的整体。控制系统主要是由工作循环控制装置、讯号处理装置及检测装置组成。随着科学技术的发展，各种高新技术如数控技术、光电控制、电脑控制等也被大量应用到包装自动生产线中，从而使控制系统更加完善、可靠，效率更高。

（2）自动包装机。

它是一种无须操作人员直接参与、主要由操作系统控制、在规定的时间内各机构自动实现协调工作并完成包装作业的机器。自动包装机是包装自动生产线上最基本的工艺设备，是包装自动生产线的主体。它主要包括完成包装材料（或包装容器）与被包装物料的输送、供料、计量、充填、包封、贴标签等作业的设备，如灌装机、充填机、装盒（箱）机、捆扎机、封口机等。

（3）输送装置。

输送装置是将各台完成部分包装的自动包装机连接起来，使之成为一条自动线的重要装置，担负着包装工序间的传送任务，并且使包装材料（或包装容器）和被包装物料进入包装自动生产线，以及成品离开包装自动生产线。常用的输送装置大致分为重力式和动力式两类。

重力式输送装置是利用物料的重力并克服输送过程中的摩擦力，从而实现输送的装置。它不需要任何驱动源，且结构比较简单，但这类装置只能实现由高处向低处的输送，而且输送时间难以实现精确化。

动力式输送装置是利用动力源（如电动机）的驱动作用使物料得以输送的装置，是包装自动生产线中最常用的输送装置。它不但可实现由高处向低处的输送，也可实现由低处向高处的输送，且输送速度稳定可靠。

（4）辅助工艺装置。

在包装自动生产线中，为满足工艺上的要求，使包装自动生产线能有节奏、协调地工作而配置一些辅助工艺装置，如转向装置、分流装置、合流装置等。

转向装置是为了满足包装需要，用于改变被包装物料输送状态或改变被包装物料的输送方向的装置。转向装置结构形式多样，应根据不同物料、不同要求进行选择。

分流装置是为了平衡生产节拍、提高生产率，在前台包装机完成其包装作业后，将被包装物料分流给其他包装机来完成后续工序的装置。常用的分流装置有挡臂式、二直角式、摇摆式、活门式、导轨滑板式等种类。

合流装置是为了达到合流作用，用于连接前道工序多台包装机与后道工序一台包装机的装置。常用的合流装置有导板式、推板式、回转圆盘式等种类。

2）包装自动生产线的特点

随着科学技术的发展，计算机技术、高级自动化机械以及智能型检测、控制、调节装置等已被引入包装生产中，从而促进了包装自动生产线（如图2-28所示）的发展。包装自动生产线也体现出在包装领域的优势，具体特点表现如下：

（1）包装自动化。自动化程度是衡量包装机械技术水平的重要标志。其内容包括工艺过程、工艺参数、物料流动、产品质量、运行故障、安全防范等的自动控制和包装物、包装材料或包装容器、包装产品、包装过程的自动检测两个方面。

在整个包装生产线的工艺流程上都采用自动化设备，如包装材料或包装容器的自动整理、输入以及产品的输出，单机及机组和生产线的自动协调工作与故障的自动处理，对包装质量的在线自动检测和自动剔除不合格品等。

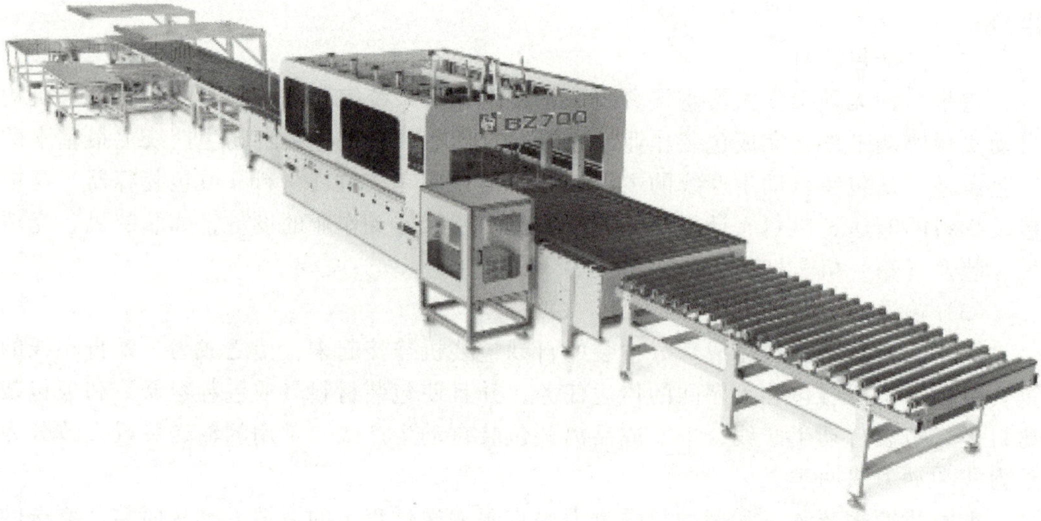

图2-28　包装自动生产线

（2）设备成套性强。包装生产线多为连续作业的单机联动线和机组，成套性较强。它通常是把具有不同功能的单机或机组与辅助设备配套成连续作业线，或者设计制造具有多种功能的作业线，将现代化生产中制袋、充袋、封口、称量、码垛、运输、清洗灭菌、贴标、打印、检测和传递输送等功能结合起来组成成套作业线。

（3）通用性较强。包装设备的通用化、系列化，包装线及装备的构成模块化，更有利于实现包装自动化。用户在物料的特性、称量精度以及裹包、封口等方面可能会有不同的要求，但有很多动作是相同或相似的，只是尺寸大小不一样，如粮食类谷物包装自动生产线与化肥、矿物颗粒包装自动生产线就有相似之处。因此，包装自动生产线通用化，可提高包装自动生产线的利用价值。包装工业发达的国家，包装机械的通用化程度已达70%～90%。

（4）技术含量高。微电子技术、传感技术和计算机技术的应用，形成高新技术与传统技术的复合，提高了包装自动生产线的工作质量、精度、速度和可靠性，促进了包装生产线向智能化、高度自动化方向的发展，如计算机控制技术应用于实现物料定量包装的精确计量、高速充填和包装过程自动控制；可编程控制器（PLC）应用于灌装机；机电仪综合技术应用到包装生产线的码垛系统等管理控制一体化。在包装自动生产线的发展中，管理控制一体化的要求越来越高。计算机控制功能主要分为3类：过程控制、数据处理和物料输送。如瓦楞纸和纸箱生产线，计算机将整个系统分成若干子系统，应用于卷筒纸材料的储存和取用自动化、瓦楞纸板生产线湿部自动化、瓦楞纸板生产线干部自动化、各输送系统自动化、纸箱加工设备的自动化和工厂管理系统的自动化等。

2.3.3　典型包装自动生产线

由数台自动包装机连接成的连续包装系统称为包装自动生产线，在包装自动生产线上也可以包括不属于包装机械的其他机器或设备。相互独立的自动或半自动包装设备、辅助设备等按包装工艺的先后顺序组合起来，即成为包装流水线。被包装物品从流水线一端进入，经过不同的包装设备，成品不断地从流水线的末端输出，在包装流水线中，工人参与一些辅助的包装作业，如整理、输送、包装容器供给等。为进一步提高生产率，在流水线的基础上，再配置适当的自动控制、检测、调整、供料及输送装置等，使被包装物品能按设定的工序和一定的节拍自动完成全部包装工艺过程，在整个包装过程无须人直接参与操作，仅需完成开机、出现故障时进行调整检修、控制等的生产线称为包装自动生产线。它除了在工艺上具有流水线生产的一般特征外，比流水线具有更严格的生产节奏性，更能降低生产成本、提高生产效率。包装自动生产线适用于少品种、大批量生产，对于多品种、小批量的包装，则不宜采用此生产线，否则是不经济的。

1）散料可编程配方定量包装生产线

散料可编程配方定量包装生产线的结构组成包括空箱上线工位、空箱自动拆垛机构、喂料机给料机构、自动称量机构、装箱振实机构、复检称量机构、满箱码垛机构和满箱下线工位等（如图2–29所示）。

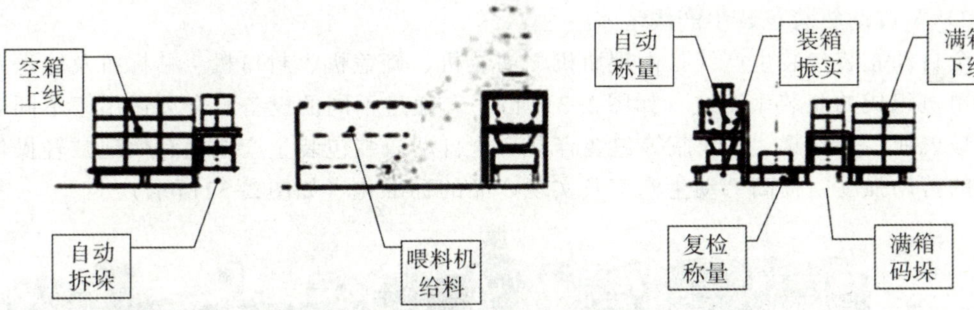

图2–29　散料可编程配方定量包装生产线

散料可编程配方定量包装生产线的具体工作流程为：通过空箱上线把空箱送到包装生产线上。空箱通常成垛堆放，而且空箱较轻，可采用人工整垛空箱上线方式，一次可以上线2～3垛（可以储存空箱12个左右），可以保证2～3分钟再上线。整垛空箱上线后，经过自动拆垛机构，把空箱逐个送到下个工序，进入装箱工位。物料经喂料机给料机构，在自动称量机构进行称量后装箱。其中，自动喂料机与限量管的组合控制实现了包装线与生产线之间的物料积放和缓冲，保证了包装线连续稳定的供料。在传送过程中，又设有复检称量机构和装箱振实机构。最后，满箱经过满箱码垛机构整理下线。

2）纸模工业品包装生产线

纸浆模塑制品的应用范围很广，从原料来源分为两大类：一类是一年生成的草本植物原浆，用于加工一次性餐饮具等食品包装；另一类为回收废纸浆料，用于加工工业品包装，如机电产品内包装及缓冲物、医疗用品包装、农业育苗移植用具、蛋托、果托、工艺品包装、玻璃器皿包装等。上述纸浆模塑制品使用后仍可作为废纸回收利用。《中华人民共和国固体废物污染环境防治法》对环保产品提出了严格要求，要求资源使用减量化和资源重复使用。纸浆模塑制品是典型的环保产品。

纸模工业品包装生产线的工艺流程为制浆→成型→烘干→整形→包装（如图2–30所示）。生产线的主要设备组成包括碎浆机、搅拌器、浆泵、成型机、压榨机及配套模具等。

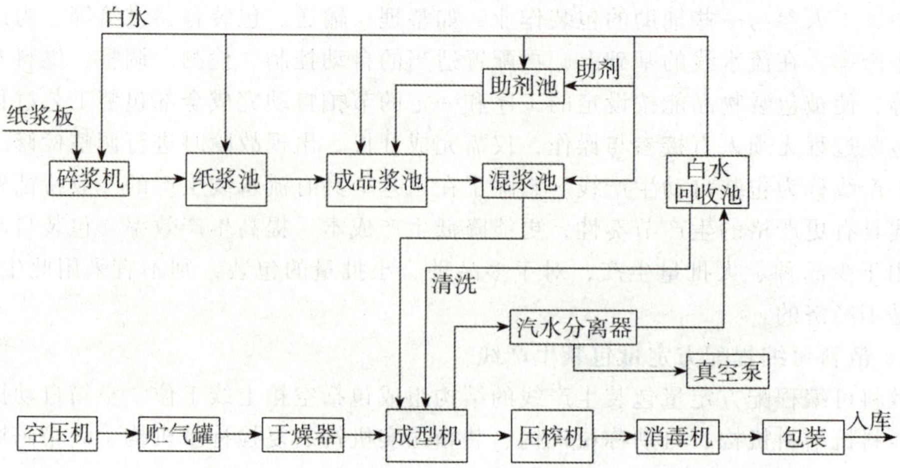

图2-30　纸模工业品包装生产线的工艺流程图

3）全自动瓶装包装生产线

全自动瓶装包装生产线是由理瓶机、灌装机、旋盖机、封口机、贴标机及输送系统等单机组成的瓶装生产线（如图2-31所示）。通过不同的设备组合可适用于不同规格的玻璃瓶、易拉罐、PET瓶等包装容器。全自动瓶装包装生产线能有效地减轻操作人员的劳动强度，提高劳动生产率及实现产品的标准化（如图2-32所示）。

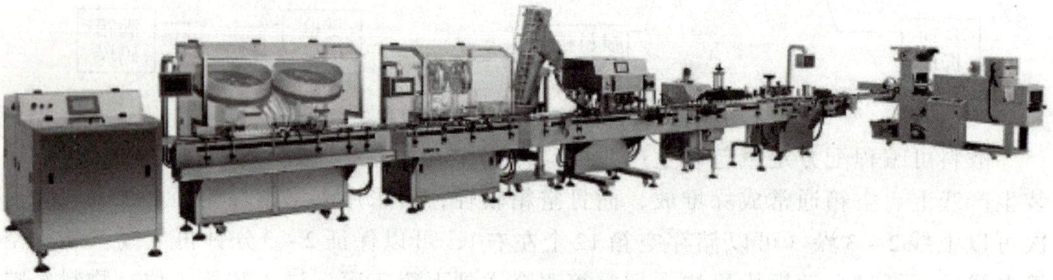

图2-31　全自动瓶装包装生产线

全自动瓶装包装生产线的主要性能：一是各单机能独立完成其工作，有独立的操作系统，其生产过程用变频器、无级调速器、数控显示器等电器元件来控制调整各参数，并显示设定；二是各单机联动，分离快捷并且调整快速，使生产的每一个工序保证其协调性；三是各单机能适应多种规格料瓶的包装，且调整件少，可由用户根据各自产品工艺要求，进行多种生产线组合。

包装是使产品能进入商品流通环节的必要条件，而实现产品包装的主要手段是使用包装机械。随着科学技术的发展和时代的进步，包装机械在包装领域中发挥着越来越重要的作用。包装机械种类繁多，我们一般习惯按包装机械功能的不同进行分类讨论。根据市场需求动向，包装机械向着单机多功能化和自动化方向发展，同时，包装自动生产线的应用可以大大提高劳动生产率，提高包装产品质量，改善劳动条件，降低工人劳动强度，减少占地面积，降低包装产品成本。包装自动生产线已成为包装工业发展的重要方向。

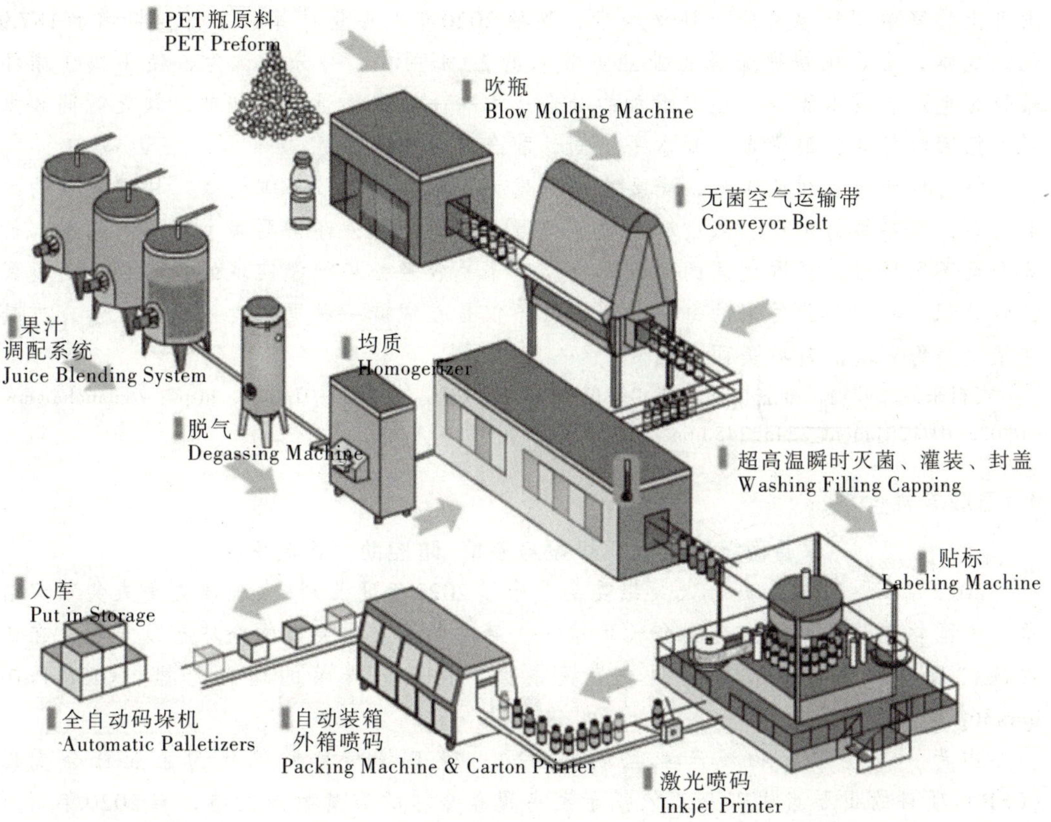

图2-32 瓶装饮料全自动生产流程图

拓展阅读2-1

推进快递包装"绿色革命"

近年来，我国快递业务量稳居世界第一，快递包装问题给环境保护带来一定压力。2020年，我国快递包装废弃物总量已超1 000万吨。2021年，我国快递年业务量首次超过1 000亿件，快递包装废弃物总量还将持续增加。进一步推动快递包装绿色化，变得更加紧迫。

2020年，国务院办公厅转发国家发展改革委、国家邮政局等8部门《关于加快推进快递包装绿色转型的意见》，提出推进快递包装"绿色革命"，明确了2022年和2025年可循环快递包装应用的量化目标。不久前，国家发展改革委、商务部和国家邮政局联合下发通知，决定于2022年1月至2023年12月组织开展可循环快递包装规模化应用试点。

实现可循环快递包装的规模化应用，确实是当务之急。还原到消费场景就会发现，海量快递中可循环包装难觅身影，主动使用的商家仍为少数。有调查报告显示，67.1%的消费者表示未接触过可循环快递包装，不了解也未见过专门的回收网点，一些可循环包装甚至被作为生活垃圾直接丢弃。

围绕包装如何"绿起来"，快递行业已探索出一套技术路径。只不过，无论是回收利用，还是使用环保材料代替，都存在不易克服的成本问题。据统计，如果全部改用可生物降解塑料包装袋、环保胶带，按照2020年业务量计算，全行业将增加187.9亿元成本，占全国快递服务企业业务收入的2.1%左右。有分析认为，使用快递循环箱暂时也没有成本优势，还有附加的社会成本——快递小哥来去匆匆，缺乏时间和意愿承担回收任务，消费者认知水平不同，配合度参差不齐。

推动快递包装绿色转型，需要全链条发力，从各个环节降本增效。快递包装的绿色转型，需要做好生产、使用、回收、处置全链条治理，还需要多个环节的商家、行业乃至不同城市、区域之间的协调配合。这不是轻轻松松就能实现的，需要广泛凝聚社会共识。我们为此付出的每一分努力，不仅是在成就一种更有责任感的生活，更是在塑造美好环境、建设美丽中国。

资料来源 叶琦. 推进快递包装“绿色革命”[EB/OL]. [2022-01-17]. https://guancha.gmw.cn/2022-01/17/content_35452248.htm

思政专栏

保通稳链物流人积极投身疫情 防控助力物流保障

2022年4月21日，史蒂夫奖组委会公布了2022年度亚洲-太平洋史蒂夫奖获奖名单。中国物流与采购联合会副会长单位——菜鸟物流凭借突出的全球抗疫表现，在该奖项“最具价值企业应对”领域荣获银牌，同获此殊荣的还有壳牌、OfficePartners360等国际企业。

作为一家全球化物流产业互联网公司，菜鸟把应急物流作为企业社会责任（CSR）项目的重要组成部分。依托于菜鸟覆盖全球的智慧物流网络，自2020年新冠肺炎疫情暴发以来，菜鸟已经累计向中国内地、香港以及海外等150多个国家和地区运送了超过2.5亿件医疗物资，向亚非拉等国家运输了上百万剂次的中国新冠肺炎疫苗，并且实现了全程运输信息的可视可控。

针对那些位置偏僻、基础设施匮乏的国家和地区，菜鸟还通过与一系列区域物流枢纽的深度合作，形成了对非洲、中东和中亚、拉美等的物流辐射能力。

据悉，菜鸟在全球部署了六大数字物流中枢（eHub），开通1 800多条国际海、空货运航线，运营超过300万平方米的跨境仓库，并在欧洲多国部署了分拨中心、海外仓和自提柜等基础设施，累计服务了30多个国际组织、上千个大大小小的中外企业。

菜鸟自营物流车队疾驰守“沪”，助力上海抗疫保供，肩负起从南京、杭州、嘉兴等地，运往上海仓库补充物资的任务。其实，这支车队刚刚组建不久，便直接被拉上了“前线”。作为菜鸟核心的优质物流资源之一，该车队计划用于保障长三角、珠三角、京津冀以及西南地区之间的重点物流干线运输。

4月10日，为解决上海生活物资供应短缺等问题，菜鸟自营物流车队临危受命，已全部被抽调支援上海抗疫。其中一支车队从山东被连夜召回，前一天还在山东淄博，第二天凌晨已经出现在浙赣交界的衢州江山，装上抗疫物资后，立刻调头赶往上海，确保车辆以最快速度投入抗疫保障。

4月11日集结至今，这支菜鸟自营物流车队开辟了南京—上海/嘉兴—上海2条跨省应急线路，进行24小时不间断的物资运输，每天运往上海的各类物资达数百吨。

干线运输通畅了，抗疫物资、生活物资就能源源不断地进入上海，快速补充上海本地的物资供应，老百姓的菜篮子、米袋子也得到了及时供应，大大增强了大家抗疫的决心与信心。

资料来源 中国物流与采购网．保通稳链物流人：菜鸟积极投身国际国内疫情 防控助力物流保障［EB/OL］．［2022-04-22］．http：//www.chinawuliu.com.cn/lhhzq/202204/22/576255.shtml.

解读：物流业一头连着生产，一头连着消费，在市场经济中的地位越来越凸显。交通物流是市场经济的经脉，也是民生保障的重要支撑。产业链供应链的稳定，既关系民生物资的保障，也关系经济社会发展大局。新冠肺炎疫情暴发后，许多物流公司遭遇跨省干线运输中断、仓库被管控、快递小哥滞留在家中无法出门前等所未有的挑战。它们克服各种困难，服从国家新冠肺炎疫情防控大局，为物流保通保畅、维护产业链供应链稳定做出了应有贡献，践行企业的社会责任与担当。

基本训练

1.单项选择题

（1）防震包装又称（　　）。

A.缓冲包装　　B.密封包装　　C.防水包装　　D.非密封包装

（2）产品包装机械的基本结构主要有（　　）。

A.8个方面　　B.7个方面　　C.6个方面　　D.5个方面

（3）包装后的产品不仅能密封、防潮、防污染，还能保护产品免受外部的冲击，具有一定的缓冲性，特别适用于多组产品的集合与托盘包装的裹包机械是（　　）。

A.扭结式裹包机　　B.接缝式裹包机

C.热收缩式裹包机　　D.折叠式裹包机

2.多项选择题

（1）包装机械的基本结构包括（　　）。

A.供送系统　　B.传送系统　　C.执行机构　　D.控制系统

（2）包装自动生产线的特点是（　　）。

A.技术含量高　　B.设备成套性强　　C.通用性强　　D.包装自动化

3.简答题

（1）按包装材料的力学性能分类，封口机械包括哪几类？

（2）简述包装自动生产线的组成部分。

（3）常见的全自动瓶装包装生产线由哪些单机组成？

综合应用

1.案例分析题

宝洁如何选择包装设备

广州宝洁纸品有限公司采用的包装设备都是向几家专业制造包装设备的公司定做的，如SIG、Cloostermans、OTIMA、ORION，喷码机设备供应商有Marken、依玛士、Videojet等，采用的设备都是进口的。这些设备虽然价格昂贵，但经过长时间的使用后，各项性能指标非常符合宝洁的质量标准。这些厂家提供的设备，维护、维修的文件齐全，售后服务好。

那么宝洁是如何选择包装设备的呢？选择包装设备考虑的因素首先是包装设备的质量和安全性好不好；其次是包装设备的可靠性、低维护性或免维护性等其他指标是否符合宝洁的要求；最后就是包装设备速度的快慢和使用的方便与否。因为宝洁的产品种类繁多，特别需要一些灵活性比较高的设备。

在采购流程中，宝洁对每一套要买的包装设备都有一个测试标准，再将测试标准转换成数字标准，作为检测供应商提供的包装设备的参照标准。制定这些测试标准前，先由总部提供一个标准，再由工程部将这些标准制定为数字标准。当然，价格因素也很重要，但是相对来讲，设备如果运作起来，生产效率高、产品包装质量好，因为宝洁的生产量很大，所以设备价格就显得不那么重要了。但随着市场竞争的激烈，宝洁会考虑价格这一方面，毕竟包装设备确实很昂贵。

作为一家跨国公司，宝洁的采购管理有着与国内传统采购流程不同之处。宝洁包装设备的采购是由几个部门一起决定的，而不是由一个部门决定的，因为要买一台包装设备，需要考虑的因素很多，如质量、安全性、价格等，所以要由几个部门一起决定。比如工程部门会负责技术，当工程部门首肯了这台设备后，采购部门才跟供应商谈价钱，如果价钱谈不下来，采购部门再与工程部门商量，看能否简化这台包装设备的设计，从而达到期望的价钱，其中可能要反反复复几次。当然，最后要让操作人员亲身试机，看这台设备操作起来会不会很复杂，因为一台设备的操作难易直接影响到成本的投入，如果操作难的话，就要聘用高技能的人才，这样成本就增加了。

在选择包装设备供应商方面，宝洁首先要对包装供应商做评估，因为不可能找到完全符合宝洁要求的供应商，而且宝洁提出的要求很高，有时公司项目经理会组织公司资源，去帮助供应商弥补其缺陷。举例来说，宝洁有一家日本供应商，这家公司规模不大，只有100多人，但它提供的包装设备超过1亿元人民币，它虽小，但宝洁还是选择了它，因为看到它有潜力、有发展。宝洁在与其合作过程中，互相弥补缺陷，力争获得让宝洁满意的包装设备。宝洁很重视包装质量，有很多国内公司只抓生产流程那一部分，而宝洁是从买原材料开始，从确保供应商的素质开始，把包装采购工作做得很全面。所谓的全面，包括控制原材料的质量、供应商的素质、进口包装设备的质量以及生产流程的质量，甚至最终到消费者手里的产品质量，并有十分完善的标准来控制这些因素。

资料来源 佚名．案例分析：宝洁公司如何采购包装设备［EB/OL］．［2022-10-17］．http：//wenku. baidu. com/link？ url=b5ZcrmGJRoFD66paYrvmc0yuyjrztXIE - XlbM4moQ1ghwd9IIcvHjlZIz5Kh - TBZySD4CBNZNmBDUJHx14Czf5mys81DRm0wSEVP5fbV-6e.

问题：谈谈宝洁选择包装设备带给我们的启示。

2.实训题

● 目标

认识身边的包装设备。

● 内容

观察在日常生活中见到的包装设备，分析其用途和特点。

● 时间

本章授课后的周末时间。

● 步骤

（1）同学们3～5人一组，制订观察方案。

（2）进行实地观察。

（3）对观察得到的资料进行分析，整理成文字材料。

（4）各组在班级进行交流、讨论。

第3章

仓储设施与设备

- 学习目标
3.1 仓储设施与设备概述
3.2 货架
3.3 站台
3.4 输送设备
3.5 巷道式堆垛机
3.6 装卸堆垛机器人
3.7 自动导引车
3.8 自动化立体仓库
- 思政专栏
- 基本训练
- 综合应用

学习目标

□ 知识目标：了解仓库内一些常用的设施与设备；了解站台的概念及基本作用；了解堆垛机的分类和作用；了解装卸堆垛机器人的分类和特点；了解自动导引车系统的构成；掌握自动化立体仓库的概念、优点和适用条件。

□ 能力目标：掌握仓储设施的功能；重点掌握各类货架的特点及用途；掌握输送设备的分类和特点；具备运用仓储设施与设备的参数来规划和使用仓库的能力。

□ 素养目标：精于工，匠于心。认清青年技术工人的成才离不开对工匠精神的传承。

【引例】

2020电商物流的新特征与新挑战

2020年，全球范围新冠肺炎疫情尚未得到全面控制，各国都面临着抗疫情、稳经济、保民生的艰巨任务。在这一背景下，我国成为新冠肺炎疫情发生以来第一个恢复增长的主要经济体，在疫情防控和经济恢复上都走在世界前列，这要得益于电子商务、网络购物的普及以及以快递、即时配送为代表的电商物流服务业的完善。作为重要的基础设施，物流业在疫情防控、保障民生和经济社会运行及稳定全球供应链等方面发挥了重要作用。

同城即时配送作为基础设施的重要组成部分，越来越受到物流企业的重视。

美团配送、蜂鸟即配、顺丰同城急送走过品牌独立的第一年，达达集团赴美上市，成为“即时零售第一股”，不仅使同类型企业的估值有了参照物，行业自我评价更有说服力，更重要的是提振了行业信心。预计未来5年即时配送行业将继续保持30%以上的增速，2021年市场规模近2 000亿元。特别是在此次疫情中，即时配送的小哥们以“城市摆渡人”的角色，成为这场抗疫中不可或缺的力量。在新冠肺炎疫情期间，外卖订单大幅下滑，即时配送企业及时调整策略，全面对接生鲜宅配、商超零售、医药配送、跑腿服务、快递末端揽派等业务。即时配送网络全面服务本地生活的进程加快，这也意味着以线上线下融合发展为特征的电商本地化时代到来。以小程序网络零售为例，有数据显示，小程序电商用户约为2.4亿人，日活跃用户超过3亿人。商家通过小程序将线上平台与线下门店整合，实现零售电商本地化。为配合阿里同城零售战略布局，菜鸟在全资控股点我达后，整合旗下丹鸟物流、蓝豚运力，推出“菜鸟直送”这一全新物流品牌，构建立体化同城配送网络。

科技创新动能发挥力量，应用落地逐渐聚焦。

5G、人工智能、大数据、云计算等技术，在运输、分拣、仓储、系统平台、末端配送等环节实现落地应用。此次疫情推进了无人投递和各类数字化设备的应用与普及。美团外卖于1月26日率先在武汉推出“无接触配送”，并迅速实现全国覆盖。阿里巴巴本地生活发挥数字平台经济力量，快速落地智能设备、生鲜自提等智能硬件和创新服务。传统快递公司继续坚持科技之路，初见成效。继顺丰集团成立顺丰科技之后，中通成立智能科技公司，主营物流信息与供应链相关服务，加大在基建设施和智能科技研发方面的投入。末端无人化趋势加速。菜鸟驿站的智慧物流解决方案以“智能设备+站+柜+人”模式提高末端服务效率及服务质量。在快递的无人配送场景中，无人车已在部分高校等特定场所开始提供常态化服务，包裹收取平均时长在30分钟。

资料来源 中国物流与采购联合会. 崔忠付：2020电商物流的新特征与新挑战［EB/OL］.［2020-09-24］. http: //www.chinawuliu.com.cn/lhhzq/202009/24/528338.shtml.

3.1 仓储设施与设备概述

货物的储存和运输是整个物流过程中的两个关键环节，被人们称为物流的支柱。因此，仓储系统是物流系统中一个很重要的子系统。它是供应和消费之间的中间环节，主要包括储存、保养、维护、管理等活动，在物流系统中起着缓冲、调节、集散和平衡的作用。要实现仓储基本任务，企业应该根据储备货物的种类、储存货物的周转量的大小、储备时间的长短以及相关的自然条件等因素，合理配置仓储机械设备，为有效地进行仓库作业创造条件。仓储设备主要包括仓库以及与其相关的配套设备，如货架系统、堆垛起重机、装卸堆垛机器人以及自动导引车等设备。

3.1.1 仓库的分类

仓库（warehouse）是用于储存、保管货物的建筑物和场所的总称。仓库与库存是同时产生的，当生产力发展到一定阶段，有了库存的需要，就出现相应的储存设施，如库房、货棚、货场等。仓库的种类很多，由于各种仓库所处的地位不同，所承担的储存任务不同，储存货物的品种规格繁多、性能各异，因此仓库可以按营运形态、保管形态、建筑构造和材料、功能不同等，分为不同类型。

1）根据营运形态不同划分

（1）自用仓库。它是各生产或流通企业为了本企业物流业务的需要而修建的附属仓库。这类仓库只储存本企业的原材料、燃料、产品或商品，一般工厂、企业、商店的仓库以及部队的后勤仓库多属于这一类。

（2）营业仓库。它是专门为了经营储运业务而修建的仓库，面向社会服务或以一个部门的物流业务为主，兼营其他部门的物流业务，如商业、物资、外贸等系统的储运公司的仓库等。营业仓库由仓库所有人独立经营或者由分管的仓库管理部门独立核算经营。

（3）公用仓库。它属于公共服务的配套设施，是为社会物流服务的公共仓库，如铁路车站的货场仓库、港口的码头仓库、公路货场的货栈仓库等。

2）根据保管形态不同划分

（1）普通仓库。它是常温下的一般仓库，对于仓库没有特殊的要求，只要求具有一般通用的库房和堆场，用于存放普通货物，如一般的金属材料仓库、机电产品仓库等。仓库设施较为简单，但储存的货物种类繁杂，作业过程和保管方法、要求均不同。

（2）保温仓库。它是用于储存对湿度、温度等有特殊要求（包括恒温、恒湿及冷藏等）的货物的仓库，如粮食、水果、肉类等的储存。这类仓库在建筑上要有隔热、防寒、密封等功能，并配备专门的设备，如空调、制冷机等。

（3）特种仓库。它是用来储存危险品的仓库，如石油库、化学危险品库，以及用于专门储存粮食的粮仓等。这种仓库储存物单一，保管方法一致，但需要特殊的保管条件。

（4）水上仓库。它指漂浮在水面的储存货物的趸船、囤船、浮驳或其他水上建筑，或者在划定水面保管木材的特定水域、沉浸在水下保管货物的水域。近年来，由于国际运输油轮的超大型化，许多港口因水深限制大型船舶不能直接进港卸油，往往采用在深水区设立大型水面油库（超大型油轮）作为仓库转驳运油。

3）根据建筑构造和材料不同划分

（1）按建筑构造不同，仓库可分为平房仓库、多层仓库、高层仓库、地下仓库等。

（2）按建筑材料不同，仓库可分为钢筋混凝土仓库、混凝土预制板建筑仓库、钢骨架建筑仓库、木制建筑仓库等。

4）根据功能不同及其他划分

（1）储存仓库。它主要对货物进行保管，以解决生产和消费的不均衡。例如，应季生产的大米储存到第二年卖；常年生产的化肥，要想在春、秋季节集中供应只有通过仓储来解决。

（2）流通仓库。这种仓库除具有保管功能之外，还能进行流通加工、装配、包装、理货以及配送，具有周转快、附加值高、时间性强的特点，从而减少在联结生产和消费的流通过程中商品因停滞而花费的费用。

（3）配送中心。配送中心是向市场或直接向消费者配送商品的仓库。作为配送中心的仓库，往往存货种类众多、存货量较少，并要进行商品包装拆除、配货组合等作业，一般还开展配送业务。

（4）保税仓库（保税货场）。保税仓库是经海关批准，在海关监管下，专供存放未办理关税手续而入境或过境货物的场所，也就是说，保税仓库是获得海关许可的能长期储存外国货物的本国国土上的仓库，同样，保税货场是获得海关许可的能装卸或搬运外国货物并暂时存放的场所。

3.1.2 仓库的功能

仓库在整个物流系统中扮演着极为重要的角色，仓库最基本的功能是储存和保管货物。但是，随着生产制造技术及运输系统的发展，仓库储存和保管作业的角色已起了质与量的变化。虽然它调节生产量与需求量的原始功能一直没有改变，不过为了满足市场少批量、多样化的需求，仓库还担负着流通加工、拣选、配送和信息服务等功能，其功能远远超出了单一的储存和保管功能。一般来说，仓库有3个基本功能。

1）储存和保管功能

这是仓库最基本的功能。长期储存的货物通常是指安全库存、缓冲库存或战略物资库存中的货物。暂时储存的货物通常是指消耗较快、需要及时补给的货物，或是由于不同运输工具的运输能力的差异需要暂存的货物。用于储存货物的仓库应具有一定的空间，根据被储存货物对储存条件的不同要求，仓库内还配有相应的货架和设备，以保持被储存货物的完好性。例如，储存精密仪器的仓库，需要防潮、防尘、恒温等，应设置空调、恒温器等控制设备。在仓库作业时，为防止搬运和堆放时碰坏、压坏货物，要求搬运机具和操作方法不断改进与完善，使仓库真正起到储存和保管的作用。

2）配送和流通加工功能

现代仓库的功能已由保管型向流通型转变，即仓库由原来的储存、保管货物的场所向流通中心、销售中心转变。现代仓库不仅具备储存、保管货物的设施与设备，还增加了分拣、配货、包装、流通加工、移动等设备，从而扩大了仓库的经营范围，提高了综合利用率，方便了消费者，提高了服务质量。

3）信息传递功能

信息传递功能总是伴随着上述功能而发生的。在处理有关仓库管理的各项事务时，需要及时而准确的仓库信息，如仓库利用水平、进出货频率、仓库的地理位置、仓库货物的运输情况、顾客需求状况以及仓库人员的配置等，这对一个仓库管理能否取得成功至关重要。目前，在仓库的信息传递方面，越来越多地依赖计算机和互联网，通过使用电子数据交换（EDI）系统或条形码技术来提高仓库货物信息的传递速度和准确性，通过互联网来及时地了解仓库的使用情况和货物的储存情况。

3.1.3 仓库布局的原则

（1）尽可能采用单层，因为这样不仅造价低，资产的平均利用率也高。

（2）货物在出入仓库时应直线或直接流动，以避免逆向操作和低效运作。

（3）采用高效的货物搬运设备及操作流程。

（4）在满足货物搬运设备大小、类型、转弯半径的前提下，尽量减少过道所占的空间。

（5）尽量利用仓库的高度，有效地利用仓库的容积。

（6）在对所储存货物提供足够便利与保护的同时，要充分利用已有空间。

一般来说，仓库存储空间的利用有如下3种情况：

① 不固定放置系统——把货物放置在空闲的地方，并输入计算机，用计算机进行调度和寻找，以提高空间的利用率。

② 固定放置系统——将货物放在固定地点。地点固定，便于拣选，提高效率。

③ 半固定放置系统——不固定放置系统和固定放置系统的混合形式。

目前，库存中心多采用不固定放置方式、配送中心多采用固定放置方式。

3.1.4 仓储设施的参数

1）仓库建筑系数

它是各种仓库建筑物实际占地面积与库区总面积之比，即

仓库建筑系数=仓库建筑物实际占地面积÷库区总面积×100%

该参数反映库房及用于仓库管理的建筑物在库区内排列的疏密程度，反映总占地面积中库房比例的高低。

2）库房面积利用率

它是使用面积中实际存放货物所占面积的比例的参数，即

库房面积利用率=堆存货物面积÷使用面积×100%

这个参数表示实际使用面积被有效利用的程度，也可对应衡量出非保管面积所占比重。

3）库房高度利用率

它是反映库房空间高度被有效利用程度的指标，即

库房高度利用率=货垛或货架平均高度÷库房有效高度×100%

这个参数和库房面积利用率参数所起的作用是一样的，即衡量仓库被有效利用程度。仓库中可以采取多种技术措施来提高这一利用程度。

4）仓容

仓容是仓库中可以存放货物的最大数量，以重量单位（吨）表示。仓容大小取决于仓库使用面积大小及单位面积承载货物重量的能力以及货物的安全要求，即

仓容（吨）=仓库使用面积（平方米）×单位面积存储定额（吨/平方米）

仓容反映的是仓库的最大能力，是衡量流通生产力的重要参数。

5）仓容利用率

仓容利用率指实际仓容量与仓容之比值的百分率，一般以年平均值为考核计算依据，反映仓容利用之高低。

6）库存周转次数

库存周转次数是年入库总量或年出库总量与年平均库存之比，反映仓库动态情况，对于生产性和经营性的仓库，库存周转次数越多说明资金周转越快，经济效益越好。

库存周转次数=进（出）库总量÷平均库存

拓展阅读3-1

库房

2020年12月，国家市场监督管理总局和国家标准化管理委员会联合发布了《物流设施设备的选用参数要求》（GB/T 39660-2020），其中关于库房的参数要求如下：

1.库房面积

库房总面积及分区面积应根据物流节点整体规划、储存货物品类、存货量、堆存方式、作业流程与要求、货物周转时间和消防要求等因素确定。

2.库房库门尺寸

2.1 库门净宽与净高应根据装卸站台类型、高峰时货物吞吐量、进出库的流动机械和运输车辆类型、库门与运输车辆间的安全间隙、作业方式、货物类别与外包装尺寸等因素确定。

2.2 通用性库门净宽不应小于3.6米，净高不应小于4.3米。

2.3 有铁路运输车辆进出的库门净宽不应小于4.2米，净高不应小于5米。

3.库房内通道宽度

库房内通道应分为作业通道及人工通道。作业通道宽度应根据装卸和搬运车辆类型、叉车类型与货叉类型等因素确定，人工通道宽度宜为1~1.5米。

4.库房净高

4.1 库房的净高应根据库房容积率、储存货物类别、货物堆高要求、货架类型、库内作业机械类型、运输通道的高度要求、公用设备及工艺管线空间敷设的要求、天然采光及自然通风要求等因素确定。

4.2 单层库房净高不宜小于9米，多层库房每层净高不宜小于5米。分拨型库房的净高可以适当降低。

5.库房跨度和柱距

5.1 库房的跨度和柱距应根据库房所处地块、年货运量、平面布局、库房功能、作业方式、作业流程、作业种类、库存周转频率、进出库频率、储存货物类别、货位布置形式、货位尺寸、货物堆码高度、货架类别、装卸机械类型、库房建筑结构、建筑强度要求及消防要求等因素确定。

5.2 库房跨度不宜小于18米。

5.3 库房柱距不宜小于9米，不宜大于12米。

6. 库房间距

6.1 库房与库房间应设置停车装卸区、车辆牵引区及车行道。库房间距应根据运输车辆类型和车辆转弯半径等因素确定。

6.2 库房单边作业时，库房间距不宜小于30米。两相邻库房对向作业时，库房间距不宜小于45米。分拨型库房的库房间距可以根据运输车辆类型适当减小。

7. 库房内置车位

库房内置车位应与库房大门垂直、平行或成45°设置。

3.2 货架

货架泛指存放货物的架子。在仓库设备中，货架是指专门用于存放成件货物的保管设备。货架在仓库中占有非常重要的地位。随着现代工业的迅猛发展，物流量的大幅度增加，为实现仓库的现代化管理，改善仓库的功能，不仅要求货架数量多，而且要求货架具有多功能，并能实现机械化、自动化目标。

3.2.1 货架的作用和功能

货架在现代物流活动中，起着相当重要的作用。仓库管理能否实现现代化，与货架的种类、功能有直接的关系。货架的作用及功能有如下几方面：

（1）货架是一种架式结构物，可充分利用仓库空间，提高仓容利用率，扩大仓库储存能力。

（2）存入货架中的货物互不挤压，货物损耗小，货架可完整保证货物本身的功能，减少了货物的损失。

（3）货架中的货物，存取方便，便于清点及计算，可做到先进先出。

（4）保证储存货物的质量，可以采取防潮、防尘、防盗、防破坏等措施，以提高货物储存质量。

（5）很多新型货架的结构及功能有利于实现仓库的机械化及自动化管理。

3.2.2 货架的分类

按不同的分类方式，货架可以分为不同的种类（见表3-1）。

表3-1 货架的分类

分类依据	种类
按货架的发展	①传统式货架：层架、层格式货架、抽屉式货架、橱柜式货架、U形架、悬臂架、栅架、鞍架、气罐钢筒架、轮胎专用货架等 ②新型货架：旋转式货架、移动式货架、装配式货架、调节式货架、托盘式货架、驶入式货架、高层式货架、阁楼式货架、重力式货架、臂挂式货架等
按货架的适用性	通用货架和专用货架

续表

分类依据	种类
按货架的制造材料	钢货架、钢筋混凝土货架、钢与钢筋混凝土混合式货架、木制货架和钢木合制货架等
按货架的封闭程度	敞开式货架、半封闭式货架和封闭式货架等
按结构特点	层架、层格架、橱架、抽屉架、悬臂架、三脚架和栅架等
按货架的可动性	固定式货架、移动式货架、旋转式货架、组合货架、可调式货架和流动存储货架等
按货架结构	①整体结构式，即货架直接支撑仓库屋顶和围墙 ②分体结构式，即货架与建筑分为两个独立系统
按货架的载货方式	悬臂式货架、橱柜式货架和棚板式货架等
按货架的构造	①组合可拆卸式货架 ②固定式货架，其中又分为单元式货架、一般式货架、流动式货架和贯通式货架
按货架高度	①低层货架：高度在5米以下 ②中型货架：高度为5～12米 ③高层货架：高度在12米以上
按货架重量	①重型货架：每层货架载重量在500千克以上 ②中型货架：每层货架载重量在150～500千克 ③轻型货架：每层货架载重量在150千克以下

3.2.3 各种常见货架

1）层架

（1）结构及种类。层架是由主柱、横梁、层板构成的，架子本身分为数层，层间用于存放货物（如图3-1所示）。层架应用广泛，种类繁多，一般可进一步划分。

① 按层架存放货物的重量级不同，可将层架分为重型层架、中型层架和轻型层架3种。

② 按层架结构方式不同，可将层架分为装配式、固定式及半固定式3种。装配式多用于轻型层架，采用轻钢结构，较机动灵活；固定式层架坚固、结实，承载能力强，用于重、中型层架。

③ 按层架封闭程度不同，可将层架分为开放型、半开放型、金属网型、前挡板型等种类。

④ 按层板安装方式不同，可将层架分为固定层高及可变层高两种。

图3-1 层架

层架的尺寸规格可在很大范围内变动，一般而言，轻型层架主要是人工进行装、取货操作，规格尺寸及承载能力都和人的搬运能力相适应，总高度一般在2.4米以下，层高在0.5米以下。中、重型层架尺寸则要大得多，总高度可达4.5米，层高可达1.2米，宽度可达3米。

（2）特点及用途。层架具有结构简单、省料、适用性强等特点，便于货物的收发，但存放货物数量有限，是人工作业仓库的主要存储设备。轻型层架多用于小批量、零星收发的小件货物的储存。中型和重型层架要配合叉车等工具储存大件、重型货物，所以其应用领域广泛。

2）托盘式货架

（1）结构及种类。此种货架是存放装有货物托盘的货架。托盘式货架所用材质多为钢材，也可用钢筋混凝土，可做单排型连接，也可做双排型连接（如图3-2所示）。托盘式货架的尺寸大小，视仓库的大小及托盘尺寸的大小而定。

图3-2　托盘式货架

（2）特点及用途。用托盘装载货物，如将托盘直接堆码，存在如下问题：

① 用平托盘直接堆码，两盘之间及最下层的货物会受到挤压，甚至造成货物损坏；另外，这种堆码方法不能做到先进先出。

② 当各个托盘装载不同货物时，只能单摆，不能堆码，会造成仓容利用率低。

③ 如果使用立柱式托盘或框架式托盘，虽然可以堆码，使货物不受挤压，但堆码不能太高，太高后稳定性差、不安全。

因此，采用托盘式货架，每一个托盘占一个货位，这样能克服上述的问题。较高的托盘式货架使用堆垛起重机存取货物，较低的托盘式货架可用叉车存取货物。托盘式货架可实现机械化装卸作业，便于单元化存取，仓容利用率高，可提高劳动生产率，实现高效率的存取作业，也便于实现计算机的管理和控制。

3）层格式货架

（1）结构。层格式货架的结构及种类与层架类似，区别在于某些层甚至每层中用间隔板分成若干个格。

（2）特点及用途。一般来说，层格式货架每格原则上只能放一种货物，优点是货物不易混淆，但存放数量不大；其缺点是层间光线暗，存放数量少。它主要用于规格复杂多样，必须互相间隔开的货物的存放。

4）抽屉式货架

（1）结构。抽屉式货架与层格式货架类似，区别在于层格中有抽屉（如图3-3所示）。

（2）特点及用途。此类货架有半封闭式和封闭式两种。封闭式货架具有防尘、防湿、避光的作用，主要用于比较贵重的小件货物的存放，或用于怕尘土、怕湿等的贵重货物，如刀具、量具、精密仪器、药品等的存放。

图3-3　抽屉式货架

5）橱柜式货架

（1）结构。在层格式货架或层架的前面装有橱门，上下左右及后面均封闭起来，门可以是开关式，也可以是左右推拉式或卷帘式。门的材质一般有木材、玻璃、钢材，也可用各种纱门。

（2）特点及用途。橱柜式货架也属于封闭式货架的一种。其特点及用途与抽屉式货架相似，用于存放贵重货物、文件、文物及精密配件等。

6）悬臂式长形料架

（1）结构及种类。悬臂式长形料架又称臂架，是由3~4个塔形悬臂和纵梁相连而成的（如图3-4所示），分为单面和双面两种。悬臂式长形料架用金属材料制造，为防止材料碰损或产生刻痕，可在金属悬臂上垫上木质衬垫，也可用橡胶带保护。悬臂式长形料架的尺寸不定，一般根据所放长形材料的尺寸大小而定其尺寸。

（2）特点及用途。悬臂式长形料架为边开式货架的一种，可以在架子两边存放货物，但不太便于机械化作业，存取作业强度大，一般适用于轻质的长条形材料存放，可用人力存取操作。重型悬臂式长形料架用于存放长条形金属材料。

7）U形架（H形架）

（1）结构。此类货架外形呈U形，组合叠放后呈H形。为使其重叠码放和便于吊装作业，在架的两边上端做成吊钩形角顶（如图3-5所示）。

图3-4　悬臂式长形料架

图3-5　U形架

（2）特点及用途。U形架结构简单，但强度很高，价格较低，码放时可较高叠放，因而可提高仓容的利用率。此外，可随货收发，因而节省收发时的倒装手续，可实现机械化操作，可做到定量存放，主要用于存放量大的管材、型材、棒材等大型长尺寸金属材料、建筑塑料等。

8）驶入式货架

（1）结构。驶入式货架又称进车式货架，其结构如图3-6所示。这种货架采用钢质结构，钢柱上一定位置有向外伸出的水平突出构件。当托盘送入时，突出的构件将托盘底部的两个边拖住，使托盘本身起架子横梁的作用。当架上没有放托盘货物时，货架正面便成了无横梁状态，这时就形成了若干通道，叉车等作业车辆可方便地出入。

（2）特点及用途。叉车可直接驶入货架进行作业，叉车与货架的正面成垂直方向驶入，在货架内部设有卸放托盘货载的位置，直至装满取货时再从外向内顺序取货。驶入式货架能起到保管场所及叉车通道的双重作用，但叉车只能从架子的正面驶入。这样一来，虽然可提高仓容利用率，但是很难实现先进先出。因此，每一巷道只宜保管同一品种货物，并且只适用于保管少品种、大批量以及不受保管时间限制的货物。驶入式货架是高密度存放货物的重要货架，仓容利用率可达90%以上。

9）移动式货架

（1）结构。这种货架又叫动力式货架，通过货架底部的电动机驱动装置，可在水平直线导轨上移动，一般设有控制装置和开关，在30秒内使货架移动，叉车可进入存取货物（如图3-7所示）。此外，这种货架有变频控制功能，可控制驱动和停止时的速度，以防止货架上的货物抖动、倾斜或倾倒。在其适当位置还安装有定位用的光电传感器和可刹车的齿轮马达，从而提高了定位精度。

图3-6 驶入式货架

图3-7 移动式货架

（2）特点。

① 比一般固定式货架存储量大很多，节省空间。

② 适合保管少品种、大批量、进出频率低的货物。

③ 节省占地面积，地面使用率达80%。

④ 可直接存取每一种货物，不受先进先出的限制。

⑤ 高度可达12米，单位面积的存储量可达托盘式货架的2倍左右。

⑥ 成本高、施工慢。

10）重力式货架

重力式货架又称流动式货架，是现代物流系统中一种被广泛应用的装备。其原理是利用货物的自重，使货物在有一定高度差的通道上，从高处向低处运动，从而完成进货、储存、出库的作业。

（1）结构。重力式货架和一般层架从正面看基本相似，但是其深度比一般层架深得多，类似许多层架密集靠放。每一层隔板做成前端（出货端）低、后端（进货端）高，有一定坡度。有一定坡度的隔板可制成普通的滑道形式，货物顺着滑道从高端向低端滑动，也可制成带滑轨、辊子或滚轮的滑道形式，以提高货物的运动性能，尽量将坡度做得小一些。

图3-8是一个带辊子滑道的重力式货架。这种货架的辊子或滚轮结构有固定式和托起式两种。固定式辊子或滚轮一旦装上之后，不可再变。托起式辊子或滚轮则可在不急迫滚动时，将辊子或滚轮落入槽内，货物则托放于槽板上，以保持货物稳定。需要使货物运动时，只要给槽内软管充气，使之鼓胀，将辊子或滚轮托起，使货物离开槽板而置于辊子或滚轮之上，这样货物便在自重作用下沿辊子或滚轮向低端运动。

图3-8 带辊子滑道的重力式货架

这种货架的一侧通道作为存放货物用，另一侧通道作为取货物用，货物放在辊子或滚轮上。货架隔板向取货物方向稍倾斜一个角度。

（2）特点及用途。重力式货架主要有以下特点：

①单位库房面积存储量大。重力式货架是密集型货架的一种，能够大规模密集存放货物。与移动式货架密集存放的功能相比，其规模可做得更大，从1千克以下的轻体小件物到集装托盘乃至小型集装箱都可以采用重力式货架。

由于密集程度很高，减少了通道数量，所以可有效节约仓库的面积。由普通货架改为重力式货架后，仓库面积可节省近50%。

②固定了出入库位置，减少了搬运工具的运行距离。采用普通货架出入库时，搬运工具如叉车、作业车需要在通道中穿行，易出差错且搬运工具运行路线难以规划，运行距离也长，采用重力式货架后，搬运工具运行距离可缩短约1/3。

③由于入库作业和出库作业完全分离，两种作业可各自向专业化、高效率方向发展，而且在出入库时，搬运工具不互相交叉，不互相干扰，事故率降低，安全性增加。

④和驶入式货架等密集存储方式不同，重力式货架绝对保证先进先出，因而符合仓库管理现代化的要求。

⑤重力式货架和一般货架比，大大缩小了作业面，有利于进行拣选活动。

基于上述特点，重力式货架主要应用在需大量储存货物或有拣选作业要求的场合，如用于配送中心、转运中心、仓库、商店的拣选配货操作中，也用于生产线的零部件供应线上。大型重力式货架存储量较大，是以储存为主的货架，轻型、小型重力式货架则属于拣选式货架。

11）阁楼式货架

（1）结构。两层堆叠制成阁楼式货架（如图3-9所示）。其结构有的是由底层货架承重，上部搭置楼板，形成一层新的库面；有的是由立柱承重，上部搭置楼板形成一层新的库面。

图3-9 阁楼式货架

（2）特点及用途。阁楼式货架是在已有的仓库工作场地上面建造阁楼，在阁楼上面放置货架或直接放置货物，或将原有的平房库改为两层的楼库，货物提升可用输送机、提升机、电葫芦，也可用升降台等。在阁楼上面可用轻型小车或托盘牵引车等进行货物的堆码。这种货架的特点是充分利用空间，一般用于旧库改造。

一般的旧库，库内有效高度在4.5米以上，如果安装一般货架或者就地堆放货物，在操作上受人的高度所限，只能利用2米左右。采用阁楼式货架后，可成倍提高原有仓容利用率，缺点是存取作业效率低。阁楼式货架主要用于存放存储期较长的中小件货物。

12）旋转式货架

旋转式货架又称回转式货架，是为适应目前生产及生活资料由少品种、大批量向多品种、小批量发展的趋势而发展起来的一类现代化保管存储货架。这种货架的出现，可以解决由于货物品种的迅猛增加所带来的拣选作业工作量大、劳动强度高、系统日益复杂的问题。

按照货物的拣选方式，可以把货架归纳为以下两种：一是货物存放在固定的货架内，供操作者进行取货；二是货架可以水平、垂直、立体回转，货物随货架移动到操作者面前，而后被操作者选取。旋转式货架属于后一种。

旋转式货架在存取货物时，可用微机控制，也可用控制盘控制，根据下达的货格指令，该货格以最近的距离自动旋转至拣货点停止。这种货架存储密度大，货架间不设通道，与固定式货架比，可节省占地面积30%～50%。由于货架转动，拣货线路简捷、拣货效率高、拣选差错少。根据旋转方式的不同，旋转式货架可分为垂直旋转式货架、多层水平旋转式货架、整体水平旋转式货架3种。

（1）垂直旋转式货架。

① 结构。这种货架类似垂直提升机，在提升机的两个分支上悬挂有成排的货格，提升机可正转，也可以反转。货架的高度为2～6米，正面宽2米左右，10～30层不等，单元货位载重100～400千克，回转速度为6米/分左右。其结构如图3-10a所示。

② 特点及用途。垂直式旋转货架属于拣选型货架，占地空间小，存放的品种多，最多可达1 200种左右。另外，货架的货格的小隔板可以拆除，这样可以灵活地储存各种长度尺寸的货物。在货架的正面及背面均设置拣选台面，可以方便地安排出入库作业。在旋转控制上用编号的开关按键即可以轻松操作，也可以利用计算机操作控制，形成联动系统，将指令要求的货层经最短的路程送至挑选的位置。

（2）多层水平旋转式货架。

①结构。此种货架的最佳长度为10～20米，高度为2～3.5米，单元货位载重200～250千克，回转速度为20～30米/分。其结构如图3-10b所示。

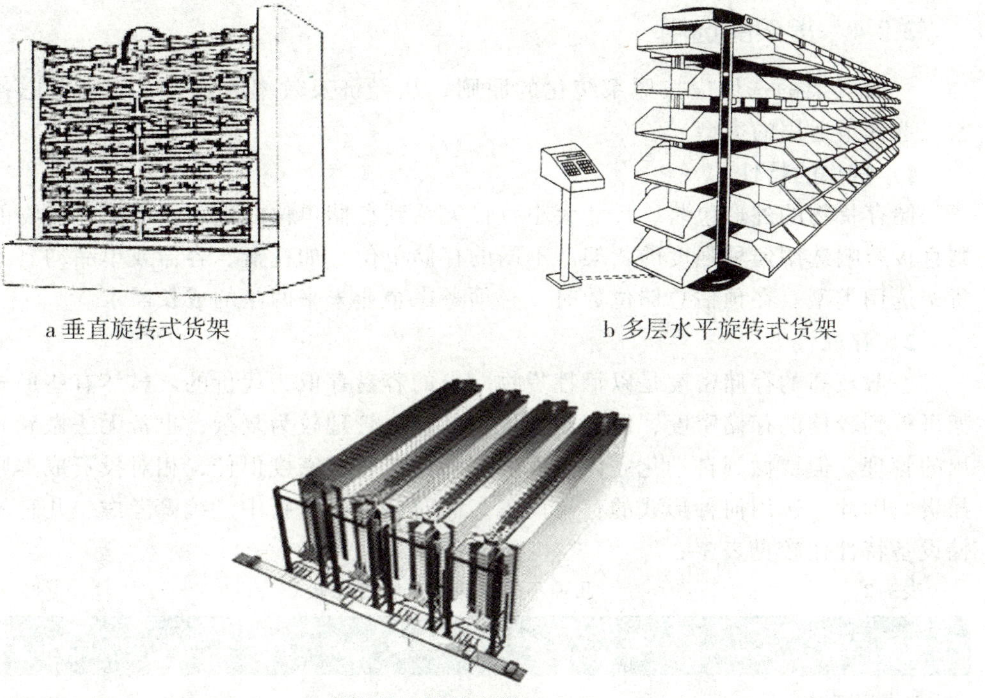

a 垂直旋转式货架　b 多层水平旋转式货架　c 整体水平旋转式货架

图3-10　旋转式货架

②特点及用途。多层水平旋转式货架是一种拣选型货架。这种货架各层可以独立旋转，每层都有各自的轨道，用计算机操作时，可以同时执行几个命令，使各层货物从远到近、有序地到达拣选点，拣选效率很高。此外，这种货架储存货物品种多，达2 000种以上，主要用于出入库频率高、多品种拣选的配送中心等场所。

（3）整体水平旋转式货架。

① 结构。这种货架由多排货架联结而成，每排货架又有若干层货格，货架做整体水平式旋转，每旋转一次，便有一排货架到达拣选面，可对这一排的各层进行拣货。其结构如图3-10c所示。

② 特点及用途。这种货架每排可放置同种货物，但包装单位不同，如上部货格放置小包装，下部货格放置大包装，拣选时不再计数，只取一个需要数量的包装即可，也可以在一排货架的不同货格放置互相配套的货物，一次拣选可在一排上将相关货物拣出。这种货架还可做小型分货式货架，每排不同货格放置同种货物，旋转到拣

选面后，将货物按各用户分货要求拣出，分放到各用户的指定货位，使拣选、分货结合起来。所以，整体水平旋转式货架主要是拣选型货架，也可看成拣选、分货一体化的货架。这种货架旋转时动力消耗大，不太适用于拣选频度太高的作业，所旋转的货物主要是各种包装单位的货物，种类和容量受货架长度制约也有限。整体水平旋转式货架也可制成长度很长的货架，可增大存储容量，但由于动力消耗大、拣选等待时间长，不适用于随机拣选，在需要组成拣选或可按顺序拣选时可以采用。这类货架规模越大、长度越长，则其拣选功能越向分货功能转化，成为适用于小型分货领域的分货式货架。

3.2.4 货架的选用

一般货架的选用应按照系统化的原则，从经济及效率的观点，综合考虑各项因素，选择最适用的类型。

1）货物的特性

储存货物的外形包装、尺寸大小直接关系到存储单位的选定，而储存货物的重量则直接影响选用何种强度的货架。不同的存储单位，如托盘、容器或单品均有不同的货架选用类型。在预估总储位数时，必须考虑企业未来两年的成长需求。

2）存取性

一般较高的存储密度是以牺牲货物一定的容易存取为代价的。虽然有些形式的货架可得到较佳的存储密度，但相对来说，其储位管理较为复杂，也常无法做到先进先出的管理。但要做到自动化立体仓库的存取性与存储密度俱佳，相对投资成本则较为昂贵。因此，选用何种形式的存储设备，需对各种因素折中，统筹考虑。几种不同存储设备特性比较见表3-2。

表3-2 几种不同存储设备特性比较

比较项目	托盘式货架	驶入式货架	驶出式货架	流动式货架	移动式货架	自动化立体仓库
货架占用面积	大	小	小	小	小	小
存储密度	低	高	高	高	高	高
空间利用	普通	很好	很好	非常好	非常好	非常好
存取性	非常好	差	差	普通	好	非常好
先进先出	可	不可	不可	可	可	可
通道数	多	少	少	少	少	多
单位纵深货门数	1	最多15	最多10	最多15	1	2
堆叠高度（米）	6	10	10	10	10	14
出入库能力	中	小	小	大	小	大

3）出入库量

出入库量高低是选用货架形式的考虑重点。某些形式的货架虽有很好的存储密度，但出入库量不高，适合于低频率的作业。不同的存储单位，出入库频度与其相适应的存储设备类型的参考数据见表3-3。

表3-3　**存储设备以出入库量不同区分**

存储单位	高频度	中频度	低频度
托盘	托盘式流动货架（20～30托盘/小时） 自动化立体仓库（30托盘/小时） 水平旋转自动仓库（10～60秒/单位）	托盘式流动货架 （10～15托盘/小时）	驶入式货架 （10托盘/小时以下） 驶出式货架 移动式货架
容器	容器流动货架 轻负载自动仓库（20～50箱/小时） 水平旋转自动仓库（20～40秒/单位） 垂直旋转自动仓库（20～30秒/单位）	轻型货架（中量型）	抽屉式流动货架
单品	单品自动拣取系统	轻型货架（轻量型）	抽屉式货架

拓展阅读3-2

货　架

2020年12月，国家市场监督管理总局和国家标准化管理委员会联合发布了《物流设施设备的选用参数要求》(GB/T 39660-2020)，其中关于货架的参数要求如下：

1. 货架高度

货架的高度应根据库房安全净空尺寸、库房净高、货物重量等因素确定。

2. 托盘式货架货格尺寸

2.1 托盘式货架货格有效宽度应根据货格货位数、托盘尺寸、托盘与两侧货架立柱之间的安全间隙、托盘与托盘之间的安全间隙等因素确定。托盘与两侧货架立柱之间的安全间隙不应小于75毫米，托盘与托盘之间的安全间隙不应小于100毫米。

2.2 托盘式货架货格有效高度应根据托盘单元货品的高度和托盘单元货品与上层横梁之间的安全间隙等因素确定。货格有效高度宜为50毫米或75毫米的整数倍。托盘单元货品与上层横梁之间的安全间隙应根据横梁高度进行调节，具体应符合表3-4中的要求。

表3-4　**托盘单元货品与上层横梁间隙的安全间要求**　单位：毫米

横梁高度	托盘单元货品与上层横梁间的安全间隙
≤3 000	75
≤6 000	100
≤9 000	125
>9 000	150

2.3 托盘式货架货格有效深度应根据托盘尺寸以及托盘与横梁之间的安全操作间隙等因素确定。

4）搬运设备

货架货物的存取作业是由搬运设备来完成的，因此选用货架时应一并考虑搬运设备。如货架的通道宽度会直接影响堆垛机的选用形式，另外需要考虑举升高度及举升能力。

3.2.5 仓储类货架的规划设计原则

一般来说，正确的货架规划设计方案能大大降低仓库的空间成本，提高工作效率，所以针对仓储类货架的规划设计是非常重要的。一般来说，客户在选购货架前首先要确定货架的规划设计方案，这是一个必要的步骤。仓储类货架规划设计的一般原则主要有3个方面：

（1）首先是增加储位空间的合理有效利用。

（2）通过规划可以促进货物的有效流动，最终保证最短的移动距离，避免交叉。

（3）采用系统简化原则和物流标准化，从而确保仓储系统中各个环节能够密切配合。

值得注意的是，以上的仓储类货架的规划设计原则其实就是在充分了解了仓库、存放货物以及客户需求等多因素后制定出来的。这对于客户的物流仓储业务来说是尤其重要的。如超市货架布局通常采用以下形式：

（1）直线式超市货架布局

直线式超市货架布局是超市货架布局和通道呈矩形分段布置。

这种规则化布置，顾客易于寻找货位，一般采用标准化超市货架。

（2）斜线式超市货架布局

斜线式超市货架布局是超市货架布局和通道呈菱形分段布置。

这种形式可供顾客看到更多的商品，使得超市卖场的气氛比较活跃，顾客的流动不受拘束。

（3）曲线式超市货架布局

曲线式超市货架布局是用不规则的布局办法设置通道，可任意布置货位。

3.3 站台

3.3.1 线路和站台

和仓库相连的线路或进入仓库内部的线路，以及线路与仓库的连接点（称为站台，也称月台、码头），是仓库进发货的必经之路。这些设施既是仓库运行的基本保证条件，又是仓库高效工作不可忽视的部分。

1）线路

和仓库相连的线路的基本要求是能满足进出货运量的要求，不造成拥挤阻塞。

（1）铁道专用线简称专用线，是与铁路网相接的专供仓库使用的线路。大量进出货的集散型仓库，一般依靠专用线将仓库与外界沟通，如煤炭、水泥、油类、金属材料配送型仓库或配送中心，往往依靠专用线解决大量进出货的问题。

（2）汽车线是和公路干线相连的汽车线路，可以深入到仓库内部甚至库房中，一般进出货量不太大的仓库往往靠汽车线与外界相连。

生产企业中的大型成品库靠铁道专用线及汽车线向外运出货。对于一般流通仓库，铁道专用线与进货区相连而汽车线与出货区相连。现代仓库，在汽车大型化的前提下，很多不设铁路专用线，尤其在大城市内的仓库，主要依靠公路线与外界相接。

2）站台

站台的基本作用是：车辆停靠处、装卸货物处、货物暂存处，利用站台能方便地将货物装进车辆中或从车辆中取出，实现物流网络中线与节点的衔接转换。

3.3.2 高、低站台和站台高度的确定

1）高站台

站台高度与车辆货台高度一样，一旦车辆停靠后，车辆货台与站台处于同一水平面，有利于使用作业车辆进行水平装卸，使装卸合理化。

2）低站台

站台和地面一样高，往往是和仓库地面处于同一高度，以利于站台与仓库之间的搬运。低站台与车辆之间的装卸作业不如高站台方便。但是，如果采用传送装置装卸货，由于传送装置安装需要一定高度，采用低站台，传送装置安装后可与车辆货台保持同等高度。此外，采用低站台有利于叉车作业。

现代仓库中，分货设备的分支机构出口端部往往和站台合而为一，汽车停靠在端部，分货机分选的货物可直接装入车中，减少了一道装卸作业。

3）站台高度的确定

在一个库区内可考虑停靠车辆的种类，设有若干不同高度的停靠位置，也可考虑车辆平均高度，尽可能缩小车辆货台与站台高度差，以达到提高作业效率的目的。不同车辆适合的站台高度见表3-5。

表3-5 **不同车辆适合的站台高度**

车型	站台高度（米）	车型	站台高度（米）
平板车	1.32	冷藏车	1.32
长途挂车	1.22	作业拖车	0.91
市区卡车	1.17	载重车	1.17
国际标准集装箱拖车	1.40		

在仓库中，进出货车辆种类可能很多，因而即使考虑不同高度的站台，也很难使全部车辆的货台都能与站台相接。为克服货台与站台间的间距和高度差，也为作业安全与方便起见等，在站台常见下列3种设施：

（1）可移动式楔块。可移动式楔块又叫竖板，当装卸货物时，可放置于卡车或拖车的车轮旁起固定作用，以避免装卸货期间车轮意外地滚动可能造成的危险。

（2）升降平台。最安全也最有弹性的卸货辅助器应属于升降平台，而升降平台分为卡车升降平台及站台升降平台两种。当配送车到达时，就卡车升降平台而言，可通过提高或降低车子后轮，使得货台高度与站台一致，从而方便装卸货；就站台升降平台而言，则可通过调整站台平台高度来配合配送车货台的高度，因而两者有异曲同工

的效果。

(3) 车尾附升降台。它是装置于配送车尾部的特殊平台。当装卸货时，可运用此平台将货物装上卡车或卸至站台。车尾附升降台可延伸至站台，亦可倾斜放至地面，其设计有多种样式，适用于无站台设施的物流中心或零售点的装卸货使用。

3.3.3 站台设计

出入口站台的设计需要根据公司的作业性质及厂房形式，考虑如下几个方面的因素：

1）进出货站台的安排方式

以仓库内物流的情况来决定进出货站台的安排方式。为使货物能顺畅地进出仓库，进货站台与出货站台的相对位置安排非常重要，很容易影响进出货的效率及品质。一般来说，这两者间的安排方式有以下4种：

(1) 进货及出货共用站台（如图3-11所示）。此种设计可提高空间及设备使用率，但有时较难管理，尤其在进出货高峰时期，容易造成进出货相互牵绊的不良后果，所以此安排较适合进出货时间可以规划错开的仓库。

图3-11 进货口及出货口混合

(2) 分别使用站台，但两者相邻以便管理（如图3-12所示）。此安排设备仍可共用，进货及出货作业空间分隔，可解决上一方式进出货可能互相牵绊的困扰，但进出货空间不能弹性互用的情形必将使空间使用效率变低。此方式的安排较适合厂房空间适中，且进出货常易互相干扰的仓库。

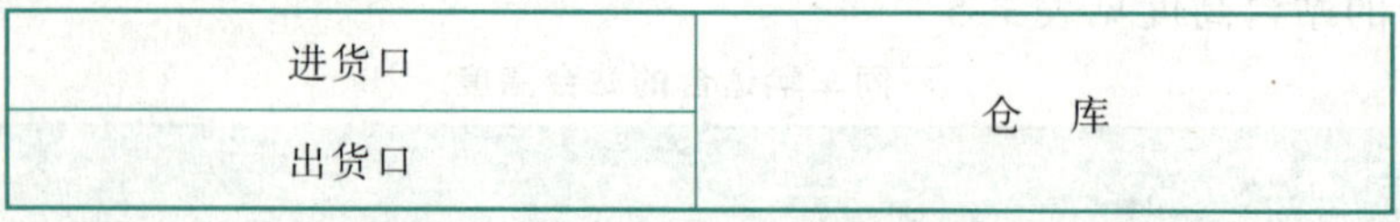

图3-12 进货口及出货口独立、相邻

(3) 分别使用站台，但两者不相邻（如图3-13所示）。此种站台安排方式进出货作业属于完全独立的两部分，不仅空间分开，设备的使用亦做划分，因而虽其可使进货与出货更为迅速顺畅，但空间及设备的使用效率势必降低。对于厂房空间不大且进出货时段冲突频率不高的公司并不适用。

图3-13 进货口及出货口独立、不相邻

(4) 数个进货、出货站台。不论站台是采用以上哪种安排方式，若厂房空间足够且货物进出频繁，则可规划多个站台以适应准时生产（just-in-time）的管理方式。

2）站台数量

要做到任何时刻都能让进出货车辆通行无阻，不用等待即可装卸货物，就需要足够数量的站台来停泊。在一定空间内要做好准确的站台数量估计，需要确切地掌握以下资料：

(1) 有关进出货的历史资料。

（2）高峰时段的车数。

（3）每车装卸货所需时间。

3）站台可变更性

考虑到未来厂房扩大或变更的可能性，在规划阶段便应构建可弹性变动的布置。

4）选择最适用的站台设计形式

站台设计形式一般分为两大类型：锯齿型及直线型。这两种形式的设计优、缺点如下：

锯齿型：优点在于车辆回旋纵深较浅；缺点是占用仓库内部空间较大。

直线型：优点在于占用仓库内部空间较小；缺点是车辆回旋纵深较深，外部空间要求较大。

由以上的优、缺点比较可知，此两种形式的站台是互补空间的情况，如内部空间场所小（大），则外部空间场所就大（小），因而在做决策时可考虑土地及建筑物的价格，如果土地价格与仓库的造价差距不大时，以直线型者为佳。

拓展阅读3-3

装卸站台

2020年12月，国家市场监督管理总局和国家标准化管理委员会联合发布了《物流设施设备的选用参数要求》（GB/T 39660-2020），其中关于装卸站台的参数要求如下：

1.装卸站台宽度

1.1 装卸站台宽度应根据作业机械类型、作业机械转弯半径、托盘尺寸以及高度调节板升降幅度等因素确定。

1.2 装卸站台宽度不宜小于4.5米，当高度调节板不正对库门时，库房外墙轴线至站台边缘的宽度不宜小于5米。

2.装卸站台高度

2.1 铁路侧通用装卸站台边缘顶面至轨面的高度（如图3-14所示）宜为0.95~1.1米。

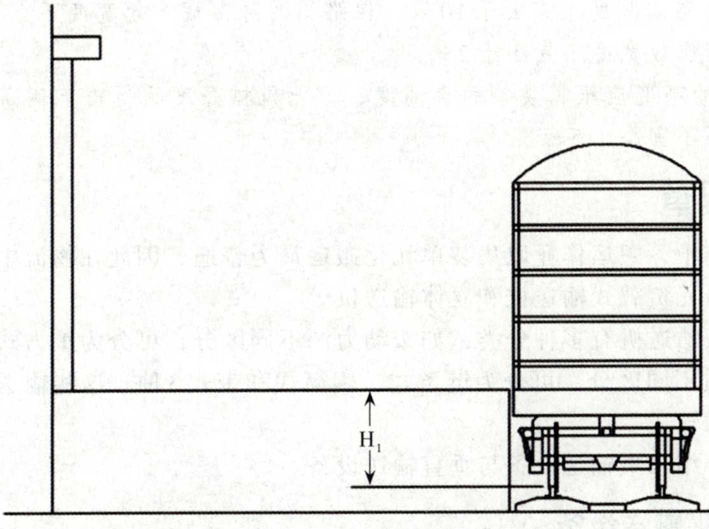

说明：H_1——铁路侧通用装卸站台边缘顶面至轨面的高度。

图3-14　铁路侧通用装卸站台边缘顶面至轨面的高度示意

2.2 道路侧通用装卸站台边缘顶面至作业场地的高度（如图13-15所示）宜为0.9~1.4米。

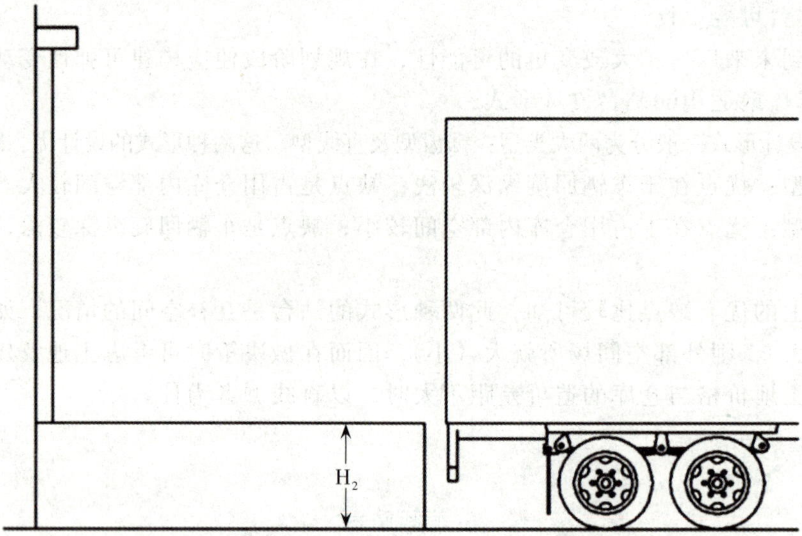

说明：H_2——道路侧通用装卸站台边缘顶面至作业场地的高度。

图13-15 道路侧通用装卸站台边缘顶面至作业场地的高度示意

2.3 散堆装货物装卸站台采用重力装车时，装卸站台高度不宜小于3.4米；采用机械装车时，装卸站台高度宜为0.3~1.0米。

3. 装卸站台的高度调节板

装卸站台可根据需要设置高度调节板，高度调节板的升降幅度宜为±0.3米。

4. 装卸站台防雨棚

4.1 露天作业的装卸站台应设置防雨棚。

4.2 防雨棚的整体宽度应根据装卸站台宽度、车辆类型等因素确定。从库房外墙到防雨棚外沿的整体宽度不宜大于10米。铁路侧的防雨棚有效宽度不宜小于2.05米。道路侧的防雨棚有效宽度不宜小于2米。

4.3 防雨棚的高度应根据装卸站台高度、作业机械高度及运输车辆高度等因素确定，距地面净高不宜小于5米。

3.4 输送设备

在仓储系统中，搬运作业以集装单元化搬运最为普遍，因此在物流中心使用最普遍的输送机是单元负载式输送机和立体输送机。

单元负载式输送机有多种分类，如按动力源不同区分，可分为重力式和动力式两种；按传送介质不同区分，可分为链条式、辊筒式和带式3种。这些输送机主要用于固定路径的货物输送。

下面主要介绍水平输送设备与垂直输送设备。

3.4.1 水平输送设备

水平输送设备可分为重力式输送机和动力式输送机两大类。

1）重力式输送机

重力式输送机输送的货物或是由人力推动或是利用货物本身的重量在倾斜的输送机上由上而下运动，主要包括滚轮式和辊筒式（如图3-16所示）。其优点在于成本低，易于安装和扩充。

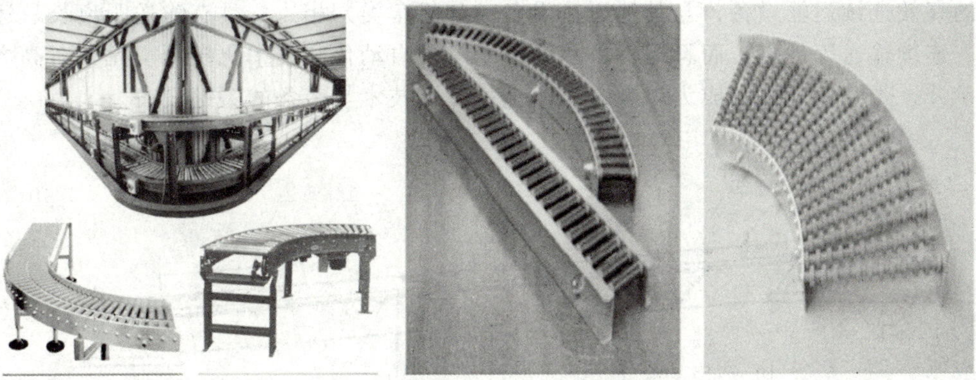

图3-16　重力式输送机

（1）重力式滚轮输送机。重力式滚轮输送机的主要特点是重量轻、易搬动、装卸方便。它适宜输送有一定刚性的平底货物，对于底面较软的货物，如布袋也有较好的输送性，但不适宜输送底部有挖空的容器。为使货物输送平稳，任何时候一个货物最少由分布在3根轴上的5个滚轮支承。

重力式滚轮输送机的骨架材料有钢和铝两种，铝骨架用于轻负荷的情况。滚轮材料有钢、铝和塑料3种。通常钢滚轮负载能力为23千克以下，铝滚轮负载能力为18千克以下，塑料滚轮负载能力在10千克以下。重力式滚轮输送机常用的宽度有300毫米、400毫米、500毫米和600毫米，标准长度为1.5米、2米和3米。单位长度的滚轮数取决于货物大小，较小货物要求较多的滚轮。

倾斜式的重力式滚轮输送机的倾斜度与输送货物的重量和表面条件有关。纸箱的倾斜度为每1米高2.5厘米。表面结实光滑的货物需要的倾斜度较小，表面较软的货物需要较大的倾斜度。最终选择多大倾斜度，根据具体经验和实际情况来决定。这种重力式滚轮输送机在没有减速装置的条件下，最长为12～15米。在选择输送机时，应根据重力式滚轮输送机标准宽度与货物包装箱的长度和宽度来选择。

（2）重力式辊筒输送机。重力式辊筒输送机的应用范围远远大于重力式滚轮输送机。一般不适用于重力式滚轮输送机输送的货物，如塑料篮子、容器、桶状物等均可适用于重力式辊筒输送机。为保证输送货物的平稳性，一个硬底货物至少需要3根辊筒支承，一个柔性货物至少需要4根辊筒支承。

为了控制货物在倾斜式的重力式辊筒输送机上的下滑速度，可调节此种输送机的倾角，对于布袋货物采用5°～20°，薄纸箱为2°～12°，木箱为2°～8°。安装时，通过调整支脚高低可以将倾角调整到满意为止。

2）动力式输送机

动力式输送机主要用于物流自动化程度较高的场合，是物流自动化、机械化、作业一贯化的重要组成部分。通常可根据货物特性来选择动力式输送机的类型。如果货物有不规则表面，如邮包之类，只能选用带式输送机；如果是一般规则货物如纸箱、托盘，则可选用动力链条式输送机；如果是重量较大货物，则选用动力辊筒式输送机。此外，货物的分类与储积也多采用动力辊筒式输送机。

（1）带式输送机。图3-17所示为带式输送机整机结构。带式输送机是煤矿最理想的高效连续运输设备，与其他运输设备（如机车类）相比，具有输送距离长、运量大、连续输送等优点，而且运行可靠，易于实现自动化和集中化控制，尤其对高产高效矿井，带式输送机已成为煤炭开采机电一体化技术与装备的关键设备。

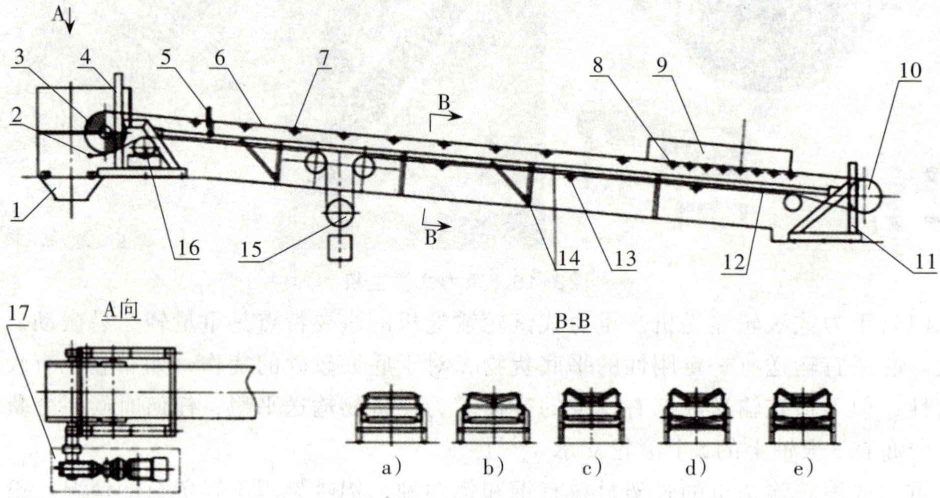

说明：
1——头部漏斗；
2——头部清扫器；
3——传动滚筒；
4——头架；
5——安全保护装置；
6——输送带；
7——承载托辊；
8——缓冲托辊；
9——导料槽；
10——改向滚筒；
11——尾架；
12——空段清扫器；
13——回程托辊；
14——中间架及支腿；
15——拉紧装置；
16——增面滚筒；
17——驱动装置。
输送机断面型式B-B：
a）平型承载托辊，平型回程托辊；
b）V型承载托辊，平型回程托辊；
c）槽型承载托辊，平型回程托辊；
d）槽型承载托辊，V型回程托辊；
e）槽型承载托辊，槽型回程托辊。

图3-17　带式输送机整机结构

（2）动力链条式输送机。图3-18所示为动力链条式输送机，主要用于输送单元负载，如盘、料箱。在物流中心里多用滑动式和滚动式的链条输送机。

图3-18　动力链条式输送机

① 滑动式链条输送机。由链条承载货物，链条直接在导轨上滑行。因为摩擦力大，故滑行导轨应采用摩擦系数小而且耐磨的材料。这种输送机被用于轻货物、短距离的输送。这种输送机虽然结构简单、维护容易、造价低，但噪声大、动力损耗大、承载能力小。因此，逐渐被滚动式链条输送机所取代。

② 滚动式链条输送机。由于它采用滚动摩擦，所以摩擦阻力小、动力损耗低、承载能力大。滚子一般由钢材制成，有时为了降低噪声，也有用工程塑料的。这种输送机输送速度较慢、构造简单、易维护，常用于自动化立体仓库前段及配送、包装等区域。

图3-19　平带驱动辊筒式输送机

（3）动力辊筒式输送机。动力辊筒式输送机的应用范围较广，常用于储积、分支、合流和较重负载，此外，也广泛用于油污、潮湿、高温和低温环境中。

平带驱动辊筒式输送机如图3-19所示。平带驱动辊筒式输送机是在平带上安装了许多承载辊筒，在下方装有调整松紧的压力辊筒。

承载辊筒的选择和间隔大小与承载货物尺寸大小、重量等有关，位于两承载辊筒之间的压力辊筒可上下调整，从而达到调整平带驱动力的目的。当纸箱被输送到分支点范围时，必须调高压力辊筒，从而增加对负载的驱动力。因带宽与实际输送货物的表面无关，所以可选用较窄的带，但是选择带宽时，必须考虑带的有效拉力和每英寸宽度的负载能力。在设计时，应根据负载并对照带生产厂家提供的带拉力等有关数据进行选择。

3.4.2　垂直输送设备

1）垂直升降输送机

图3-20　垂直升降输送机

在物流中心的各楼层之间的货物搬运是非常重要的，除了一般电梯之外，还必须有专用的垂直运输设备，这样可充分利用空间。垂直输送机运动平稳，不会使货物因振动而损坏。图3-20所示为垂直升降输送机，其原理与电梯类似，垂直输送货物的升降平台的上下移动是由卷扬机或液压装置来驱动的。

2）托盘式垂直输送机

图3-21所示为托盘式垂直输送机。因为它

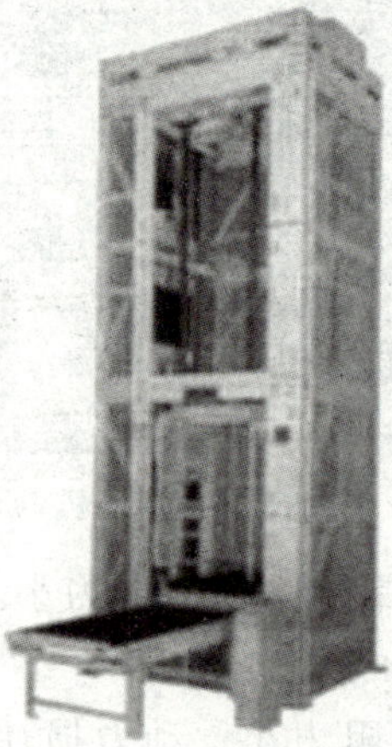

图3-21 托盘式垂直输送机

能连续输送，所以效率较高，可达500个/小时。这种输送机节省空间和人力，运费少，承载能力大，承载范围为50～2 000千克。

3）悬挂式输送机

图3-22所示为悬挂式输送机。它是由导轮、导轨、主动轮、从动轮、物轴、悬挂轴、梁和支架等组成的。当主动轮转动时，与主动轮交叉成一定角度（小于15°）的从动轮一面转动，一面沿主动轮方向前进，从而带动与4个从动轮固连在一起的支架移动。被输送的货物悬挂在物轴下端。导轨支承着导轮，主要是起承载作用。主动轮是通过驱动装置来转动的。

这种输送机主要用于服饰类等较轻货物的输送。其优点是没有噪声、平稳、安全、干净、卫生和效率较高，因此在物流中心里得到广泛应用。

4）螺旋滑槽式垂直输送机

图3-23所示为螺旋滑槽式垂直输送机。它是利用重力及螺旋倾斜滑槽，使货物自上而下平稳滑下。因为没有驱动装置，它只能向下而不能向上输送货物。它是服装、化工、粮食及机械加工等部门广泛应用的一种连续输送设备，用高强度塑料制作，主要适用于输送大件产品，如纸箱、周转箱、桶装水等的短距离垂直输送。

图3-22 悬挂式输送机

图3-23 螺旋滑槽式垂直输送机

其特点是：

（1）滑槽轨道可用聚四氟乙烯原料做成，倾斜度在12°以内，速度缓慢，不损伤货物。

（2）可连续输送料箱。当料箱很多时，可存于槽内。

（3）因为没有驱动装置，故没有噪声。

（4）结构简单，成本低，维修简便，费用少。

3.5 巷道式堆垛机

巷道式堆垛机是随着立体仓库的出现而发展起来的专用起重机，是立体仓库中最重要的运输设备。它可以在高层货架的巷道内来回穿梭运行。巷道式堆垛机上的升降平台可上下运动，升降平台上的存取货装置可对巷道式堆垛机确定的某一货位进行货物存取作业。这种使用工艺对巷道式堆垛机在结构和性能方面提出了一系列的严格要求。

巷道式堆垛机的额定载重量一般为几十千克到几吨，其中0.5吨的使用最多。它的行走速度一般为4～120米/分，提升速度一般为3～30米/分。

有轨巷道堆垛起重机通常简称堆垛机，是由叉车、桥式堆垛机演变而来的。桥式堆垛机由于桥架笨重因而运行速度受到很大的限制，仅适用于出入库频率不高或存放长形原材料和笨重货物的仓库。

巷道式堆垛机的优点在于可以方便地为多个巷道服务，被广泛地应用在自动化立体仓库中。巷道式堆垛机由机架、运行机构、起升机构、载货台及存取货机构、电气设备5部分组成（如图3-24所示）。

图3-24　巷道式堆垛机

1）机架

堆垛机的机架是由立柱和横梁组成的一个框架。整机结构高而窄，可以分为单立柱和双立柱两种类型。双立柱结构的机架是由两根立柱和上、下横梁组成的一个长方形框架。这种结构强度和刚性都比较好，适用于起升重量较大或起升高度比较高的场合。单立柱结构的机架是由一根立柱和一根下横梁组成的，整机重量比较轻，制造工时和材料消耗少，结构更加紧凑且外形美观。此种堆垛机运动时，司机的视野比较宽阔，但刚性稍差。由于载货台与货物对单立柱的偏心作用，以及行走、制运和加速、减速的水平惯性力的作用会对立柱产生动、静刚度方面的影响，当载货台处于立柱最高位置时挠度的振幅达到最大值，这在设计时需加以校核计算。堆垛机的结构设计除需满足强度要求外，还需具有足够的刚性，并且满足精度要求；堆垛机的机架沿天轨运行，为防止机架倾倒，顶部装有导向轮。

2）运行机构

通常在堆垛机的下横梁上装有运行机构和在地面轨道上运行的车轮。按运行机构所在位置的不同可以分为地面驱动式、顶部驱动式和中部驱动式等几种，其中，地面驱动式使用最广泛。地面驱动式堆垛机一般用2个或4个承重轮，沿敷设在地面上的轨道运行，在其顶部有两组水平导向轮沿天轨（在堆垛机上方辅助其运行的轨道）进行辅助导向。如果此种堆垛机车轮与金属结构通过垂直小轴铰接，它就可以拐弯，从一个巷道转移到另一个巷道去工作。顶部驱动式堆垛机又可以分为支承式和悬挂式两种：前者支承在天轨上运行，其底部有两组水平导向轮；后者则悬挂在位于巷道上方的支撑梁上运行。

3）起升机构

堆垛机的起升机构由电动机、制动器、减速机、卷筒或链轮以及柔性件等组成。常用的柔性件有钢丝绳和起重链等。卷扬机通过钢丝绳牵引载货台做升降运动。除了一般的齿轮减速机外，由于需要较大的减速比，因而也经常见到使用蜗轮蜗杆减速机和行星齿轮减速机。起升机构的工作速度一般为12～30米/分，最高可达48米/分。不管采用多快的工作速度，都备有低速挡，主要用于平稳停准和取放货物时的“微升降”作业。在堆垛机的起重、行走和伸叉（叉取货物）3种驱动中，起重的功率最大。

4）载货台及存取货机构

载货台是货物单元的承载装置。对于需要搬运整个货物单元的堆垛机，载货台由货台本体和存取货机构构成。对于只需要从货格拣选一部分货物的拣选式堆垛机，则载货台上不设存取货机构，只有平台供放置盛货容器之用。

存取货机构是堆垛机的特殊工作机构。存取货的那部分结构必须根据货物外形特点设计，最常见的是一副可伸缩的货叉，也可以是一块可伸缩的取货板，或者别的结构形式。

货叉伸缩机构装在载货台上，载货台在滚轮的支撑下沿着立柱上的导轨做垂直行走方向的运动（起重），垂直于起重平面的方向为伸叉的方向。一般堆垛机的操作平台设在底座上，工人在此处可进行手动或半自动操作。

5）电气设备

电气设备包括电力拖动系统、控制装置和安全保护装置等。

（1）电力拖动系统。电力拖动系统要同时满足快速、平稳、准确3个方面的要求。快速是指使起升、运行、货叉伸缩各机构的工作迅速，启动和制动反应快，缩短货物搬运和存取所花费的时间等。平稳是指各机构的启动和制动要无冲击，防止载货台上的货物单元滑移或装在托盘内的货物发生倒塌甚至跌落，减少机架受到的振动。准确是指堆垛机具有良好的低速性能，电力拖动系统应能够保证堆垛机载货台准确地停在指定的位置。

（2）控制装置。控制方式有手动控制、半自动控制和自动控制3种，自动控制又分为机上控制和远距离控制。

①机上控制。操作人员在巷道口，把出入库作业方式和货格地址等数据输入堆垛机上的设定器。机上控制装置根据指令启动堆垛机并开始自动运行，做升降、认址、停准及存取货物等动作，实现堆垛机的自动操作。

机上控制装置可以使用电子式或继电器式的顺序控制器，也可以使用可编程控制器等。设定器可以采用数字式按钮、选择开关、拨码开关和读卡器等。其中，读卡器能够从一种专用卡片上的信息孔读出相应的货格地址。

②远距离控制。操作人员在集中控制室里，将出入库作业方式和货格地址等数据输入安装在控制室中的设定器。通过信号传输装置向堆垛机上的控制装置发送出入库作业指令和堆垛机向控制室发送堆垛机的状态信息，实现堆垛机的远距离集中控制。

手动和半自动控制的堆垛机适用于中小规模的仓库。远距离控制的堆垛机适用于出入库频繁、规模大、有多台堆垛机和输送机的仓库，特别适合低温、黑暗、有毒、有害物质等特殊环境的仓库。

（3）安全保护装置。堆垛机在狭窄的巷道内高速运行，起升高度较大。为了保证人身及设备的安全，堆垛机必须安装完善的安全保护装置，并在电气控制上采用连锁和保护措施。除了一般起重设备常用的安全保护装置外，还应增设以下各种保护：

① 声光警告。堆垛机在启动前，先响铃或同时闪光几秒钟，发出告警信号，然后才启动。

② 堆垛机货叉与运行、起升机构连锁。在堆垛机行走或高速升降时，切断货叉伸缩机构电动机的控制电路，防止因误操作而使货叉伸出，碰撞货架。在货叉开始伸缩时，堆垛机的运行机构不能启动，而起升机构只能以慢速升降。

③ 堆垛机停准后才能伸货叉。堆垛机采用自动控制方式或半自动控制方式，当运行机构认址停准，起升机构使货叉对准货格的时候，货叉才能伸出。

④ 货位虚实探测。堆垛机到达入库货位，货叉将货物单元送入货格前，先用光电开关探测一下该货格有无货物。若无货物，则伸出货叉将货物送入货格。若已有货物，则拒绝伸叉送货，并发出“双重入库”警报。

⑤ 限制货叉在货格升降行程或时间。货叉在货格内微升降取（卸）货物时，用检测开关限制微升降行程，或限制微升降时间，防止货叉微升降过度，撞坏货物、货架或损坏机构。

⑥ 堆垛机负荷限制。用电子或机电方法测量载货台的承载钢丝绳或链条的张力。在载货台超载时，承载钢丝绳或链条张力增大，发出报警信号并切断起升机构的动力。当载货台被托住，钢丝绳或链条松弛时，也发出停止运动的报警信号并切断动力。

⑦ 载货台断绳保护。当钢丝绳断开时，弹簧通过连杆机构使凸轮卡在堆垛机的升降导轨里阻止载货台坠落。在正常工作时，提杆平衡载货台及其上货物的重量使弹簧处于压缩状态，凸轮与升降导轨分离。

⑧ 货物外形和位置异常检测。为了防止超高、超宽、超长以及形状异常的货物进入货位，在货物进入存储系统时，必须接受外形检查。在自动控制系统中，一般在入库输送机上自动检测。在无输送机的系统中，可以在堆垛机载货台上装检测装置进行检测。

3.6　装卸堆垛机器人

随着物流系统新技术的开发，装卸堆垛机器人得到了应用。它作业速度高、作业准确，尤其适用于有污染、高温、低温等特殊环境和反复单调作业场合。机器人在仓库中的主要作业是码盘、搬运、堆垛和拣选，同时在堆码过程中完成决策，起到专家系统的作用。它在自动仓库入库端的作业过程为：被运送到仓库中的货物通过人工或机械化手段放到载货台上，放在载货台上的货物通过机器人将其分类，由于机器人具有智能系统，可以根据货箱的位置和尺寸进行识别，将货物放到指定的输送系统上。

3.6.1　机器人的分类

（1）根据码垛机构的不同，机器人可以分为多关节型和直角坐标型。

（2）根据抓具形式的不同，机器人可以分为侧夹型、底拖型和真空吸盘型。

3.6.2　机器人的主要技术参数

1）抓取重量

抓取重量也称负荷能力，是指机器人在正常运行速度时所能抓取的重量。当机器人运行速度可调时，随着运行速度的增大，其所能抓取的工件的最大重量减小。为安全起见，也有将高速时的抓重作为指标的情况，此时，常指明运行速度。

2）运行速度

它与机器人的抓重、定位精度等参数有密切关系，也直接影响机器人的运行周期。

3）自由度

自由度是指机器人的各个运动部件在三维空间坐标轴上所具有的独立运动的可能状态，每个可能状态为一个自由度。机器人的自由度越多，其动作越灵活、适应性越强、结构越趋复杂。一般情况下，机器人具有3～5个自由度即可满足使用上的要求。

4）重复定位精度

重复定位精度是衡量机器人工作质量的一个重要指标，是指机器人的手部进行重复工作时能够放在同一位置的准确程度。它与机器人的位置控制方式、运动部件的制造精度、抓取的重量和运行速度有密切的关系。

5）程序编制与存储容量

程序编制与存储容量是指机器人的控制能力，用存储程序的字节数或程序指令数表示。如存储容量大，则机器人的适应性强、通用性好，从事复杂作业的能力就强。

3.6.3　机器人的主要结构

图3-25　装卸堆垛机器人

如图3-25所示，机器人是机电一体化的系统，主要由以下几个部分组成：

1）执行机构

执行机构的功能是可以抓取工件，并按照规定的运行速度、运行轨迹将工件送到指定的位置，然后放下工件。它由以下几个部分组成：

（1）手部。手部是机器人握持工件或工具的部位，直接与工件或工具接触。有一些机器人将工具固定在手部，便无须再安装到手部了。

（2）腕部。腕部是将手部和臂部连接在一起的部件。它的主要作用是调整手部的位置和姿态，并扩大手部的活动范围。

（3）臂部。臂部支撑着手腕和手部，使手部的活动范围扩大。在多关节机器人中有大臂和小臂，两者由肘关节连接。

（4）机身。机身又称立柱，是用来支撑臂部、安装驱动装置和其他装置的部件。

（5）行走机构。行走机构是扩大机器人活动范围的机构，被安装在机器人的机身下部，有多种结构形式，可以是轨道和车轮式，也可以模仿人的双腿。

（6）头部。有一些机器人具有头部，用来安装视觉装置和天线。

2）驱动系统

驱动系统是为机器人提供动力的装置。一般情况下，机器人的每一个关节都设置一个驱动系统，它接受动作指令，准确控制关节的运行位置。

3）控制系统

控制系统控制着机器人按照规定的程序运行，可以记忆各种指令信息，同时按照指令信息向各个驱动系统发出指令。必要时，控制系统还可以对机器人进行监控，当动作有误或者发生故障时发出报警信号，同时实现对机器人完成作业所需的外部设备的控制和管理。

4）检测传感系统

检测传感系统主要是检测机器人执行机构的运行状态和位置，并随时将执行机构的实际位置反馈给控制系统，并与设定的位置进行比较，然后通过控制系统进行调整，使执行机构以一定的精度达到设定的位置。

5）人工智能系统

人工智能系统赋予机器人具有五官的功能，具有学习、记忆、逻辑判断等能力。

3.7 自动导引车

3.7.1 自动导引车（AGV）的基本概念及发展情况

根据美国物流协会定义，自动导引车（automated guided vehicle，AGV）是指装备有电磁或光学导引装置，能够按照规定的导引路线行驶，具有小车运行和停车装置、安全保护装置以及具有各种移载功能的运输小车。

《物流术语》（GB/T18354-2021）中，将自动导引车（AGV）定义为：在车体上装备有电磁学或光学等导引装置、计算机装置、安全保护装置，能够沿设定的路径自动行驶，具有物品移载功能的搬运车辆。

世界上第一台AGV是由美国Barrett电子公司于20世纪50年代初开发成功的。它是一种牵引式小车，可十分方便地与其他物流系统自动连接，显著地提高了劳动生产率，极大地提高了装卸搬运的自动化程度。1954年英国最早研制了电磁感应导向的AGVS（自动导引车系统），由于它的显著特点，迅速得到了应用和推广。1960年欧洲就安装了各种形式、不同水平的AGVS220套，使用AGV1300多台。20世纪80年代以来，AGVS已经发展成为生产物流系统中最大的专业分支之一，并出现产业化发展的趋势，成为现代化企业自动化装备不可缺少的重要组成部分。在欧美等发达国家，发展最为迅速，应用最为广泛；在亚洲的日本和韩国，也得到迅猛的发展和应用，尤其在日本，产品规格、品种、技术水平、装备数量及自动化程度等方面已经达到标准化、系列化、流水线生产的程度。

1976年，我国起重机械研究所研制出第一台AGV，建成第一套AGVS滚珠加工演示系统，随后研制出单向运行载重500kg的AGV，双向运行载重500kg、1 000kg、2 000kg的AGV，开发研制了几套较简单的AGV应用系统。1999年3月27日，由昆明船舶设备集团有限公司研制生产的激光导引无人车系统在红河卷烟厂投入试运行，这是在我国投入使用的首套激光导引无人车系统。近年来，在国内工业机器人需求量激增以及“中国制造2025”、智慧物流等各项政策的保驾护航下，我国AGV销量持续增长。2013年我国AGV销量为2 439台；2014年上升至3 150台，同比增长29.15%；2016年销量为6 500台，同比增长51.16%。2013—2016年年复合增长率达38.64%，增幅较大的主要原因为电商仓储AGV的使用和推广以及户外港口AGV的应用。

当前最常见的应用如AGV智能搬运机器人或AGV小车，主要功用集中在自动物流搬转运。AGV智能搬运机器人是通过特殊地标导航自动将物品运输至指定地点，最常见的引导方式为磁条引导、激光引导、RFID引导等。磁条引导的方式是常用也是成本最低的方式，通过在地面黏贴磁性胶带，AGV智能搬运机器人经过时底部装的电磁传感器会感应到地面磁条地标从而实现自动行驶运输货物，站点定义则依靠磁条极性的不同排列组合设置，但是站点设置有一定的局限性以及对场地装修风格有一定影响。激光引导通过激光扫描器识别设置在其活动范围内的若干个定向标志来确定其坐标位置，从而引导AGV智能搬运机器人运行。其成本最高，对场地要求也比较高，所以一般不采用。而RFID引导成本适中，通过RFID标签和读取装备自动检测坐标位置，实现AGV小车自动运行，站点定义通过芯片标签任意定义，即使最复杂的站点设置也能轻松完成。其优点首先是引导精度高，站点设置更方便，可满足很复杂的站点布局，对场地整体装修环境无影响；其次是RFID引导方式的高安全性和稳定性也是磁条引导与激光引导方式所不具备的。

拓展阅读3-4

2020年中国产线AGV企业竞争力排行TOP10

过去的2019年，中国AGV整体市场增速放缓，尤其受到宏观环境的影响，制造领域的需求呈一定程度的收紧，汽车行业下行明显，在很大程度上影响了一批扎根于汽车行业的AGV厂商，直接的反映是2019年业绩下行严重，新增订单减少或延后，客单价降低等。

从2018—2019年AGV应用分布来看，按数量计，快递/电商/零售领域依然是最大的应用领域，汽车及零部件、3C电子等领域随后。其中汽车及零部件领域需求同比下行明显，其他领域如3C电子、食品饮料、烟草等需求稳中有升（如图3-26所示）。

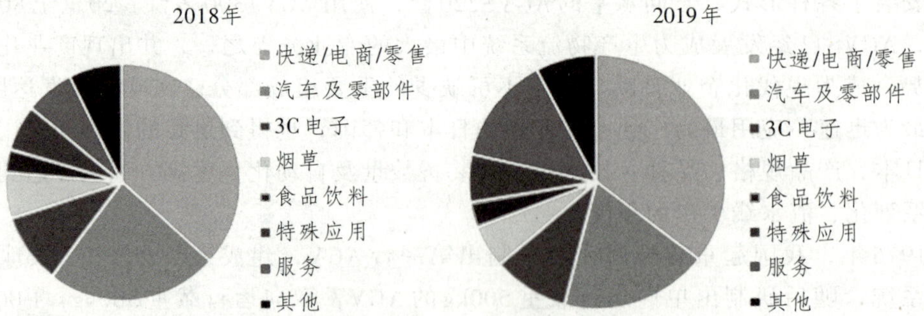

图3-26 2018—2019年中国AGV行业应用分布情况

从AGV的应用趋势来看，在工业制造领域，经过多年的应用探索与行业渗透，增量市场大爆发的时代已渐行渐远，逐渐回归到存量市场的精耕细作上来，下游应用的门槛除了行业门槛之外，对于AGV厂商而言，还要体现在工艺的积累和技术的持续迭代上。场景的挖掘与延伸也是当前AGV厂商在持续尝试的事，从仓储场景延伸到产线场景，打通来料、生产、入库、出库的全流程，实现数据的互联互通是未来的大势所趋。

随着5G技术的逐渐落地，AGV的应用有望迎来更多的可能性。新技术的到来，可以实现传统AGV企业基于机器人的转型升级，同时能满足生产环境下机器人互联和远程交互应用需求。

利用5G网络将机器人无缝连接，并进一步打通设计、采购、仓储、物流等环节，使生产更加扁平化、定制化、智能化，实现数据共享、敏捷互联、应用云化、智慧决策，将在工业控制、物流追踪、工业AR、柔性制造等机器人应用场景起着重要支撑作用。

当前我们已经能看到不少AGV厂商已经在积极布局“5G+AGV”应用项目，如嘉腾、斯坦德、海康、迦智科技等，可以预见的是“5G+AGV”将开启全新应用模式，并推动智能化转型的进程，同时有望重塑AGV市场的新格局。

2020年高工产研机器人研究所（GGII）通过对中国移动机器人品牌企业的梳理调研，综合考量企业在科技创新、资本实力、市场表现方面的实力，评选出2020年中国产线AGV企业竞争力排行TOP10（见表3-6）。

表3-6　2020年中国产线AGV企业竞争力排行TOP10

排名	企业名称	综合得分	变化
1	嘉腾	95	↑2
2	海康	90.5	新晋
3	昆船	85	↑1
4	CSG华晓	84.5	↓2
5	驰众	84	→
6	MiR	83.5	新晋
7	佳顺智能	82.5	新晋
8	斯坦德	79.5	↑2
9	迦智科技	77	↑1
10	优艾智合	74.5	新晋

资料来源　高工产研机器人研究所（GGII）. 2020年中国产线AGV企业竞争力排行TOP10［EB/OL］.［2022-06-12］. https://www.gg-robot.com/art-69020-yj.html? type=4.

3.7.2　自动导引车的构成

AGV从发明至今已经有70多年的历史，随着应用领域的扩展，其种类和形式变得多种多样。AGV一般由导向系统、车体、蓄电池、充电装置、驱动装置、转向装置、移载装置、控制与通信系统、安全装置等组成（如图3-27所示）。

图3-27 自动导引车

（1）导向系统是核心部分，用来保证AGV按设定的路线自动行驶。导向系统分为外导式导向系统和自导式导向系统。

① 外导式导向系统。它是在车辆的运行路线上设置导向信息媒体，如导线、磁带、色带等，由车上的导向传感器接收路线媒体导向信息，信息经实时处理后控制车辆沿正确路线行驶，其中应用最多的是电磁导向和光学导向两种。

② 自导式导向系统。它在车辆上预先设定运行路线的坐标信息，在车辆运行时，实时地测出实际的车辆位置坐标，再将两者进行比较后控制车辆的导向运行。

（2）车体由车架、减速器、电动机、车轮等组成，车架常采用焊接钢结构，要求有足够的韧性。

（3）蓄电池常采用24V或者48V的直流工业蓄电池，作为动力。

（4）驱动装置由车轮、减速器、制动器、电动机及速度控制器等部分组成，并由计算机或者人工进行控制，它是一个伺服驱动的变速控制系统。

（5）转向装置按其结构类型的不同，可将车型分为铰轴转向式三轮车型、差速转向式四轮车型和全向轮式四轮车型。

（6）移载装置用来装卸货物，按装卸方式分为被动装卸和主动装卸。

（7）控制与通信系统包括车上控制器和地面控制器，均采用微型计算机，通过通信网络进行联系。

（8）安全装置包括多级硬件和软件。例如，在AGV的前面设有红外光非接触式防碰传感器和接触式传感器——保险杠；AGV的前后有黄色警示信号灯，当AGV行走时信号灯闪烁；每个驱动轮带有安全制动器，断电时制动器自动接上；AGV每一面都有急停按钮和装有传感器的安全保险杠，当AGV轻微接触障碍物时，保险杠受压，AGV停止；一旦停止，AGV自动进行声光报警，同时通过无线通信系统通知AGV监控系统。

3.7.3 自动导引车的分类

AGV一般可按3种方式来分类，即导引方式、驱动方式和移载方式。

1）按导引方式

按导引方式，AGV可以分为坐标AGV、电磁AGV、磁带AGV、光学AGV、激光AGV、惯性AGV和视觉AGV。

2）按驱动方式

按驱动方式，AGV可以分为单轮驱动AGV、双轮驱动AGV和多轮驱动AGV。

根据驱动的方式，AGV还有不同的驱动模式，如单轮兼转向驱动模式、差速驱动模式、全方位驱动模式等。

3）按移载方式（执行机构）

按移载方式，AGV可以分为叉式AGV、牵引式AGV、搬运型AGV和装配型AGV。

这里的移载方式分类都是大类，比如说，叉式AGV可以分为落地叉式AGV、平衡叉式AGV等。如图3-28所示，平衡重式叉车AGV是由一个驱动/转向的前轮和两个定向轮等组成的结构。它载重大，适用于各大场地面积受限的厂房和车间，适用于运输各种托盘、箱或纸卷等搬运物料，并能够满足不同尺寸的负载单位。其特点是激光导航，定位精度高，即使是无光环境也能精准定位。通过激光扫描与算法获取叉车在环境中的位置，再由负责路径规划的软件规划出路径，实现叉车精确定位与稳定行走；由末端反射板辅助定位，实现叉车在工位中精准叉取与放置托盘等。有了这种先进的混合激光导航技术与强大的算法和硬件支持，可实现叉车全自动化驾驶与作业，完全替代人工操作叉车，高效安全，全面提升效率，节省成本。叉车车体及导航系统可定制，可满足各类使用场景。如在超薄浮法玻璃行业中，用于基板的生产过程需要严格控制无尘，采用平衡重式叉车AGV搬运替代人工操作，可严控生产过程的干扰因素，既能节约成本，又有利于生产。整个工艺按照客户现场的设备布局，操作习惯，采取非标设计，柔性对接，系统化兼容软件。

图3-28　平衡重式叉车AGV

牵引式AGV是指不承载或不完全承载搬运对象重量的AGV。如图3-29所示，这种室外全天候无人牵引AGV可依托技术领先的综合智能无人驾驶搬运平台，采用高精度差分GPS，高精度惯导；机器视觉等融合自主导航定位技术，采用多线激光雷达、图像、毫米波雷达等综合环境感知技术，面向复杂场景的路径规划和决策控制系统，完全实现了全天候的智能无人驾驶搬运，可以满足广泛的室外智能搬运需求。

图3-29 室外全天候无人牵引AGV

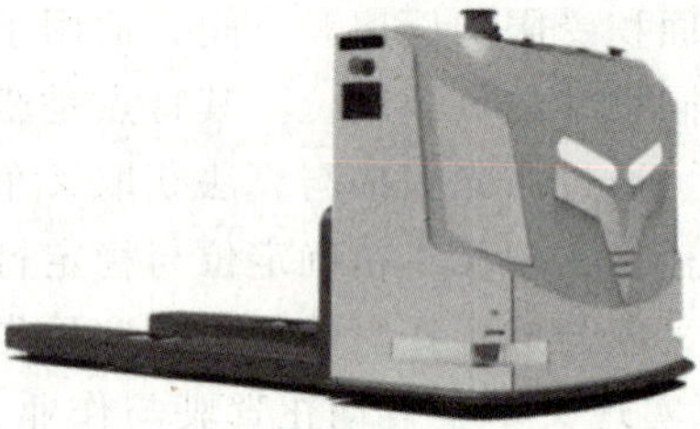

图3-30 带支撑腿托盘式AGV

搬运型AGV完全承载搬运对象的重量，可能采用的移载机构多种多样，如辊道、皮带、推挽等。如图3-30所示，带支撑腿托盘式AGV，转弯半径小，适合单面托盘，可定制国标欧标及非标车型。

装配型AGV是指用AGV构成了柔性的装配生产线，一般配以专用的工艺工装。

3.7.4 自动导引车的优点

随着工厂自动化、计算机集成制造系统技术逐步发展，制造工艺日趋复杂化和智能化，自动化立体仓库的应用越来越广泛，对工厂物流提出了更高的要求，越来越多的企业引入了智能搬运机器人代替人工进行物流搬运，其应用范围和技术水平得到了迅猛的发展，其优势也凸显出来。

1）先进性

AGV集光、机、电、计算机为一体，综合了当今科技领域先进的理论和应用技术，由计算机、电控设备、磁性感应器、激光反射板等控制，自动化程度高，导引能力强，定位精度高，自动驾驶作业性能好。例如，当车间某一环节需要辅料时，由工作人员向计算机终端输入相关信息，计算机终端再将信息发送到中央控制室，由专业的技术人员向计算机发出指令，在电控设备的合作下，这一指令最终被AGV接受并执行，将辅料送至相应地点。

2）灵活性

AGV能够很快捷地与各类RS/AS入/出口、生产线、装配线、输送线、站台、货架、作业点等有机结合；能够根据不同的需求，以不同的组合，实现各种不同的功能；能最大限度地缩短物流周转周期，降低物料的周转消耗，实现来料与加工、物流与生产、成品与销售等的柔性衔接，最大限度地提高生产系统的工作效率。

3）可靠性

在AGV作业过程中，每一步都是一系列数据和信息的通信交换过程，后台有强大的数据库支持，消除了人为因素，可减少由于人工的不规范操作而造成的货物损坏，充分保证AGV作业过程的可靠性、完成任务的及时性、数据信息的准确性。

4）独立性

AGV能自成系统，在没有其他系统支持条件下，作为一个独立单元完成特定任务。

5）兼容性

AGV不仅能独立工作，而且善于与其他生产系统、调度系统、控制管理系统等紧密结合，具有突出的兼容性和良好的适应性。

6）安全性

人工驾驶的车辆，其行驶路径无法确知，而AGV的导引路径是非常明确的。AGV作为无人驾驶的自动车辆，具有较完善的安全防护能力，如智能化的交通管理、安全避碰、多级警示、紧急制动、故障报告等，并且能够在许多不适宜人类工作的场合发挥独特作用，因此大大提高了安全性。

7）示范性

AGV代表先进的生产力，是企业技术进步的象征。AGV能促进人员素质、管理水平的提高，还能促进企业标准化、规范化、信息化的基础建设等。

8）充电自动化

当AGV的电量即将耗尽（一般技术人员会事先设置好一个值）时，它会向系统发出请求指令，请求充电，在系统允许后自动到充电的地方“排队”充电。另外，AGV的电池寿命通常较长（2年以上），并且每充电15分钟可工作4h左右。

AGV由于以上多种的优势，正在慢慢改变着传统的生产与搬运方式。AGV由于在美观度以及便捷度上的优势等，有效提升了生产企业的形象，这也是不少企业选择AGV的一个重要原因。

3.7.5 自动导引车的应用

1）仓储业

仓储业是AGV最早应用的场所。早在1954年的美国，便实现了出入库货物的自动搬运，目前仓储业的AGV应用也是越来越广。据了解，海尔集团于2000年投产运行的开发区立体仓库中，曾应用9台AGV组成了一个柔性的库内自动搬运系统，成功地完成了每天23 400次的出入库货物和零部件的搬运任务。

2）制造业

制造业是AGV应用得比较多的地方，AGV以高效、准确及灵活搬运货物，获得了不少的赞誉。在制造业中，AGV实现了柔性生产，可由多台AGV组成物流搬运系统，行驶路线可根据生产线的变化而变化，可促使一条生产线上能够制造出十几种产品，增加了产品线生产产品的多样性，从而大大提高了企业的柔性生产能力以及竞争力，得到了不少企业的青睐。目前，AGV在世界的主要汽车厂，如通用、丰田、克莱斯勒、大众等汽车厂的制造和装配线上得到了普遍应用。

3）港口码头

由于国际贸易的全球化和快速增长，许多集装箱码头都在尝试提高性能以跟上需求的增加。集装箱的运输量正在持续增长，众多码头出现了拥塞和处理能力不足的问题，因此在码头的集装箱的搬运中使用AGV逐渐流行起来。

4）邮局、图书馆、机场和餐饮服务业

AGV除了应用在工业生产中，也适用于日常生活的搬运。在邮局、图书馆和机场等生活场合，物品的搬运存在作业量变化大、动态性强、路线调整频繁以及操作过程重复单一等特点，AGV很好地适应这些特点，实现了自动化、智能化以及柔性化的日常搬运，大大便捷了人们的生活物品的搬运，有利于提高人们的生活水平。在餐饮服务业AGV也有望大展身手，如餐厅传菜上菜、端茶递水等基础劳动都可以由AGV来实现。

5）烟草、医药、食品、化工

烟草、医药、食品以及化工等生产企业，对于生产过程的搬运工作的要求很高，清洁、安全、无污染是必备的要求，人工搬运容易造成产品的污染等，因此AGV也被广泛应用于烟草、医药、食品以及化工等生产企业。在国内的许多卷烟企业，如青岛颐中集团、红塔集团、红河卷烟厂、淮阴卷烟厂，利用激光引导式AGV完成托盘货物的搬运工作就取得了很好的效果。

6）危险场所和特种行业

危险场所和特种行业，由于环境的特殊性，例如危险系数高、辐射的影响等，人工是比较难进行实际搬运等操作的，但是AGV可以解决这些问题。如在军事上，以AGV的自动驾驶为基础集成其他探测和拆卸设备，可用于战场排雷和阵地侦察。在钢铁厂，AGV被用于炉料运送，减轻了工人的劳动强度。在核电站和利用核辐射进行保鲜储存的场所，AGV被用于物品的运送，避免了对人身体的辐射。在胶卷和胶片仓库，AGV可以在黑暗的环境中，准确可靠地运送物料和半成品。

3.8 自动化立体仓库

3.8.1 自动化立体仓库的发展历程

图3-31 自动化立体仓库

自动化立体仓库也叫智能立体仓储，是指能自动储存和输出物料的自动化立体仓库，是由多层货架、运输系统、计算机系统和通信系统等组成的，集信息自动化技术、自动导引车技术、机器人技术和自动仓储技术等于一体的集成化系统（如图3-31所示）。自动化立体仓库利用自动化存储设备同计算机管理系统的协作来实现立体仓库的高层合理化、存取自动化以及操作简便化等。

1）国外发展情况

立体仓库的产生和发展是第二次世界大战之后生产与技术发展的结果。

美国是全球最早使用自动化立体仓库的国家，主要是因为美国劳动力成本较高，作为补偿必须提高技术革新的效率。仓储从业者为了在市场上生存，必须降低生产成本，提高工作效率。自动化立体仓库在美国的发展大致可以概括为以下5个阶段：

第一阶段：人工仓储技术阶段

在这一阶段，物资的输送、存储、管理和控制主要依靠人工实现，如今国内外生产和服务行业中的许多环节还在应用人工仓储技术。它具有直观、便于联系、减少了过程衔接等优点。

第二阶段：机械化仓储技术阶段

它包括通过各种各样的传送带、工业输送车、机械手、吊车堆垛机和升降机等来移动和搬运物料，用货架、托盘等存储物料，通过人工操作机械存取设备，用限位开关螺旋机械制动和机械监视器等控制造备的运行等。这一阶段经历的时间比较长。

第三阶段：自动仓储技术阶段

20世纪50年代末至60年代，相继研制和采用了自动导引车（AGV）、自动货架、自动识别和自动分拣系统等。至70年代末，旋转式货架、移动式货架、巷道式堆垛机和一些搬运设备等都加入了自动控制的行列，但只是各个设备的局部自动化并各自独立应用，被称为“自动化孤岛”。

第四阶段：集成自动化仓储技术阶段

20世纪70年代末至80年代，自动化技术被越来越多地应用到仓储领域，“自动化孤岛”被集成。在集成化系统中，整个系统的协作使总体效益和生产的应变能力大大超过各部分独立效益的总和。

第五阶段：智能自动化仓储技术阶段

20世纪90年代至今，人工智能技术等的发展推动了集成自动化向更高的阶段——智能自动化方向发展。

目前，自动化立体仓库在发达国家已经相当普遍。日本是自动化立体仓库发展得最快、建造数量最多的国家。日本的自动化仓库技术和自动化仓库的拥有量位居全球前茅。

2）我国发展历程

我国自动化立体仓库建设起步于1975年。20世纪70年代中期，“自动化立体库”被作为国家级十大技术攻关项目之一提出，原北京起重运输机械研究所以国外技术为蓝本，依靠自有能力开发出国内第一座自动化立体仓库，但由于当时中国对物流系统技术的认识不足，工业基础薄弱，致使其不能大力推广，造成了其技术起点高、发展慢的局面，到20世纪80年代中期总共只建设了不足10座自动化立体仓库。

1986—1995第二个10年，自动化立体仓库逐渐被企业认识，需求开始增加，德国德马泰克公司、日本大福公司和村田公司、瑞士Swisslog公司等国际上先进的物流系统集成商的部分技术被引进国内。在这一时期，国内物流系统集成项目开始有了需求增长，但基本上局限在烟草、胶片、汽车制造等特殊行业，供应商也不多。

1996—2005第三个10年，市场需求与行业规模迅速扩大，技术全面提升，现代仓储系统、分拣系统及自动化立体仓库技术在各行业开始得到应用，尤其是在医药、食品、烟草、汽车等行业更为突出。

2006年至今，昆船物流、今天国际、太原刚玉、北京高科、新松机器人、沈飞、自动化所、六维智能等国内企业异军突起，在与国外先进的物流系统集成商竞争中不断发展，在一些中低端项目领域中具备了较强的竞争优势，有些企业也成功进入了高端项目领域。

随着国内自动化立体仓库企业数量不断增加，国内自动化立体仓库产能不断增长。中经智盛发布的《中国自动化立体仓库行业现状分析与发展前景展望报告》显示：2016年我国自动化立体仓库产能为3 571.76万平方米，2020年为8 137.72万平方米，同比增长7.08%。行业产量整体呈增长趋势，2020年产量达到6 178.32万平方米，同比增长6.99%（如图3-32所示）。我国自动化立体仓库生产企业主要集中在广东省、江苏省、山东省和浙江省，这4个省份总生产能力超过60%。

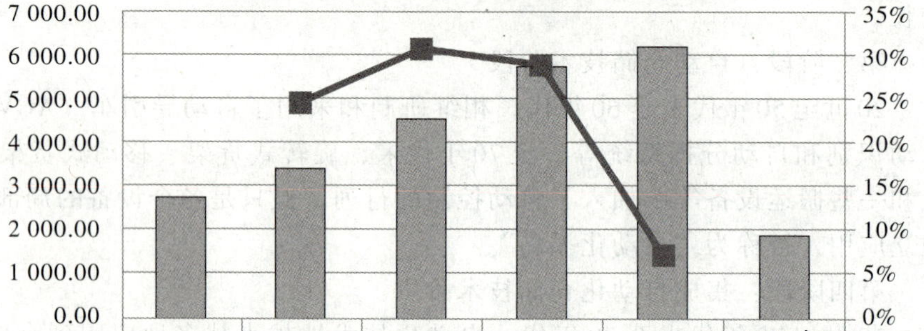

	2016年	2017年	2018年	2019年	2020年	2021年 1–3月
产量（万平方米）	27 53.82	3 427.91	4 478.75	5 774.61	6 178.32	1 870.25
增长率		24.48%	30.66%	28.93%	6.99%	

图3-32 2016—2021年3月中国自动化立体仓库行业产量分析

从立体仓储规模来看，近年来随着企业现代化物流理念的进一步增强，自动化立体库与企业生产系统一体化发展逐步成熟，中国自动化立体仓库技术取得较大的进步，形成了多系列、多品种、多档次、高性价比的产品线，可以覆盖绝大多数应用行业。目前已经几乎覆盖了烟草、医药、零售、机械制造等国民经济的主要方面，在航空、金融、军事领域也有新开拓，各行业对自动化立体仓库的需求推动了自动化立体仓库的快速发展。

全国自动化立体仓库供给面积从2016年年底的2 732.63万平方米增长至2020年的6 147.66万平方米，需求面积从2 749.11万平方米增长至6 165.26万平方米。其中，电商、快递、零售、冷链行业等服务领域需求增速明显较工业制造领域强劲，服装、新能源等新兴行业亦开始发力。

3.8.2 自动化立体仓库的特点

传统仓储仓库的监控、管理功能单一，主要依赖人力管理，效率低、效果差、应急慢。而现代化的仓库管理方式是通过实现智能化立体仓储仓库建设方案而进行的。自动化立体仓库技术是仓储领域的最新技术，利用自动化立体仓库设备可实现仓库高层货架管理合理化、存取自动化、操作简便化，产生巨大的社会效益和经济效益。

自动化立体仓库具有以下特点：

1）提高空间利用率

自动化立体仓库大幅度增加仓库高度，充分利用仓库面积与空间，单位面积的存储量远大于传统仓库。一般来说，自动化高架仓库的空间利用率为普通平库的2~5倍。这是相当可观的。此外，传统仓库必须将货物归类存放，造成大量空间闲置，自动化立体仓库可以随机储存，任意货物存放于任意空仓内，由系统自动记录准确位置，大大提高了空间的利用率。

2）智能化

利用智能化管理，便于集中控制货位，有效利用仓库存储能力；便于盘货，合理减少库存，节约流动资金。

3）节省人力资源成本

自动化立体仓库内，各类自动化设备代替了大量的人工作业，大大降低了人力资源成本。

4）实现物料先进先出

传统仓库由于空间限制，将物料堆砌码放，常常是先进后出，导致物料积压浪费。自动化立体仓库系统能够自动绑定每一票物料的入库时间，自动实现物料先进先出。

5）智能作业账实同步

传统仓库的管理涉及大量的单据传递，且很多由手工录入，流程冗杂且容易出错。自动化立体仓库管理系统与ERP系统对接后，从生产计划的制订开始到下达货物的出入库指令，可实现全流程自动化作业，且系统自动过账，保证了信息准确及时，避免了账实不同步的问题。

6）适应能力强

与传统仓库相比较，智能化立体仓库采用托盘或者货箱储存货物，不仅使货物的破损率显著降低，而且能较好地满足特殊仓储环境的需要，如避光、低温、有毒等特殊环境，保证货物在整个仓储过程的安全，提高了作业质量。

7）可追溯

通过条码技术等，能准确跟踪货物的流向，实现货物的可追溯。

8）及时处理呆滞料

部分物料由于技改或产品过时变成了呆料，忘记入账变成了死料，如果不能及时清理，既占用库存货位又占用资金。自动化立体仓库系统的物料入库，自动建账，不产生死料，可以搜索一定时期内没有操作的物料，及时处理呆料。

3.8.3 自动化立体仓库的分类

自动化立体仓库是一个复杂的综合自动化系统，作为一种特殊的仓库形式，目前尚无统一的划分标准，常见的分类见表3-7。

表3-7 自动化立体仓库的分类

分类标准	具体分类
按照库房建筑结构分	整体式和分离式
按照货架的结构形式分	单元货格式、贯通货架式、旋转货架式、移动货架式
按照仓库所提供的储存条件分	常温、低温和防爆型
按照基本功能分	储存型和拣选型
按照储存作用分	生产型和流通型
按照库房容量分	大型（5 000托盘以上）、中型（2 000~5 000托盘）、小型（2 000托盘以下）

1）按照库房建筑结构分类

（1）整体式自动化立体仓库。整体式自动化立体仓库是指立体货架与库房建筑结构结合成一个整体的仓库。其立体货架既是储存货物的设备，又是库房屋顶和墙体支撑的结构体系。因此，货架除承受储存货物的负荷外，还必须承受库顶重量，以及风力、振动等各种外力。一般认为，这种结构类型适宜于货架高度较高（15米以上）的立体仓库。这种结构类型的优点是比较经济，建造成本较低；缺点是建成以后很难进行改变或扩展。

（2）分离式自动化立体仓库。与普通仓库一样，其货架独立安装在库房建筑之内，货架与库房建筑结构相互分离。这种仓库的优点是简单灵活，便于改变和扩建。分离式自动化立体仓库高度在15米以下较为经济，否则对地面承载力要求过高而需要进行强化加固，将使建筑成本增加。

2）按照货架的结构形式分类

（1）单元货格式自动化立体仓库。这种类型的仓库应用最为广泛，是适用性较强的一种仓库形式。其结构特点是，货架沿仓库宽度方向分为若干排，每两排货架一组，各组货架之间留有堆垛机进行存取作业需要的巷道；沿仓库长度方向分为许多列；沿高度方向分为若干层。因而，整个货架形成了储存货物的大量货格，货格的开口面向巷道，一般每个货架存放一个货物单元。

单元货格式自动化立体仓库的基本工作过程是：入库时，堆垛机从巷道口的入库货台取货，按照控制系统的指令将货物运送到相应的货格中。出库过程则相反，堆垛机根据控制系统的指令，到相应的货格取货，然后将货物运送到巷道口的出库货台。巷道式堆垛机始终不断地接受控制系统的存取货指令，在巷道内来回穿梭，实现存取货作业。

（2）贯通货架式自动化立体仓库。贯通货架式自动化立体仓库是在单元货格式自动化立体仓库的基础上发展而来的，是为了提高仓库的面积利用率，将货架合并在一起，使同一层、同一列的货物互相贯通，形成能依次存放多货物单元的通道。其基本工作过程是：在通道一端，由一台入库起重机将货物单元装入通道，而在另一端由出库起重机取货。根据货物单元在通道内移动方式的不同，贯通货架式自动化立体仓库又可进一步划分为重力货架式自动化立体仓库和梭式小车式自动化立体仓库两种类型。贯通货架有利于库存货物的先进先出。

（3）旋转货架式自动化立体仓库。旋转货架式自动化立体仓库又可以分为水平旋转式和垂直旋转式货架仓库两种形式。

①水平旋转式货架仓库。

这种货架本身在动力输送机的带动下可在水平面内沿着一定的环形线路运行。这种形式的仓库对小件货物的储存和拣选非常合适。

②垂直旋转式货架仓库。

这种垂直旋转式货架本身是一台垂直提升机，与水平旋转式货架仓库的结构原理相似，只是改变了旋转方向，将货架在水平面内的旋转运动改为在垂直面内的旋转运动，如自动货柜。

（4）移动货架式自动化立体仓库。移动货架又称动力货架或流动货架，是将货架本身放置在移动导轨上，在货架底部设有驱动和传动装置，使货架沿着导轨移动。当存取货物时，使相应的货架移动，腾出存取作业用的通道，以便进行存取作业。

3）按照仓库所提供的储存条件分类

（1）常温自动化立体仓库。温度一般控制在5℃～40℃，相对湿度控制在90%以下。

（2）低温自动化立体仓库。低温自动化立体仓库又包括恒温仓库、冷藏仓库和冷冻仓库等形式。恒温仓库是按照货物所要求的储存条件（主要指温度和湿度条件）而设计的，根据货物的特性，自动调节仓库的环境温度和湿度。冷藏仓库的温度一般控制在0℃～5℃之间，主要用于蔬菜和水果的储存，要求有较高的湿度。冷冻仓库的温度一般控制在-35℃～2℃之间，由于这种仓库温度较低，普通的钢材在低温条件下会发生变化，导致使用性能下降，因此在设计此种仓库进行材料选用时应考虑到温度要求。

（3）防爆型自动化立体仓库。此种仓库主要以存放易燃、易爆等危险货物为主，设计时应严格按照防爆的要求进行。

4）按照基本功能分类

（1）储存型自动化立体仓库。此种仓库以储存功能为主，通常采用密集储存型立体货架储存货物，一般采用托盘或货箱等单元形式储存货物，储存货物的种类较少，数量较大，存期较长。

（2）拣选型自动化立体仓库。此种仓库以货物分拣为主要功能，储存货物的种类较多，发货的数量小，一般需要配备较完善的自动分拣系统。

5）按照储存作用分类

（1）生产型自动化立体仓库。此种仓库主要用于存放原材料和零部件，有的作为柔性制造系统中的重要环节，与加工单位和装配线连在一起，可以及时、准确地向生产线提供物料服务。这类仓库储存货物种类较多，仓库的规模一般较大，多的可以有上万个货位，库存周期较短（甚至几个小时），出入库作业频繁。

（2）流通型自动化立体仓库。此种仓库主要包括商品配送中心仓库、大型批发市场仓库和物资交易市场仓库等。流通型自动化立体仓库以商品交易、配送、分拣为主要功能，商品流通量大，种类繁多，周转速度较快，出入库作业频繁。流通型自动化立体仓库可以扩大商品的储存能力，加快出入库作业速度，更好地满足客户的要求。

流通型自动化立体仓库是目前自动化立体仓库发展的重要趋势。

从系统的角度看，自动化立体仓库是一个由多个子系统相互作用、相互协调而组成的自动化仓储系统，又是整个物流系统的一个子系统，用以完成物流过程的自动仓储活动和作业。仓储活动是物流领域的中心环节之一，包括入库、库存控制和管理、出库等基本作业环节。自动化仓储系统一般由土建工程及辅助设施、信息自动采集系统、自动输送系统、自动存取系统、自动分拣系统、自动监控系统、仓储管理信息系统等组成。

从目前以及将来的发展来看，自动化立体仓库的发展前景是非常广阔的。2021年8月6日，商务部、国家发改委等9部门联合发布《商贸物流高质量发展专项行动计划（2021—2025年）》，明确要求推广智能标签、自动导引车、自动码垛机、智能分拣、感应货架等系统和装备，加快高端标准仓库、智能立体仓库建设。在政策支持及下游需求的带动下，我国自动化立体仓库规模将继续增长。2022年中国自动化立体仓库面积将达到5.25亿平方米。随着下游应用行业的不断扩展，自动化立体仓库2021年的市场规模已达到1 145.5亿元，预计2026年自动化立体仓库市场规模有望达到2 665.3亿元，2021—2026年年复合增长率预计达到18.4%。。

3.8.4　自动化立体仓库的构成

自动化立体仓库由高层货架、巷道式堆垛机、出入库输送系统、AGV系统、周边辅助设备、自动控制系统、库存信息管理系统等构成，管理上采用计算机及条形码技术等。

1）高层货架

高层货架是用于储存货物的钢结构或钢筋混凝土结构的建筑物或者结构体，货架内是标准尺寸的货位空间，巷道式堆垛机穿行于货架之间的巷道中，完成存、取货的工作（如图3-33所示）。自动化立体仓库通过高层货架实现货物储存功能，充分利用立体空间，并起到支撑堆垛机的作用。根据货物承载单元的不同，高层货架又分为托盘货架系统和周转箱货架系统。

2）巷道式堆垛机

巷道式堆垛机是用于自动存取货物的设备（如图3-34所示）。巷道式堆垛机是自动化立体仓库的核心起重及运输设备，在高层货架的巷道内沿着轨道运行，实现取送货物的功能。按结构形式分为单立柱和双立柱两种基本形式；按服务方式分为直道、弯道和转移车3种基本形式。

图3-33　高层货架

图3-34　巷道式堆垛机

3）出入库输送系统

巷道式堆垛机只能在巷道内进行作业，而货物存储单元在巷道外的出入库需要通过出入库输送系统完成。出入库输送设备是自动化立体仓库的主要外围设备，负责将货物运送到堆垛机或从堆垛机将货物移走。常见的出入库输送设备有辊道输送机、链条输送机、升降台、分配车、提升机、皮带机等，出入库输送系统与巷道式堆垛机对接，配合堆垛机完成货物的搬运、分拣等作业，如图3-35所示。

4）AGV系统

AGV系统是自动化立体仓库的重要组成部分，极大地提高了作业效率。

5）周边辅助设备

周边辅助设备包括自动识别设备、自动分拣设备等，其作用都是为了扩充自动化立体仓库的功能，如可以扩充分类、计量、包装、分拣等功能，如图3-36所示。

图3-35　出入库输送系统

图3-36　周边辅助设备

6）自动控制系统

自动控制系统是整个自动化立体仓库系统设备执行的控制核心，向上联结物流调度系统，接受物料的输送指令，向下联结输送设备，实现底层输送设备的驱动、输送物料的检测与识别，完成物料输送及过程控制信息的传递。目前以采用现场总线方式控制模式为主。

7）库存信息管理系统

库存信息管理系统亦称中央计算机管理系统，是自动化立体仓库系统的核心。目前典型的自动化立体仓库系统均采用大型的数据库系统（如ORACLE，SYBASE等）构筑典型的客户机/服务器体系，可以与其他系统（如ERP系统等）联网或集成，对订单、需求、出入库、货位、不合格品、库存状态等各类仓储管理信息进行分析和管理。

3.8.5　自动化立体仓库的适用条件

自动化立体仓库是在社会生产力和科学技术不断发展的情况下产生的一种现代化仓储管理技术手段。它必须具备以下几个条件才能发挥其应有的效能：

1）货物的出入库频率较大，且货物流动比较稳定

货物的仓储总量必须足够大，而且出入库作业频繁，货流量比较稳定；否则，就会出现仓储空间浪费、仓储设施与设备闲置等不良状况，不利于发挥自动化立体仓库的优势，难以实现规模效益。

2）需要有较大的资金投入

自动化立体仓库除了建筑投资外，还必须有相应的配套设施与设备投入，这不仅要考虑初期投入，还要考虑设施与设备的使用维护费用，所以自动化立体仓库的资金投入是相当大的，拟建库的企业必须具备雄厚的资金实力，切忌未经过充分论证，盲目进行投资。

3）需要配备一支高素质的专业技术队伍

从自动化立体仓库的规划设计到投入运营的整个过程中，组成自动化立体仓库的各个子系统的正常运行和维护均需要具有相应知识的专业人员来进行。另外，自动化立体仓库的运转不仅要求工作人员具有较高的专业技术，而且要求工作人员具有高度的责任心。

4）对货物包装要求严格

自动化立体仓库采用自动存取装置（如巷道式堆垛机）和高层货架来搬运与储存货物，采用自动化运输设备进行货物的输送，因此要求货物的包装必须符合有关标准的要求，外包装要统一规格尺寸，以便于仓库作业的顺利进行。

5）仓库的建筑地面应有足够的承载能力

由于自动化立体仓库的仓容量很大、吞吐量较大、单位面积利用率较大，因此要求仓库单位面积设计承载能力必须大于实际承载能力。

拓展阅读 3-5

仓储智能化装备，距离大规模应用还有多远？

说到仓储设备，早已不是“叉车+托盘+传送带”的概念，2009年“智慧物流”概念被提出，物联网、大数据、云计算等技术将物流这个传统行业“拽”入科技快车道。

据了解，2016年智慧物流市场规模超过2 000亿元，预计到2025年，智慧物流市场规模将超过万亿元。在此背景下，智慧物流仓储设备应用愈加广泛，叉车、机械手、立体货架、AGV、AMR、仓储无人机等纷纷流行普及。

为了方便区别，我们把物流硬件装备大致分类，包括由立体货架、输送机、高速分拣系统等组成的智能仓储基本骨架；由AGV、AMR、叉车、机械手、仓储无人机等组成的各种自动化设备。

仓储的基本骨架

按照高度来分，高5米以下、5~15米、15米以上分别被称为低、中、高层货架。1963年，美国建立第一座由计算机控制的立体仓库；60年代中期，日本开始兴建立体仓库；1980年，中国第一座自动化立体仓库投入运行，这个由北京起重运输机械设计研究所负责研制的立体仓库在当时高度已达15米。

早期，立体货架主要应用在制造业、港口等场景，由于货物多为大件物品，为了节省仓库空间，降低成本，货架设计得较为高大，直冲库顶。后因电子商务的发展，货架的高度也发生了变化。

2000年至2009年，电子商务逐渐进入可持续性发展的稳定期，其中2003年淘宝网创立，由于电商、零售场景的仓库货品大多为小件，以往高大的货架，货物摆放过高，不能满足这类仓库“推陈出新”的速度，于是货架的高度大幅下降至5米以下，以适应电商平台订单量的激增。

货架是仓库的基础必备设施之一，除了货架外，输送机、高速分拣系统也在仓库中占据重要地位。

输送机可以按照有无重力辅助进行分类：重力式输送机因滚动体的不同，可分为滚轮式、辊筒式及滚珠式3种；动力式输送机一般以电动机为动力，根据其驱动介质的不同，可以分为辊筒输送机、带式输送机、链条式输送机等。

需要注意的是，输送机虽然能够输送大件物品，但存在运输线路不易变更，且占地面积过大等问题。

高速分拣系统一般由控制装置、分类装置、输送装置及分拣道口组成。通过控制装置识别、接收和处理分拣信号，对主传送带上的商品进行自动分类，然后根据控制装置发出的分拣指示，分类装置可以改变货物在输送装置上的运行方向。

值得一提的是，分类装置的种类很多，一般有推出式、浮出式、倾斜式等几种。

据了解，人工每小时只能分拣150件左右，且纯人工分拣劳动强度极高，而自动分拣系统可以连续运行100个小时以上，每小时可分拣7 000件包装商品，效率的提升、人工成本的降低不言而喻。

自动化设备的智能化之路

AGV是装有电磁或光学等自动导引装置，能够沿规定的导引路径行驶，具有安全保护以及各种移载功能的运输车。它的兴起是源于Kiva机器人。

Kiva机器人，2003年开始运用二维码导航。2012年，Kiva被亚马逊以7.75亿元收购，此后，相关技术开始在中国普及起来。

AGV以轮式移动为特征，类似轨道交通。虽然现在AGV存在价格昂贵等痛点，但如今随着5G商用的普及化，使用成本大大降低。苏宁物流研究院副院长栾学锋认为，目前每台AGV都有自己的“大脑”（芯片），若5G技术成熟，未来可通过集约化方式统一管理，通过“中央大脑”管理上百台AGV来减少费用。

2016年，机器视觉、人脸识别开始进入商用化，依托于计算机视觉的智能机器人AMR逐渐为人熟知，AMR名字与AGV相似，但无论是从核心技术还是从运作方式来看，AMR都与AGV有着天壤之别。

首先，AMR类似自动驾驶，在黑夜中，AMR的传感器——摄像头就是它的“眼睛”；其次，不用铺设轨道，不用改造环境，柔性化程度较高，因此仓库的部署成本较低。如今5G进入商用化阶段，灵动科技创始人兼CEO齐欧认为，在5G的加持下，通信带宽更大，数据反馈的实时性更强，未来将在秒级或者毫秒级实现同步。

智能AGV叉车包含托盘叉车式AGV、宽脚堆高式叉车AGV、无脚堆高式叉车AGV等，用于堆栈托盘类货物的物流周转，由液压升降系统、差速驱动系统、PLC控制系统、导引系统、通信系统、警示系统、操作系统和动力电源等组成，是集液压升降和PLC控制的可编程无线调度的自动导引小车。

由于工人拣选、堆放货物是一个机械性、重复性动作，上文提到的自动拣选系统大大提高了拣选效率。同样，在科技日新月异的发展之下，机械臂也在演变，相比于人类的手臂而言，机械臂最大区别就在于灵活度与耐力度。

目前，仓储物件在进行转移搬运时主要是人工搬运，尤其是在运输车上将货物卸下时缺少一种快速装卸货物的仓储机械手，因此针对上述问题有些企业就有了在仓储中运用智能机械手的想法。但从整体市场来看，仓储内运用机械手还需要经过一段时间的发展，在精准度和柔性化上做进一步的提高。

无人机，目前在物流领域的应用不是特别广泛，主要集中在末端配送环节、仓储环节中。

在仓储环节中，无人机小巧灵活，可以在货架中间来回穿梭，并且自身配备有摄像设备与控制中心连接，将图像传回控制中心，控制中心的工作人员可根据无人机传回的图像分辨货架商品是否放置准确，这种方式不仅准确率高、效率高，还节省了大量的人力。

此外，除了巡检功能，仓储无人机也有搬运货物的功能，以及收集数据、监控库存、更新公司的仓库管理系统等功能。

但现在，我国仓储巡检无人机的应用还处于初级阶段。

小结

物流行业属于劳动力需求高，且需要重复体力劳动的行业。然而，据公开数据，我国劳动力人口呈逐年下降趋势，劳动力的供不应求倒逼传统的仓储业向无人化、智能化转型，这也在很大程度上助推智慧仓储企业异军突起。

数据还显示，智慧物流企业的融资事件数量在不断增长，2010—2018年融资事件总计403起，据已公开的具体融资额，总额高达711.6亿元。市场需求的倒逼与资本的追逐让物流装备愈加数字化、智能化。未来，关于物流装备如何提升自动化、稳定性、柔性化还有一段路要走。

资料来源 朱凡雪. 仓储智能化装备，距离大规模应用还有多远？[EB/OL]. [2021-09-04]. https://www.iyiou.com/news/20190904111450.

思政专栏

上海抗疫物流配送难题有解：无人配送、有爱支援，多场景“无人化”需求爆发

2022年上海进入新冠肺炎疫情防控的关键时期，多个处于管控状态的街道社区面临着运力不足的难题。除志愿者和社区工作人员保障居民的日常生活外，物流配送的科技力量也在这次疫情中扮演了重要角色。在新冠肺炎疫情期间，由于“最后一公里”的无人配送在一定程度上可以代替人工完成配送工作，“无人经济”的场景需求不断扩大。

据美团工作人员的介绍，在此前的美团买菜康桥路站点，由于每天爆单，工作人员每天都要工作十几个小时，骑手和拣选员已连轴转，还是免不了积压大批等待配送的订单。而相比于人工配送，自动配送车一次就能送10户左右，大大节约了工作人员的体力和时间，并且这个过程实现了全程无接触配送，也减轻了防疫保障工作的压力。“每完成一次配送后，我们都会及时对车内外进行全面消毒，减少隐患。”截至2022年3月，美团自动配送车服务已在室外全场景累积配送超过150万个订单，自动驾驶里程超100万公里，在北京顺义区目前达到日均配送1 000多单。

除了美团标志性黄色自动配送车之外，也有越来越多无人化设备在上海街头集结，成为新冠肺炎疫情防控和物资保障的有效补充。如3月30日，圆通牵头的物流信息互通共享国家工程实验室联合智能无人驾驶快递车品牌行深智能，紧急调运智能无

人驾驶快递车，入驻了上海多个被封控的居民社区和办公园区，负责区域内点对点快递及其他生活物资配送。此次圆通牵头投放的无人车每次可载重约500公斤货物，车辆续航里程为100公里，基本可实现全天多趟运输。

除此之外，顺丰无人机在短短十几分钟之内就完成了1 200份抗原检测试剂盒从华东无人机基地到金山区某隔离医学观察点的快速无接触配送任务，还在城市末端物流配送、运送急救物品等场景中被运用，提高了紧急配送的时效。

可以看到，当无人配送车和无人机深入恶劣环境取代人力配送成为现实，无人化设备正在极大程度解决“最后一公里”的配送难题。

资料来源　赵雯琪. 上海抗疫物流配送难题有解：无人配送、有爱支援，多场景“无人化”需求爆发［N］. 每日经济新闻，2022-04-07.

解读：在《“十四五”数字经济发展规划》《“十四五”现代综合交通运输体系发展规划》《“十四五”城乡社区服务体系建设规划》等多份“十四五”重要规划中，无人配送研发和应用被多次提及，无人配送相关的产业价值和应用方向备受国家认可。随着我国物流配送网络的完善以及应用场景的逐渐丰富和技术投入的进一步加大，特别是近两年来新冠肺炎疫情在全国各地的暴发在一定程度上加深了消费者对无人配送的认知。作为物流配送“黑科技”，无论是无人机还是无人配送车，无疑是解决“最后一公里”配送效率问题的利器，未来的发展前景让业内普遍看好和期待。

这也意味着无人配送服务将迎来巨大的市场需求和大规模落地的黄金时代。

基本训练

1.单项选择题

(1) 仓库最基本的功能是（　　）。

A.储存和保管功能　　B.配送和流通加工功能

C.信息传递功能　　D.分拣功能

(2) 属于封闭式货架的一种，具有防尘、防湿、避光作用的货架是（　　）。

A.托盘式货架　　B.层格式货架　　C.驶入式货架　　D.橱柜式货架

(3) 主要用于物流自动化程度较高的场合，通常可根据货物特性来选择的输送机类型是（　　）。

A.重力式　　B.动力式　　C.滚轮式　　D.辊筒式

(4) 适用于存放存储期较长的中小件货物的货架是（　　）。

A.托盘货架　　B.阁楼式货架　　C.悬臂式货架　　D.移动式货架

(5) AGV是指（　　）。

A.货架　　B.叉车　　C.自动导引车　　D.巷道式堆垛机

2.多项选择题

(1) 仓库根据营运形态不同进行分类，包括（　　）。

A.自用仓库　　B.营业仓库　　C.公用仓库　　D.流通仓库

(2) 下列货架中属于新型货架的是（　　）。

A.橱柜式货架　　B.旋转式货架　　C.阁楼式货架　　D.悬臂式货架

(3) 要选择最适用的货架类型，从经济及效率的观点，应综合考虑下列（　　）

因素。

A.货物的特性　B.存取性　C.出入库量　D.搬运设备

(4) 巷道式堆垛机由(　)等组成。

A.起升机构　B.运行机构　C.电气设备

D.载货台　E.机架

(5) 自动化高层货架仓库的优点有(　)。

A.提高了仓库空间利用率

B.提高了仓储的作业效率

C.货架安装要求精度高，施工比较困难，施工周期长，一次性资金投入大

D.有效地衔接生产与库存，加快货物周转，降低成本

3.简答题

(1) 仓库分为哪些种类?

(2) 货架有什么作用?

(3) 简述各类货架的特点及用途。

(4) 站台的基本作用是什么?

(5) 简述动力输送机的种类及特点。

(6) 简述自动化立体仓库的适用条件。

综合应用

1.案例分析题

海尔物流的自动化立体仓库

海尔通过分析发现：在整个生产过程中，最受制约的就是仓储和配送，即原材料与零部件的仓储和配送，所以海尔选择了这个作为突破口。海尔在青岛海尔信息园里面建了一座机械化立体仓库，在黄岛开发区建了一座自动化立体仓库。青岛自动化立体仓库长120米、宽60米，仓储面积为5 400平方米，有9 168个标准托盘位，托盘规格是1.2米×1米，建筑高度为16米，放货的高度可达到12.8米，每天进出的托盘达到1 200个，实际能力是1 600个。自动化立体仓库由5 400平方米取代了原来65 000平方米的外租库，而且由于使用了计算机系统，管理人员从原来的300多人降为48人。外租库的租金和外租库到车间的来回费用的减少，加上节省的工人工资一年总计节省1 200万元。

采用自动化立体仓库还降低了物料的库存。因为海尔在计算机系统里进行了详细的设定，比如说只允许放7天的料，超过7天不让进，相对来说使整个库存量下降。

另外，自动化立体仓库深化了企业物流系统的规划。因为自动化立体仓库使用后是两翼推动：一是海尔要求所有的分供方按照标准化的模式送货，所用的都是标准化的托盘、标准的周转箱，以往所用的都是纸箱，纸箱的坏处在于，产品的零部件容易被压坏，上线的时候还要倒箱，多次倒箱增加了人工拣选，保证不了产品的质量。采用统一的产品包装之后，从分供方的厂里到海尔的生产线整个过程不用倒箱。对车间也是一样，以往车间脏乱差现象很严重，使用标准箱之后，全部实行了叉车作业标准化。自动化立体仓库对双方都产生了有利的作用，对分供方以及对海尔内部的整个物

流推进都很重要。二是自动化立体仓库具有灵活性和扩展性，刚开始设计自动化立体仓库想的只是放空调，但是通过计算机系统管理以后只占很少的库容，公司马上把冰箱、洗衣机、电脑全部放进去，一下减少了这些产品的外租库，整个效果非常明显。

资料来源 佚名. 海尔自动化立体仓库的规划与设计［EB/OL］.［2021-08-04］. http://wenku.baidu.com/link? url=eo7WXJj80V0mF46F3azrJqQyInAH3PHYWpZOzu-i6HU5NxMzfs-XS8qe7suZtaAKXBVmMCU5bSNQQ6n_16i_DlerxDzeGeHQDL2sfX0_8kq.

问题：(1) 海尔为什么要选择建立自动化立体仓库？

(2) 自动化立体仓库有哪些优点？

2. 实训题

● 目标

认识身边的货架。

● 内容

观察在日常生活中见到的货架，分析在仓储作业中，选择货架形式时应考虑的因素。

● 时间

本章授课后的周末时间。

● 步骤

(1) 同学们3~5人一组，制订观察方案。

(2) 进行实地观察。

(3) 对观察得到的资料进行分析，整理成文字材料。

(4) 各组在班级进行交流、讨论。

第4章 流通加工设备

● 学习目标
4.1 流通加工及其设备
4.2 剪切加工机械
4.3 冷链设备
● 思政专栏
● 基本训练
● 综合应用

学习目标

☐ 知识目标：掌握流通加工的含义及在物资流通中的意义、流通加工的分类；了解切割机的分类、常见的金属切割机及玻璃切割机；了解几种常用的冷链设备。

☐ 能力目标：掌握剪板机的组成结构及主要技术参数，剪板机操作的注意事项，常见剪板机的组成、功用及性能等；掌握冷链设备及其功用；具备使用常见流通加工设备的能力。

☐ 素养目标：树立崇尚劳动、热爱劳动、辛勤劳动、诚实劳动的劳动精神。

【引例】

我国冷链物流市场快速发展

中物联冷链委发布的《2020年中国冷链物流百家重点企业分析报告》显示，我国冷链物流行业市场规模从2014年的1 500亿元开始逐年增长，到2020年我国冷链物流市场总规模为3 832.0亿元，比2019年增长440.8亿元，同比增长13.0%，并且仍保持增长态势。2020年中国冷链需求总量突破2.65亿吨，仍将持续增长。

报告公布了2020年中国冷链物流百家重点企业。从企业性质看，2020年中国冷链物流重点企业中，民营企业有72家，国有企业有10家，外资企业有2家，合资企业有10家，港澳台资企业有1家，其他企业有5家。民营企业仍是冷链物流重点企业的主要组成部分。从分布区域来看，华东区域入围企业数量最多，其次是华中和华南地区。顺丰速运、京东物流、荣庆物流、新夏晖、郑明物流位居中国冷链物流百家重点企业榜前5名，其中顺丰连续3年蝉联榜首。

报告披露，在2020年，我国冷链物流头部集聚效应进一步提升。全国冷链物流重点企业冷链业务营业收入合计达694.70亿元，同比增长26.36%，占2020年冷链物流市场规模的18.13%。重点企业市场占有率已由2018年的13.79%攀升到了2020年的18.13%，市场集中度持续提高。重点企业前5名的营业收入达到256.42亿元，已占到重点企业总营业收入的36.91%。据中冷联盟的预测，至2025年，我国冷链物流行业的市场规模有望突破5 500亿元。

头部集聚效应还体现在吸纳社会就业方面。2020年冷链物流重点企业提供就业岗位数量约为5.71万个，其中前15名重点企业的员工人数达2.79万人，占到重点企业员工总人数的48.86%。

双循环格局下，冷链物流行业呈现出新的发展特点：

第一，冷链物流基础配套设施不断完善。近5年我国冷藏车保有量和冷库容量连续保持10%以上的年增速，产地农产品冷链设施建设方兴未艾。据中物联冷链委、链库网的统计，2021年上半年全国新建、改建冷库总量达到354.1万吨，同比增长16.9%；冷藏车数量新增3.3万辆，与同期基本持平。

第二，冷链食品进出口市场稳步发展。以肉制品为例，2021年1—7月，我国肉类冻品出口总量达到18万吨，同比上涨7.9%，进口总量为593.2万吨，同比上涨3.3%；肉类冻品出口商品总额为9.7亿美元，同比增长6.6%，进口总额为195.05亿美元，同比增长5.3%。在新冠肺炎疫情防控的巨大压力下，我国肉类冻品市场仍然保持稳定增长势头。

第三，跨境冷链市场不断走向成熟。在双循环和冷链新冠肺炎疫情防控背景下，我国跨境冷链市场规范化、标准化程度迎来历史新高。冷链消杀、冷链信息追溯等新型技术和平台快速应用，为冷链行业技术创新和冷链企业降本增效指明了发展方向。

资料来源 中国物流与采购联合会. 崔忠付：国内国际双循环背景下，全球冷链行业发展新秩序［EB/OL］.［2021-09-18］. http：//llzwh.chinawuliu.com.cn/gzdt/202109/18/559933.shtml.

4.1 流通加工及其设备

4.1.1 流通加工的含义

1）流通加工的概念

流通加工是相对于生产加工而言的，指在物品从生产领域向消费领域流通的过程中，出于促进消费、维护物品质量、提高流通效率的目的，需要对物品进行的加工。《物流术语》（GB/T18354-2021）中对“流通加工”的定义为：根据顾客的需要，在流通过程中对产品实施的简单加工作业活动的总称。简单加工作业活动包括包装、分割、计量、分拣、刷标志、拴标签、组装、组配等。

2）流通加工与一般的生产加工的区别

（1）加工对象不同。流通加工的加工对象是商品，而一般的生产加工的加工对象是材料或半成品。

（2）加工程度不同。流通加工所进行的一般都是简单加工，是对生产加工的辅助和补充，不能替代生产加工。生产加工是复杂加工，商品加工的大部分过程由生产加工完成。

（3）创造的价值不同。商品的价值大部分是在生产过程创造的，流通加工只是对其进行完善。

4.1.2 流通加工的意义

物流领域中的流通加工，主要着眼于满足客户的需求，提高服务功能。

（1）提高产品档次，增加经济效益。有一些产品，如工艺美术品、洋娃娃等，在流通过程中对它们进行简单的包装，改变其外观，可以提高其销售价格。

（2）使各种运输方式达到最佳组合。在流通过程中，产品的运输线路基本上是生产厂家—流通加工—用户，流通加工一般都设在与用户距离较近的位置，从生产厂家到流通加工地的产品数量较大，而从流通加工地到用户的产品数量一般较小，所以前者可以采用火车、船舶等运输工具，后者可以采用小型货车等，从而节省运费。

（3）提高材料利用率，减少设备的重复设置。以钢板为例，生产厂家生产出来的钢板，其面积都较大，到用户手中后，需要进行切割。按照这种方式，各用户都需要购置剪板机。假如钢板从生产厂家出来后，到流通加工点，按用户需求进行加工，再运送到各用户手中，这样既可以减少钢板在切割过程中的浪费，又可以避免各用户自备剪板机，从整个社会资源配置角度来讲，既减少了材料的浪费，又减少了设备的重复设置。

4.1.3 流通加工的类型

根据流通加工作业性质的不同，流通加工可以分为以下3种基本作业类型：

1）对原材料的初级加工

对原材料的初级加工主要包括对钢材、木材、石材、玻璃、煤炭、水泥等原材料的各种加工，是加工作业量较大的一类流通加工。常见的对原材料的初级加工作业包括对大型卷钢的剪裁加工，对木材、石材、玻璃的切割加工，对煤炭的粉碎、配兑加工，以及对混凝土搅拌加工等。

2）对产品的增值性加工

对产品的增值性加工包括对农副产品的切分、清洗、脱皮、分选，对生鲜食品的精制加工等。对产品的增值性加工的目的是提升产品的质量，起到保护产品、提高产品价值的作用，既可促进产品销售，又可以方便顾客使用。

3）对产品的辅助性加工

对产品的辅助性加工主要包括对产品的包装、分拣、分装、组装、贴标签和拴标志牌等，这些加工是为了组织产品运输、储存、配送和销售所进行的辅助性作业，不改变产品本身的状态，但可以改变其外观形式，是物流活动中必不可少的作业环节。

4.1.4 流通加工设备的分类

流通加工设备是进行各种流通加工作业的设备统称。由于流通加工的范围非常广泛，作业类型非常繁杂，所以流通加工设备的类型也是多种多样的。根据流通加工的作业类型不同，可以将流通加工设备分为以下3种：

1）原材料初级加工设备

钢材剪切加工设备，主要用于进行钢板下料、加工的剪板机等设备，可以将大规格的钢板裁小或裁成工件毛坯。

木材加工设备，用于在木材流通加工中将原木锯裁成各种板材或条材。

煤炭加工设备，用于将煤炭及其他发热物质，按不同的配方进行掺兑加工，生产出各种不同发热量的燃料。

水泥混凝土加工设备，用于将水泥及砂石等骨料加水配制加工成商品混凝土，并按用户需求进行配送供应。

玻璃加工设备，用于大规格平板玻璃的切割加工，可按用户需求切割成各种小规格尺寸的成品玻璃。

2）产品增值性加工设备

冷冻加工设备，用于对鲜肉、鲜鱼等生鲜食品或药品等进行低温冷藏保鲜加工。

分选加工设备，主要用于对农副产品按不同规格、质量进行分选加工。

精制加工设备，主要用于对农副产品和生鲜食品进行切分、洗净、分装等简单加工。

3）产品辅助性加工设备

包装设备，即用于商品流通过程中的各种包装作业设备。

分装设备，即为了便于产品销售，在销售地对产品进行重新包装的设备，如大包装改为小包装、散装改为小包装、运输包装改为销售包装等。

组装加工设备，是指对采用零部件或半成品包装出厂的产品，在消费地进行组装加工成成品的设备。组装加工设备一般针对不同的产品配置相应的专用设备。

贴标签设备，即商品流通过程中各种贴标签的机械设备。

4.2 剪切加工机械

剪板机是在各种板料的流通加工中应用比较广泛的一种剪切设备，能剪切各种厚度的钢板材料。剪板机是借于运动的上刀片和固定的下刀片，采用合理的刀片间隙，对各种厚度的金属板料施加剪切力，使板料按所需要的尺寸断裂分离。常用的剪板机分为平剪、滚剪及震动剪3种类型。平剪是使用最多的。剪切厚度小于10毫米的剪板机多为机械传动，大于10毫米的为液压传动。一般用脚踏或按钮操纵进行单次或连续剪切金属。

4.2.1 剪板机的作用

剪板机就是在固定地点的剪板加工中，将大规格钢板裁小或切裁成毛坯的机器。剪板加工通常是在固定地点设置剪板机，以进行下料加工，或者设置各种切割设备将大规格钢板裁小或切裁成毛坯，这样做降低了销售起点，方便了用户。

热连轧钢板和钢带、热轧厚钢板等板料，交货长度常可达7~12米，有的是成卷交货。对于使用钢板的用户来说，大中型企业由于消耗批量大，可设专门的剪板及下料加工设备，按生产需要进行剪板及下料加工。但是，对于使用量不大的企业和多数中小企业来讲，单独设置剪板及下料加工设备，有设备闲置时间长、人员浪费大、不容易采用先进方法等缺点，而在流通过程中进行钢板的剪板及下料加工，可以有效地解决上述问题。

使用剪板机对板料进行剪板、下料的流通加工有如下优点：第一，可以选择加工方式，较之气焊切割，其加工后钢材的金相组织变化较少，可保证钢材的原状态，有利于进行高质量加工。第二，加工精度高，可减少废料、边角料，也可减少再加工的切削量，既提高了再加工效率，又有利于减少消耗。第三，由于集中加工可保证批量及生产的连续性，可以专门研究此项技术并采用先进设备，大幅度提高效率和降低成本。第四，使用户简化生产环节，提高生产水平。

4.2.2 剪板机的结构

剪板机在流通加工领域可用于对板料或卷料的剪裁，其工作过程主要是板料在剪板机的上、下刀刃作用下受剪产生分离变形。一般剪切时下剪刀固定不动，上剪刀向下运动。

1）剪板机的基本结构

普通剪板机一般由机身、传动系统、刀架、压料器、托料器、刀片间隙调整装置、挡料装置、光线对线装置等组成。

（1）机身。机身一般由左右立柱、工作台、横梁等组成。机身分为铸件组合结构和整体焊接结构。铸件组合结构属于老式结构，机身大多采用铸件，通过螺栓、销钉将各组铸件连接成一体。这种结构的机身较重、刚性差、接合面的机械加工工作量也大。整体焊接结构与铸件组合结构相比，具有机身质量较轻、刚性好、便于加工等优点，采用整体焊接结构的机身日益增多。

（2）传动系统。剪板机的传动系统有机械传动系统和液压传动系统之分。机械传动系统有齿轮传动系统和蜗轮副传动系统，以圆柱齿轮传动系统居多。圆柱齿轮传动系统又分为上传动式系统和下传动式系统。机械下传动式剪板机的结构紧凑，机身高度小，重心低，稳定性能较好，制造安装也比较容易。剪切厚度小于6毫米板料的小规格剪板机一般属于机械下传动式剪板机。液压传动剪板机日益增多，其主要特点是剪切力在全行程中保持不变，可防止过载，且工作安全，通用化程度高，质量较轻，参数调整易实现自动化，但是液压传动的行程次数较低，电动机功率略大，故障排除不如机械传动容易。

（3）刀架。刀架是剪板机的重要部件。老式小型剪板机的刀架多为铸铁件，大型剪板机的刀架多为铸钢件。近年来，采用钢板结构的刀架日益增多。

（4）压料器。在剪板机上刀片的前面设有压料器，使板料在整个剪切过程中始终被压紧在工作台面上。压料器所产生的压料力要能够克服板料因受剪切力的作用而产生的回转力矩，使板料在剪切时不产生位移或翻转。压料器有机械传动和液压传动等形式，在小规格剪板机中，以机械传动或液压传动使用最多。近年来，液压传动压料器日益增多，以满足选用的压料力大和剪切精度高的要求。

（5）托料器。在剪板机工作台上设有托料器，其作用是将板料托起，使板料在工作台上移动轻快。

（6）刀片间隙调整装置。为适应剪切不同厚度板料的要求，剪板机需根据板厚调节刀片的间隙，刀片间隙过大或过小都会损坏刀片和影响板料剪切断面质量，因此要求刀片间隙调整装置操作方便、刚性好。

（7）挡料装置。为了控制剪切板料尺寸和提高定位效率，剪板机设有挡料装置。挡料装置有手动和机动两种，手动挡料装置用于小型剪板机，机动挡料装置多用于大中型剪板机。

（8）光线对线装置。当剪板机不使用后挡料装置时或者剪切时，剪刃需要与事先划好的刻线对准时，应使用光线对线装置，以保证剪切的尺寸精度，但有些剪板机上没有光线对线装置。

2）剪板机的技术参数

剪板机主参数以剪切厚度和剪切板料宽度来表示，还有一些其他参数。

（1）剪切厚度。剪板机剪切厚度主要受剪板机构件强度的限制，最终取决于剪切力。影响剪切力的因素很多，如刃口间隙、刃口锋利程度、剪切角大小、剪切速度、剪切温度、剪切面的宽度等，而最主要的还是剪切板料的强度。目前，国内外剪板机的最大剪切厚度多为32毫米，厚度过大，从设备的利用率和经济性来看都是不可取的。

（2）剪切板料宽度。剪切板料宽度是指沿着剪板机剪刃方向，一次剪切完成板料的最大尺寸，它参照钢板宽度和使用厂家的要求制定（可剪切板料宽度小于剪刃长度），这种剪切方式称为横切方式。纵切方式为多次接触剪切，只要条料宽度小于剪板机的凹口——喉口，剪切尺寸就不受限制。随着工业的发展，剪切板料宽度不断增大，目前剪切板料宽度为6米的剪板机已经比较普遍，大的剪切板料宽度可达10米。

（3）剪切角度。为了减少剪切板料的弯曲和扭曲，一般都采用较小的剪切角度，这样剪切力可能增大些，对剪板机受力部件的强度、刚度也会带来一些影响，但提高了剪切质量。

（4）喉口深度。采用纵切方式对剪板机的喉口深度有一定的要求，目前剪板机趋向于较小的喉口深度，这样可提高机架的刚度，但使整机质量下降。

（5）行程次数。行程次数指空载条件下最大剪切行程时的每分钟可剪次数，直接关系到生产效率。随着生产的发展及各种上下料装置的出现，要求剪板机有较高的行程次数。对于机械传动的小型剪板机，一般可达50次/分以上。

4.2.3 常见的剪板机

剪板机有很多种类型，一般按其工艺用途的不同，可分为多用途剪板机和专用剪板机；按其传动方式的不同，可分为机械传动式剪板机和液压传动式剪板机；按其上刀片相对下刀片位置的不同，可分为平刃剪板机和斜刃剪板机；按其刀架运动方式的不同，可分为直线式剪板机和摆动式剪板机。典型剪板机有圆盘剪板机、多功能剪板机、摆式剪板机、振动剪板机、机械剪板机等。

1）圆盘剪板机

圆盘剪板机是利用两个圆盘状剪刀进行板料剪切的剪板机。按其两剪刀轴线相互位置不同及与板料的夹角不同分为直滚剪、圆盘剪。直滚剪主要用于将板料裁成条料，或由板边向内剪裁圆形坯料；圆盘剪主要用于剪裁条料、圆形坯料和环形坯料。

圆盘剪板机是由机座、滚刀和传动系统等部分组成。在圆盘剪板机机座的上部，装有向外伸出的两个轴，其端部装有上、下滚刀，电动机通过皮带轮及一组圆柱齿轮，分别带动摆动轴和传动轴，两个轴又分别通过锥齿轮带动上、下两个圆盘滚刀产生同速的反向运动。剪板时，将板料送入两个滚刀之间，在上、下滚刀刃的剪切作用下将板料切断。这种剪板机可对板料进行连续剪切，既可剪直线，也可剪曲线，适用于剪切钢板、铁板、橡胶、皮革等。

2）多功能剪板机

多功能剪板机就是既能够进行板料剪切又能够进行其他加工作业的剪板机，主要由床身、悬臂梁、电机、皮带、点轮传动系统等部分组成。其床身上水平安装3根传动轴，悬臂梁上对应安装3根传动轴，采用2个相对转动的滚子为进给器，2个相对转动的圆柱体为剪切刀，2个相对转动、有一定形状、凹凸配合的圆轮为挤压器来实现剪切、挤压一定形状，并一次完成。它主要用于加工薄板，可以提高工效，广泛应用于薄板加工业。

常见的多功能剪板机主要有板料折弯剪板机和板材型材剪板机两种。

板料折弯剪板机（如图4-1所示）在同一台剪板机上可以完成两种工艺，剪板机下部进行板料剪切，上部进行板料折弯成型，也有的剪板机前部进行剪切，后部进行板料折弯成型。滑块置于机器中部，由3只油缸驱动滑块上下运动，滑块向上进行折弯，向下进行剪切。机架整体用厚钢板焊成，与一般折弯机相比，具有更高精度和稳定性。折弯时，滑块上下停留的位置和行程可任意调节；剪切时，滑块行程与折弯时行程无关，剪切时行程一般保持恒定。另外，它在中间油缸内设置了1只伺服阀，可以任意控制滑块上升的最高位置，满足自由折弯时达到各种不同的弯曲角度。采用具有充分刚性的同步轴结构，保证了滑块相对于横梁的平行运动。采用PC控制，使得折弯和剪切工作的转换，只需转动开关就可自动完成各项准备工作，无须更换模具。

板材型材剪板机（如图4-2所示）在剪板机刀架上，一边装有剪切板材的刀片，另一边装有剪切型材的刀片。既能剪切板材又能剪切型材，可以根据需要进行板材和不同型材的剪切加工。

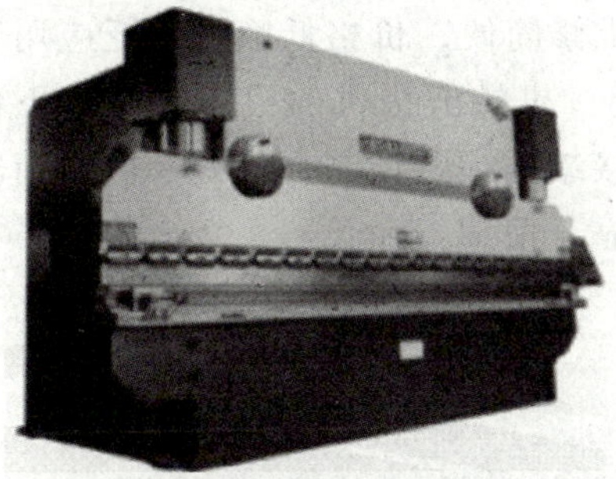

图4-1 板料折弯剪板机

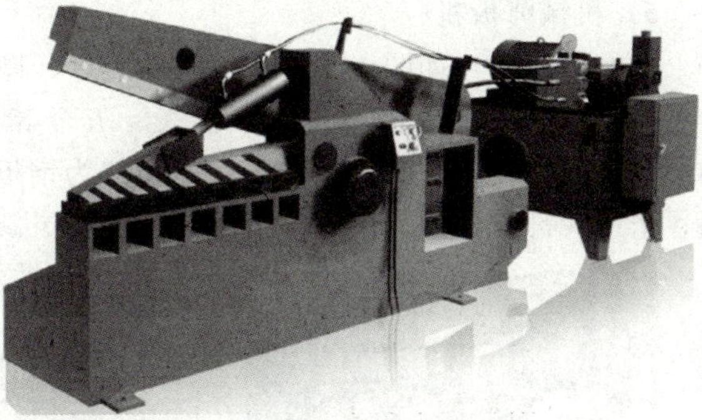

图4-2 板材型材剪板机

3）摆式剪板机

摆式剪板机（如图4-3所示）可分为直剪式和直、斜两用式。直、斜两用式主要用于剪切30°焊接坡口断面。摆式剪板机的刀架在剪切时围绕一固定点做摆动，剪切断面的表面粗糙度数值较小、尺寸精度高，而且切口与板料平面垂直。摆式结构主要用于剪切厚度大于6毫米、板宽不大于4米板料的剪板机。

图4-3 摆式剪板机

4）振动剪板机

振动剪板机又称冲型剪切机（如图4-4所示），其工作原理是通过曲柄连杆机构带动刀杆做高速往复运动，行程次数由每分钟数百次到数千次不等。

振动剪板机是一种万能板料加工设备。它在进行剪切下料时，先在板料上画线，然后刀杆上的上冲头能沿着画线或样板对被加工的板料进行逐步剪切。此外，振动剪板机还能进行冲孔、落料、冲口、冲槽、折弯和锁口等工序的操作，用途相当广泛，适用于短金件的中小批量的初单件生产，被加工的板料厚度一般小于10毫米。振动剪板机具有体积小、质量轻、容易制造、工艺适应性广、工具简单等优点，但是生产率较低，工作时要人工操作，振动和噪声大，加工精度不高。

振动剪板机广泛应用在各种薄板加工上，不仅可以加工碳钢、不锈钢、铜、铝等各种金属板件，也可以加工硬纸板、硬橡皮、塑料等各种非金属板件。振动剪板机可一机多用，既可直线切割，也可曲线切割，还可冲孔和切槽等，是进行薄板加工的理想设备。

5）机械剪板机

机械剪板机（如图4-5所示）结构简单，操作维修简便，价格低廉，广泛应用于冶金、轻工、汽车、电机电器、仪表、五金等行业。机械剪板机的机床为机械下传动，结构合理，重心低，运动平稳；刀架为钢板焊接结构，刚性与强度好，剪切精度高；采用转键离合器，控制刀架运行，动作灵敏可靠，使用寿命长。

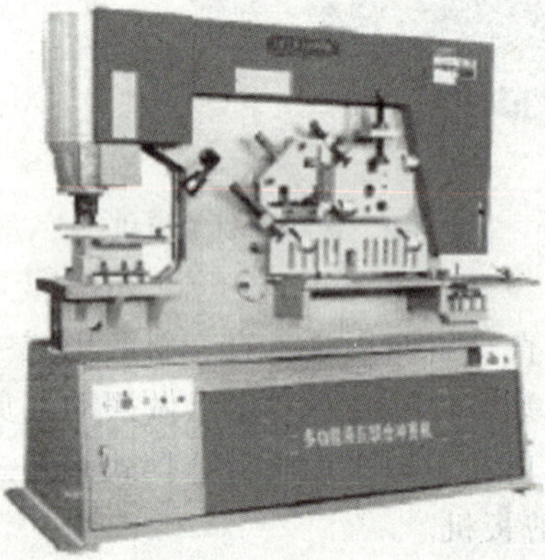

图4-4 冲型剪切机

图4-5 机械剪板机

4.2.4 切割设备

切割机是常用的流通加工设备之一，其种类也是异常繁多。根据切割材料的不同，一般可以将切割机分为金属材料切割机和非金属材料切割机两大类。就金属材料切割机来说，现在常见的主要可以分为数控火焰切割机、数控水刀切割机、激光切割机、等离子切割机、线切割机等几种；而对于非金属材料切割机，应用较为广泛的有橡胶切割机、砂轮式切割机等。作为对传统切割机的升级改进，数控切割机很好地利用了计算机精确、高效的优点，大大提高了加工工艺的精密度和效率。数控切割机是机电一体化的切割机，用数字程序驱动机床运动，随着机床运动时，随机配的切割工具对物体进行切割。

1）金属切割机的种类

数控火焰切割机的基本原理是借助燃料充分燃烧产生的热量，使被加工的材料在高温下很快熔化，形成切缝，从而达到加工的目的（如图4-6所示）。采用这种方式加工具有以下优点：可以对厚度较大的材料进行切割加工，操作难度小，有效降低成本投入；但是缺点突

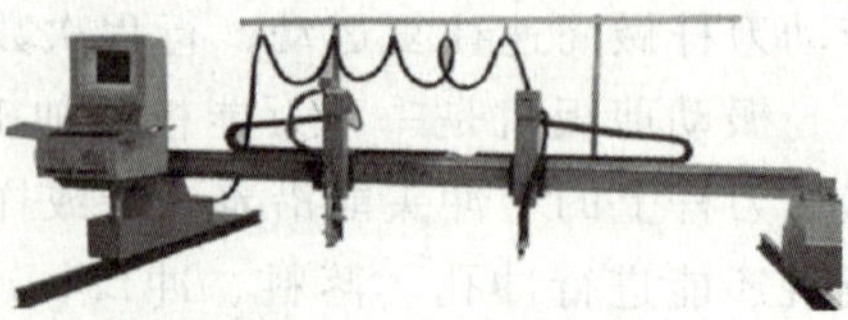

图4-6 数控火焰切割机

出，对于很多有色金属的加工存在困难，也无法切割很多熔点较高的金属材料，同时因为对于火焰的喷射范围不能做到精确控制，所以加工出来的成品粗糙度比较大，后期要进一步打磨。因此，这种切割机一般在粗加工领域用得比较多。

数控水刀切割机，不同于数控火焰切割机，其基本原理是借助高压射出的高速细小水柱冲击材料表面并造成腐蚀，形成切缝，从而达到加工的目的（如图4-7所示）。一般而言，数控水刀切割机的加工精度比数控火焰切割机要高，但其缺点是切割速度很慢，也不能用于切割比较厚的材料。

线切割机的基本原理是通过电火花放电，造成周围温度瞬间达到一个很高的值，使得一小部分金属被高温熔化腐蚀，形成切缝，从而达到加工的目的。根据走丝速度快慢程度不同，线切割机一般被分为慢走丝、中走丝、快走丝3种，走丝速度越慢，加工精度越高。线切割机的优点是具有很高的加工精度，因此可以用来进行很多精细图案的加工；缺点是加工速度不快，而且只能用于金属板的加工。

激光切割机的基本原理是将从激光器发射出的激光，经光路系统，聚焦成高功率密度的激光束，打到材料表面后瞬间在表面形成极高的温度，使得材料表面迅速被高温熔化腐蚀，形成切缝，从而达到切割的目的（如图4-8所示）。激光切割机具有精度高、切割快速、不局限于切割图案限制、自动排版、节省材料等优点。它可以完成对尺寸很小材料的切割，并且切割面平整光滑，同时因为加工过程中仅使用电能，因此它具有环保、节能的优点。但是和以上几种切割方法相比，它的成本是最高的，这也是其最大的缺点。

图4-7　数控水刀切割机

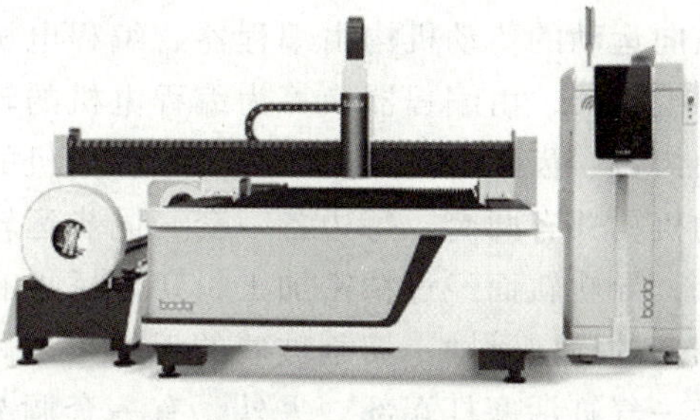

图4-8　激光切割机

等离子切割是利用高温等离子电弧的热量使工件切口处的金属部分或局部熔化（和蒸发），并借高速等离子电弧的动量排除熔融金属以形成切口的一种加工方法。等离子切割机（如图4-9所示）配合不同的工作气体（氩、氢、氮、空气、水蒸气以及某些混合气体等），可以切割各种氧气切割机难以切割的金属，尤其是对于有色金属（不锈钢、碳钢、铝、铜、钛、镍）切割效果更佳。其主要优点在于切割速度快、切割面光洁、热变形小、几乎没有热影响区。等离

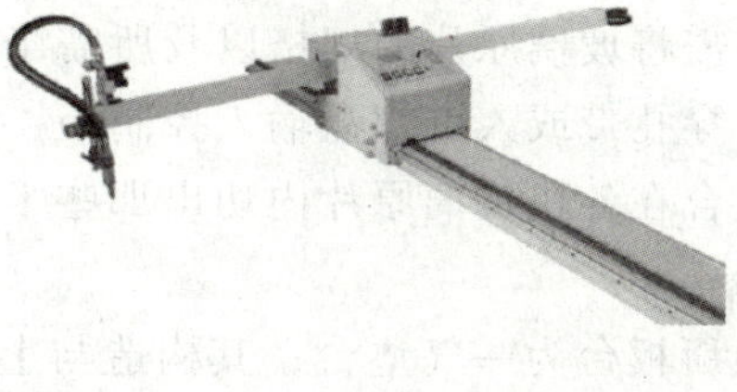

图4-9　等离子切割机

子切割机广泛应用于汽车、机车、压力容器、化工机械、核工业、通用机械、工程机械、钢结构等行业。

对于非金属材料来说，由于切割材料的种类日益增多，加之切割工艺的不断完善，多功能切割机自然也随之问世。视切割要求不同，挑选合适的刀具，就可以对材料进行任意角度的切割；同时，借助各种辅助工具，如自动换刀设备、自动进料设备、冷却设备等，可以实现更好质量的切割。

2）玻璃切割机的种类

（1）玻璃自动切割机。玻璃自动切割机主要由切桌、切割桥、控制柜、掰板台、供电柜等组成。切桌由支架、桌面、输送带、传动装置、气垫装置等组成。支架是用来支持桌面的，由型钢柱、型钢梁等构成，其外侧一般整面封以钢板，做成柜式12支座。桌面由层合板做成，有数条（一般为3～6条）输送带纵向排列于上，自切桌的首端至末端，桌面纵向外沿各固定一金属齿条，齿条与输送带、输送带与输送带之间的外露的桌面均铺以毛毡。桌面开有许多小孔，孔与气垫风箱相连，输送带的上表面平时略低于毡面，输送玻璃片时通过抬起装置将其抬起，使其上表面略高于毡面，输送带的传动装置及抬起装置均装于桌面下。气垫装置由风箱、风管、风机等组成，风箱装于桌面下，与桌面小孔相连，并通过风管与风机相通。切割玻璃片前，玻璃片要准确地停在切桌的一定位置上，当需要调整玻璃片的位置时，启动风机，打开风管闸板，使风机向风箱吹风，风箱的空气从小孔溢出，形成气垫，将玻璃片托起，以便于调整玻璃片的位置及避免玻璃表面擦伤。切割玻璃时关闭风管闸板，玻璃片落在桌面上。

切割桥是横跨于切桌上空的金属结构桥，它支撑在切桌纵向外侧的金属导轨上，桥纵向运动的传动机构由编程器、编程电机、齿轮组成。从控制柜传输来的控制脉冲传到编程器，由编程器换算为编程电机的转动转数，编程电机的曲轴带动小齿轮，后者的齿数、齿距是固定的，控制编程电机的转数就可控制切割桥纵向的运动距离。此传动机构共有两套，每边各一套，同步运转。切割玻璃的切割头装于切割桥侧面的导轨上，导轨轨面经过精密加工，切割桥也有类似的固定齿条，用类似的传动方式控制切割头的横向运动。切割玻璃的刀轮是用硬质合金钢制成的，装于一旋转轴上，该轴装于一气缸活塞杆端部。另外，有一套调节装置调节旋转轴，使通过刀轮刃口的垂直面总与设定的切割线的方向一致。刀轮施于玻璃表面的压力，则由装于旋转轴上部的小型气缸调节。

控制柜是集中安装自动控制装置的操作柜，有不同自控水平的控制柜。采用数控的只需将玻璃原片的规格以及所需半成品玻璃片的规格、形状、数量等数据，通过磁盘、穿孔带或人工键盘输入控制柜，切割机即可按所输入的数据经过微机优化后，自动组合在各块玻璃原片内切出那些半成品，直至切出所需数量的各种形状、规格的半成品。

掰板台为一气垫台，其构造与上述气垫装置的结构相同。此台纵向有1块、横向有1～3块顶板，已经切出刀痕的玻璃片由切桌上的输送带自切桌送入掰板台，此时气垫将玻璃片托起，人工手扶玻璃片，将其移至顶板上适当位置，然后停止送风。玻璃片落在台面上，人工脚踏顶板机构，使顶板升出台面，玻璃即自刀痕处断开。做第二次掰断时，先将气垫送风闸板打开，台面产生气垫，由人工再将玻璃片移至适当位置，停止送风后用顶板将玻璃掰断，如此反复进行，直至全部掰断，再将所切成的半成品取出，将所掰下的玻璃边清除干净，掰板工作即告结束。

供电柜是本机电力拖动连接电源之处。

玻璃切割机根据其结构及自控水平有许多类型，切割玻璃的形状、规格、尺寸公差、切裁效率及操作劳动强度各不相同。数控玻璃自动切割机是当今最先进的切割机之一，适合于大规模生产使用。其主要技术性能参数有切出玻璃的形状、玻璃原片规格、玻璃厚度、切割尺寸公差、数据输入方式等。

（2）翻转式玻璃切割机。翻转式玻璃切割机由切桌、切割桥、液压翻转装置、控制柜、供电柜等主要部件组成。切桌的桌面、气垫装置与上述有关内容基本相同，支架由型钢柱、型钢梁等构成，其外侧不封钢板。桌面设有输送带，纵向设有1块、横向设有2块掰断玻璃用的顶板，这些顶板用气垫装置控制其升降动作。桌面纵向一侧有支撑玻璃片的挡辊。切割桥由金属结构桥和切割头组成，有1个切割头和2个切割头两种切割桥。横向、纵向切割分别使用不同的切割头，有1个横向切割头，安装在切割桥的导轨上，它只能进行横向切割；另有1个纵向切割头，安装在切割桥另一导轨上。切割桥导轨一侧装有精细刻度的标尺，导轨上有滑块，切割头装在滑块上，其位置由人工依据切裁的尺寸对照标尺精确定位。此两种切割头的硬质合金钢刀轮均装在一小型气缸的活塞杆上，工作时向气缸供压缩空气，刀轮向下并以一定压力压在玻璃上。纵向切割头一般不需全部工作，需要工作时其供气支管的调节阀事先打开。此种切割桥采用按钮人工操作。液压翻转装置由一组液压缸组成。切桌的一侧支架与固定于地面的钢结构铰接，设有一组液压缸，其活塞杆端部与切桌的型钢梁铰接，当活塞杆处于拉回状态时，切桌面成水平状态。当液压缸反向供液，活塞杆推出时，切桌面翻转80°。此种玻璃切割机只能切出矩形的玻璃。大规格的玻璃原片通常采用吊车-真空吸盘组合装置装片。

（3）靠模切割机。靠模切割机由气垫切割台、气箱、风机柜、电气柜、进料辊、模板、模板架、切割臂、切割头等组成。气箱、风机柜、电气柜用型钢及钢板组合成一箱体，箱体型钢架的4个脚各有一调节螺栓。气箱在箱体的上部，下部是电气柜和风机柜，各部分由钢板隔开。电气柜是本机的供电枢。风机柜内安装风机，有送风管。吸风管与气箱及与通向车间的短管相接，管上装有换向阀。进料辊是套有橡胶圈的辊子。用轴承座装于风箱3个侧面的上沿，装卸玻璃片时，先将玻璃靠在辊上，避免玻璃表面被切割台边缘擦伤。气垫切割台装在气箱的顶部，由钻有许多小孔的铝板、毛毡、定位块及定位杆组成。小孔与气箱相连，当风机向气箱送风时，台面形成气垫；当拨动换向阀使风机从气箱抽气时，台面形成负压场，把玻璃片吸牢在切割台面上。在台面上横向有定位块，纵向有定位杆，用来将玻璃原片在台面上定位。模板由多层胶合板制成，中间按所需切割的玻璃尺寸加上余量后镂空，并用模板架固定在气垫切割台台面的上方。模板架有两块定位架，装在切割台纵向的操作侧，可移定位架装于气箱横向外侧上沿的滑轨上，而模板架装在这两个定位架上，并由锁紧装置锁紧，切割玻璃时模板不摆动。切割臂由两段铝型材工作臂铰接而成。气箱型钢架非操作侧装有一支座，切割臂的一端装于此支座的立轴上，处于模板的上方，可在模板的上方绕支座上的立轴及铰接轴摆动。支座下面有两只调节螺栓，调整两螺栓，可使切割臂在水平面上摆动。臂的另一端装切割头，切割头由手柄、按钮盒、挡轮、挡套、刀轮座、刀轮、切割液管子及阀门等组成。

（4）水平式夹层玻璃自动切割机。现代建筑使用的夹层玻璃是采用自动化、大批量方式生产的，产品的规格大，往往需按订单的尺寸进行切割加工，然后供用户使用。目前有多种夹层玻璃自动切割机，水平式夹层玻璃自动切割机是其中的一种。水平式夹层玻璃自动切割机由切割机及掰断两大部分组成。前者的切桌、切割桥、控制柜等部件的结构与玻璃自动切割机很相似。本机的特点是有两个切割桥，分别安装在切桌的上、下方。两个切割头同时、同方向在同一垂直面上对夹层玻璃的上下表面进行切割，两条刀痕处在同一垂直面上；夹层玻璃的掰断有冷掰及热掰两种工艺，前者的掰断装置装在切桌的中部，切出刀痕的夹层玻璃在刀痕两边用夹板夹紧，然后通过液压装置将玻璃在切痕处折断，台上装有拉伸装置，用此拉伸装置将玻璃在断裂处拉开，中间的PVB膜即被拉断，夹层玻璃一分为二，即使是厚玻璃及膜片，边缘也都是平滑的，尺寸精确。此种夹层玻璃自动切割机能切割4毫米厚膜片和总厚度达28毫米的夹层玻璃，但只能切割双层玻璃，且只能直线切割，操作时往往使用起重设备将大块的夹层玻璃装上切桌，在选用设备时，需考虑配备起重设备。

（5）水平式无齿锯切割机。水平式无齿锯切割机由金刚砂砂轮片、传动装置、固定式悬臂梁、移动式载物架、导轨、导向板、工作台、机架、水喷头及控制台等组成。工作台、固定式悬臂梁与机架连成一体，构成坚固的钢结构。工作台上装有导轨及导向板，移动式载物架装于导轨上。金刚砂砂轮片的传动装置装在固定式悬臂梁上，金刚砂砂轮片装在其传动装置的轴上。传动装置由变速电机驱动，所需切割的夹层玻璃平放在移动式载物架上，导向板定位后，夹层玻璃的一边紧靠导向板，启动传动装置，先用低速运转，徐徐推动移动式载物架，即可将夹层玻璃切割成预定的尺寸。如在移动式载物架上先装上具有一定角度的垫板，再将夹层玻璃放在垫板上，则夹层玻璃的切口是垫板倾角为补角的斜切口。水喷头装在固定式悬臂梁的一侧，与水管相连，切割玻璃时，用自来水经喷嘴喷于金刚砂砂轮片与玻璃相接触处，以冷却金刚砂砂轮片及防止玻璃粉尘飞扬。该机用于切割多层夹层玻璃，适用于切割规格较小的产品，也能切厚度大的产品。

（6）玻璃异形切割机。玻璃切割机根据不同的施加动力可分为手动、半自动和全自动3种；根据玻璃形状可分为方形、异形、圆形等多种。随着玻璃材质用途的多样化，需要切割一些异形材质，图4-10为球面玻璃异形切割机，图4-11为玻璃非直线形切割机，它们都是比较常见的玻璃异形切割机。

手动异形玻璃切割机。操作简便，成本不高，以加工异形玻璃为主，但是可加工的尺寸不大，而且加工异形玻璃时要先做一个靠模。靠模制作需要经验与技巧，费时费力，是最原始的小片异形玻璃加工方法。

半自动异形玻璃切割机。在手动基础上增加了部分自动功能，使操作流程愈加简单，制造成本比手动异形玻璃切割机要高但处于比较实惠的水平，而且可加工的玻璃尺寸比手动异形玻璃切割机略大，同样是以异形玻璃的加工为主，也需要在加工异形

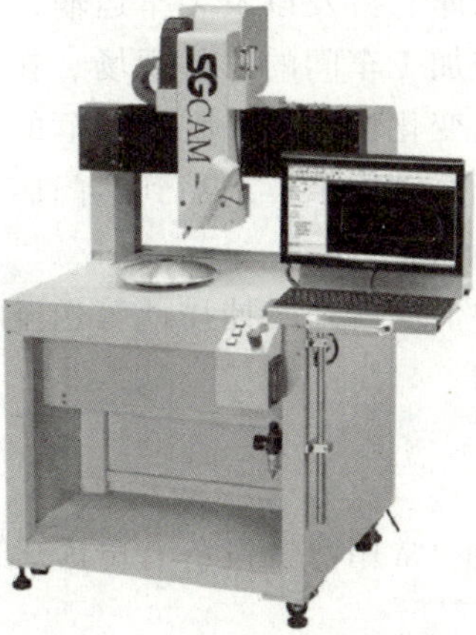

图 4-10　球面玻璃异形切割机

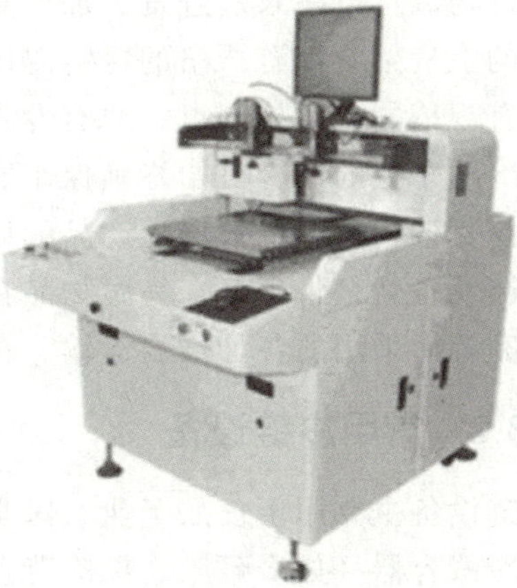

图 4-11　玻璃非直线形切割机

玻璃前先制作一个靠模，切割的时候采用气动+马达的动能方式，节省了大量的人力，因此生产效率要比手动异形玻璃切割机高得多。

全自动玻璃切割机。加工方式由机器配备的电脑软件控制，直接绘图然后实施操作，调样方便，可以加工方形、圆形和异形的玻璃。全自动异形玻璃切割机和夹层玻璃切割机分别如图 4-12 和图 4-13 所示。专业的切割软件和优化软件使切割的工艺变得更简便，而且效率和精度更高，减少了人为的误差和损耗，节约了企业的生产和人工成本。

图 4-12　全自动异形玻璃切割机

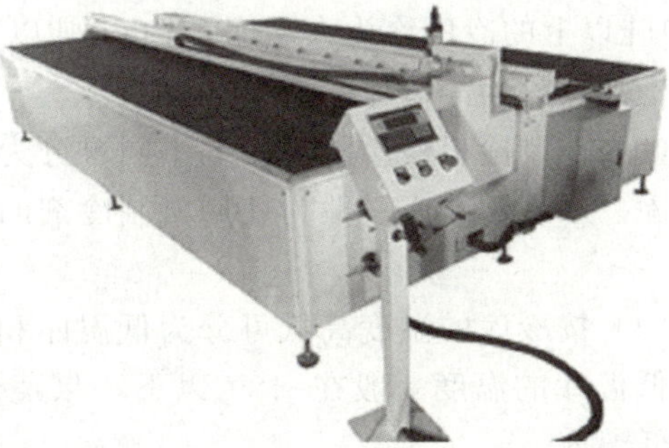

图 4-13　夹层玻璃切割机

4.3　冷链设备

4.3.1　冷链设备的功用

冷链是根据物品特性，为保持其品质而采取的从生产到消费的过程中始终处于低温状态的物流网络。冷链物流包括产品生产、储存、运输和销售等多个环节。冷链物流的适用范围主要包括初级农副产品（如蔬菜、水果、肉、禽和蛋等）、冷冻水产品、保鲜食品（如速冻食品、包装熟食品、冰淇淋和奶制品等）、快餐原料、花卉产品以及一些特殊商品（如药品、活性疫苗生物制品）等。

冷链物流从产品采购进货、加工整理、包装、入库、待发以及装车运输，直至到门店后的上货架，都有严格的冷链温度控制。例如在加工车间的操作现场、在冷藏库内都设有规范的温度控制点，并有专人负责记录温度变化情况；在配送车辆的运输过程中，冷藏车上的制冷机始终确保车厢内的温度符合冷链要求；产品到达门店后，即放入温控货架，从而有效保证产品的质量。

冷链设备就是将生鲜、易腐物品在低温冷藏条件下从产地、捕捞地等送至零售卖场、家庭等而采用的各种低温运输、存储设备的总和。

4.3.2 常用冷链设备

冷链设备主要用于食品工业、医学界及免疫系统。常用冷链设备有冷库、冷藏车及一些冷藏容器（如冷藏箱、保冷背包）等。

1）冷库

冷库一般是指用各种设备制冷并能人为控制和保持稳定低温的设施。它的基本组成部分是制冷系统、电控装置、有一定隔热性能的库房、附属性建筑物等。制冷系统主要包括各种制冷设备，是冷库的心脏，通过其制冷来保证库房内的冷源供应；电控装置是冷库的大脑，指挥制冷系统保证冷量供应；有一定隔热性能的库房是贮藏保鲜物品的场所，它的作用是保持稳定的低温环境，库房良好的隔热保温结构，可以最大限度地减少制冷设备制造的冷量向库外泄露，反过来说，就是尽量减少库外热量向库内泄露，这也是冷库与一般房屋的主要不同之处。

我国的冷库种类较多，按不同方法分类如下：

（1）按冷库库房容积大小可分为大型、中型和小型。在我国，一般把库房容积在1 000吨以上的冷库称为大型库；1 000吨以下、100吨以上的冷库称为中型库；100吨以下的冷库称为小型库。

（2）按制冷机使用的制冷剂不同可分为使用氨制冷剂的氨机库和使用氟制冷剂的氟机库。果蔬贮藏库一般为使用氨制冷剂的氨机库。此氨机库可分为压缩式和吸收式两种。

（3）按冷库的温度高低可分为低温库和高温库。高温库的最低温度一般在-2℃左右，低温库的温度一般在-18℃以下。果蔬保鲜库一般是高温库，水产、肉食类保鲜库是低温库。

（4）按冷库内分配器的形式不同可分为排管冷库和冷风机冷库。果品、蔬菜保鲜一般用冷风机冷库。

（5）按库房的建筑方式不同可分为土建式冷库、装配式冷库和土建装配复合式冷库。土建式冷库的主体建筑一般都采用钢筋混凝土结构，其内部的保温结构一般采用聚氨酯夹芯冷库板组装而成，或使用聚氨酯四周喷涂的方式建造。目前国内万吨级以上的大型冷库基本都是采用土建式冷库。装配式冷库是指采用钢结构装配或构建的冷库。它是采用专用钢板和保温材料组装而成的冷库，通常独立安装在仓库或其他建筑物室内，相当于大型冷柜，一般都是可移动的，适用于宾馆、饭店、食品加工和医药等行业少量货物的冷藏储存。大型装配式冷库就是主体建筑采用钢结构构建的冷库，也称钢结构冷库。土建装配复合式冷库是土建式冷库和装配式冷库的结合，库房的承重和外围结构是土建的形式，保温结构则采用聚氨酯喷涂或聚苯乙烯泡沫板装配的形式。

2）冷藏车

各种运输方式都有专用的冷藏运输设备，例如公路运输专用冷藏车、铁路运输专用保温车、水路运输专用冷藏船以及专门用于航空运输专用冷藏集装箱等。其中，公路运输专用冷藏车是应用最为广泛的冷藏运输设备。

公路运输专用冷藏车就是指专门用于运输冷冻或保鲜货物的汽车。它通过一定的制冷和保温方式，能够使车厢内货物在长时间运输过程中始终保持一定的低温状态，适用于要求可控低温条件货物的长途运输。

冷藏车的基本构造由普通汽车底盘和厢式保温车身构成，也称厢式冷藏车，是在有保温层的封闭式车厢上装有强制冷却装置（即制冷机）的汽车（如图4-14所示）。我国的冷藏车是在20世纪80年代初期发展起来的，比发达国家晚了近30年，但我国冷藏车发展速度很快，已成为国家冷链工程的主导运输工具。

图4-14 冷藏车

为了保证低温运输要求，国家制定了冷藏汽车的性能标准，主要参数如下：

（1）车厢的主要技术指标。它主要包括：①车厢总传热系数。总传热系数是体现车厢保温性能的技术参数，单位是$W/m^2·℃$。其意义为：车厢内外温差为1℃时车厢表面积每平方米传递热量的瓦数，该数越小越好。国家标准规定，保温汽车和冷藏车车厢的总传热系数不能大于$0.6W/m^2·℃$。②车厢漏气倍数。它是表示车厢密封性能的技术参数，单位为h^{-1}。其意义为：车厢在每小时内漏气量为本车厢容积的倍数值，其值也是越小越好。国家标准中对冷藏车的车厢漏气倍数是这样规定的：总传热面积大于40平方米的车厢，其漏气倍数$\leq 3h^{-1}$；总传热面积为20～40平方米的车厢，其漏气倍数$\leq 3.8h^{-1}$；总传热面积小于20平方米的车厢，其漏气倍数$\leq 5.3h^{-1}$。

（2）制冷机的主要性能参数。制冷机的主要性能参数是表示制冷能力的制冷量，以W为单位。由于在不同温度下制冷量是变化的，国际上对汽车制冷机通常给出两个温度的制冷量，即0°F（近似-18℃）和35°F（近似+2℃）温度下的制冷量。制冷量和经济性是互相制约的，因此制冷量大小的选择是从保持食品等品质的需要和经济性两方面考虑的。

（3）冷藏汽车综合性指标。车厢内温度可调范围及最低能达到的温度，可反映车厢和制冷机配合后的综合性能。在车厢容积不变的条件下，制冷机的制冷量、车厢的总传热系数及漏气倍数等都能影响车厢的降温性能。

根据《道路运输、食品与生物制品冷藏车安全要求及试验方法》（GB29753-2013），当室外温度为30℃时，按车厢平均温度可把冷藏车划为8个种类（A～H），分别对应不同类型的货物运输。这也是我国首次在生产标准方面按厢内平均温度对冷藏车进行分类。

易腐食品冷藏车（A～F类）：

A类冷藏车：平均温度12至0℃；

B类冷藏车：平均温度12至-10℃；

C类冷藏车：平均温度12至-20℃；

D类冷藏车：平均温度小于或等于0℃；

E类冷藏车：平均温度小于或等于-10℃；

F类冷藏车：平均温度小于或等于-20℃。

生物制品冷藏车（G、H类）：

G类冷藏车：平均温度8至2℃；

H类冷藏车：平均温度小于或等于-20℃（虽然H类冷藏车温度要求和F类一致，但生物制品运输车需要经过药监局的GSP认证，所以两者是存在差异的）。

3）冷藏箱

冷藏箱是一种具有高隔热、恒温效果的移动保温箱。一般冷藏箱内胆是以食品级材质聚丙烯（PP）为材料制成的，确保了产品的安全健康。箱体中间的保温层是以高密度聚氨酯（PU）一体发泡成型，导热性极低，保证了箱体内与外较大温差下热交换很小，从而起到保温或保冷的作用。

冷藏箱是一种应用广泛的冷链设备，可以在宾馆、医院、汽车、船舶、家庭卧室、客厅等环境中灵活使用。根据制冷机的不同，冷藏箱有压缩式冷藏箱、半导体式冷藏箱和吸收式冷藏箱3种类型。

（1）压缩式冷藏箱。压缩式冷藏箱是最常见的种类。它通过压缩机制冷，具有制冷速度较快、耗能较低、品种齐全、制冰能力强等优点，适合家庭使用。目前，市场上出售的压缩式冷藏箱的容积有46升、50升、60升、80升、100升及以上等多种，但压缩式冷藏箱由于具有噪声大、体积大、对能源要求严格（只能用交流电）等缺点，不适宜在宾馆、医院、汽车、船舶等特殊环境中应用。

（2）半导体式冷藏箱。半导体式冷藏箱是利用半导体冷冻晶片进行核心制冷的冷藏箱。它重量轻，既可制冷又可制热，无氟利昂，成本较低。其容积有6升、12升、16升和18升及以上等多种，可应用在汽车、船舶等特殊环境中，但由于其制冷、制热效果不理想，有耗能大、使用寿命短的缺陷，目前在市场上还不多见。

（3）吸收式冷藏箱。吸收式冷藏箱采用吸收式制冷技术，以氨作为制冷剂，水作为吸收剂，氢或氦作为扩散剂，利用热虹吸原理，使制冷系统连续运行，从而达到制冷效果。吸收式冷藏箱具有无运动部件、无噪声、无氟利昂、寿命长、可按需要应用多种能源等优点，适合宾馆、医院、汽车、船舶、家庭卧室等环境和出外旅游时使用。

根据外形特征的不同，冷藏箱还可分为手提冷藏箱、背带冷藏箱和柜式冷藏箱3种类型。

（1）手提冷藏箱。手提冷藏箱（如图4-15所示）的一般温度范围为5℃～65℃，冬天可以加热到65℃，夏天可以制冷到5℃；净重不超过5千克，体积小，可手提携带；使用简单；寿命长，维修方便；宜于室内外使用，能随意放置。

（2）背带冷藏箱。背带冷藏箱（如图4-16所示）的制冷温度可以达到5℃；设计成背包形式；使用简单；寿命长，维修方便；体积轻，宜于室内外使用。

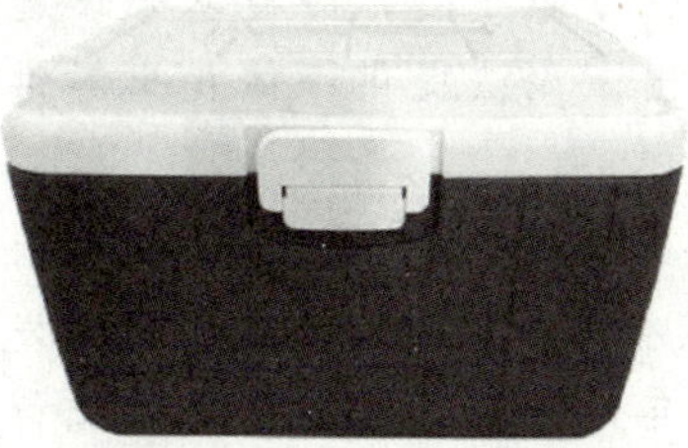

图4-15　手提冷藏箱

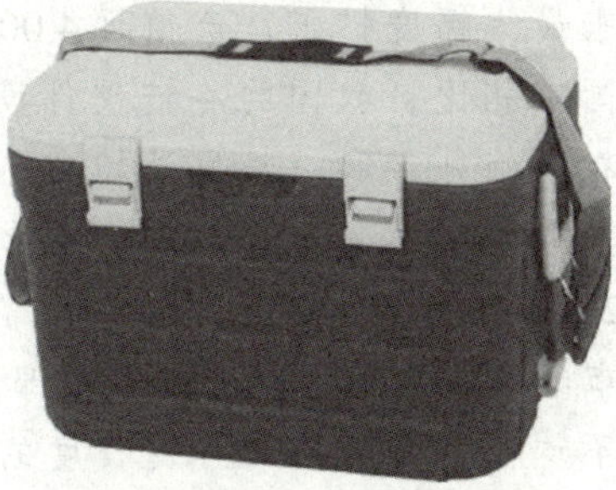

图4-16　背带冷藏箱

图4-17　柜式冷藏箱

（3）柜式冷藏箱。柜式冷藏箱（如图4-17所示）的制冷温度一般可以达到5℃，宜于室内外使用。

此外，有专门用于医药领域的冷藏箱。医用冷藏箱（如图4-18所示）是专门用于医疗行业冷藏药品的专业设备，也可用于储存生物制品，适用于药房、制药厂、医院、疾病预防控制中心、卫生所等。医用冷藏箱主要用于药品、试剂、疫苗、血液等的冷藏、保存、运输。药品冷藏箱（如图4-19所示）一般由制冷系统、数字温度控制系统、空气循环系统、温度传感器等组成。使用时，放入药品后需要将温度调节到最佳冷藏温度。

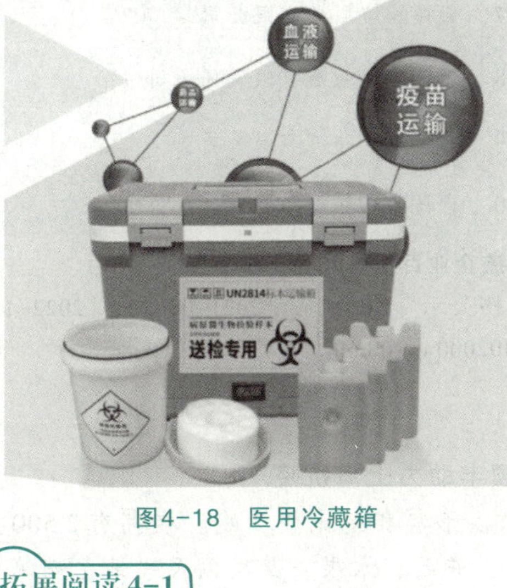

图4-18　医用冷藏箱

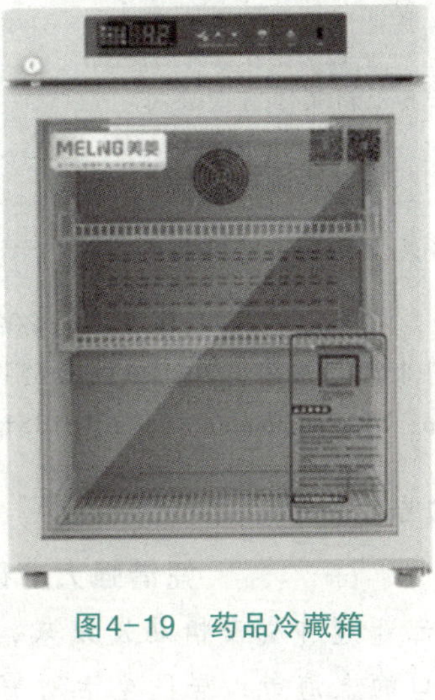

图4-19　药品冷藏箱

拓展阅读4-1

2021年6月16日，由中国物流与采购联合会主办、中国物流与采购联合会冷链物流专业委员会（以下简称中物联冷链委）承办的“第十三届全球食品冷链峰会”在上海揭晓了2020中国冷链物流企业百强榜。

作为冷链行业极具公信力的排名，中国冷链物流企业百强名单是每年观察冷链行业发展、市场趋势特征的重要窗口。中物联冷链委秘书长秦玉鸣在现场表示，国内冷链物流正在蓬勃发展，市场规模也在持续扩大，2020年整体市场规模预计实现近年来最大幅度扩张，产值近4 000亿元，到2021年将有望超4 500亿元大关。但与发达国家相比，我国的冷链硬件设施依然缺乏，设备分布不均，冷链基础设施主要集中在沿海地带和一线发达城市，因此断链现象突出，无法提供一体化生鲜供应链服务。

2020年特殊的发展环境推动了冷链物流重点企业地域格局上的变化，东南部沿海城市继续领跑发展，中部和西部地区冷链物流重点企业也在持续加速，区域发展不协调不均衡的局面得到一定程度的改善。经过2020年的洗礼，国内冷链物流行业整体抗风险能力进一步提升，行业产业结构也实现持续优化。

2020中国冷链物流企业百强前20名如图4-20所示。

序号	企业名称	序号	企业名称
1	顺丰速运有限公司	11	北京首农东方食品供应链管理集团有限公司
2	京东物流	12	济南维尔康实业集团有限公司
3	荣庆物流供应链有限公司	13	中外运冷链物流有限公司
4	新夏晖	14	大昌行物流（中国）
5	上海郑明现代物流有限公司	15	江苏汇鸿冷链物流有限公司
6	上海光明领鲜物流有限公司	16	上海源洪仓储物流有限公司
7	漯河双汇物流投资有限公司	17	云通物流服务有限公司
8	江苏卫岗集团有限公司	18	北京澳德物流有限责任公司
9	新希望运荔枝科技有限公司	19	上海世权物流有限公司
10	传胜供应链管理（上海）有限公司	20	青岛新协航国际物流有限公司

图4-20 2020中国冷链物流企业百强前20名

资料来源 佚名．2020中国冷链物流企业百强榜公示［EB/OL］．（2021-06-22）［2022-11-16］．http：//k.sina.com.cn/article_1612816271_60219f8f02000wswq.html.

思政专栏

凭借强大冷链物流网络顺丰助力上海抗疫

上海新冠肺炎疫情暴发以来，当地防疫保供形势相对比较严峻。在拥有2 500万城市人口的上海市，居民生活所需的生鲜肉类、冻品、水果、蔬菜以及当地医药等数量十分庞大，冷链物流成为生活物资保供的关键一环。

从市场空间来看，我国冷链物流市场规模快速增长，国家骨干冷链物流基地、产地销地冷链设施建设稳步推进，冷链装备水平显著提升，行业增长趋势较为明显。受下游需求快速增加驱动，我国冷链物流行业已步入黄金发展期。

作为上海抗疫保供企业之一，顺丰凭借领先的冷链业务优势，打通末端配送最后一公里，助力生鲜食品以及医药等物资的安全高效运输。为快速补给上海民众生活所需的生鲜物资，顺丰紧急开通从内蒙古到上海的驰援航线。据了解，自2022年4月1日起，顺丰航空连续多日执行“呼和浩特—浦东”航班，已有将近400吨内蒙古优质牛羊肉陆续运抵上海。

4月8日，由顺丰冷运车队承运28.2万份医用物品、2万份荆州特产（有荆州鱼糕、公安牛肉、监利小龙虾、洪湖藕片、江陵竹笋、公安美灵宝杯茶等）、30吨新鲜蔬菜，从荆州市体育中心出发前往上海，确保冷链不脱温，末端配送无接触派送，减少交叉感染风险。

资料来源　佚名. 凭借强大冷链物流网络顺丰控股助力上海抗疫|新冠肺炎［EB/OL］.［2022-04-25］. https://finance.sina.com.cn/stock/stockzmt/2022-04-25.

解读：2022年以来，国家相继出台多个冷链物流领域相关政策，有助于进一步推动冷链物流运输高质量发展，在下游需求持续释放的驱动下，冷链市场空间将加速打开，具备时效领先和网络覆盖优势的龙头企业也有望大幅受益。展望未来，国内冷链物流行业在多重政策加持叠加新冠肺炎疫情催生的爆发式需求影响下，增量市场空间将更快释放，而以顺丰为代表的冷链物流龙头企业有望迎来强劲风口，获得更大成长空间。

基本训练

1.单项选择题

（1）下列选项中能表现流通加工意义的是（　　）。

A.降低产品的档次　　B.降低产品的成本

C.减少运量　　D.使各种运输方式达到最佳组合

（2）关于冷链设备功能的叙述正确的是（　　）。

A.有效地控制物品在物流过程中的温度

B.运输工具的换代

C.运输更加方便

D.物品储存的方法

（3）流通加工大多是对物品进行（　　）。

A.深层次加工　　B.浅层次粗加工　　C.精细加工　　D.成品加工

2.多项选择题

（1）根据流通加工作业性质的不同，流通加工可以分为（　　）基本作业类型。

A.对原材料的初级加工　　B.对产品的增值性加工

C.对产品的辅助性加工　　D.对产品的改进性加工

（2）常用冷链设备包括（　　）。

A.冷库　　B.冷藏车　　C.冷藏箱　　D.保冷背包

3.简答题

（1）简述流通加工设备在流通中的地位和作用。

（2）以水泥的流通加工为例，思考其带来的经济效益和社会效益。

（3）简述常见的剪板机的组成结构、主要技术参数及操作注意事项。

综合应用

1.案例分析题

食品的流通加工

食品的流通加工类型有很多。只要我们留意超市里的货柜就可以看出，那里摆放的各类洗净的蔬菜、水果、肉末、鸡翅、香肠、咸菜等都是流通加工的结果。这些商品的分类、清洗、贴商标和条形码、包装、装袋等是在摆进货柜之前就已进行了加工作业，这些流通加工有些不是在产地，已经脱离了生产领域，进入了流通领域。食品流通加工的具体项目主要有如下几种：

（1）冷冻加工

此种加工是为了保鲜而进行的流通加工，为了解决鲜肉、鲜鱼在流通中保鲜及装卸搬运的问题，采取低温冻结方式的加工。这种方式也用于某些液体商品、药品等。

（2）分选加工

此种加工是为了提高物流效率而进行的对蔬菜和水果的加工，如去除多余的根叶等。农副产品规格、质量离散情况较大，为获得一定规格的产品，采取人工或机械分选的方式加工称为分选加工。这种方式广泛用于果类、瓜类、谷物、棉毛原料等。

（3）精制加工

农、牧、副、渔等产品的精制加工是在产地或销售地设置加工点，去除无用部分，甚至可以进行切分、洗净、分装等加工，可以分类销售。这种加工不但大大方便了购买者，还可以对加工过程中的淘汰物进行综合利用。比如，鱼类的精制加工所剔除的内脏可以制成某些药物或用作饲料，鱼鳞可以制成高级黏合剂，头尾可以制成鱼粉等；蔬菜的加工剩余物可以制成饲料、肥料等。

（4）分装加工

许多生鲜食品零售起点较小，而为了保证高效输送出厂，包装一般比较大，也有一些是采用集装运输方式运达销售地区。这样为了便于销售，在销售地区按所要求的零售起点进行新的包装，即大包装改小包装，散装改小包装，运输包装改销售包装，以满足消费者对不同包装规格的需求，从而达到促销的目的。

此外，半成品加工、快餐食品加工也成为流通加工的组成部分。这些加工形式，节约了运输等物流成本，保护了商品质量，增加了商品的附加价值。如葡萄酒是液体，从产地批量地将原液运至消费地配制、装瓶、贴商标，包装后出售，既可以节约运费，又安全保险，以较低的成本，卖出较高的价格，附加值大幅度增加。

资料来源 佚名．食品的流通加工［EB/OL］．［2021-05-07］．http：//www.doc88.com/p-384368740344.html.

问题：（1）对食品进行流通加工，其作用体现在哪些方面？

（2）与生产加工相比，流通加工有何特点？

2.实训题

● 目标

认识身边的流通加工设备。

● 内容

观察在日常生活中见到的流通加工设备，分析其用途和特点。

● 时间

本章授课后的周末时间。

● 步骤

(1) 同学们3～5人一组，制订观察方案。

(2) 进行实地观察。

(3) 对观察得到的资料进行分析，整理成文字材料。

(4) 各组在班级进行交流、讨论。

第5章

自动分拣设备

- 学习目标
- 5.1 自动分拣系统概述
- 5.2 自动分拣系统的组成及工作过程
- 5.3 自动分拣机的类型
- 5.4 自动分拣设备的选用原则
- 5.5 自动分拣系统的规划及选型应注意的问题
- 思政专栏
- 基本训练
- 综合应用

学习目标

□ 知识目标：了解自动分拣系统的发展历程及特点；了解自动分拣机的选用原则。

□ 能力目标：熟悉常见的自动分拣机类型，能够应用分拣设备。

□ 素养目标：明确物流人的责任和担当，增强使命感，提高专业认同度。

【引例】

中国无人仓引领全球智慧物流

“亚洲一号”是全球首座全流程无人仓库，属于京东集团。在那里，无论是“脑力活”还是“体力活”，都由机器人唱主角。

在货物入库、分拣、打包区域，机器人会根据商品大小裁剪、切割泡沫包装袋或纸板包装箱，几秒钟后，商品即打包完成。贴上信息标签后，包裹被送往下一站。

在无人分拣区域，被称为“小红人”的自动分拣运输机担当主力。300多个“小红人”在一片宽敞的空地内“背”着商品来回穿梭，运行速度达每秒3米。速度这么快，它们也不会相互碰撞，而是会及时靠墙避让同伴。如果快没电了，它们还会自动移动到充电桩上“恢复体力”，充电10分钟就能持续工作4小时。据介绍，京东昆山无人分拣中心作业效率为9 000件/小时，在同等场地规模和分拣货量的前提下，可以节省180人。

这个智能无人仓是如何运行的？京东物流上海“亚洲一号”负责人蒲浦江表示，京东自主研发的“智能大脑”起到了关键作用，它能在0.2秒内计算出300多个“小红人”运行的680亿条可行路径，并帮助它们做出最佳选择。智能控制系统反应速度为0.017秒，运营效率提升3倍，均处于世界领先水平。

另一家电商苏宁则正在测试“仓到仓的无人解决方案”。这种方案的主角是一辆辆没有司机的智能卡车。每辆卡车能挂载40吨重的集装箱行驶在物流园区道路上，不但能自动规划行驶路线，还能轻松躲避障碍物。面对道路中突然出现的行人，它也能事先预警并从容停车。该卡车最高时速可达80公里。

据了解，苏宁将打造“末端配送机器人—支线无人车调拨—干线无人重卡”的3级智慧物流运输体系，连同正在布局的无人仓、无人机，完成全流程无人化布局，实现无人物流技术应用的闭环。

中国仓储与配送协会副会长王继祥表示，中国无人仓技术已经从自动化阶段进化到智慧化阶段，通过运营数字化、决策智能化和作业无人化，实现物流系统的状态感知、实时分析、自主决策、精准执行，正在开启全球智慧物流的未来。

资料来源 彭训文. 中国无人仓引领全球智慧物流［N］. 人民日报，2018-05-30.

“无人物流”已经越来越接近我们的现实生活。无人机能够将传统人工配送的时间缩短数倍甚至数十倍，物流成本也随之降低，这是物流“无人化”的最大优势。当前物流产业正面临从互联网向物联网转型的新拐点，工业4.0已自然而然地融入物流仓储自动化领域。物流“无人化”是未来发展的趋势。近几年，物流仓储自动化、智慧仓库等的出现，将原本独立运作的自动化模块通过信息技术紧密联系起来，从而带来了物流业整体质的飞跃。

5.1 自动分拣系统概述

5.1.1 自动分拣系统的定义、特点与应用意义

1）自动分拣系统的定义

自动分拣系统（automated sorting system）是第二次世界大战后在美国、日本以及欧

洲的大中型物流中心被广泛采用的一种分拣系统，参照邮局分拣信件自动化的经验配置而成，一般由控制装置、分类装置、输送装置及分拣道口4部分组成。它们通过计算机网络联结在一起，配合人工控制及相应的人工处理环节构成一个完整的自动分拣系统。

2）自动分拣系统的特点

（1）能连续、大批量地分拣货物。由于采用大批量生产中使用的流水线自动作业方式，自动分拣系统不受气候、时间、人力等条件限制，可以连续运行，同时由于自动分拣系统单位时间分拣件数多，因此自动分拣系统的分拣能力大大超过人工分拣系统，可以连续运行100个小时以上，每小时可分拣7 000件包装商品，最高达3万件/小时，如用人工则每小时只能分拣150件左右，同时分拣人员不能在这种劳动强度下连续工作8小时。

（2）分拣误差率极低。自动分拣系统的分拣误差率大小主要取决于所输入分拣信号的输入方式。如果采用人工键盘或语音识别方式输入，则误差率在3%以上；如果采用条形码扫描方式输入，除非条形码的印刷本身有差错，否则不会出错。因此，目前自动分拣系统主要采用条形码技术来识别货物，其误差率极低。

（3）分拣作业基本实现无人化。国外建立自动分拣系统的目的之一就是减少人员的使用，减轻员工的劳动强度，提高人员的使用效率，因此自动分拣系统能最大限度地减少人员的使用，基本做到无人化。分拣作业本身并不需要使用人员，人员的使用仅局限于以下工作：

① 送货车辆抵达自动分拣线的进货端时，由人工接货。

② 由人工控制分拣系统的运行。

③ 分拣线末端由人工将分拣出来的货物进行集载、装车。

④ 自动分拣系统的管理和维护。

例如，一家公司的配送中心面积为10万平方米左右，每天可分拣近40万件商品，仅使用400名左右的员工，其中大部分人员都在从事上述①、③、④项工作，自动分拣线做到了无人化作业。

3）自动分拣系统的应用意义

自动分拣系统的应用意义主要体现在如下几个方面：

（1）自动分拣系统完全摒弃了传统的人工分拣货物方法，采用高效、准确的自动化分拣技术，可以极大地提高分拣作业速度和效率，加快货物周转速度。

（2）采用电子化数据采集和传输技术，结合必要的仓库管理软件系统，可以真正实现配送中心的现代化管理，显著提高配送中心的物流速度，为企业创造保持市场竞争优势的条件。

（3）分拣工人只需简单的操作就可以实现货物的自动进货、出库及装卸等作业，减轻了工人的劳动强度，节省了劳动力，提高了生产率。

（4）不但可以快速完成简单货物的储存与提取，而且可以方便地根据货物的性质、尺寸规格、配货要求及装卸要求等实现各种复杂货物的储存与提取。

5.1.2 自动分拣系统的发展历程

在国外，美国和欧洲在20世纪60年代开始使用自动分拣机，而日本则在20世纪70年代初才引进自动分拣机，但由于日本国内经济的迅猛发展，后来居上，1987年日本拥有自动分拣机1 000台，号称世界第一。现如今，以美、日及欧洲为代表的发达国家和地区，在分拣系统的应用上呈现出自动化程度越来越高的特点。自动分拣系统已成为发达国家大中型物流中心、配送中心或流通中心不可缺少的一部分。为不断尝试缩减人力投入，世界发达国家的物流行业都在试图提高仓储效率，努力开发新项目。

我国的分拣技术在1958年从邮政系统开始起步。1960年，邮政系统在包裹邮件分拣中最初使用的分拣机是一个皮带传输机，分拣员只是将带有不同颜色的夹子夹在不同路向的邮包上，在传输带两侧的拣收员按照颜色进行分拣。

20世纪70年代中期，原邮电部邮政研究所研制了斜行带式分拣机，用于国际包裹的分拣。原邮电部第三研究所研制了具有文字识别功能的信函分拣机。在北京、上海、贵阳、沈阳、浙江、广东等地，原邮政系统的邮政局及工厂在20世纪70年代大量使用的机械翻盘式的包裹印刷品分拣机、邮袋推式悬挂分拣系统基本满足了当时国内邮政生产的需要。20世纪80年代开始使用条码和邮政编码来分拣邮件；1990年邮政部门研制生产的多席位、自动进包、自动识别的托盘式包裹分拣机，具有一定的技术水平。自动分拣系统除了可以将邮局的邮包、信件和车站的货物等分到指定位置外，还应用到食品工业、纤维造纸、化学工业、机械制造、零售批发、发行出版等各种行业。自动分拣系统的规模和能力也有很大发展，目前大型分拣系统大多包括几十个到几百个分拣机，分拣能力每小时达万件以上。

近年来我国开始从荷兰、丹麦、德国、美国引进先进的技术和设备。国内企业自身的研发及制造能力也进一步加强，国产高速自动分拣传输系统应用在很多物流企业中。目前，快递和机场是智能分拣渗透率最高的场景，重货运输和流通型企业的配送场景将成为未来10年智能分拣的新增长点。在中国，顺丰、京东、亚马逊、阿里等，纷纷采取措施实现“人工智能+快递”的战略布局。例如，顺丰速运设在深圳的一处货运枢纽及自动分拣中心所配备的分拣设备背后有着强大的中央分拣系统作为支撑。所有的快件在被放到自动分拣机上之后，都要经过扫描实现条码识别，然后由中央分拣系统进行分拣派送，让不同的快件按照不同的目的地，流向它该去的地方。从入库、在库到分拣、装车的完整过程，都无须人工参与。库房显示出极高的效率和出色的灵活性。根据国家邮政局的相关数据，2017年我国完成快递业务量超过400亿件，日均处理快递量超过1亿件。至2019年年底，日均处理快递量近2亿件，尤其是“双11”“6·18”等购物狂欢节，快递业务量激增，完全凭借人工分拣已经是杯水车薪，不可能完成体量巨大的快递分拣业务，而物流自动分拣系统则取代人工，自动完成快递分类，分拣效率高，出错率小，且24小时高速运转，极大提升了转运中心和网点的快件处理能力。2017年，网上流传出一段数百个智能分拣机器人在作业平台有条不紊地分拣包裹的视频。这些智能分拣机器人被称为分拣小黄人，它们能智能实施分拣，准确地将包裹倒入指定分拣口，相互之间不会碰撞，而且可以实现自动充电，自己找到充电接口，自行充电，全程不需要人工干预。据悉，该智能分拣设备系统是由申通快递和立镖机器人公司合作研发的，目前已经在天津、浙江义乌、山东临沂等地投入使用，随着技术的不断完善，适用范围将会越来越广。2020年，在新冠肺炎疫情影响下，人们的消费习惯发生了很大改变，线上消费持续提升带动了电商、快递等行业快速扩张。而电商和快递等的井喷式发展，也促使物流业发生改变，对应用于大型分拨中心的自动分拣系统的运行效率、准确率、稳定性、柔性分拣等能力，提出了更高要求，自动分拣设备系统市场前景十分广阔。截至2020年12月，我国网络购物用户规模达7.82亿个，较上年增长7 215万个；2020年全国网上零售额达11.76万亿元，比上年增长10.9%。同期，快递市场增长也极为迅猛。根据国家邮政局的统计数据，2020年我国快递业务量和业务收入分别为833.6亿件和8 750亿元，同比分别增长30.8%和16.7%。为应对快递业务量的快速攀升，各大快递龙头企业积极提升转运中心效率及末端网络自动化率。作为自动化物流市场的核心模块，自动分拣设备系统的市场需求空间巨大，行业设备系统集成及装备制造厂家也都开足产能，全力配合。我国的自动分拣设备市场继续保持着高速增长态势。据统计，2020年我国自动化物流装备市场规模约1 800亿元，年复合增长率25%以上，其中自动化分拣设备市场规模约213.5亿元，年度增长率约29%。2021年我国快递包裹数量突破1 000亿件。目前快递行业竞争已进入胶着阶段，快递业的价格战已经探底行业盈利红线。为进一步降低成本，各快递企业持续加大自动化设备引进，且快递末端网点的“智能化”需求愈发紧迫。随着大件分拣技术迭代升级，将带动设备价格大幅下降及快运行业集中度进一步提高，自动化分拣需求将进一步显现，未来3~5年快运市场需求增速将有大幅提升。随着中国物流装备市场快速发展，高性价比的产品和服务赢得海外客户倾心，但在新冠肺炎疫情影响下，如何保证项目及时交付，成为物流装备企业需要考虑的头等大事。在仓库管理、立体仓库建设方面，东南亚市场正进入高速发展阶段，中国企业或可更多考虑抱团出海，寻找新机遇。

随着科技的不断发展，自动分拣系统未来将呈现出以下特点：

第一，自动分拣系统的各阶段能够实现灵活的无缝对接。不管是位于第一部分的供件系统、第二部分的分拣机、第三部分的下件系统，还是位于第四部分的控制装置，都能够实现自动化、智能化、无人化的分拣，分拣系统在各种存储站、运载工具、机器人等物流设施与设备之间实现对物品的分配和管理。

第二，大幅度降低劳动强度，提高效率。随着物流自动分拣系统的广泛投入使用，可大幅度减少人工分拣、物流堆置的劳动强度，工作人员不需要对物品的动向进行实时的报告和登记，如分拣小黄人的使用，可以减少70%的劳动力，只需要少量的人工进行设施与设备的维护保养、上游的收件、下游的派件工作，大量人力的减少，可以有效降低企业经营成本，提高效益。

第三，分拣准确，差错少。由于系统性能优越并采取高效的设备，相比较传统人工分拣作业，在自动分拣环节，设备可以平稳运行、安全运行，同时由于条码自动识别设备的使用，可以对物品进行精准识别，一物一条码，可以减少对物品的损坏和物料分类错误，避免出现派件错误，缩短分拣时间，为顾客创造出更多的经济价值，减少了由于分类错误造成的经济损失和信誉损失，也为物流企业和公司创造出更多的利润。

第四，由于分拣系统采用模块化、标准化的零件，组装方便，具有灵活布局的特点，维修保养方便，成本较低，设备使用者只需要进行相应的培训，便可以对常规故障进行排查和检修，使用范围广泛，受场地因素影响小。

虽然我国物流行业发展迅速，物流设施与设备更新较快，部分地方已经采用自动分拣设备，但是在自动分拣技术方面存在很多问题。设备陈旧、维护保养成本高、占地面积大、场地适应性差等问题依然制约着物流行业，较发达国家仍然落后；RFID、AGV、电子标签等先进物流技术的使用还不是很广泛；人工作业占据很大的比例，集约化程度较低，自动化、智能化程度不高。这些都是制约我国物流自动分拣系统发展的原因。

5.1.3　自动分拣系统的总体任务

自动分拣系统的作业过程可以简单描述如下：物流中心每天接收成百上千家供应商或货主通过各种运输工具送来的成千上万种商品，在最短的时间内将这些商品卸下并按商品品种、货主、储位、发送地点等进行快速准确的分类，并将这些商品运送到指定地点（如指定的货架、加工区域、出货站台等），同时，当供应商或货主通知物流中心按配送指示发货时，自动分拣系统在最短的时间内从庞大的高层货架存储系统中准确找到要出库的商品所在的位置，并按所需数量出库，将从不同储位上取出不同数量的商品按配送地点的不同运送到不同的理货区域或配送站台集中，以便装车配送。

通常，自动分拣系统采用集中管理、分散控制的管理模式，将传感器、可编程逻辑控制器（PLC）、计算机、网络、电子拣选等硬件和软件模块相结合，以适应自动分拣系统的工艺要求和管理要求。该系统的总体任务是：

（1）实现控制系统与信息管理系统的信息交换。

（2）实现分拣过程高度自动化。

（3）实现分拣过程与备货系统高度紧密协调运作。

（4）实现对整个设备运行过程的实时监控。

（5）实现日处理订单量目标的分拣控制。

（6）实现按分拣需求自动补货。

（7）实现当出现非正常停机时，系统保护原有资料；恢复正常时，能接续原状态继续运行。

5.1.4　自动分拣系统的适用条件

第二次世界大战以后，自动分拣系统逐渐开始在西方发达国家投入使用，成为发达国家先进物流中心、配送中心或流通中心所必需的设施与设备条件之一，但因其要求使用者必须具备一定的技术经济条件，因此在发达国家，物流中心、配送中心或流通中心不用自动分拣系统的情况也是存在的。在引进和建设自动分拣系统时一定要考虑以下的条件：

1）一次性投资巨大

自动分拣系统本身需要建设短则 40 ~ 50 米、长则 150 ~ 299 米的机械传输线，还有配套的机电一体化系统、计算机网络及通信系统等。这些系统不仅占地面积大，动辆2万平方米以上，而且一般自动分拣系统都建在自动化立体仓库中，这样就要建3~4层楼高的立体仓库，库内需要配备各种自动化的搬运设施与设备，这丝毫不亚于建立一个现代化工厂所需要的硬件投资。这种先期的巨额投资要花10~20年才能收回，所以该系统一般大都由大型生产企业或大型专业物流公司投资，小企业无力进行此项投资。

2）对商品外包装要求高

自动分拣机一般适用于分拣底部平坦、具有刚性的包装规则的商品。袋装商品，包装底部柔软、凹凸不平的商品，包装容易变形、容易破损的商品，超长、超薄、超高、不能倾覆的商品等不能使用普通的自动分拣机进行分拣，因此为使大部分商品都能用机械进行自动分拣，可以采取两条措施：一是推行标准化包装，使大部分商品的包装符合国家标准；二是根据所分拣大部分商品统一包装的特性定制特定的分拣机。但要让所有商品的供应商都执行国家的包装标准是很困难的，定制特定的分拣机又会使硬件成本增加，并且越是特别的包装，其通用性就越差，因此公司要根据经营商品的包装情况来确定是否建立或建立什么样的自动分拣系统。

5.2 自动分拣系统的组成及工作过程

5.2.1 自动分拣系统的组成

自动分拣系统一般由控制装置、分类装置、输送装置以及分拣道口组成。

1）控制装置

控制装置的作用是识别、接受和处理分拣信号，根据信号的要求指示分类装置按商品品种、商品送达地点或货主的类别等对商品进行自动分类。这些分拣要求可以通过不同方式，如可通过条形码扫描、色码扫描、键盘输入、质量检测、语音识别、高度检测以及形状识别等方式，输入分拣控制系统中去，根据对这些分拣信号的判断，来决定某一种商品该进入哪一个分拣道口。

2）分类装置

分类装置的作用是根据控制装置发出的分拣指示，当具有相同分拣信号的商品经过该装置时，该装置改变其在输送装置上的运行方向，使其进入其他输送机或进入分拣道口。分类装置的种类有很多，一般有推出式、浮出式、倾斜式和分支式几种。不同的分类装置对不同分拣商品的包装材料、包装重量、包装物底面的平滑程度等有不同的要求。

3）输送装置

输送装置的主要组成部分是传送带或输送机，一般要连接若干分拣道口，其主要作用是使待分拣商品通过控制装置、分类装置，以便进行后续作业。

4）分拣道口

分拣道口是已分拣商品脱离主输送机（或主传送带）进入集货区域的通道，一般由钢带、皮带、辊筒等组成滑道，使商品从主输送装置滑向集货站台，在那里由工作人员将该道口的所有商品集中后或是入库储存，或是组配装车并进行配送作业。

以上4部分装置通过计算机网络连接在一起，配合人工控制及相应的人工处理环节构成一个完整的自动分拣系统。

5.2.2 自动分拣系统的工作过程

自动分拣系统的工作过程大致可分为合流、分拣信号输入、分拣和分流、分运4个部分。

1）合流

商品进入分拣系统，可以采用人工搬运方式和机械化、自动化搬运方式，也可以通过多条输送线方式。经过合流逐步将各条输送线上输入的商品合并于一条汇集输送机上，同时将商品在汇集输送机上的方位进行调整，以适应分拣信号输入和分拣的要求。汇集输送机具有自动停止和启动的功能。如果前端分拣信号输入装置偶然发生故障，或商品和商品连接在一起，或汇集输送机上商品已经满载时，汇集输送机就会自动停止，等恢复正常后再自行启动，所以它也起缓冲作用。为了达到高速分拣，要求分拣的输送机高速运行。例如，使用一个每分钟能分拣75件商品的分拣系统，就要求输送机的速度达到75米/分，而目前的高速分拣机的分拣速度是每分钟200件以上，这就要求输送机有更高的速度。为此，商品在进入分拣信号输入装置之前，就有一个使商品逐渐加速到分拣的输送机的速度，以及使前后两商品间保持一定的最小固定距离的要求。

2）分拣信号输入

在此段程序中，商品接受激光扫描器对其条码标签扫描，或者通过其他自动识别方式，如光学文字读取装置、声音识别输入装置等，将商品分拣信号输入计算机。商品之间保持一个固定值的间距，对分拣速度和精度是至关重要的。即使是高速分拣机，在各种商品之间也必须有一个固定值的间距，当前的微型计算机和程序控制器已能将这间距减少到只有几英寸。

在自动分拣系统中，常用的分拣信号输入方式大致有如下4种：

（1）键盘。由操作人员按各种商品的分拣编码，即商品从主输送机上向哪个分拣道口排出的道口编码，进行按键将分拣信号输入。这种用键盘输入的方式费用较低，且简单易行。

（2）声音识别输入装置。操作人员通过话筒朗读每件商品的配送客户名称和地点等，将声音输入变换为编码，由分拣机的微计算机系统控制分拣机启动。声音识别输入装置一般能每分钟处理60个词语。

（3）条码和激光扫描器。把含有分拣商品信息的条码标签贴在每件物品上，当其通过放置在分拣机上的激光扫描器时被阅读。激光扫描器能对在输送机上每分钟移动40米的物品进行扫描阅读，扫描速度为500～1500次/秒，但以扫描输入次数最多的信号为准。在扫描条码标签时也一并将条码上包括商品名称、生产厂家、批号、配送客户等编码，作为在库商品信息输入上位机中，为仓库的信息管理提供有效的数据支持。条码输入的优点是处理信号能力强、精度高并实现输入自动化。

（4）光学文字读取（OCR）装置。这种装置能直接阅读文字，将信号输入计算机。但是这种输入方式的拒收率较高，影响信号输入的效率。目前在邮政的信函分拣中用的较多，物流配送中心用的相对较少。

3）分拣和分流

商品离开分拣信号输入装置后在分拣输送机上移动时，根据不同商品分拣信号所确定的移动时间，使商品行走到指定的分拣道口，由该处的分拣机构按照上述的移动时间自行启动，将商品排离主输送机进入分流滑道排出。

4）分运

分拣出的商品离开主输送机，再经滑道到达分拣系统的终端。分运所经过的滑道一般是无动力的，商品借自重从主输送机上滑行下来。在各个滑道的终端，由操作人员将商品搬入容器或搬上车辆。

分拣机的控制系统采用程序逻辑控制分拣机全部功能，包括合流、分拣信号输入、分拣和分流等，目前普遍使用计算机来控制。

5.3 自动分拣机的类型

自动分拣机有许多类型，为了取得最为有效的应用，一般需要考虑以下因素：商品包装的大小、商品的重量、商品包装形式、商品在输送机上的方位、商品的易碎性、操作环境、投入分拣商品每小时的作业量等。配送中心都要求自动分拣机有较强的分拣能力，能适应各种形状、大小和各种包装材料的商品，有较多分拣滑道和较理想的分拣精度等。为了提高分拣能力，自动分拣机开始往高效、高准确性方向发展。

自动分拣机按照分拣机构的不同分为不同的类型，常见的主要类型有以下几种：

5.3.1 挡板式分拣机

挡板式分拣机是利用一个挡板（挡杆）挡住在输送机上向前移动的商品，将商品引导到一侧的滑道排出。挡板的其中一种形式是以挡板一端作为支点，做旋转运动。挡板运动时，像一堵墙似地挡住商品向前移动，利用输送机对商品的摩擦力推动，使商品沿着挡板表面移动，从主输送机上排出至滑道。平时挡板处于主输送机一侧，可让商品继续前移；如挡板做横向旋转运动，则商品就排向滑道（如图5-1所示）。

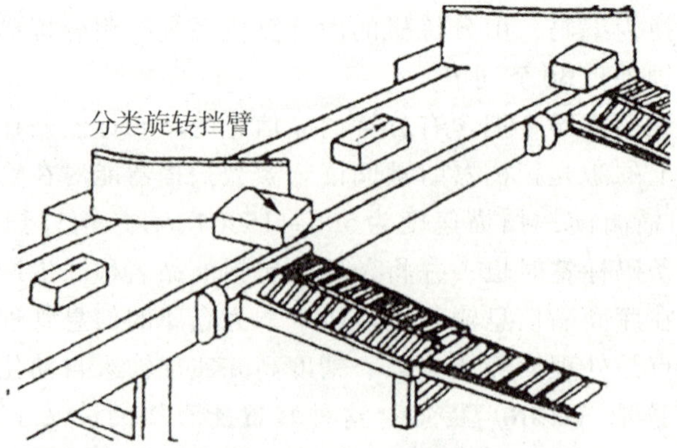

图5-1 挡板式分拣机

挡板一般是安装在输送机的两侧，和输送机的输送表面不相接触，即使在操作时也只接触商品而不触及输送机的输送表面，因此它对大多数形式的输送机都适用。就挡板本身而言，也有不同形式，如有直线型、曲线型，也有的在挡板工作面上装有辊筒或光滑的塑料材料，以减少摩擦阻力。

5.3.2 浮出式分拣机

浮出式分拣机是把商品从主输送机上托起，从而将商品引导出主输送机。从引离主输送机的方向看，一种是引出方向与主输送机构成直角；另一种是成一定夹角（通常是30°～45°）。一般是前者比后者生产率低，且对商品容易产生较大的冲击力。

浮出式分拣机大致有以下几种形式：

（1）胶带浮出式分拣机（如图5-2所示），用于辊筒式主输送机上，将由动力驱动的两条或多条胶带或者单个链条横向安装在主输送辊筒之间的下方。当接受指令启动时，胶带或链条向上提升，接触商品底面把商品托起，并将其向主输送机一侧移出。

（2）辊筒浮出式分拣机（如图5-3所示），用于辊筒式或链条式的主输送机上，将一个或数个有动力的斜向辊筒安装在主输送机表面下方。分拣机构启动时，斜向辊筒向上浮起，接触商品底部，将商品斜向移出主输送机。有一种是采用一排能向左或向右旋转的辊筒，以气动提升，可将商品向左或向右排出。

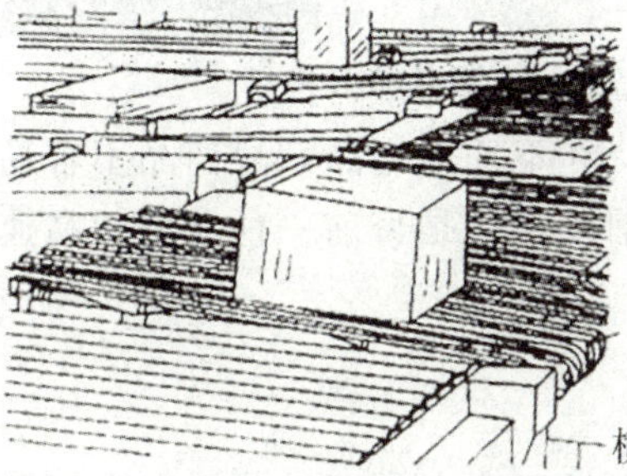

图5-2 胶带浮出式分拣机

图5-3 辊筒浮出式分拣机

5.3.3 倾斜式分拣机

（1）条板倾斜式分拣机如图5-4所示。这是一种特殊型的条板输送机，商品装载在输送机的条板上，当商品行走到需要分拣的位置时，条板的一端自动升起，使条板倾斜，从而将商品移离主输送机。商品占用的条板数是随不同商品的长度而定的，经占用的条板数如同一个单元，同时倾斜，因此这种分拣机对商品的长度在一定范围内不受限制。

（2）翻盘式分拣机如图5-5所示。翻盘式分拣机是通过托盘倾翻的方式将包裹分拣出去的。该分拣机在快递行业也有应用，但更多应用在机场行李分拣领域。它最大能力可以达到1.2万件/小时。标准翻盘式分拣机由托盘、倾翻装置、底部框架组成，倾翻分为机械倾翻及电动倾翻两种。

图 5-4 条板倾斜式分拣机

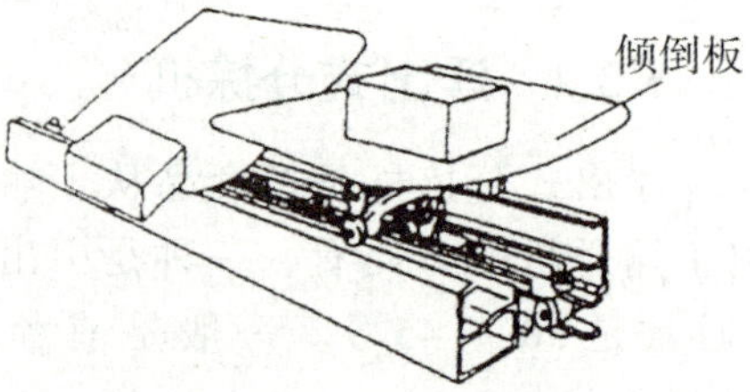

图 5-5 翻盘式分拣机

5.3.4 滑块式分拣机

滑块式分拣机如图 5-6 所示，也是一种特殊形式的条板输送机。输送机的表面用金属条板或管子构成，如竹席状，而在每个条板或管子上有一枚用硬质材料制成的导向滑块，能沿条板做横向滑动。平时滑块停止在输送机的侧边，滑块的下部有销子与条板或管子下导向杆联结，通过计算机控制，当被分拣的商品到达指定道口时，控制器使导向滑块有序地自动向输送机的对面一侧滑动，把商品推入分拣道口，从而商品就被引出主输送机。这种方式是将商品侧向逐渐推出，并不冲击商品，故商品不容易损伤。滑块式分拣机对分拣商品的形状和大小适用范围较广，是目前一种新型的高速分拣机。

图 5-6 滑块式分拣机

5.3.5 托盘式分拣机

托盘式分拣机是一种应用十分广泛的机型，主要由托盘小车、驱动装置、牵引装置等组成。其中托盘小车形式多种多样，有平托盘小车、U 形托盘小车、交叉带式托盘小车等。

传统的平托盘小车利用盘面倾翻，重力卸载货物，结构简单，但存在上货位置不稳、卸货时间过长的缺点，从而造成高速分拣时不稳定以及格口宽度尺寸过大。

交叉带式托盘小车的特点是取消了传统的盘面倾翻、利用重力卸落货物的结构，而在车体上设置了一条可以双向运转的短传送带（又称交叉带），用它来承接从上货机送来的货物，并由牵引链牵引运行到格口，再由交叉带运送，将货物强制卸落到左侧或右侧的格口中。交叉带式分拣系统适宜于分拣各类小件商品，如食品、化妆品、衣物等。交叉带式托盘分拣机如图 5-7 所示。

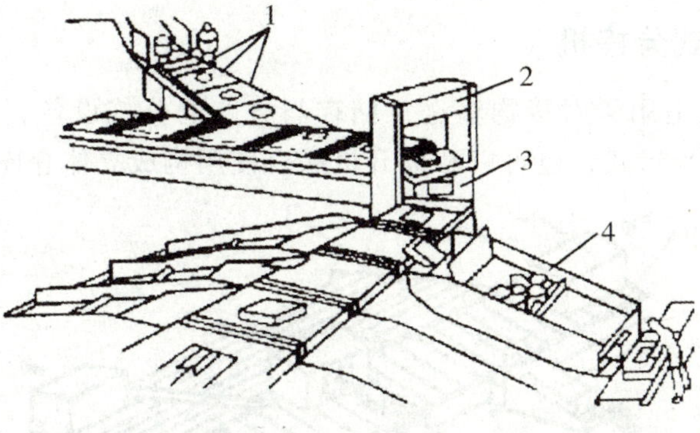

1——上货机；2——激光扫描器；3——带式托盘小车；4——格口

图5-7　交叉带式托盘分拣机

5.3.6　悬挂式分拣机

悬挂式分拣机是用牵引链（或钢丝绳）作为牵引件的分拣设备。按照有无支线，悬挂式分拣机可分为固定悬挂和推式悬挂两种机型。前者用于分拣、输送货物，只有主输送线路、吊具和牵引链是连接在一起的，后者除主输送线路外还具备储存支线，有分拣、储存、输送货物等多种功能。

（1）固定悬挂式分拣机主要由吊挂小车、输送轨道、驱动装置、张紧装置、编码装置、夹钳等组成（如图5-8所示）。分拣时，货物吊夹在吊挂小车的夹钳中，通过编码装置控制，由夹钳释放机构将货物卸落到指定的搬运小车或分拣滑道上。

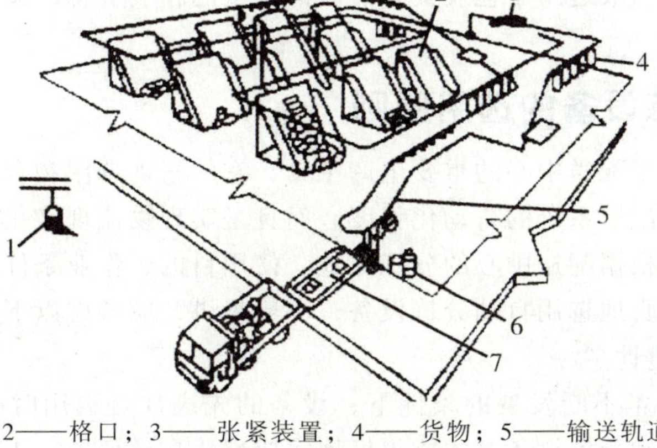

1——吊挂小车；2——格口；3——张紧装置；4——货物；5——输送轨道；6——编码台；7——传送带

图5-8　固定悬挂式分拣机

（2）推式悬挂式分拣机具有线路布置灵活、允许线路爬升等优点，较普遍用于货物分拣和储存业务。

悬挂式分拣机具有悬挂在空中，利用空间进行作业的特点，适合于分拣箱类、袋类货物，对包装物形状要求不高，分拣货物重量大，一般可达100千克以上，但该机需要专用场地。

5.3.7 滚柱式分拣机

滚柱式分拣机是用于对货物输送、储存与分路的分拣设备，按处理货物流程需要，可以布置成水平形式，也可以和提升机联合使用构成立体仓库（如图5-9所示）。

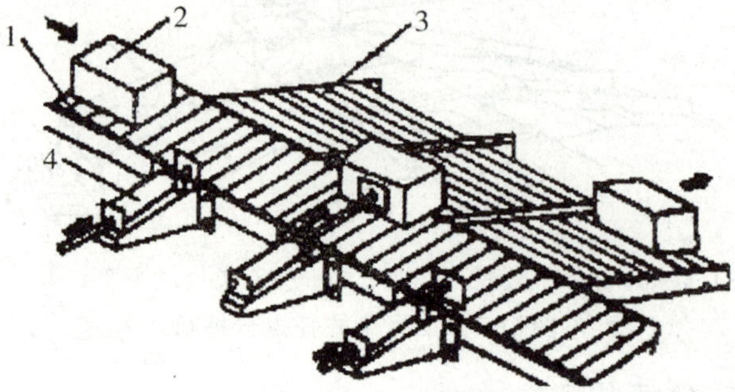

1——滚柱机；2——货物；3——支线滚柱机；4——推送器

图5-9 滚柱式分拣机的局部

滚柱式分拣机中的滚柱机的每组滚柱（一般由3～4个滚柱组成，与货物宽度或长度相当）均各自具有独立的动力，可以根据货物的存放和分路要求，由计算机控制各组滚柱的转动或停止。货物输送过程中在需要积放、分路的位置均设置光电传感器进行检测。当货物输送到需分路的位置时，光电传感器给出检测信号，由计算机控制货物下面的那组滚柱停止转动，并控制推送器开始运动，将货物推入相应支线，实现货物的分拣工作。

滚柱式分拣机一般适用于包装良好、底面平整的箱装货物，其分拣能力高但结构较复杂，价格较高。

5.4 自动分拣设备的选用原则

自动分拣设备是配送中心的重要生产工具，它的正确选用和合理使用，不仅能提高货物分拣和整个配送系统的自动化程度，而且是实现物流现代化和社会化的重要标志之一。因此，要根据配送中心的分拣方式、使用目的、作业条件、货物类别、周围环境等条件慎重认真地选用自动分拣设备，一般来讲，应考虑以下几个原则：

1）设备的先进性

在当前高新技术不断发展的条件下，设备的先进性是选用时必须考虑的因素之一。只有先进的自动分拣设备，才能很好地完成现代配送任务；否则，使用不久就要更新换代，很难建立起行之有效的配送作业体系。因此，在选用自动分拣设备时，要尽量选用能代表该类设备发展方向的机型。同时，设备的先进性是相对的，选用先进设备不能脱离国内外实际水平和自身的现实条件，应根据实际条件，具体问题具体分析，选用有效、能满足使用要求的设备。实际上，选用自动分拣设备就是选用那些已被实践证明技术成熟、技术规格和指标明确，并能在性能上满足要求的自动分拣设备。

2）经济实用性

选用的自动分拣设备应具有操作和维修方便、安全可靠、能耗小、噪声低、成本低、能保证人体健康及货物安全且投资少、运转费用低等优点。只有这样，才能节省各种费用，做到少花钱、多办事，提高经济效益。

3）兼顾上机率和设备技术经济性

上机率是上机分拣的数量与该种货物总量之比。追求高的上机率，必将要求上机分拣的货物尺寸、重量、形体等参数尽量放宽，从而导致设备的复杂化，技术难度及制造成本增加，可靠性降低。反之，上机率过低，必将影响设备的使用效果，增加手工的作业量，既降低了设备的性价比，也使分拣作业的效率降低。因此，必须根据实际情况，兼顾上机率和设备技术经济性方面因素，确定较为合理的上机率和允许上机货物参数。

4）相容性和匹配性

选用的自动分拣设备与系统其他设备相匹配，并构成一个合理的物流流程，使系统获得最佳经济效益。我国有个别配送中心购置了非常先进的自动分拣设备，但自动分拣货物与大量的人工装卸搬运货物极不相称，因而不可能提高自动分拣设备利用率，整体综合效益也不高。因此，在选用时，必须考虑相容性和匹配性，使分拣和其他物流环节做到均衡作业，这是提高整个系统效率和保持货物配送作业畅通的重要条件。

5）符合所分拣货物的基本特性

所分拣货物的物理、化学性质及其外部形状、重量、包装等特性千差万别，必须根据这些基本特性来选用自动分拣设备，如浮出式分拣机只能分拣包装质量较高的纸箱等。这样，才能保证货物在分拣过程中少受损失，保证配送作业的安全。

6）适应分拣方式和分拣量的需要

分拣作业的生产效率取决于分拣量大小及设备自身的分拣能力，也与分拣方式密切相关。因此，在选择自动分拣设备时，首先，要根据分拣方式选用不同类型的自动分拣设备。其次，要考虑分拣货物批量大小，若批量较大，应配备分拣能力高的大型自动分拣设备，并可选用多台设备；而若批量较小，宜选用分拣能力较低的中小型自动分拣设备。另外，应考虑对自动化程度的要求。这样既能满足要求，又能发挥设备的效率。在此值得注意的是，不可一味地强调高技术和自动化，不结合当地的实际条件，不从实际出发，这样不仅不能提高经济效益，还可能导致重大的损失和惊人的浪费，因此在选用时应尽量避免此类现象的发生。

总之，选用自动分拣设备时，要做好技术经济分析，尽量达到经济合理的要求，还要考虑分拣作业方式、作业场地以及与系统匹配等综合因素，以保证分拣工作正常、安全运行，提高经济效益。

5.5 自动分拣系统的规划及选型应注意的问题

在对分拣系统进行规划时要考虑以下几个因素：首先，要根据企业总体业务需求，经过技术经济分析，注意先进行工艺设计，然后根据工艺设计厂房，这个次序很重要。

其次，根据所设计的工艺流程、分拣的业务总量、作业的时间要求以及单位时间的处理件数要求，来选择相应的分拣机的分拣效率、分拣的格口数量。根据场地的环境，被分拣物品的尺寸范围、质量、是否易碎、包装方式、包装的标准化程度等来选择分拣机的类型。例如，受被分拣物品的影响，在一些便利店的物流配送中心对一些诸如酒类、鸡蛋的物品所选分拣机应该是无落差或者小落差的分拣机，如滑块式分拣机或交叉带式托盘分拣机。

滑块式分拣机：比较适宜被分拣的物品尺寸在长度上较长而变化较大、包装规范的物品。在工艺上适合直线布置的分拣机。

翻盘式分拣机：在运行中物品的落差较大但是有圈套承载能力，适用于航站的行李分拣。

自动高速扁平件分拣机：在较大图书物流中心的退货流程中，量大而且基本是零册处理的分拣，宜采用自动高速扁平件分拣机。

环型布置分拣机：适合工艺设计要求很多的供件席位及大量格口的分拣，因为环形的任何一个格口理论上都可以变成供件席位，属于快聚快散作业工艺方式。

拓展阅读5-1

人工智能助力物流行业突破瓶颈 新物流生态未来可期

“今天，快递物流公司进入了一个全新的转型阶段，引领物流行业这场爆发式裂变的不仅是模式和资本，更是人工智能、云计算等新兴技术。”顺丰集团首席技术官兼顺丰科技首席执行官田民说。

在这个物流行业剧变的时代，京东启用无人分拣中心、菜鸟网络用无人机跨海送货、苏宁力推物流云仓……目前，人工智能对物流行业改造成果如何？记者对此进行了采访。

装卸搬运、分拣包装、加工配送实现自动化、智能化

走进京东昆山无人分拣中心，庞大的六轴搬运机器人负责用吸盘将货箱重新码放；AGV（自动导引车）利用地面贴着的二维码导航来搬运货物；小件分拣时，货架穿梭车从两排货架上将装有商品的货箱取下，放上传送带供分拣机器人分拣；分拣机器人利用3D视觉系统，从货箱中识别出客户需要的货物，并通过工作端的吸盘把货物转移到订单周转箱中，拣选完成后，通过输送线将订单周转箱传输至打包区。

整个分拣中心实现了真正的无人化，且效率大幅提升。据介绍，京东昆山无人分拣中心作业效率为9 000件/小时，在同等场地规模和分拣货量的前提下，可以节省180人。

在分拣中心，人工智能游刃有余，走出仓库，人工智能借助无人机等设备参与最后一公里派送。相对于封闭的仓库环境，户外环境要复杂得多，应用人工智能技术的门槛更高。2017年10月，菜鸟网络公开进行无人机群组试验，满载6箱货品，耗时9分钟，飞越近5公里的海峡，为农村淘宝提供物流服务。这是国内首次完成无人机群组跨海快递飞行。

京东则在无人机飞控调度中心、飞服中心、研发中心、制造中心等一系列配套技术与设施落地后，于2017年6月28日宣布其无人机送货正式进入常态化运营。

顺丰对无人机寄予了更高的期望，其与合作伙伴研发出业载达到300～2 000千克、续航能力达到500～2 000公里、巡航速度达到200～300公里/小时的大型物流无

人机，以期未来能补充其支线物流运营能力。

2009年，物流业提出智慧物流概念，人工智能对物流业的改造逐步开启。物流公司方面，顺丰2016年研发投入达5.6亿元，到2017年5月顺丰在无人机领域专利数量达64项。通达系也开始注重物流科技和人才的投入，转运中心信息化、自动化程度逐步提高。

降低成本、提高效率，人工智能助力物流行业突破瓶颈

“传统物流有较保守的生产线，较正规的运输线，各个环节都需要人工值守的仓库，彼此之间相对独立而封闭，耗费大量不必要的人力、物力、财力、时间，成本巨大、效率低下。”硅谷人工智能专家王亚莉说，相比传统物流，人工智能将带来人力成本的节省、周转效率的提高。

装卸搬运是物流系统中最基本的功能之一，存在于货物运输、储存、包装、流通加工和配送等过程中，贯穿于物流作业的始末，物流机器人的应用直接提高了物流系统的效率和效益。

以苏宁南京云仓的AS/RS自动托盘堆垛设备为例，其效率是传统高位叉车的4~5倍，而且不需要人工操作，就能实现整托商品的自动上下架。“机械化设备的投入，大大减少了人力需求，降低了人力成本和管理难度。”苏宁物流研究院副院长孟雷平说，未来10年内，机器人解决方案有望节约20%~40%的装卸搬运成本。

再比如，顺丰与腾讯云合作，实现人工手写汉字的图像识别。而在这之前，顺丰雇用了8 000名输单员来输入手写运单信息。

在效率方面，一方面，“通过大数据分析和机器学习，可实现依据历史数据对现有作业流程和库内规划的不断优化提升”。孟雷平说，另一方面，人工智能技术能带来运输路径的优化，提高配送效率。得益于人工智能的加持，2017年“双11”，菜鸟联盟仅用时2.8天就将第一亿个包裹送到消费者手中，相比2016年再减少0.7天；2017年“双12”，仅用15小时就送完2016年“双12”全天的包裹量。

此外，“人工智能将带来服务质量的提升”。孟雷平说，信息化手段的使用可做到作业全程可追踪、过程可控和结果可预测，将运作中许多不可控因素排除在外，确保物流运作的质量。

重组生产要素、重构运作流程、形成新物流生态，AI+物流未来可期

未来，人工智能与物流的结合将走到怎样的程度呢？

——智能设备重组物流生产要素。南京邮电大学现代邮政学院、现代邮政研究院院长孙知信表示，智能硬件设备研发将使物流行业从人工分拣向自动化、智能化方向快速发展，智能感知技术、信息传输技术，机械臂、机器人、自动化分拣带、无人机等智能硬件设备将在物流运作各个环节广泛应用。

——智能计算重构物流运作流程。尤其是智能物流云平台的建设，孙知信分析，将实现对供应链、实体物流的数字化、智能化、标准化和一体化综合管理。以综合物流为出发点，应用现代人工智能技术及物流技术，使得供应链整体各环节的信息流与实体物流同步，产生优化的流程及协同作业，实现货物就近入仓、就近配送，提升产业链效能。

——形成全新的物流生态系统。在人工智能等的协助下，多式联运高效运输将得

到实现。通过人工智能、云计算、大数据、物联网等技术，可实现集铁路、公路、航空、水运“四位一体”的智慧多式联运。依托铁路网络、公路网络、航空网络、水运网络及实体物流园区，充分利用云计算、大数据、物联网、人工智能等技术，为线上线下物流运输、仓储配送、商品交易、金融服务等业务提供一站式、全方位服务，形成覆盖线上线下的物流生态系统，积极服务经济社会发展。

然而，对传统物流企业而言，人工智能的改造是机遇，更是挑战。

“数据、场景、技术是人工智能的核心要素，三者缺一不可。”田民说。

然而，目前物流行业“与智能物流相关的物流大数据、物流云等智能基础数据收集和感知设施与实际需要还有较大差距，物流互联网的覆盖度和精确度尚显不足”。孟雷平说。

技术来源于人才，“顺丰具备海量的数据，丰富的业务场景，一大堆实实在在问题的解决，最需要的是技术和人才”。田民说。孙知信对此持相同观点，“物流企业专业人才和综合型人才匮乏，极大影响了物流行业发展”。

此外，物流标准化和诚信体系的缺失也成为制约因素。孟雷平分析，人工智能与物流结合的有效运转建立在共同的标准和协议基础上，然而目前数据编码、传输单据、承载单元等都存在巨大的差异。同时，人工智能的运用打破了物流传统熟关系模式，维系众多陌生关系，形成常态市场交易，亟待建立社会化诚信体系。

资料来源 李心萍．人工智能助力物流行业突破瓶颈 新物流生态未来可期［N］．人民日报，2018-02-08.

思政专栏

同心抗疫丨自动驾驶轻卡、无人驾驶物流车……一批硬核装备投入福田战“疫”

2022年2月28日，在福田区益田村管控区卡口处，2辆迷你多功能无人车正向内输送一批抗病毒口罩等防疫物资，其灵活小巧的外表吸引了众多目光，这是福田科技战“疫”的生动缩影。连日来，自动驾驶轻卡、“会喊话”的无人机、空气消毒机以及无人扫地机器人等硬核科技“武器”也频频现身福田各大战“疫”前线。

自动驾驶轻卡解决战“疫”一线运力困难

福田区沙头街道管控区内人口众多，其中志愿者就有上千人，因此该片区每天都有巨大的防疫物资需求，街道面临着运力不足的困难。得知此情况后，福田区科创局迅速联系科技企业元戎启行，该企业积极响应，投入两辆自动驾驶轻卡用于负责沙头街道划定管控区内的防疫物资配送。据了解该自动驾驶轻卡融合了激光雷达、摄像头、毫米波雷达、组合导航等传感器，具备灵敏的感知能力，能在复杂的城市道路中安全行驶，可以“马不停蹄”地进行货物运输工作，极大提高了抗疫物资的运输效率。每辆自动驾驶轻卡单日可运输物资500多箱，包括防护服近3 000件、酒精近万瓶、面屏上万个、医用手套3万多双、口罩8万多个，以及其他抗疫物资超万件。

迷你多功能无人车保障抗疫物资配送“最后一公里”

针对抗疫前线对于无人配送的需求，福田区科创局积极与无人驾驶企业——清创新科技协调后，该企业向益田村提供了2辆迷你多功能无人车，负责社区入口与封控区之间的物资运输和社区内的防疫物资配送工作，用科技力量切实保障抗疫物资“最后一公里”无接触配送。每辆车每日可运送近50次，每次运送200公斤左右，续航里程近百公里，为益田村数千名居民提供生活和医疗物资运输保障。

这批迷你多功能无人车的车身小巧精致，具备L4级别无人驾驶能力，依托“零接触、多功能、全天候”的优势，可充分减少人群接触，能在阻断新冠肺炎疫情传播链条的前提下，按照规划的路线进行点到点运输，可满足无人配送、无人消杀、无人接驳等各类场景需求，在抗疫一线尽显科技的力量。

无人机无死角巡逻宣传确保通知全覆盖

近日，一批附有空中扩音、拍照功能的无人机被送至华强北、福保、梅林、南园、园岭等街道，这是福田区科创局送出的硬核战“疫”“武器”。

据悉，这些无人机除了能以较新颖的科技方式吸引居民积极做核酸外，还能发挥拍照功能起到督促作用。在河套片区的口岸附近也有无人机巡逻，并喊话“行驶途中，请勿开窗，请戴好口罩，保持距离”，以此对口岸的货柜车司机起到督促作用。

资料来源　幸福福田．同心抗疫丨自动驾驶轻卡、无人驾驶物流车……一批硬核装备投入福田战“疫”[Z]．幸福福田微信公众号，2022-03-04.

解读：自2022年新一轮新冠肺炎疫情发生，在这场没有硝烟的战“疫”中，对物流的配送提出了更高的要求。此次疫情，让我们认识到了人工智能的重要性。为了防止人员接触感染，尽快切断传播途径，“无接触”配送被消费者广为接受并得到政府鼓励。未来“无接触”配送会得到大力的发展，将丰富最后一公里配送难的商业模式，带来更多更广泛的应用场景。此次疫情，物流企业用实际行动以科技的力量为防疫抗疫筑起了一道铜墙铁壁。

基本训练

1.单项选择题

(1) 自动分拣机只适于（　　）的商品。

A.包装规则　　B.袋装　　C.超薄　　D.超高

(2) 把商品从主输送机上托起，而将商品引导出主输送机的结构形式是（　　）分拣机。

A.挡板式　　B.浮出式　　C.倾斜式　　D.滑块式

(3) 分拣出的商品离开主输送机，再经滑道到分拣系统的终端，这一过程称为（　　）。

A.合流　　B.分拣信号输入　　C.分拣和分流　　D.分运

2.多项选择题

(1) 自动分拣系统的优点包括（　　）。

A.能连续分拣货物　　B.大批量地分拣货物

C.分拣误差率极低　　D.分拣作业基本实现无人化

(2) 自动分拣系统一般由（　　）组成。

A.控制装置　　B.分类装置　　C.输送装置　　D.分拣道口

(3) 自动分拣系统不受（　　）条件限制，可以连续运行。

A.气候　　B.时间　　C.人力　　D.货物形状

3. 简答题

(1) 自动分拣系统有何特点?

(2) 简述自动分拣机的主要组成部分和工作过程。

(3) 简述常见自动分拣机的特点和使用范围。

(4) 选用自动分拣机应考虑哪几个原则?

综合应用

1. 案例分析题

荷兰范德兰德工业公司为用户提供最完美的输送设备

荷兰范德兰德工业公司是国际上著名的从事包括机场行李处理系统在内的物流自动化系统的设计和生产制造的公司。公司成立于1949年，专业从事研究和制造整合的物流处理系统，其年营业额超过3.2亿欧元。范德兰德工业公司在全球雇用了大量来自不同国家的经验丰富、专业过硬、雄心勃勃的员工，正是因为他们，范德兰德工业公司在世界各地成功完成了大量总包工程和设备供应，并被公认为世界一流的设备供应商和系统集成商。

范德兰德工业公司有明确的市场目标，由于具有非常广泛的自动分拣系统产品体系，公司的每款设备都针对不同的市场需求，能使用户具有更大的选择余地。在这一点上范德兰德工业公司较同行业中其他公司有着较大的优势。范德兰德工业公司的自动分拣系统的市场定位，简单而言，是专注于对自动分拣功能有确实需要的项目，提供最切合需要的整体方案。

在提供分拣系统的同时，范德兰德工业公司的物流系统集成能力在国际上是非常知名的。最大的集成项目的合同额高达5亿欧元。因此，范德兰德工业公司在为用户推荐分拣方案时，会从各个方面进行考虑，包括对物流中心的整体布局、流程、各区域功能和平均及最高流量等各方面进行评估，以使方案能令用户的整体系统功能达到最优。

范德兰德工业公司拥有完善的产品模式，其自动分拣机有超过10种不同形式，基本分为直线型分拣机和环型分拣机两种类型。直线型分拣系统主要包括滑块式分拣机、滚轮分拣机、辊筒分拣机等；环型分拣机主要包括翻盘式分拣机和交叉带式分拣机；其他还有推杆式分拣机和垂直式分拣机等。

直线型分拣机是以直线形式输送物品，并向单边或两边以岔道的形式进行分拣。该类分拣机的占地面积较小，主要用于规则的箱型包装物品的分拣，处理能力根据被处理物品的平均长度而定，一般在5 000～6 000件/小时。范德兰德工业公司滑块式分拣机在全球有着最为广泛的应用，拥有超过500台应用案例，在欧洲是DHL等知名物流公司的指定分拣机品牌，在中国已应用于深圳烟草配送中心和上海医药配送中心等项目。在深圳烟草配送中心的分拣机有8个供件入口和13个出口，处理量约5 000件/小时，并配备有烟箱自动整位装置。该系统自2001年投入使用以来，运行情况非常好。

环型分拣机处理的物品的范围稍大，各种不同类型的物品都能进行处理，处理方式也更加平稳柔和。范德兰德工业公司的交叉带式分拣机甚至还能处理圆形的物件。

环型分拣机的处理能力一般在10 000件/小时以上，按布局设计方式不同，最高可达20 000件/小时。

公司在环型分拣机的设计和性能提高上进行了大量的研发，以保持其技术能始终位于世界先进行列。公司开发的无缝隙翻盘式分拣机，是翻盘式分拣机市场的新一代产品。它采用带伸缩性的材料制作托盘，使每个托盘在任意运行点处都紧密契合，完全消除了传统翻盘式分拣机存在的托盘间隙挤压物品现象的发生。

作为成熟的输送分拣系统的控制单元，要经过长期的试验和调整，机械部分的设计与控制系统的布局密切配合，且系统各部分性能的最佳配置才能使输送分拣设备达到完美。

范德兰德工业公司的设备从实验室到推向市场有一个相当长的试验完善过程。范德兰德工业公司的总部厂区专设有创新中心，用于各种新型的和优化的设备及技术的试验，包括各类不同配置的供件台、卸放单元、托盘翻转角度，直至分拣后的不同下滑曲线等，并进行各部件的疲劳性试验，以选定一个系统设备的最佳配置。正因为经历了这样长期深入的研发和不断的改进，才使范德兰德工业公司的设备在业界赢得了卓越的声誉。

资料来源　蒋蕊聪．荷兰范德兰德工业公司为用户提供最完美的输送设备［J］．中国储运，2007（11）．

问题：范德兰德工业公司为什么能成为世界一流的输送设备供应商？其自动分拣系统的设计或系统集成起到了什么的作用？

2.实训题

● 目标

了解智能分拣系统为物流领域带来哪些优势。

● 内容

结合新冠肺炎疫情及物流业的发展趋势，通过互联网收集有关自动分拣系统应用的代表性案例。

● 时间

本章授课后的周末时间。

● 步骤

（1）同学们3～5人一组，制订资料收集方案。

（2）进行相关资料收集工作。

（3）对收集得到的资料进行分析，整理成文字材料。

（4）各组在班级进行交流、讨论。

第6章 装卸搬运设备

- 学习目标
- 6.1　装卸搬运概述
- 6.2　起重设备
- 6.3　输送设备
- 6.4　搬运设备
- 思政专栏
- 基本训练
- 综合应用

学习目标

□ 知识目标：明确装卸搬运的基本概念和特点。

□ 能力目标：掌握各种装卸搬运设备的类型、特点及使用规范；通过学习能够掌握装卸搬运与经济的可持续发展之间的关系。

□ 素养目标：树立吃苦耐劳的职业精神和养成严谨细致的工作作风。

【引例】

智能仓储搬运机器人，向工业领域进攻成为下一个风向标

电商行业发展的势头突飞猛进，且有愈演愈烈之势。各大快递巨头更是将这场无硝烟的战场从地平面上转战到天空。如今，又有智能仓储搬运机器人的实力加盟，相信这场物流业的“速度之战”将拉开新的序幕。

据了解，2020年，国内的自动化物流系统市场规模超过1 000亿元，未来几年行业增速有望保持15%以上。亚马逊以7.75亿美元收购Kiva System，京东砸重金自建仓储……中国的物流企业更需要适合自己的、有独立知识产权的智能物流系统。

智能仓储搬运机器人在仓库内构建了强大的机器人方阵。通过高效的任务编排、调度算法优化、高精度二维码定位导航技术和良好的人机交互体验，调度多台机器人同时工作，实现机器人之间、机器人和人之间的无缝对接。智能仓储搬运机器人负载着料架跨区域运行，实现了货物与各站点之间的高效流转，极大地减少了仓内工人的行走路径，相比人工仓，用智能仓储搬运机器人的仓运输效率提升了50%以上。

智能仓储搬运机器人的作用在于代替人力，逐渐实现工业自动化。当你需要搬运某一工件的时候，只需发出指令，码垛机器人就会把工件从立体仓库中取出，交给智能仓储搬运机器人，送到流水线上，经过智能相机的识别判断后，由工业机器人运送到另一条流水线上并码放好……

智能物流的发展模式势必会吸引广大物流行业从业者的关注，若将成本控制在普遍能接受的范围，那么智能仓储搬运机器人的发展前景不可估量。而就整体的机器人市场来看，各大商家也将逐渐把重心从民用行业中抽离出来，向工业领域进攻成为下一个风向标。

资料来源 佚名．智能仓储搬运机器人，向工业领域进攻成为下一个风向标［EB/OL］．［2021-06-12］．http：//www.chinawuliu.com.cn/zixun/201802/13/328734.shtml.

货物的装卸搬运是物流的主要功能之一。装卸搬运活动渗透到物流各领域、各环节，成为物流顺利进行的关键。货物装卸搬运伴随着物流的始终，联结着物流的其他功能，成为提高物流效率、降低物流成本、改善物流条件、保证物流质量最重要的物流环节之一。

6.1 装卸搬运概述

6.1.1 装卸搬运的概念、特点和原则

1）装卸搬运的概念

在同一地域范围内（通常指在一个物流节点，如仓库、车站或码头等）改变货物的存放状态和空间位置的活动称为装卸搬运。根据《物流术语》（GB/T 18354-2021），装卸是指在运输工具间或运输工具与存放场地（仓库）间，以人力或机械方式对物品进行载上载入或卸下卸出的作业过程；搬运是指在同一场所内，以人力或机械方式对物品进行空间移动的作业过程。其在物流领域一般叫“货物装卸”，在生产领域一般叫“物料搬运”（如图6-1所示）。

图6-1 装卸搬运举例

2）装卸搬运的特点

（1）装卸搬运作业量大。调查统计，我国的机械工厂生产1吨产品，需要进行252吨次的装卸搬运。在中国工业和农业总产值的背后，装卸搬运的作业量是巨大的。在同一地区生产和消费的产品的运输量可能会减少，但产品的装卸搬运量不一定减少；在远距离的供应与需求过程中，装卸搬运量会随着运输方式的变更、仓库的中转、货物的集散、物流的调整等大幅提高。

（2）装卸搬运方式复杂。在物流过程中，货物是多种多样的，它们在性质上（物理性质和化学性质）、形态上、重量上、体积上以及包装方法上都有很大的区别。即使是同一种货物，在装卸搬运前不同的处理方法，可能会产生完全不同的装卸搬运作业。从装卸搬运的结果来看，有些货物经装卸搬运将进入储存，有些货物装卸搬运后将进行运输。不同的储存方法、运输方式在装卸搬运的设备运用和装卸搬运方式的选择上，都提出了不同的要求。

（3）装卸搬运企业不均衡。在生产领域，由于生产活动要有连续性、比例性和均衡性，企业内部装卸搬运相对也比较均衡。然而，货物进入流通领域后，由于受货物产需衔接、市场机制的制约，物流量可能会出现较大的波动性。商流是物流的前提，某种货物的畅销和滞销、远销和近销，销售批量的大与小，都会使货物实物流量发生巨大变化。从物流领域内部观察，运输线路上的“跑在中间，窝在两头”的现象广泛存在，装卸搬运量也会出现忽高忽低的现象。从另一方面看，各种运输方式由于运量、运速的不同，使得港口、车站、机场等不同物流结合点也会出现集中到货或停滞等待的不均衡装卸搬运。

（4）装卸搬运对安全性的要求较高。装卸搬运需要与人员、设备、货物及其他劳动工具等相结合，工作量大，情况变化多，企业环境复杂，这些都导致了装卸搬运企业中存在不安全的因素和隐患，因此装卸搬运企业应创造适宜的作业环境，改善和加强劳动保护，对任何可能导致不安全的现象都应设法根除，防患于未然。装卸搬运的安全性，涉及人员、货物、设备的安全。在装卸搬运中，机毁人亡等事故已屡见不鲜，造成的货物损失数量也是巨大的。装卸搬运同其他物流环节相比，安全系数较低，因此就要更加重视装卸搬运的安全作业问题。

3）装卸搬运的原则

（1）尽量不进行装卸。

（2）保证装卸的连续性。

（3）把商品整理成一定单位。

（4）从物流整体角度来考虑。

（5）减轻人力装卸。

6.1.2　装卸搬运的方式

装卸搬运的方式多种多样，按不同的分类标准可以分为：

1）按作业场所分类

（1）仓库装卸。配合出库、入库、维护保养等活动进行，并且以堆垛、上架、取货等操作为主。

（2）铁路装卸。对火车车皮装进、卸出，一次作业实现一车皮的装进或卸出，基本无整装零卸或零装整卸情况。

（3）汽车装卸。一次装卸批量不大，由于汽车灵活，可以减少或根本减去搬运活动，而直接、单纯利用装卸作业过渡车实现与物流设施之间货物的过渡。

（4）港口装卸。码头前沿装船，后方支持性装卸搬运，有的需要小船在码头与大船之间“过驳”，装卸流程复杂，需经多次装卸搬运作业实现船与陆地之间货物的过渡。

（5）机场装卸。为民航客机和货机上载、卸货。

2）按机械作业方式分类

（1）吊上吊下方式。

（2）叉上叉下方式。

（3）滚上滚下方式。

（4）移上移下方式。

3）按被装物的主要运动形式分类

（1）垂直装卸。采取提升和降落的方式进行装卸，需要消耗较大的能量，采用比较多。所用机具通用性较强，应用领域较广，如吊车、叉车等。

（2）水平装卸。平移被装物实现装卸，不改变被装物的势能，比较节能，需有专门设施。例如与汽车水平接靠的高站台、汽车与火车车皮之间的平移工具等。

4）按装卸搬运对象分类

（1）单件货物装卸。对货物进行单件、逐件装卸搬运的方式，如对长、大、笨重货物，或集装会增加危险的货物等。

（2）散装货物装卸。对块、粒、粉状货物进行装卸搬运的方式，从装点直到卸点，中间不落地，集装卸与搬运于一体，常采用重力法、倾翻法、机械法等。

5）按装卸搬运的作业特点分类

（1）连续装卸。适用于装卸量较大、装卸对象固定且不易形成大包装的情况。

（2）间歇装卸。机动性较强，装卸地点可在较大范围内变动，适用于货流不固定的各种货物，如包装货物、大件货物、散粒货物。

6.1.3 装卸搬运设备的作用和分类

1）装卸搬运设备的作用

装卸搬运设备是装卸搬运作业的重要技术设备，装卸搬运设备的应用对于加快现代化物流发展有着十分重要的作用，具体作用如下：

（1）提高装卸效率，节约劳动力，减轻装卸工人的劳动强度，改善劳动条件。

（2）缩短作业时间，加速车辆周转，加快货物的送达和发出。

（3）提高装卸搬运质量，保证货物的完整和安全。

（4）降低装卸搬运的作业成本。

（5）充分利用货位，加速货位周转，减少货物堆码的场地面积。

2）装卸搬运设备的分类

装卸搬运设备装卸搬运的货物来源广、种类繁多，其外形和特点各不相同，如箱装货物、袋装货物、桶装货物、散货、易燃易爆及剧毒品等。为了适应各类货物的装卸搬运和满足装卸搬运过程中各个不同环节的不同要求，各种装卸搬运设备应运而生。装卸搬运设备的机型和种类已达数千种，而且各国仍在不断研制新机种、新机型。装卸搬运设备常按以下方法进行分类：

（1）按主要用途或结构特征不同进行分类，装卸搬运设备可分为起重设备、连续运输设备、装卸搬运车辆、专用装卸搬运设备。

（2）按作业方向不同分类，装卸搬运设备可分为：①水平方向作业的装卸搬运设备，这种装卸搬运设备的主要特点是沿地面平行方向实现货物的空间转移，如各种机动、手动搬运车辆，各种皮带式、平板式输送机等；②垂直方向作业的装卸搬运设备，这种装卸搬运设备所完成的是货物沿着与地面垂直的方向上下运动，如各种升降机、堆垛机等；③混合方向作业的装卸搬运设备，这种设备综合了水平方向和垂直方向两类装卸搬运设备的特点，在完成一定范围的垂直作业的同时，要完成水平方向的移动，如龙门起重机、桥式起重机、叉车、轮胎起重机等。

（3）按动力类型不同分类，装卸搬运设备可分为电动式装卸搬运设备和内燃动力式装卸搬运设备。

（4）按传动类型不同分类，装卸搬运设备可分为电传动装卸搬运设备、机械传动装卸搬运设备和液压传动装卸搬运设备。

6.2 起重设备

6.2.1 起重设备的特点与分类

1）起重设备的特点

起重设备是一种循环、间歇运动的机械，用来垂直升降货物或兼做货物的水平移动，以满足货物的装卸、转载等作业要求。起重设备是现代企业实现生产过程和物流作业机械化与自动化、改善物料搬运条件、减轻劳动强度、提高生产率必不可少的重要机械设备。起重设备的作业具有如下特点：

（1）间歇重复。起重作业是完成一个工作循环后，再进行下一次的工作循环，因此起重机械是一种间歇动作的机械。

（2）稳定运动时间较短。由于起重机械的各个工作部分在工作中经常处于反复启动、制动以及正向、反向等相互交替的运动状态，因而其稳定运动的时间相对于其他机械而言较为短暂。

（3）起重机以装卸为主要功能，搬运功能较差，搬运距离很短。

（4）大部分起重机械机体移动困难，因而通用性不强，往往是港口、车站、物流中心等处的固定设备。

（5）起重机的作业方式是将货物从上部起吊，因而作业需要的空间高度较大。

2）起重设备的分类

起重设备按其重量及运动方式不同可分为三大类（如图6-2所示）。

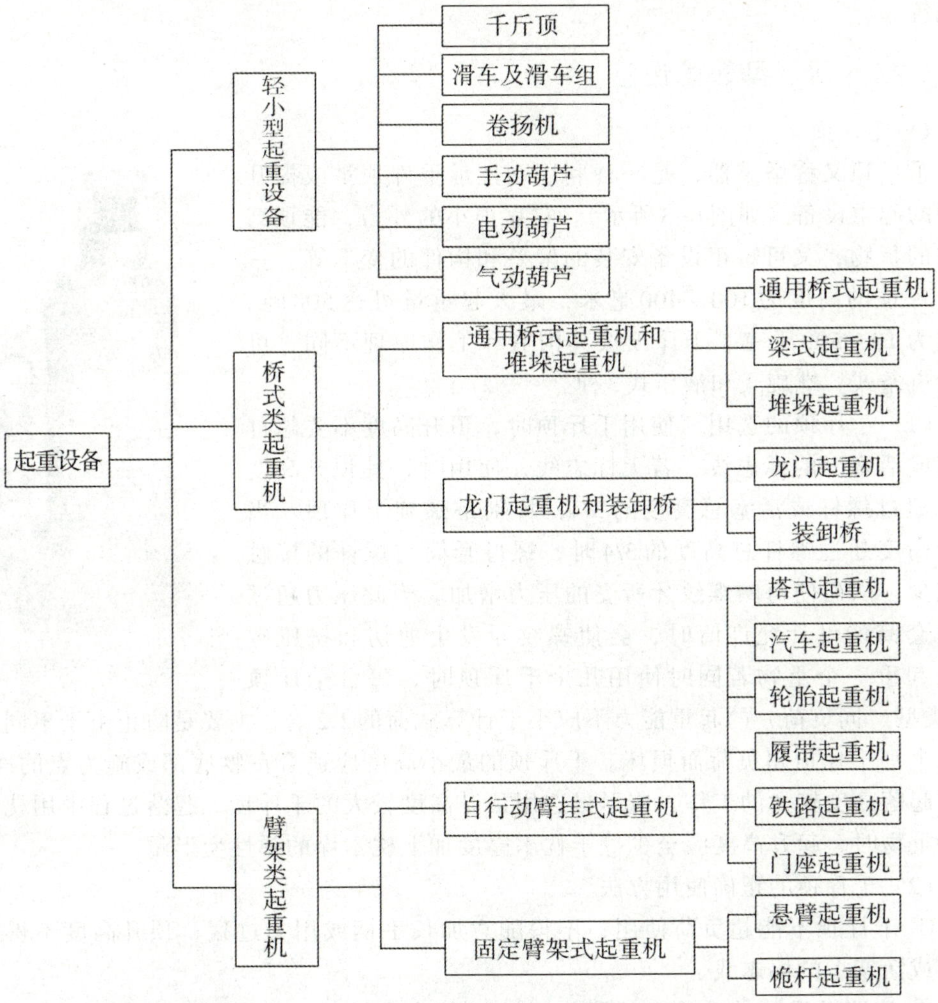

图6-2　起重设备分类

（1）轻小型起重设备。轻小型起重设备一般只有一个升降机构，使货物做升降运动，在某些场合也可做水平运输（如卷扬机）。属于这一类型的起重设备有千斤顶、滑车及滑车组、手动葫芦、卷扬机等。它们具有轻小简练、使用方便的特点，适用于流动性和临时性的作业，手动的轻小型起重设备尤其适合在无电源的场合使用。

（2）桥式类起重机。桥式类起重机配有起升机构、大车运行机构和小车运行机构。依靠这些机构的配合动作，桥式类起重机可在整个长方形场地及其上空作业，适用于车间、仓库、露天堆场等场所。桥式类起重机包括通用桥式起重机、梁式起重机、龙门起重机和装卸桥等。

（3）臂架类起重机。臂架类起重机配有运行机构、起升机构、旋转机构和变幅机构，液压起重机还配有伸缩臂机构。依靠这些机构的配合动作，臂架类起重机可在圆形场地及上空作业。臂架类起重机可装在车辆上或其他运输工具上，构成运行臂架式起重机，这种起重机具有良好的机动性，适用于码头、货场、矿场等场所。臂架类起重机包括塔式起重机、汽车起重机、轮胎起重机、履带起重机、铁路起重机、悬臂起重机等。

6.2.2 轻小型起重设备

1）千斤顶

千斤顶又称举重器，是一种利用刚性承重件顶举或提升重物的起重设备（如图6-3所示）。它靠很小的外力，能顶高很重的货物，又可矫正设备安装的偏差和构件的变形等。一般千斤顶的高度为100～400毫米，最大起重量可达500吨，自重为10～500千克。千斤顶按其构造和工作原理不同，可分为齿条式、螺旋式和液压式3种。

图6-3 千斤顶

（1）千斤顶的选用。使用千斤顶时，顶升高度不要超过套筒或活塞上的标志线，若无标志线，使用时，其顶升高度不要超过螺杆或活塞总高度的3/4，特别是螺旋千斤顶。当顶升高度超过螺杆总高度的3/4时，螺母套筒与螺杆的接触面减少，从而使每圈螺纹牙所受的压力增加。当此压力超过螺母套筒的设计允许值时，会使螺纹牙发生剪切和挤压破坏。起重一个重物若同时使用几个千斤顶时，每台千斤顶（同类型、同负荷）的起重能力不应小于计算载荷的1.2倍，主要是防止由于不同步而造成个别千斤顶超负荷而损坏。千斤顶的最小高度应适合重物底部或施力点的净高。对于起落高度较大的工作，应尽量选用顶升高度较大的千斤顶。起落过程中用枕木垛支持重物时，起升高度应至少等于枕木厚度加上枕木垛的弹性变形量。

（2）千斤顶的正确使用方法。

① 千斤顶不能超负荷使用；不得随意加长手柄或用力过猛；顶升高度不得超过套筒或活塞上的标志线。

② 放置千斤顶的基础必须平稳可靠，当千斤顶上、下端与设备金属面或混凝土光滑接触时，应垫以坚韧木料，以防止千斤顶倾倒或下陷。

③ 顶升重物前，应使千斤顶位置放正，根据起重对象的重心来选择千斤顶着力点位置，载荷方向要与千斤顶轴线保持一致。在顶升过程中，要防止由于基础偏沉或载荷水平位移，而造成千斤顶偏歪。

④ 为确保安全，顶升重物前，应另搭保险枕木垛，且随起随垫；落下重物时，应随落随抽。枕木垛与重物的距离一般不超过一块枕木厚。

⑤ 液压千斤顶放低时只能微开回油阀使其缓慢下降，不能突然下降，以免损坏内部皮碗。

2）手动葫芦

图6-4　手动葫芦

手拉葫芦和手板葫芦均属于手动葫芦，俗称斤不落、链条葫芦、倒链、神仙葫芦（如图6-4所示）。它的特点是重量轻、体积小、携带方便、操作简单，适应各种作业环境，是一种使用简单、携带方便的手动起重机械。它适用于小型设备和货物的短距离吊运，起重量一般不超过10吨。手动葫芦具有结构紧凑、手拉力小等特点。

手动葫芦在使用过程中要注意以下几方面的问题：在使用前应检查吊钩、链条等是否良好，传动及刹车装置是否良好；吊钩、链轮、倒卡等有变形时，以及链条直径磨损量达15%时，严禁使用；起重链不得打扭，并且不得拆成单股使用；手动葫芦不得超负荷使用，起重能力在5吨以下的允许1人拉链，起重能力在5吨以上的允许两人拉链，不得随意增加人数猛拉，操作时，人不得站在手动葫芦的正下方；吊起的重物如需在空中停留较长时间，应将手拉链拴在起重链上，并在重物上加设保险绳；手动葫芦在使用中如发生卡链情况，应将重物垫好后方可进行检修。

3）电动葫芦

电动葫芦是将吊具、钢丝绳、卷钢、电动机、减速器及制动器等部件集合为一体的轻小型起重设备（如图6-5所示）。它结构紧凑、自重轻、操作方便，可以单独作为起重设备使用。另外，电动葫芦可以作为单轨梁式起重机、桥式起重机和龙门起重机等各式起重机的起升机构，是起重机的核心装置。

图6-5　电动葫芦

根据承重构件的不同，电动葫芦有钢丝绳式电动葫芦、环链式（焊接链式）电动葫芦及板链式电动葫芦3种类型。根据应用场合的不同，电动葫芦除一般用途的类型外，还有防爆、防蚀及冶金专用型。电动葫芦工作类型一般为中级，当需要重级工作类型时，必须单独设计，在结构上也应做相应的考虑，如采用双制动器等。电动葫芦的操纵方式，多数采用地面跟随操纵，也有采用驾驶室操纵或有线、无线遥控操纵。

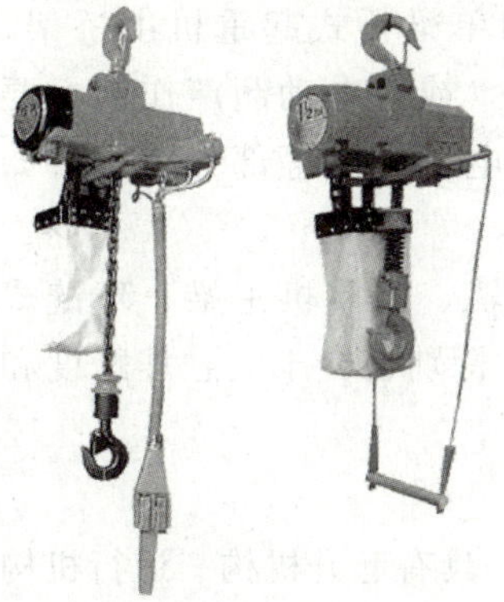
图6-6　气动葫芦

4）气动葫芦

因为不用电，目前气动葫芦是世界上最理想的防爆起重工具，在工业发达国家已被广泛使用，是企业安全生产，提高工作效率，降低生产成本的新一代起重工具（如图6-6所示）。它把压缩空气的压力能转化为机械能，从而达到起吊货物的目的。

气动葫芦的优点是：无电火花；可连续、频繁作业；运行速度快，是电葫芦的3倍，手动葫芦的5倍；可无级调速；体积小、重量轻（铝合金外壳）；零冲击力；制动迅速可靠、定位准确；操作简单、方便；可在特殊、恶劣环境下工作（防水、防腐蚀、防爆）。

5）卷扬机

卷扬机也称绞车，是由动力驱动的卷筒通过挠性件（钢丝绳、链条）起升、运移重物的起重设备（如图6-7所示）。在起重设备中，卷扬机通常作为臂架式起重机的起升装置使用。卷扬机按用途不同可分为建筑用卷扬机、林业用卷扬机、船用卷扬机和矿业用卷扬机；按卷筒数量不同可分为单筒卷扬机、双筒卷扬机和多筒卷扬机；按速度不同可分为快速卷扬机、慢速卷扬机和多速卷扬机。

图6-7 卷扬机

6.2.3 桥式类起重机

桥式类起重机指由具有能运行的桥架结构和设置在桥架上的能运行的起升机构组成的起重机械。常用的桥式类起重机包括梁式起重机、通用桥式起重机、龙门起重机、装卸桥等。这类起重机多是固定式，完成固定空间的吊运作业，适用于所有工矿企业、仓库、露天堆场等，进行物料的装卸搬运和吊装等。下面就一些常见的桥式类起重机做简单介绍。

1）梁式起重机

梁式起重机主要由桥梁、起重小车两大部分组成，根据桥架结构不同可分为单梁桥式起重机和双梁桥式起重机两种类型。

单梁桥式起重机分手动、电动两种。手动单梁桥式起重机各机构的工作速度较低，起重量也较小（通常为0.5～10吨），但自身重量小，便于组织生产，成本低，适用于无电源或搬运量不大、对速度与生产率要求不高的场合。手动单梁桥式起重机采用手动单轨小车作为运行小车，用手动葫芦作为起升机构，桥架由主梁和端梁组成。

电动单梁桥式起重机的工作速度、生产率较手动的高，起重机也较大。电动单梁桥式起重机由桥架、大车运行机构、电动葫芦（或由电动葫芦作为主要部件的电动起重小车）及电气设备等部分组成（如图6-8所示）。

图6-8 电动单梁桥式起重机

双梁桥式起重机由直轨、起重机主梁、环链式电动葫芦和小车、送配电系统和电器控制系统等部分组成，特别适合于大悬挂跨度和大起重量的平面范围的物料输送（如图6-9所示）。

2）通用桥式起重机

通用桥式起重机属电动起重机械，又称“天车”“行车”，具有起升机构、运行机构（包括小车运行机构和大车运行机构）。其吊运方式由大车的纵向运动、小车的横向运动以及起升机构的升降运动所组成。这些运动构成了一个长方体的大范围的作业空间（如图6-10所示）。通用桥式起重机的大车轨道通常安装在仓库、作业场所的两侧梁柱或两侧地面上，因而具有起重量大、占地面积小、运行时不妨碍同一作业场地等特点。通用桥式起重机由起重小车、桥架、电气控制部分、安全装置和司机室等部分组成。

图6-9 双梁桥式起重机

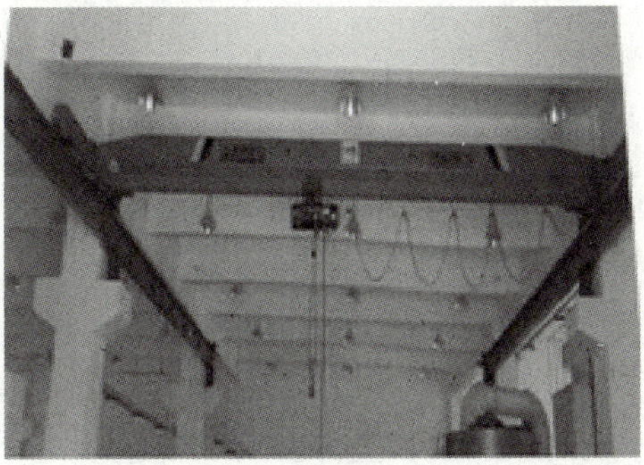

图6-10 电缆厂正在使用的通用桥式起重机

3）龙门起重机

龙门起重机是桥式类起重机的另一种机型，主要适用于矿山、港口码头、铁路货站、露天仓库等，常用于集装箱装卸搬运。它的金属结构像门型框架，承载主梁下安装支腿，可以直接在地面的轨道上行走，主梁两端可以具有外伸悬臂梁。龙门起重机具有场地利用率高、作业范围大、适用面广、通用性强等特点，在港口货场得到广泛使用。龙门起重机按主梁结构形式不同可分为单主梁龙门起重机（如图6-11所示）和双梁龙门起重机。单主梁龙门起重机具有结构简单、制造安装方便、自身重量小、整体刚度弱等特点，而双梁龙门起重机具有承载能力强、跨度大、整体稳定性好、造价高的特点。一般情况下，起重量在50吨以下，跨度在35米以内，无特殊使用要求，宜选用单主梁龙门起重机。如果要求门跨度大，工作速度较高，或经常吊运重件、长大件，则宜选双梁龙门起重机。在龙门起重机的选用时还应注意，由于跨度是影响龙门起重机自身重量的重要因素，因此在满足设备使用条件和符合跨度系列标准的前提下，应尽量减少跨度。

6.2.4 臂架类起重机

臂架类起重机由行走、起升、变幅、旋转机构等组成。通过这些机构的配合动作，可在一个圆柱形空间范围内起重和搬运货物。臂架类起重机种类繁多，在此我们主要介绍的是物流系统中常用的门座起重机和地面动臂式起重机两种。

1）门座起重机

港口和货场使用的门座起重机一般分为通用式和专用式两种。通用式门座起重机是用吊钩或抓斗装卸货物；专用式门座起重机则只能用于某一种货物的装卸，如带斗门座起重机专用于煤炭装卸，通常它的生产率比通用式门座起重机高。门座起重机是由金属结构、四大机构（起升机构、变幅机构、回转机构、运行机构）和电气系统组成的整体（如图6-12所示）。它的金属结构有起重臂、转盘、人字架（转柱或立柱）、梯子平台、机器房、操纵室、门架、均衡梁等。在电气系统中，其供电一般是通过电缆卷筒将电输送到中心受电器上。通常港口门座起重机多为低压供电上机，但在大起

图6-11 单主梁龙门起重机

图6-12 门座起重机

重量的机型上也有使用高压供电上机的，此时机上需设有变电装置和高压控制柜。港口门座起重机均采用电力驱动，电气控制部分集中在操纵室内，电阻箱布置在机器房内，安全保护装置设置在适当的位置上。

图6-13 地面动臂式起重机

2）地面动臂式起重机

地面动臂式起重机的特征是机体贴近地面，采用动臂结构。它主要依靠吊臂的长短或仰角的大小旋转运动，使货物做垂直和水平运动（如图6-13所示）。它具有机动灵活、转移快和作业范围大等特点，常用于码头、车站、货场及工地等场所物料的装卸、搬运和设备、结构的安装。地面动臂式起重机的基本工作原理是：利用动力装置（如柴油机、电动机）为驱动力，再依靠各种传动方式（如机械传动、液压传动、电力传动），将动力分别、依次传递到各工作机构去，使机构运动，吊起重物。

典型地面动臂式起重机分以下3种：

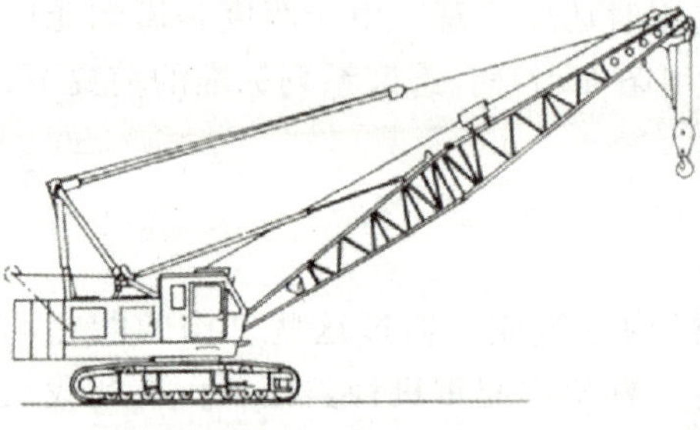

图6-14 履带起重机

（1）履带起重机，装在履带运行底盘上的全旋转动臂式起重机（如图6-14所示），多带有万能挖掘机，能进行正铲、反铲或抓斗作业。它一般采用集中内燃机和电力驱动，液压和机械传动。它的特点是接地面积大，爬坡能力大，通过性能好，转弯半径小，行走慢，对地面有破坏作用，因此多用于野外和工地上。

（2）汽车起重机，装于载重汽车底盘上的全旋转动臂式起重机（如图6-15所示）。行走性能如汽车，转台上设司机室，作业时要打支腿。吊臂有伸缩式或折叠式两种。它的特点是行驶速度高，通过性好，因此适用于流动性作业。

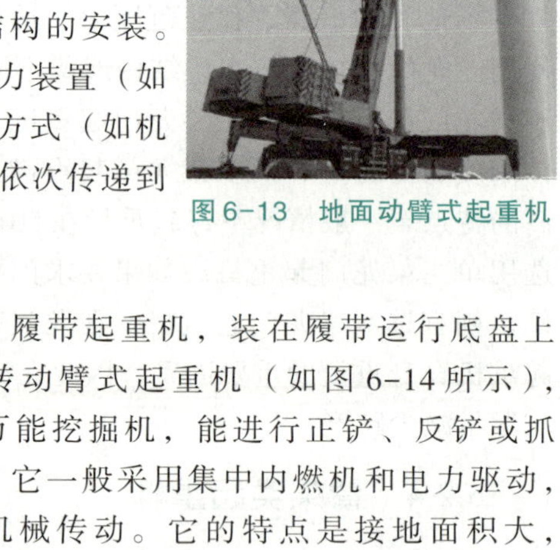

图6-15 汽车起重机

（3）轮胎起重机，装于专用轮胎底盘上的全旋转动臂式起重机（如图6-16所示）。它采用刚性悬架，可带载行走，作业时要打支腿。吊臂多为桁架结构，分段组装，也有用伸缩臂的。它的特点是稳定性好，使用方便，生产效率高，因此多用于港口、铁路站场、堆场及工地。

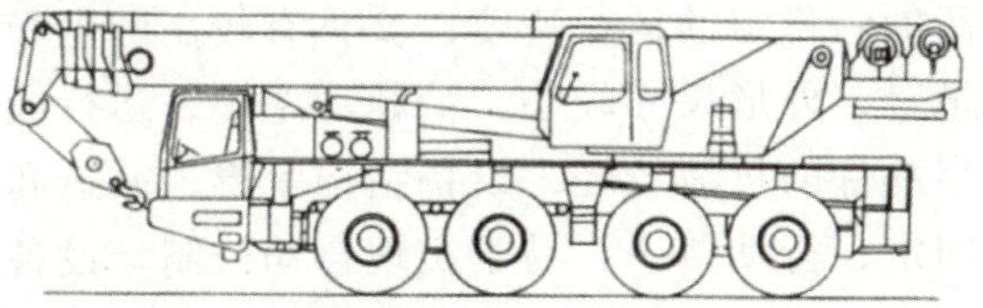

图6-16 轮胎起重机

6.2.5 起重设备安全技术要求

（1）对于露天工作的起重机，为防止风力过大时起重机被吹倒或移动而发生事故，要求起重机上设置夹轨器或锚固等防风装置。

（2）为防止由于驾驶员疏忽或机构故障使起重机吊钩卷扬造成事故，起重机上要求装设起升高度限位器；为防止起重机超负荷，要求装有重量限制器。

（3）用吊索捆绑货物时，应牢固可靠，吊索间的夹角不应太大，一般不超过120°，多根吊索合力的作用线必须通过货物的重心，以保证调运过程中货物的平稳性。

（4）对于起重机的钢丝绳，应每天进行日常检查，钢丝绳应保持良好的润滑状态。当钢丝绳出现直径严重减小、磨损或腐蚀严重、断丝较多、麻芯外露及打死结等情况时，就应当及时报废处理。

（5）正常使用的起重机每班都要对制动器进行检查，发现制动器的零件有裂纹、制动带摩擦片严重磨损等情况时应当立即报废。

6.3 输送设备

6.3.1 连续输送设备的概念、特点与分类

1）连续输送设备的概念

连续输送设备是以连续的方式沿着一定的路线从装货点到卸货点输送散装货物和成件货物的机械设备。所谓连续，就是指输送设备的货物是连续运动的，没有工作行程和空行程之分，因而使“装货—输送—卸货”等环节连续不断进行，没有间隔和停歇。与间歇动作的起重机械相比，连续输送设备能沿固定路线不停地输送货物，货物的装卸都是在运行过程中进行的，因此连续输送设备的启动、制动次数少，搬运效率较高，而且其使用成本较低，搬运时间可比较准确地进行控制，货流稳定，因而被广泛用于现代散货和小型件杂货物流系统中。从国外大量的散货港口码头、集散车场、冶金矿山基地、建材化工厂、大型货场、自动化立体仓库和物流配送中心等来看，它们大部分拥有由连续输送设备组成的搬运系统，如进出库输送系统、自动分拣输送系统和自动装卸输送机系统等。到目前为止，连续输送设备不仅是生产加工过程中组成机械化、自动化、智能化和连续化的流水线中不可缺少的部分，也是物流众多环节中装卸搬运作业最常用的基本设备。

2）连续输送设备的特点

（1）优点。

①可以采用比较高的、稳定的运行速度；②具有较高的生产率；③在同样的生产率条件下，设备的重量轻，外形尺寸较小，消耗功率小，运行成本低；④由于运行中的冲击力小，设备各零部件的负荷较轻，设备结构紧凑，制造和维修相对简单；⑤由于设备输送货物路线固定，行动单一，易于实现自动控制，设备运行中负载均匀，因此所消耗的功率几乎不变。

（2）缺点。

①只能在固定的区间输送物品；②每种输送设备只适用于输送一定类型的物品；③设备输送的物品形态和单件重量要求较为严格，通用性差，大多数连续输送机不能自动取货，因此必须配备相应的装卸货装置。

3）连续输送设备的分类

连续输送机按安装方式不同分为固定式和移动式两大类。固定式连续输送机是指整个设备固定安装在一个地方，不能再移动。它主要用于专用码头、仓库、工厂的生产车间等。它具有输送量大、单位能耗低、效率高等特点。移动式连续输送机是指整个设备安装在可移动的车轮上，具有机动性强、利用率高、能及时布置输送作业路线的特点。这类设备输送量不太高，输送距离不长，适用于中小型仓库中。

连续输送机按照结构特点不同可以分为具有挠性牵引构件的连续输送机和不具有挠性牵引构件的连续输送机两大类。具有挠性牵引构件的连续输送机的特点是将物品放在牵引构件上或工作构件内，利用牵引构件的连续运转使物品往一定的方向运送，牵引构件是往复循环的一个封闭系统，通常是一部分输送物品，另一部分返回。常见的有带式输送机、链式输送机等。不具有挠性牵引构件的连续输送机的工作特点是利用工作构件的旋转运动或振动，使货物向一定方向运送，它的输送构件不具有往复循环形式。常见的有气力输送机、螺旋输送机、振动输送机等。

图6-17　带式输送机（一）

6.3.2　带式输送机

1）带式输送机的结构

带式输送机是由电动机作为动力，胶带作为输送带，利用摩擦力水平或倾斜连续输送货物的机械（如图6-17、图6-18所示）。带式输送机由以下几部分构成：

（1）带：有橡胶带、塑料带、钢带等几种，多用橡胶带。

（2）托辊：目的为限制承载重物的带下垂。分上下托辊，上托辊有直形和槽形两种，下托辊只有直形一种。

（3）鼓轮：卸料端为主动轮，上料端为从动轮。其作用是拉紧胶带和转向胶带。

图6-18　带式输送机（二）

(4) 传动装置和张紧装置：传动装置主要包括电动机和减速机。张紧装置的作用是给胶带一定张力，防止胶带在鼓轮上打滑。常用的张紧装置有重锤式和螺丝拉紧式两种。

(5) 加料装置和卸料装置：常用矩形漏斗式为好，加料较均匀。物料可在输送带末端自由落下，不需卸料器，也可用挡板在中途卸料。

2）带式输送机的特点

带式输送机适用于松散状干湿物料及成件制品，既可做水平方向运动，又可做小倾角的倾斜输送。在各种输送机械中，它的效率最高、输送距离最长。固定带式输送机在港口、车站、货场、库场等应用较为广泛，尤其适用于煤炭、矿石等散货的输送。其特点是机动性强，使用效率高，输送方向和输送长度均可改变，能及时改变输送作业线达到作业要求。

6.3.3 斗式提升机

提升机应用于在竖直方向或在很大倾斜角时运送散粒或碎块物料和大量的成件物品。在此着重介绍斗式提升机。

1）斗式提升机的结构

图6-19 斗式提升机

斗式提升机（如图6-19所示）可分为带斗式和链斗式两类，通常带斗式应用更普遍。斗式提升机主要由连接成环形的橡胶输送带（或链环）作为提升机的牵引构件（如图6-20所示），在该构件上均等地安装料斗（如图6-21所示），组成物料的装载提升部件；提升部件上部套装在驱动辊筒上，驱动辊筒的轴和与之相接的联轴节、减速机、电动机组成驱动装置；提升部件的下端套装在张紧辊筒上，通过螺旋式张紧装置使输送带或链环保持一定的张紧力；在张紧辊筒外做成进料口形状的外壳，料斗可由此处取料；在驱动辊筒外做成卸料口形状的外壳，料斗可由此处卸料；为防止设备运转时的灰尘飞扬或物料散落，一般也将整个料斗运动区间用壳体封闭起来。斗式提升机工作时，由驱动辊筒带动环形输送带或链环及其上的料斗上下移动，料斗在沿张紧辊筒转动的同时即将进料口的物料铲于斗中，当料斗随环形输送带或链环上升到驱动辊筒顶部后开始向卸料口卸料，在机器的连续动力中物料从低处送到高处。

2）斗式提升机的特点

斗式提升机的特点有：①设计简便，仅用一台电动机及一套传动装置就能满足垂直驱动的需要，用同一台设备就能完成物料的提升、输送任务，而无须再加转运设备；②占地很小，显著地节省占地面积；③与用倾斜带式输送机提升方式比较，物料输送路程大为缩短；④缓慢地输送及卸料可防止物料的破碎，粉尘飞扬较少，因为物料一般封闭在标准的钢制机壳中，限制了灰尘飞出，避免污染环境。其缺点是输送的物料受到限制，过载的敏感性大，必须均匀给料。

图6-20 斗式提升机——套筒滚子链

图6-21 斗式提升机——料斗

6.3.4 气力输送机

气力输送机是利用在管道内运动气流的能量对物料进行输送的装置（如图6-22所示），常用于港口、仓库、工厂等场所。气力输送机对大批量的散装物料，如粮食、矿砂、煤粉等进行输送。

图6-22 气力输送机

1）气力输送机的结构

气力输送机常由5部分组成：使管道两端产生压力差的动力装置、使物料与气流混合的受料器或发送器、输送管道、卸料器和除尘器。根据管道内工作气流的压力状况不同，可分为正压输送和负压输送。正压输送简称压送，即在管道的进料端用通入压缩空气的方法，将物料压送到卸料端；负压输送简称吸送，即在管道的末端用抽吸空气的方法将物料从进料端吸取而输送。

2）气力输送机的特点

（1）气力输送机的优点。

①由于气力输送机采用密封的管道输送，灰尘和热量的散发大为减少，对环境的污染少；②气力输送机设备简单，投资少，上马快；③对输送区段的房屋无特殊要求，管道输送布置比较灵活，占地面积小；④在输送过程中还可以对物料进行某些工艺处理。

（2）气力输送机的缺点。

①气力输送机的动力消耗较大，而相应的输送物料量不够大；②运送的物料较潮湿时，容易造成管道堵塞，影响输送效率；③在输送摩擦性物料时，对管道的磨损较快，要经常维修；④工作中设备有一定的噪声。

6.3.5 螺旋输送机

螺旋输送机是利用带有螺旋叶片的螺旋轴（简称螺旋）的旋转使物料产生沿螺旋

图6-23　螺旋输送机

面的相对运动，物料受到料槽或输送管臂的摩擦力作用不与螺旋一起旋转，从而将物料向前推移来实现物料输送的机械（如图6-23所示）。

1）螺旋输送机的结构

螺旋输送机由进料口、出料口、轴承、中间轴承、螺旋轴、槽、联轴器、齿轮电动机组成（如图6-24所示）。螺旋输送机主要用于松散物料的输送、混合、拌和与冷却，常用于粮食加工、建筑材料制造、化学工业、机械制造等各经济部门的物流过程中。

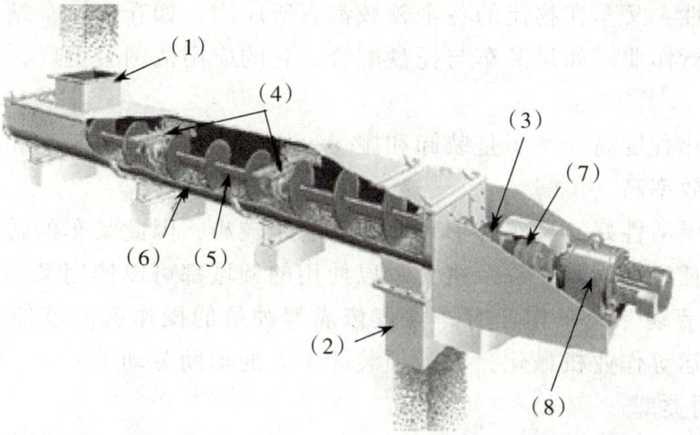

（1）进料口；（2）出料口；（3）轴承；（4）中间轴承；（5）螺旋轴；（6）槽；
（7）联轴器；（8）齿轮电动机

图6-24　螺旋输送机结构

2）螺旋输送机的特点

（1）螺旋输送机的优点。

①结构简单、紧凑；②工作可靠，易于维修，造价低；③因为料槽是可封闭的，所以便于输送易扬的、炽热的及气味强烈的物料，减少对环境的污染；④输送的物料可以在路线任意一点装载，也可以在多点卸载；⑤输送是可逆的，输送机可以向两个方向输送物料，即集向中心和远离中心；⑥输送过程中也可以进行混合、搅拌或冷却作业；⑦料槽的刚度较大，因此能很好地承受一定的弯矩作用。

（2）螺旋输送机的缺点。

①对物料的搅拌以及物料对螺旋叶片、料槽的摩擦，使物料在运送过程中产生的阻力大，从而使单位功率消耗较大；②螺旋叶片和料槽容易磨损，物料也可能破碎；③螺旋输送机对超载较敏感，易产生堵塞现象。因此，一般来说，螺旋输送机输送距离不长，生产率较低，适用于输送摩擦性较小的物料，不宜输送黏性大、易结块及大块的物料。

6.4　搬运设备

搬运作业是物流系统中的一个重要环节，也是一个既耗时又耗工的作业。提高搬运作业的效率对提高整个物流系统的效率有很重要的意义。搬运设备主要有两种：一种是载重量大、距离较长的叉车系列；另一种是轻载、短距离的手推车系列。

6.4.1　叉车

叉车是一种无轨、轮胎行走式装卸搬运车辆。叉车用途非常广泛，主要用于厂矿、仓库、车站、港口等场所，对成件、包装件以及托盘等集装件进行装卸、堆垛、拆垛、短途搬运等作业。叉车的主要工作属具是货叉，在换装其他工作属具后，还可用于对散堆货物、非包装货物和长大件货物等进行装卸作业以及对其进行短距离搬运作业。

1）叉车的特点

（1）通用性。叉车在物流的各个领域都有所应用，如仓库、车站、码头和港口都要应用叉车进行作业，如果叉车与托盘配合，它的应用范围会更广，同时可以提高作业的效率。

（2）机械化程度高。叉车是装卸和搬运一体化的设备，将装卸和搬运两种作业合二为一，作业效率高。

（3）机动灵活性好。叉车外形尺寸小，轮距较小，因此叉车的转弯半径很小，能在作业区域内任意调动，在许多机具难以使用的领域都可以使用叉车。

（4）节约劳动。叉车作业时，仅仅依靠驾驶员的操作就能够使货物的装卸、堆垛、拆垛、搬运等作业机械化，而无须装卸工人的辅助劳动。

2）叉车的类型

按动力装置不同，叉车可分为电瓶叉车和内燃叉车；按结构和用途不同，叉车可分为平衡重式、插腿式、前移式、侧面式、跨车以及其他叉车。下面按结构和用途不同，对叉车类型进行介绍。

（1）平衡重式叉车（如图6-25所示）。

图6-25　平衡重式叉车

特点：车体本身较重、依靠自身重量与货叉上的重量相平衡，防止叉车装货后向前倾翻。为了保持叉车的纵向稳定性，在车体尾部配有平衡量。

这种叉车操作简单、机动性好、效率高。

（2）插腿式叉车（如图6-26所示）。

特点：叉车前方带有小轮子的支腿能与货叉一起伸入货板叉货，然后由货叉提升货物。由于货物重心的投影位于前后车轮所包围的底面积之内，叉车的稳定性好。一般采用蓄电池作为能源，起重量在2吨以下。

图6-26　插腿式叉车

（3）前移式叉车（如图6-27所示）。

图6-27　前移式叉车

前移式叉车的货叉可沿叉车横向前后移动。取货卸货时，货叉伸出，叉货后带货移动时，货叉退回到接近车体的位置，因此叉车行驶时的稳定性好。

前移式叉车一般由蓄电池作为动力，起重量在3吨以下。其自身车身小，重量轻，转弯半径小，机动性好，不需要专门在货堆之间留出空处，前轮可以做得很大。由于其运行速度很低，因此主要用于室内和狭窄的通道内装卸搬运作业。

（4）侧面式叉车（如图6-28所示）。

图6-28　侧面式叉车

侧面式叉车的门架和货叉分布在车体的侧面，侧面还有货物台。当货叉取货物时，货叉先沿门架上升到大于货物台的高度叉取货物后，门架沿导轨缩回，降下货叉，货物便放在叉车的货物台上。侧面式叉车主要用于搬运长大件货物。侧面式叉车多以柴油机驱动，起重量为5~54.5吨。

（5）跨车（如图6-29所示）。

跨车即跨运车，是由门形车架和带抱叉的提升架组成的搬运机械。跨车一般用内燃机驱动，起重量为10~50吨。作业时，门形车架跨在货物上由抱叉托起货物，进行搬运和码垛。在港口，跨车可用来搬运和堆码钢材、木材和集装箱等。

图6-29 跨车

跨车起重量大，运行速度较快，装卸快，甚至可以做到不停车装载，但跨车本身重量集中在上部，重心高，空车行走时稳定性较差，要求有良好的地面条件。

（6）其他叉车（如图6-30所示）。

低位拣选叉车 高位拣选叉车 集装箱叉车

图6-30 其他叉车类型

除了上述介绍的几种叉车外，还有低位拣选叉车、高位拣选叉车、集装箱叉车等。

6.4.2 手推车

手推车轻便灵活，常用于仓库、物流中心、生产工厂、百货公司、货运站、机场等。由于一般手推车没有提升能力，所以一般承载能力在500千克以下。手推车系列按用途及负荷能力不同可分为二轮手推车、多轮手推车及物流笼车3类。

1）二轮手推车

二轮手推车基本上可分为东方型和西方型两类（如图6-31所示）。东方型结构架具有弧状或平的横板，轮子在外侧，用来搬运混装的货物非常有效，如桶子、袋子、箱子或其他重的东西。西方型结构架平行，轮子在内侧，手把呈弧状。二轮手推车可配合货车搬运或用于火车站货物搬运等。

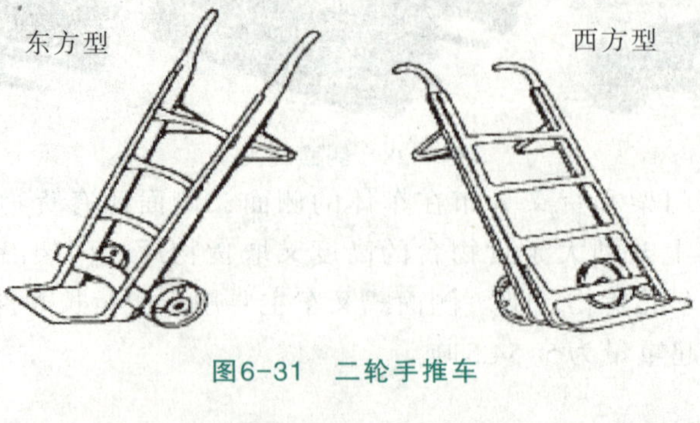

图6-31 二轮手推车

2）多轮手推车

多轮手推车按用途及负荷不同，有不同尺寸及设计方式，可分为木制或金属制；按脚轮的使用方式不同可分为平置式及平衡式两大类型；按用途不同可分为立体多层式、折叠式、升降式和附梯式。

（1）按脚轮的使用方式不同可分为平置式及平衡式两大类型，常用的有三种：

① 脚轮平置式。一端为两固定脚轮，另一端为两活动旋转脚轮，或为附有刹车定位的活动旋转脚轮，台车高度较低，适用于轻度及中度负荷。

② 脚轮平衡式。四轮均为旋转脚轮，灵活度很高，适用于轻度负荷。

③ 六脚轮平衡式。两固定脚轮在中间，两端各有两旋转脚轮，适用于一般中等负荷的需求。

（2）按用途不同可分为以下几种：

①立体多层式。为增加物品盛放的空间及存取方便性，把传统单板台面改成多层式台面设计，这种手推车常用于拣货（如图6-32所示）。

②折叠式。为方便携带，手推车的推杆常设计成可折叠式，这种推车因使用方便，收藏容易，故普及率高（如图6-33所示）。

图6-32　立体多层式手推车

图6-33　折叠式手推车

③升降式。当搬运体积较小、重量较重的金属制品时或在人工搬运吃力的场合中，由于场地的限制而无法使用堆垛机时便可采用升降式手推车。这种手推车除了装有升降台面来供承载物升降外，其轮子多采用耐压且附有刹车定位的车轮以供准确定位（如图6-34所示）。

④附梯式。在物流中心，手推车在拣货作业中使用很广，而拣货作业常因货架高度较高而必须爬高取物，故有些手推车旁附有梯子以方便取物（如图6-35所示）。

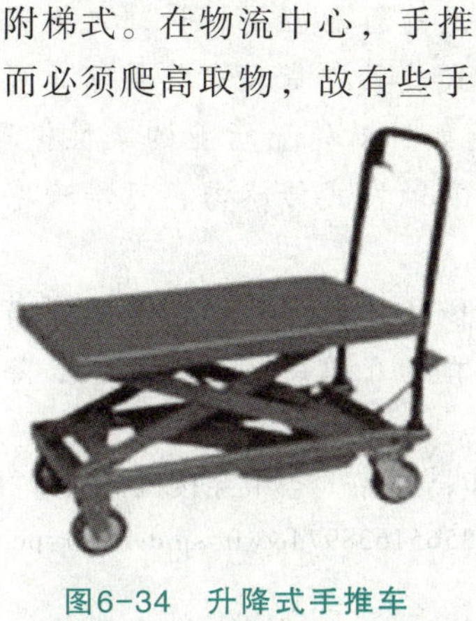
图6-34　升降式手推车

图6-35　附梯式手推车

3）物流笼车

物流笼车以加大放置物品的空间及可折叠收藏为考虑重点，故笼车高度一般高于1 450毫米，利用向上延伸的空间来实现放置物空间的最大限度使用。其使用场合大都为配送出货前的集货及随车全程运送，故采用高强度焊接架构，表面经镀锌处理再刷油漆，以延长使用寿命。为了让流程作业明了，一般附有标记位置以供使用者标记之用。

搬运设备除了上面介绍的叉车和手推车以外，还有自动导引车，相关内容可见本书3.7节。

拓展阅读6-1

发布重磅新品“空中穿梭机器人”

2021年10月26日，2021亚洲国际物流技术与运输系统展会（CeMAT ASIA）在上海新国际博览中心如期举办。作为“物流行业的风向标”，CeMAT现场吸引了众多品牌参展商和大量观展嘉宾前往，行业中的新技术和新产品都在此汇聚碰撞。

作为历年核心参展商，兰剑智能今年再次携多款智能物流机器人和智慧物流解决方案亮相，并于展会首日正式发布了其最新研发的物流机器人产品——“空中穿梭机器人”，引来众多观展嘉宾驻足体验和咨询，展位现场盛况空前。

10月26日上午，一直备受行业关注的兰剑智能神秘新品发布仪式在其展区（W1馆F3）盛大举行。兰剑智能新品“空中穿梭机器人”重磅发布，惊艳亮相。

仪式现场，兰剑智能高级副总裁刘鹏博士对新品进行了全面解读。兰剑智能“空中穿梭机器人”由智能调度系统、轨道系统、检修平台系统、供电系统、通信系统、轨道小车、电控系统等组成，具有应用广、智能高效、柔性智能、稳定安全等优势。该产品采用单轨吊装方式与模块化的设计理念，实现了轨道小车在空中的自由穿梭，提高了厂房的空间利用率；其智能调度系统可通过先进算法实现多车任务分配优化、行走路线优化，大幅提升有效工作时间，提高系统整体物料搬运效率。同时，该产品采用全伺服控制方式，可实现行走、提升、抓取等动作的精准定位；借助高阶S曲线运动控制算法，又可大幅提升运动的平稳性，加之激光避障雷达的配备，可最大限度确保运行安全。

此外，兰剑智能“空中穿梭机器人”还拥有广泛的行业应用场景，可根据不同行业需求，采用不同货物载具，包括抓手式载具、篮式载具、货叉式载具等，可应用于汽车、轮胎、电子等多行业生产线的物料搬运。比如针对轮胎行业的柔性抓取夹具，不仅单个夹具适应多规格轮胎尺寸，而且夹具上配有触发式传感器，可准确感知是否全面接触轮胎，以保证抓取的平稳性。

伴随着各行业尤其是制造业企业对自动化、智能化、数字化转型的强烈需求，兰剑智能“空中穿梭机器人”可以帮助客户有效提升自动化单轨系统的效率，降低企业运营成本，助力企业真正实现智能制造。

资料来源　佚名．兰剑智能惊艳亮相CeMAT，发布重磅新品“空中穿梭机器人”[EB/OL]．[2021-10-26]．https：//baijiahao.baidu.com/s？ id=1714689035651638974&wfr=spider&for=pc.

思政专栏

云南双鹤医药企业物流案例分析

云南双鹤医药有限公司（以下简称云南双鹤）是北京双鹤这艘医药航母部署在西南战区的一艘战舰，是一个以市场为核心、现代医药科技为先导、金融支持为框架的新型公司，是西南地区经营药品品种较多、较全的医药专业公司。随着中国的入世及党中央西部大开发战略的实施，公司面临着巨大的挑战和严峻的考验。随着对外开放的深入，大量的国外医药产品涌入中国市场，给中国的医药产品以巨大的冲击。在此过程中，受国家关税保护的医药产品不得不降低价格以适应市场竞争的需要，因此公司必须在各个方面加大力度，降低成本，从而真正降低产品的价格，融入国际医药产品市场。

目前，公司虽已形成规模化的产品生产和网络化的市场销售，但其流通过程中物流管理严重滞后，造成物流成本居高不下，不能形成价格优势。这严重阻碍了物流服务的开拓与发展，成为公司业务发展的“瓶颈”。在物流管理中面临的主要问题之一就是装卸搬运费用过高。装卸搬运活动是衔接物流各环节活动正常进行的关键环节之一，渗透到物流各个领域，控制点在于减少装卸搬运过程中物品的损耗率、装卸搬运时间等，而公司恰好忽视了此控制点。由于装卸搬运设备的现代化程度较低，只有几辆小型叉车和手推车，大多数作业仍处于人工作业为主的原始状态，工作效率低，且易损坏物品。另外，仓库设计不合理，造成长距离的搬运，并且库内作业流程混乱，形成重复搬运，大约有70%的无效搬运。这种过多的搬运次数，既损坏了物品，也浪费了时间，从而影响了运输，造成运输费用和储存费用过高的现象。为了控制装卸搬运成本，降低物流总成本，公司采取了一些有效措施。

首先，在允许的情况下，减少作业环节。每一个作业环节都需要一定的活劳动和物化劳动消耗，采用现代技术手段和实行科学管理的方法，尽可能地减少一些作业环节，既有利于加速作业的进度，又有利于降低成本。

（1）采用“二就直拨”的方法。

① 就厂直拨。企业可以根据订单要求，直接到制药厂提货，验收后不经过仓库就将物品直接调运到各店铺或销售单位。

② 就车直拨。对外地运来的物品，企业可事先安排好短途运输工具，在原车边即行分拨，装上其他车辆，转运收货单位，省去入库后再外运的手续。以上这两种方法既减少了入库中的一切作业环节，又降低了储存成本。

（2）减少装卸搬运环节，改善装卸搬运作业。既要设法提高装卸搬运作业的机械化程度，还必须尽可能地实现作业的连续化，从而提高装卸搬运效率，缩短装卸搬运时间，降低物流成本，其合理化措施有：

① 防止和消除无效作业。尽量减少装卸搬运次数，选择最短的作业路线等都可以防止和消除无效作业。

② 提高物品的装卸搬运活性指数。企业在堆码物品时事先应考虑装卸搬运作业的方便性，把分类好的物品集中放在托盘上，以托盘为单元进行存放，既方便装卸搬运，又能妥善保管好物品。

③ 积极而慎重地利用重力原则，实现装卸搬运作业的省力化。装卸搬运使物品发生垂直和水平位移，必须通过做功才能完成。由于装卸搬运机械化水平还不高，许多作业尚需人工，劳动强度大，因此必须在有条件的情况下利用重力进行，将设有动力的小型输送带（板）斜放在货车、卡车上进行装卸搬运，使物品在倾斜的输送带（板）上移动，这样就能减轻劳动强度和能量消耗。

④ 进行正确的设施布置。采用“L”形和“U”形布局，以保证物品单一的流向，既避免了物品的迂回和倒流，又减少了搬运环节，从而节省了成本。

其次，重视对原有仓库的技术改造，加快实现仓储的现代化。目前医药行业的仓库类型主要分为生产物流中的制药原料及成品库和销售物流中的战略仓库，大多数的企业比较倾向于采用高位货架结合窄通道高位驾驶三向堆垛叉车的立体仓库模式，如西安杨森、通化东宝、中美史克等。在此基础上，根据实际需要，尽可能引进国外先进的仓储管理经验和现代化物流技术，有效地提高仓库的储存、配送效率和服务质量，同时有利于装卸搬运有效衔接仓储和运输。

再次，完善仓库功能，逐步实现仓库的社会化。

加快实现仓库功能多元化是市场经济发展的客观要求，也是仓库增加服务功能、提高服务水平、增强竞争力、实现仓库社会化的重要途径。在市场经济条件下，仓库不应该仅仅是储存商品的场所，更要承担商品分类、挑选、整理、加工、包装、代理销售等职能，还应成为集商流、物流、信息流于一身的商品配送中心、流通中心。现在在美国、日本等发达国家，基本上都把原来的仓库改成商品的流通加工配送中心。基于云南双鹤目前的规模及公司实力，公司应实现现有仓库向共同配送的库存型配送中心转化，商品进入配送中心后，先是分类储存，再根据用户的订货要求进行分拣，最后配送到各连锁店和医疗单位。这种配送中心作业简单，只需将进货商品解捆后，每个库区都以托盘为单位进行存放即可。

最后，在细节上有具体操作要求。

（1）经过严格质检入库的商品应根据药品与非药品、处方药与非处方药、内服药与外用药、危险品等分区域储存，冷藏药品按要求温度存放。阴凉库温度小于20°C，常温库温度范围为0~30°C，冷库温度范围为2~10°C，各库适宜湿度范围为45%~75%，上下午定时检查及时调整。

（2）码放整齐，五距（底、墙、顶、柱、间）合理，无倒置。

（3）不同批号不混垛。不可避免时，混垛时限不得超过1个月。

（4）特殊管理药品专库/专柜，双人双锁，专账记录，账物相符。

（5）定期清扫库房卫生，保持库房整洁有序。劳动工具及包装物品按指定位置摆放。

（6）对在库商品实行定时的养护检查，做好养护记录，有质量问题的商品应尽快通知质量管理科处理。

（7）严把出库质量关，做好复核记录台账。

（8）退货商品应由专人管理并存放于退货区，必须进行重新质量验收程序，做好记录台账。属合格品方可入合格品库，有质量问题的入不合格品库。

（10）不合格品存放于不合格品库，进行控制性管理，按程序上报，查明原因及时处理。

云南双鹤采取的措施取得了可喜的成绩，降低了该公司的装卸搬运成本，同时使得装卸搬运环节充分衔接了物流其他各环节，从而降低了仓储、运输等成本，公司总的物流成本有很大的降低。

资料来源 佚名. 云南双鹤医药企业物流案例分析［EB/OL］.［2022-10-16］. https://www.wendangwang.com/doc/1f244f4230c7557b28021b32.

解读：习近平总书记指出，人民健康是社会文明进步的基础，是民族昌盛和国家富强的重要标志，也是广大人民群众的共同追求。要站位全局、着眼长远，聚焦面临的老难题和新挑战，拿出实招硬招，全面推进健康中国建设。

云南双鹤针对其物流环节的装卸搬运设备的现代化程度较低，大多数作业仍处于人工作业为主的原始状态，造成仓储、运输等费用过高的现象，进行了一系列有效的改进。公司所采取的改进措施，降低了公司的装卸搬运成本，从而降低了仓储、运输等成本，使公司总的物流成本有很大的降低，用实际行动践行了习近平总书记"拿出实招硬招，全面推进健康中国建设"的教导。

基本训练

1.单项选择题

(1)(　　)是在同一场所内以垂直位移为主的实物运动形式。

A.搬运　　B.装卸　　C.运输　　D.传送

(2)(　　)是在同一场所内以水平位移为主的实物运动形式。

A.搬运　　B.装卸　　C.运输　　D.传送

(3)千斤顶在使用时，其顶升高度不要超过螺杆或活塞总高度的(　　)。

A.3/4　　B.3/5　　C.1/2　　D.2/3

(4)特别适合于大悬挂跨度和大起重量的平面范围物料输送的起重机是(　　)。

A.单梁起重机　　B.双梁起重机　　C.桥式起重机　　D.龙门起重机

(5)手动葫芦一人拉链的起重量不超过(　　)吨。

A.15　　B.10　　C.5　　D.3

(6)带式输送机主要用于(　　)的输送。

A.液体　　B.散料　　C.碎块　　D.气体

(7)前移式叉车的起重量一般在(　　)吨以下。

A.3　　B.5　　C.10　　D.12

(8)常用于拣货的多轮手推车是(　　)。

A.立体多层式　　B.折叠式　　C.升降式　　D.附梯式

2.多项选择题

(1)适合在无电源场合使用的起重设备是(　　)。

A.卷扬机　　B.千斤顶　　C.梁式起重机　　D.龙门起重机

(2)按用途或结构特征不同分类，装卸搬运设备通常可分为(　　)。

A.起重设备　　B.连续运输设备

C.装卸搬运车辆　　D.专用装卸搬运设备

(3) 下列（　　）是起重设备的特点。

A. 间歇重复　　B. 运动时间较短

C. 搬运距离长　　D. 需要空间高度较大

(4) 连续输送机的优点有（　　）。

A. 稳定的运行速度　　B. 较高的生产率

C. 运行成本低　　D. 制造和维修相对简单

(5) 气力输送机的缺点有（　　）。

A. 输送物料量小　　B. 输送效率易受影响

C. 磨损较快　　D. 容易产生噪声

3. 简答题

(1) 什么是装卸搬运？其特点有哪些？

(2) 装卸搬运设备是如何分类的？

(3) 简述起重设备的特点及分类。

(4) 起重设备的安全技术要求有哪些？

(5) 使用带式输送机时应注意哪些问题？

(6) 简述叉车的特点及类型。

综合应用

1. 案例分析题

联华公司先进实用的装卸搬运系统

联华公司创建于1991年5月，是上海首家发展连锁经营的商业公司。联华公司便利物流中心总面积为8 000平方米，由4层楼的复式结构组成。为了实现货物的装卸搬运，配置的主要装卸搬运设备为：电动叉车8辆、手动托盘搬运车20辆、垂直升降机2台、笼车1 000辆、辊道输送机5条、数字拣选设备2 400套。在装卸搬运时，操作过程如下：对来货卸下后，把其装在托盘上，由手动托盘搬运车将货物搬运至入库运载处，入库运载装置上升，将货物送上入库输送带。接到向第一层搬送指示的托盘在经过升降机平台时，不再需要上下搬运，将直接从当前位置经过一层的入库输送带自动分配到一层入库区等待入库；接到向2至4层搬送指示的托盘，将由托盘垂直升降机自动传输到所需楼层。当升降机到达指定楼层时，由各层的入库输送带自动搬送货物至入库区等待入库。出库时，根据订单进行拣选配货，拣选后的出库货物用笼车装载，由各层平台通过笼车垂直输送机送至一层的出货区，装入相应的运输车上。

先进实用的装卸搬运系统，为联华公司便利店的发展提供了强大的支持，使联华公司便利物流中心运作能力和效率大大提高。

联华公司的成功离不开它先进实用的装卸搬运系统，离不开装卸搬运设备的合理衔接。联华公司的案例给我们的思考是深刻的。货物装卸搬运是物流系统的重要组成部分，在物流各个环节中起着衔接与转换的作用，对装卸搬运系统的分析，为货物装卸搬运作业流程的优化提供了决策依据，合理进行货物装卸搬运规划，对减少物流中装卸次数，缩短搬运距离，最大限度发展物流设备的效能，起着重要作用。联华公司采用先进实用的装卸搬运系统使装卸搬运的效率得到了大大提高。

提高装卸搬运作业的连续性应做到：

（1）作业现场装卸搬运设备合理衔接；

（2）不同的装卸搬运作业在相互联结使用时，力求使它们的装卸搬运速率相等或接近；

（3）充分发挥装卸搬运调度人员的作用，一旦发生装卸搬运作业障碍或停滞状态，立即采取有力的措施补救；

（4）装卸搬运设备的配套是保证前后作业衔接、协调，保证装卸搬运工作连续稳定进行的重要条件，因此在进行设备配置时，还要对整个装卸搬运系统进行流程分析，充分考虑各个作业工序之间的衔接，以使配置的设备相互适应，减少作业等待时间，提高作业效率。

在新建仓库和配送中心时，应将装卸搬运设备的配置与仓库的布局、设施和设备的规划设计同时考虑，使装卸搬运设备与场地条件、周边辅助设备相匹配，这样才能够实现仓储作业的整体最优。联华公司正是深刻地认识到了这一点，才使它的设备衔接恰到好处，充分考虑了各个作业工序之间的衔接。

装卸搬运作业的类型、作业环境、作业量、搬运距离、货物本身的物理化学性质等决定了装卸搬运设备的类型、额定作业能力和数量。装卸搬运设备的配置必须以能够适应作业的需求为基本原则。仓库的作业量大、作业频繁时，需要充分掌握作业发生的规律，考虑配备作业能力较高的大型专用设备；作业量小、作业不频繁时，只要根据作业量的平均水平，配备构造简单、造价低廉而又能保持相当作业能力的中小型通用设备即可。

联华公司的装卸搬运系统不仅考虑了先进，还考虑了实用。这使它的设备不仅发挥了整体高效便捷作用，还做到了经济实用。这也是它能成功很重要的一个方面。

资料来源　佚名. 装卸搬运案例［EB/OL］.［2021-06-04］. http：//wenku.baidu.com/link？url=HU75k5qd5YbmgUM-VxeN8_-dIYnsKfrpGHPVilgAshbY6p0BAMVnujgNh8UC8T4zWFifUfFbs4Z_5KAMEkjLNv-iLx_zcAwmLbbBHws1Kyo.

问题：联华公司采用先进实用的装卸搬运系统给我们哪些启示？

2. 实训题

● 目标

试比较常见的起重设备的特点，并指出其适用范围。

● 内容

选择一个有起重设备的企业，观察其起重设备，分析其用途和特点。

● 时间

本章授课后的周末时间。

● 步骤

（1）同学们3～5人一组，制订观察方案。

（2）进行实地观察。

（3）对观察得到的资料进行分析，整理成文字材料。

（4）各组在班级进行交流、讨论。

第7章

集装单元设备

● 学习目标
7.1 集装单元化概述
7.2 集装单元化系统
7.3 集装箱
7.4 智能集装箱
7.5 托盘
7.6 智能共享物流箱
7.7 其他集装方式
● 思政专栏
● 基本训练
● 综合应用

学习目标

☐ 知识目标：明确集装单元化的基本概念和特点。

☐ 能力目标：掌握各集装工具的类型、特点及使用规范；通过学习能够掌握集装工具的工作原理及在实践中的应用。

☐ 素养目标：树立创新意识和可持续发展意识。

【引例】

《托盘单元化物流系统通用技术条件》国家标准解读

一、背景情况

当前，我国供应链物流系统中存在物流器具、设备及设施品种复杂、型号规格多，配套性和兼容性差的问题，供应链物流效率低下，我国社会物流总费用占GDP比例居高不下。为了推动我国物流业降本增效，国家标准化管理委员会组织制定了《托盘单元化物流系统通用技术条件》。该标准以托盘集装单元为基点，对托盘及周转箱等物流集装器具、装卸搬运设备、仓储货架、集装箱及运输车辆的要求进行统一和规范，推动供应链各物流环节的设备和工艺物流设施设备的整合优化与无缝衔接，该标准由全国物流标准化技术委员会归口。

二、目的意义

该标准的制定实施对于发展推动物流集装单元化，提升单元化物流运作水平具有重要意义。一是有利于倡导和鼓励生产制造企业积极采用托盘、周装箱等标准物流载具集装产品，形成规格化、标准化的集装单元，从源头发展单元化物流；二是有利于在物流及商贸流通等企业中，进一步推广以标准集装单元为基础的包装、储存、装卸、搬运、分拣、配送、运输等物流作业单元化组织模式，推动供应链全过程“不倒托”“不倒箱”，推进物流一体化协同运作，为推动公铁水等多式联运、甩挂运输等创新运输组织模式提供技术支撑，促进物流业降本增效。

三、主要内容

该标准规定了托盘单元化物流系统中对托盘集装单元、托盘、单元货物包装容器、装卸搬运设备、仓储货架、集装箱及运输车辆等的要求。该标准适用于流通托盘平面尺寸为1 200mm×1 000mm的托盘单元化物流系统，其他托盘单元化物流系统可参考使用。

一是规定了适用于集装单元的、流通托盘平面尺寸为1 200mm×1 000mm托盘的总高度、总质量、稳定性，托盘的种类以及托盘信息化的技术要求。

二是规定了平面尺寸为1 200mm×1 000mm托盘所适用的单元货物包装容器的种类、包装模数尺寸，以及包装周转箱、纸箱、普通木箱、桶和袋等主要单元货物包装容器的技术要求。

三是规定了平面尺寸为1 200mm×1 000m托盘所适用的装卸搬运设备的种类、安全要求，以及叉车、托盘搬运车、搬运型自动导引车（AGV）、输送机、码垛机和拆垛机、登车桥等主要装卸搬运设备的技术要求。

四是规定了平面尺寸为1 200mm×1 000m托盘所适用的仓储货架的种类、储存的托盘单元货物和货架尺寸，以及自动化立体仓库的技术要求。

五是规定了平面尺寸为1 200mm×1 000m托盘所适用的集装箱的种类、尺寸和额定质量要求；适用的货车及挂车的外廓尺寸、轴荷及质量限值等通用技术条件的基本要求，以及货厢内部尺寸、厢门尺寸、货厢质量、起重尾板的技术要求。

资料来源 国家市场监管总局.《托盘单元化物流系统通用技术条件》国家标准解读［EB/OL］.［2021-06-21］. https：//www.cqn.com.cn/zj/content/2020-01/02/content_7979321.htm.

集装单元化已运用于物流全过程的各个环节，是现代物流技术进步和结构创新的一项重大举措。集装单元化作为现代物流重要特征之一，具有极其重要的经济意义和社会意义。本章将全面介绍集装单元化、集装单元化系统的有关知识，并就集装单元化装备，特别是对集装箱、托盘做重点阐述。

7.1 集装单元化概述

现代物流的特征之一是货物的集装单元化，集装单元化程度的高低是判断一个国家现代物流是否发达的重要标志之一。集装单元化在现代物流中占有重要的地位。集装单元化工具由装卸搬运工具发展成为储存工具、运输工具、货物流通工具以至于商场售货工具，集装单元化装备使用的范围已扩大到物流全过程。

7.1.1 集装单元化的定义和发展

1）集装单元化的定义

在货物的储运过程中，为便于装卸搬运，用集装单元器具或采用捆扎方法将货物组成标准规格的单元货物，称为货物的集装单元化。被集装单元化的货物称为单元货物（unitload）。用于集装货物的工具称为集装单元器具，它必须具备两个条件：一是能使货物集装成一个完整、统一的重量或体积单元；二是具有便于机械装卸搬运的结构，如托盘有叉孔，集装箱有角件吊孔等，这是它与普通货箱和容器的主要区别。

从包装角度来看，集装是按一定单元将杂散货物组合包装，是属于大型包装的形态。在多种类型的产品中，小件杂散货物很难像机床、构件等产品那样进行单件处理，由于其杂、散且个体体积、重量都不大，所以总是需要进行一定程度的组合，才能有利于销售、物流和使用。从这一点上说，商品的外包装、粉粒体物料的纸袋及液体和气体的容器等也是一种集装单元。但一般物流技术上所称的集装单元化，是指固体物料（如机械零部件）和商品运输包装的集装单元化，如零件堆放在集装盘内或洗衣皂纸箱堆码在托盘上等。

集装是在材料学和装卸搬运技术两个方面都有了突破进展之后才出现的，用大单元实现组合，是整个包装技术的一大进展。从运输角度来看，集装所组合的组合体往往又正好是一个装卸搬运和运输单位，非常有利于运输和装卸搬运，因而在这个领域集装被看成一个运输体（货载），称单元组合货载或称集装货载。

2）集装单元化的发展

集装化的概念源于装卸搬运和运输方式的演进，自古有之。近代，特别是20世纪50年代以来，运输业的迅速发展，运输工具的大型化、高速化，使高效率运输与一件一件的低效率装卸搬运，成为物流过程中的“瓶颈”问题。集装化是解决这一问题的最有效的方法，因而从20世纪30年代初，随着叉车和托盘的使用而开始出现，以后的发展极为迅速。集装单元器具使用的范围已扩大到物流全过程。

现代物流技术已离不开货物的集装单元化。集装单元化技术包括模数和标准的制定、集装单元器具的改进和发展、托盘堆码和卸码技术以及薄膜包扎技术等，已成为物流技术中的一个重要分支。

7.1.2 集装单元化的类型

集装单元化有若干种类型，通常使用的集装单元主要有下列几种类型：

（1）集装箱系统：它是由大型容器发展成为集装箱，集装箱配置半挂车又演变成配置大型的台车。集装箱是当前集装单元发展的最高阶段。

智能集装箱是指具备全球定位、远程监测与数据交互功能的集装箱。

（2）托盘类：它以平托盘为主体，从平托盘发展到柱式托盘、箱式托盘、轮式托盘和专用托盘。集装箱系统和托盘类是集装单元化的两大支柱。

智能托盘是指具备全球定位、远程监测与数据交互功能的托盘。

（3）捆扎型：它是用绳索、钢丝或打包铁皮把小件的货物扎成一捆或一叠，这是简单的集装单元化，如成捆的型钢、木材，成扎的铝锭等。

（4）智能周转箱：它包括物流中心和企业内部使用的智能物流周转箱，以及面对外部与社会物流共享的智能物流周转箱。

（5）其他容器：它包括柔性集装袋、集装网络等。

7.1.3 集装单元化的优越性

集装单元化是物流技术进步和结构创新的一项重大举措，在物流过程中具有突出的优点。

（1）便于装卸搬运，易于实现装卸搬运作业的机械化、自动化，从而提高装卸搬运效率，降低劳动强度，加速运输工具的周转，缩短货物送达时间，从整体上提高运输工具载重和容积利用率，其效果是显而易见的。

（2）由于减少了单件货物重复搬运的次数，从而减少了物流过程中的货损和货差，提高了运输质量，保证了商品安全。

（3）便于堆码，提高库房或货场的储存能力。

（4）便于清点货件，简化物流过程各个环节间、不同运输方式间的交接手续，促进不同运输方式间的联运，提高物流管理水平。

（5）集装箱单元化还能节约包装材料和费用，降低物流成本。

（6）能减轻或完全避免污秽货物对运输工具和作业场所的污染，改善环境状态。

但是，货物的集装单元化给物流管理带来一些问题，主要表现为：由于货物运输的流向不平衡，出现集装单元器具的回空；需要相应的装卸搬运机械和运输设备与之配套，从而增加相应的投资；增加了装卸搬运中的附加重量（集装单元器具的自重）和体积，有时反而会影响车辆和库房的装载与储存能力，从而增加储运费用。不过，上述这些问题与其优点相比较，是次要的，只要从实际情况出发，采取一些积极的措施，这些问题是不难解决的。

7.2 集装单元化系统

7.2.1 集装单元化系统的概念

集装单元化系统（以下简称集装系统）是以集装方式进行物流全过程各项活动并

对此进行综合、全面管理的物流形式，包括集装单元化包装（集合包装）、集装单元化搬运、集装单元化运输、集装单元化储存。

集装系统有时简称集装或集装化，这是许多活动综合的总称。它既是一种包装形式，又远远超出包装的范畴；既是一种运输或储存形式，又不完全只起运输或储存的作用。它贯穿了物流的全过程，在全过程中发挥作用。

集装系统有效地将分散的物流各项活动联结成一个整体，是物流系统化中的核心内容和主要方式。集装系统能在多方面起作用，因而许多人已将其看成干线物流的发展方向。

在集装系统中，首要的问题是将货物形成集装状态，即形成一定大小和重量的组合体，这是集零为整的方式。将零散货物集中成一个单元，称为单元组合，又称集装，这样形成的货载叫作单元组合货载或称集装货载。

7.2.2 集装系统的基本要素

1）工具要素

集装系统的工具主要是各种集装工具及配套设施与设备，如集装箱、托盘、集装网络、集装袋、滑板、罐体集装等设施与设备（如图7-1所示）。这些工具的主要作用是将零散货物组合成单元货物，并以这些工具为承托物，以单元货物为整体进行物流。

图7-1 集装工具

这些工具以不同形式进行集装，适用于不同对象的货物，再加上各集装工具有不同的类型和尺寸，所以基本上可以覆盖全部物质资源。换句话说，集装系统可以适用于全部物流对象。与这些集装工具配套的，还有一些辅助性设施与设备，主要有：①集装站、站场、码头。它们是衔接集装运输的节点，如火车集装站、集装站场、集装码头等。在集装站、站场、码头中的活动主要是集装的存放及装卸。②集装装卸搬运设施与设备。它主要包括集装箱吊车、托盘叉车、集装箱半挂车、散装管道装卸设施、散装输送传送设备等。③集装运输设备。它主要包括集装箱船、集装箱列车、散装罐车等。④集装储存设施与设备。它主要包括集装箱堆场、托盘货架、集装货载、立体仓库等。

2）管理要素

集装系统的管理和一般的工厂管理、商业管理区别甚大，整个系统也是依靠有效的管理才能形成内在的、有机的联系。由于集装的范畴很广，从地域上来讲，集装货载可能遍及全国甚至全球，因此管理有很强的特殊性。管理的主要内容有：

（1）托盘、集装箱等的周转管理。托盘、集装箱、集装罐等集装工具一旦发运，如何回收、复用、不返空是管理中的一个重大问题，而采取集装箱网络、托盘联营等方式，可以比较有效地解决。

（2）集装联运经营管理。集装的整个物流过程涉及若干种运输方式、若干部门和站场等，因此必须进行一种有效的协作才能使集装联运顺利实现。

（3）集装信息。集装信息是管理的重要部分，也是集装系统的独立要素。

3）支撑要素

集装系统的支撑要素主要包括体制、法律、制度等，这里不做详细论述。

7.2.3 智能集装单元化的概念

智能集装单元化是将各类传感器应用于集装单元器具之内，进行信息感知和定位，能够在物流运作过程中进行数据采集、信息感知、定位追踪和智能控制功能的物流装备器具。拥有智能性和通用性两大特点是物流运作过程中的一个重要信息节点和智能终端。

7.3 集装箱

7.3.1 集装箱概述

1）集装箱的概念

国际标准化组织（ISO）将集装箱定义为：集装箱是指海、陆、空不同运输方式进行联运时用以装运货物的一种容器。

使用集装箱转运货物，可直接在发货人的仓库装货，运到收货人的仓库卸货，中途更换车、船等时，无须将货物从箱内取出换装。

通用集装箱是集装箱的主体，对其有专门定义：通用集装箱是用于运输和储存若干单元货物的风雨密封型、长方形集装箱，可以限制和防止发生货损货差，可脱离运输工具作为单元货物进行装卸搬运和运输，无须倒装箱内货物。

集装箱是一种运输设备，应具备下述功能：①具有足够的强度，能长期反复使用。②以箱为整体进行物流，适宜于一种或多种运输方式运送，途中转运时箱中货物无须倒装、换装。箱内货物只在起点和终点进行逐个处置。③具有快速装卸搬运的装置，尤其便于物流过程中以集装箱为一体进行运输方式的转换。④对内装货物有较强的防护、保护能力。⑤设计时要注意便于货物装满和卸空。⑥箱内净空在1立方米以上。

2）集装箱的特点

（1）集装箱作为一种集合运输包装，有着其他包装形式无法比拟的优点，概括如下：

① 强度高，保护防护能力强，因而货损小。

② 集装箱功能多，本身还是一个小型的储存仓库，因此可以不再配置仓库、库房。

③ 集装箱可以重叠垛放，有利于提高单位地面的储存数量。在车站、码头等待外运，占地也较少。

④ 在几种集装方式中，尤其在散杂货集装方式中，集装箱使用数量较大。集装箱的装载量与自重之和，最高可达30吨以上。

⑤ 集装箱还具备标准化装备的一系列优点，例如尺寸、大小、形状有一定规定，便于对所装运货物和承运设备做出规划、计划；可统一装卸搬运、运输，简化装卸搬运工艺，通用性、互换性强。

（2）集装箱也有一些重大缺点，限制了集装箱在更广的范围中的应用。这些缺点主要包括：

① 自重大，因而无效运输、无效装卸搬运的比重大。物流过程中，许多劳动消耗在箱体本身上，增加了货物的运费。

② 本身造价高，在每次物流中分摊成本较高。

③ 空箱返回有很大浪费。

3）集装箱的一般构造

集装箱的一般构造如图7-2a和图7-2b所示。其典型结构是梁板结构，梁起支撑作用，板起支承作用，其他还有底版、顶板、两侧板等，两端一端是端壁，另一端是端门。箱顶部两端安装起吊挂钩，以便于吊车类装卸机具进行装卸操作。箱底侧部有的设叉车叉入的槽孔，以利用叉车进行装卸作业。

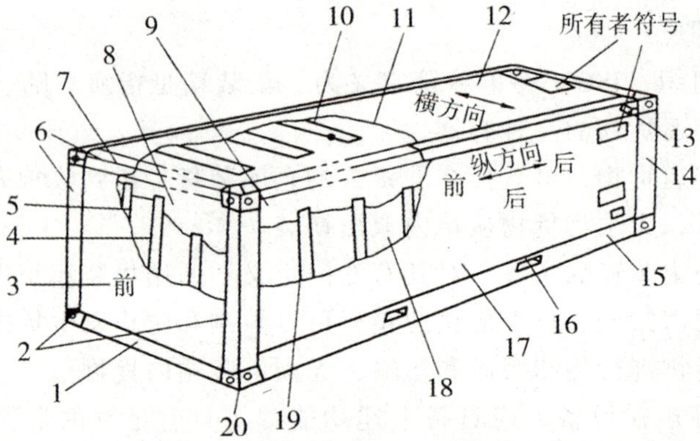

1——下横梁；2——角柱；3——端壁；4——端柱；5——端壁柱；6——端框架；7——上横梁；8——端壁内衬板；9——侧壁内衬板；10——顶梁；11——顶板；12——箱顶；13——上桁材；14——角柱；15——下桁材；16——叉槽；17——侧壁；18——侧壁板；19——侧壁柱；20——角配件

a集装箱构造俯视图

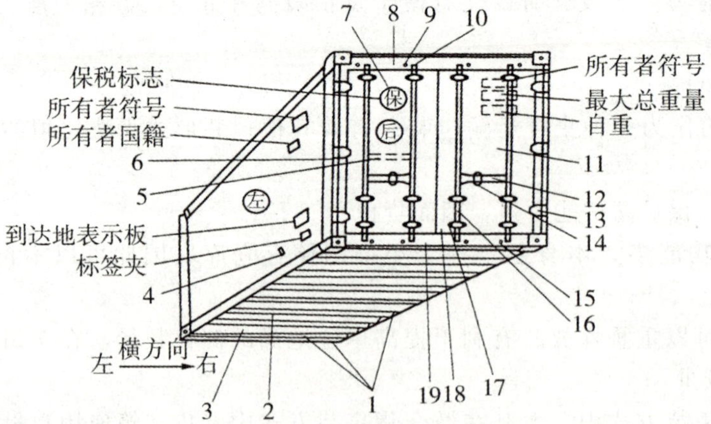

1——箱底结构；2——底横梁；3——箱底；4——门钩扣槽；5——箱门横构件；6——侧框架；7——门板；8——门楣；9——门锁凸轮；10——凸轮托座；11——端门；12——门铰链；13——门锁把手；14——把手锁；15——门槛；16——门锁杆；17——门锁杆托架；18——门钩；19——门底缘材

b集装箱构造仰视图

图7-2 集装箱构造图

7.3.2　集装箱的种类

1）按箱内适装货物不同分类

图7-3　通用干货集装箱

（1）通用干货集装箱，也称杂货集装箱，是一种具有集装箱的基本结构，但不需调控温度，内部也不装其他特殊设备的适用于一般杂货的封闭集装箱，其箱门设于一端或侧面，是使用最广、数量最大的一类（如图7-3所示）。

（2）专用集装箱。专用集装箱具有集装箱基本结构，但为满足不同专业领域的特殊需求，装有专用设备或有特殊构造的集装箱。它可进一步分为以下几种：

一是保温集装箱。它是能进行适度温度控制的集装箱，其内部有温度控制设备，如制冷机等。为适应保温需要，其集装箱箱体采用隔热保温材料或隔热保温结构。保温集装箱又分冷藏集装箱、低温恒温集装箱及隔热集装箱3类。

二是通风集装箱。它是一种具有空气调节能力的集装箱，内设通风装置（如排风扇等），或在集装箱上装设通风孔、通风栅栏，甚至箱壁采用金属网等通风材料制造。它主要用于动植物装运，在需要满足动植物呼吸、保持空气更新的场合下采用。

三是罐式集装箱。它是能装运各种液体、气体及部分颗粒体的特殊形状的集装箱。

四是动物集装箱。它是一种专用的以装运活动物（如食用肉牛、羊、猪、马匹等）为主要功能的集装箱。

五是平板玻璃专用集装箱。它是专门用于装运建筑用、设备用平板玻璃的集装箱，其构造上的特殊之处在于箱内有立放、固定和稳定平板玻璃的支架。这种集装箱装运平板玻璃，可省去平板玻璃的一般包装，箱的密封效果及防护效果都比一般包装强得多，可减少平板玻璃在物流过程中的破碎损失及受潮变质损失。

六是车辆集装箱。它是一种运输车辆的专用集装箱。其特点是在箱的框架内安有简易箱底，无侧壁，其高度与车辆相一致，可载运一层或两层（如图7-4和图7-5所示）。

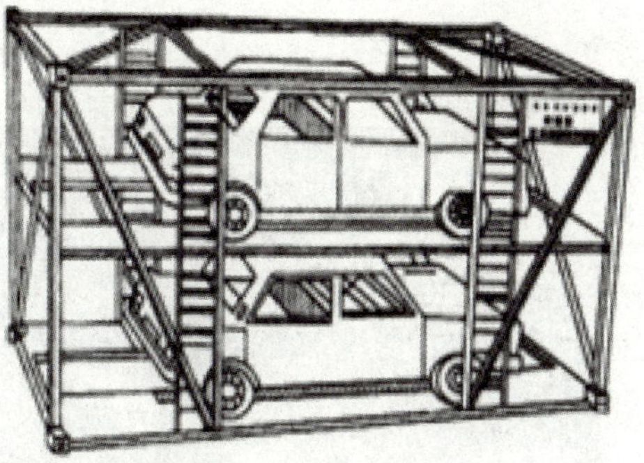

图7-4　车辆集装箱（一）

图7-5　车辆集装箱（二）

七是机械及部件专用集装箱。它是用于专门装运某种机械及部件的专用集装箱。这种集装箱根据装运的机械及部件种类的不同，内部有不同的支撑、支护、防护、分隔设备。现在投入使用的有发动机集装箱、纺织机械零件集装箱、煤矿机械零件集装箱、液压件专用集装箱等，一般都是小型非通用集装箱。

八是石棉及各种纤维、粉末材料集装箱。这种集装箱一般是石棉、岩棉、矿棉等纤维产品的专用集装箱，没什么特殊构造，主要利用集装箱的高密封性防止纤维等材料散失及污染。

九是铝材、铜材及贵重金属专用集装箱。铝、铜等金属较为贵重，且其板材规格型号很多，又难以用其他方式集装，用集装箱装运，箱内设不同尺寸的隔板，可装运多种尺寸的材料。这种集装箱的封闭保安性很高，可防止贵重金属材料的丢失。

十是生皮集装箱。它是一种运输生皮用的集装箱。因生皮会有臭气和液汁流出，故需要有特殊结构。

2）按运输方式不同分类

（1）联运集装箱。联运集装箱是能满足物流系统多种运输形式，并在转运节点能进行快速转运，不需对箱内装运物重组的集装箱。一般而言，这种集装箱需满足国际联运要求，主要指符合国际标准化组织标准（ISO标准）的国际海上运输大型集装箱，尤其指20ft（6 058mm）及40ft（12 192mm）这两种标准箱。

（2）海运集装箱。国际集装箱运输以海运为联运的核心，因此海运集装箱和国际联运集装箱是相同的。

（3）铁道集装箱。铁道集装箱是铁道系统为适应货车运输要求和小范围铁-水、铁-陆联运而具有一定专用性的集装箱。一般的铁道集装箱尺寸及吨位均小于国际联运集装箱，我国铁道集装箱主要有5吨、10吨两种，也有1吨的集装箱。

（4）空运集装箱。它是适合于航空货运及航空行李托运用的集装箱。即使是同一飞机用的集装箱，在机腹不同位置，箱的形状尺寸也不同，一架飞机需若干集装箱配套，才能保证飞机有效装运。

3）按制造材料不同分类

（1）铝合金集装箱。它是用铝合金型材和板材构成的集装箱，其特点是重量轻、箱体尺寸不大，但造价高。它在空运集装箱领域中使用较多。

（2）钢质集装箱。它是用钢材制成的集装箱，其优点是强度大、价格低，但重量大、防腐蚀性比较差。钢质集装箱是目前采用最多的，通用大型集装箱绝大部分是钢制。

（3）玻璃钢集装箱。它是将用玻璃纤维和合成树脂混合在一起制成薄薄的加强塑料，用黏合剂粘在胶合板的表面上形成玻璃钢板而制成的集装箱。它具有隔热性好、易清扫等特点。

（4）不锈钢集装箱。它与钢质集装箱相比，重量轻、防腐蚀性能高。

4）按集装箱箱体构造不同分类

（1）折叠式集装箱。它是4个侧壁和顶板在空箱时可折叠平放到台座上的一种集装箱，当需装运时可再组装成箱（如图7-6所示）。这

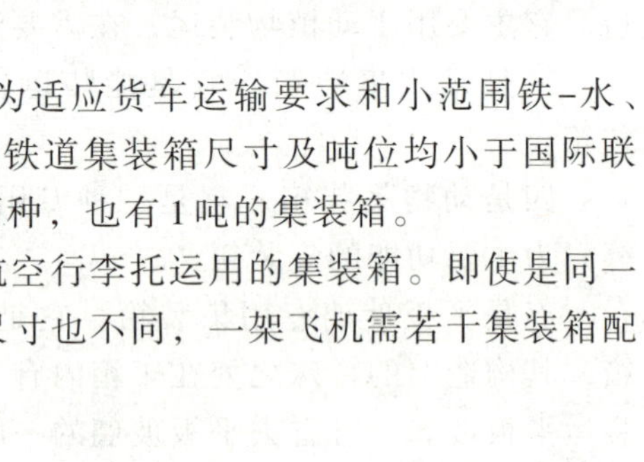

图7-6 折叠式集装箱

种箱的特点是适于无回头货的单程运输。返运时折叠可减少运力的占用。

(2) 拆解式集装箱。它的顶板、台座和4个侧壁靠组件组装而成，必要时可全部拆解，其特点与折叠式相同。

(3) 台架式和平台式集装箱。台架式集装箱没有箱顶和侧壁，甚至连端壁也没有而只有底板和4个角柱。平台式集装箱是在台架式集装箱上再简化而只保留底板的一种特殊结构的集装箱。此类集装箱的特点是可利用各种机械从前、后、左、右及上方进行装卸搬运作业。

(4) 抽屉集装箱。箱内由一定尺寸的抽屉组成，打开箱门后便可抽出抽屉装取货物，一般是小型集装箱，主要用于装运仪器、仪表、武器、弹药及贵重物品等。

(5) 隔板集装箱。它是一种箱内由若干隔板分隔的集装箱，隔板可组合拆卸拼装，适用于装运需分隔的物品。

另外，按开门位置不同还可分为侧开门、前开门、前后双开门及顶开门4种形式。

7.3.3 集装箱标准

集装箱标准对集装箱的发展有非常重要的作用，在整个物流系统中，集装箱标准是十分重要的一环。集装箱的标准不仅与集装箱本身有关，也与各运输设备、各装卸搬运机具，甚至与车站、码头、仓库等的设施都有关。

为了有效地开展国际集装箱多式联运，必须强化集装箱标准化，进一步做好集装箱标准化工作。集装箱标准按使用范围不同分为国际标准、国家标准、地区标准和公司标准4种。

1）国际标准集装箱

国际标准集装箱是指根据国际标准化组织ISO/IC104技术委员会制定的国际标准来建造和使用的国际通用的标准集装箱。国际标准化组织ISO/TC104技术委员会自1961年成立以来，对集装箱国际标准做过多次补充、增减和修改，现行的国际标准为第1系列，共13种，其宽度均为2 438mm，长度有12 192mm、9 125mm、6 058mm和2 991mm4种，高度有2 896mm、2 591mm、2 438mm和小于2 438mm4种。国际标准集装箱长度关系中，1A型为40ft（12 192mm）；1B型为30ft（9 125mm）；1C型为20ft（6 058mm）；1D型为10ft（2 991mm）；间距i为3in（76mm）。

1A=1B+i+1D=9 125mm+76mm+2 991mm=12 192mm

1B=1D+i+1D+i+1D=3×2 991mm+2×76mm=9 125mm

1C=1D+i+1D=2×2 991mm+76mm=6 058mm

2）国家标准集装箱

国家标准集装箱是指各国政府参照国际标准并考虑本国的具体情况，而制定的本国集装箱标准。2008年8月4日，我国全国集装箱标准化技术委员会发布《系列1集装箱分类、尺寸和额定质量》(GB/T 1413-2008)。2017年12月29日，全国集装箱标准化技术委员会发布《系列2集装箱分类、尺寸和额定质量》(GB/T 35201-2017)；2017年11月16日，交通运输部发布两项交通运输行业标准《系列2集装箱技术要求和试验方法第一部分：通用货物集装箱》(JT/T 1172.1-2017)、《系列2集装箱吊具尺寸和起重技术要求》(JT/T 1173-2017)。2017年发布的这3项标准是内陆集装箱运输的重要基础性技术标准，填补了内陆集装箱运输领域标准的空白，我国内陆集装箱标准体系初具雏形，可以有效支撑和保障我国内陆集装箱多式联运发展。2022年1月13日，交通运输部发布《系列2集装箱 堆场技术管理要求》(JT/T 1407-2022)，适用于系列2普通货物集装箱堆场的管理。多式联运作为一种集约高效的先进运输组织方式，可充分发挥不同运输方式的比较优势，提高资源利用率和综合效益，是加快现代综合交通运输体系建设、促进物流降本增效的重要突破口。系列2集装箱是按照我国基础设施的技术条件，选择发展的大容量、大载重的内陆集装箱，以通用的40ft集装箱为例，总重由30.48吨提高到35吨，提高了14.83%，可有效提高多式联运集装箱运输效率，推进多式联运装备技术升级，推动内陆集装箱运输规范有序发展。

3）地区标准集装箱

地区标准集装箱是由地区组织根据该地区的特殊情况制定的，根据此类标准建造的集装箱仅适用于该地区，如根据欧洲国际铁路联盟（VIC）所制定的集装箱标准而建造的集装箱。

4）公司标准集装箱

某些大型集装箱船舶公司，根据本公司的具体情况和条件而制定的集装箱船舶公司标准，这类集装箱主要在该公司运输范围内使用，如美国海陆公司的35ft（10 668mm）集装箱。

此外，目前世界上有不少非标准集装箱。如非标准长度集装箱有美国海陆公司的35ft集装箱、总统轮船公司的45ft及48ft集装箱；非标准高度集装箱，主要有9ft和9.5ft两种高度集装箱；非标准宽度集装箱有8.2ft宽度集装箱等。由于经济效益的驱动，目前世界上20ft集装箱总重达24ft集装箱的越来越多，而且普遍受到欢迎。

7.4 智能集装箱

7.4.1 智能集装箱的概念

智能集装箱通常是在设备的外部和内部均使用或者加装多个主动RFID产品，包括一张电子封条、一张传感器封条等（主动式电子标签内部自带电池，工作可靠性高，信号传送距离远。在结合GPS技术后，能在集装箱状态发生变化时实时将状态变化发生的时间、地点以及周围的环境信息传输到货主或管理人员的机器上去，实现集装箱的实时跟踪）。这些标签可以贴在运输货物的集装箱上，它们能够随时将集装箱的一些关键信息如位置、安全状况、灯光、温度和湿度的变化传给读取器网络，读取器网络收集、过滤获得RFID信息，并将有效信息传送到TSS（transportation security system，交通安全系统）。发货人通过TSS，就可以实现对货物的追踪，了解货物的及时方位、状态和安全状况。

7.4.2 智能集装箱的特点

（1）托运人可以在世界的任何角落，对他们的货物进行实时的地理定位，并在货物到达关键位置时得到警示提醒。

（2）集装箱所有者可以根据实际情况（实际的里程跟踪、异常报告信息、运转部件的实时监控等），对集装箱进行预防性维护。

（3）对集装箱进行远程控制，如箱门开关、温度与湿度调节等，均可通过定制服务来实现。

（4）通过智能集装箱产生的数据，人们可以完善供应链，分析数据，建立模型，模拟集装箱流通过程，帮助企业修正调整工作流程。

7.4.3 智能集装箱的主要优势

（1）能够准确提供集装箱的追踪服务来满足客户的要求。

（2）能够更好规避潜在风险。

（3）通过智能集装箱收集信息，更好地服务于商业决策。

7.4.4 智能集装箱的系统架构

智能集装箱的系统架构如图7-7所示。

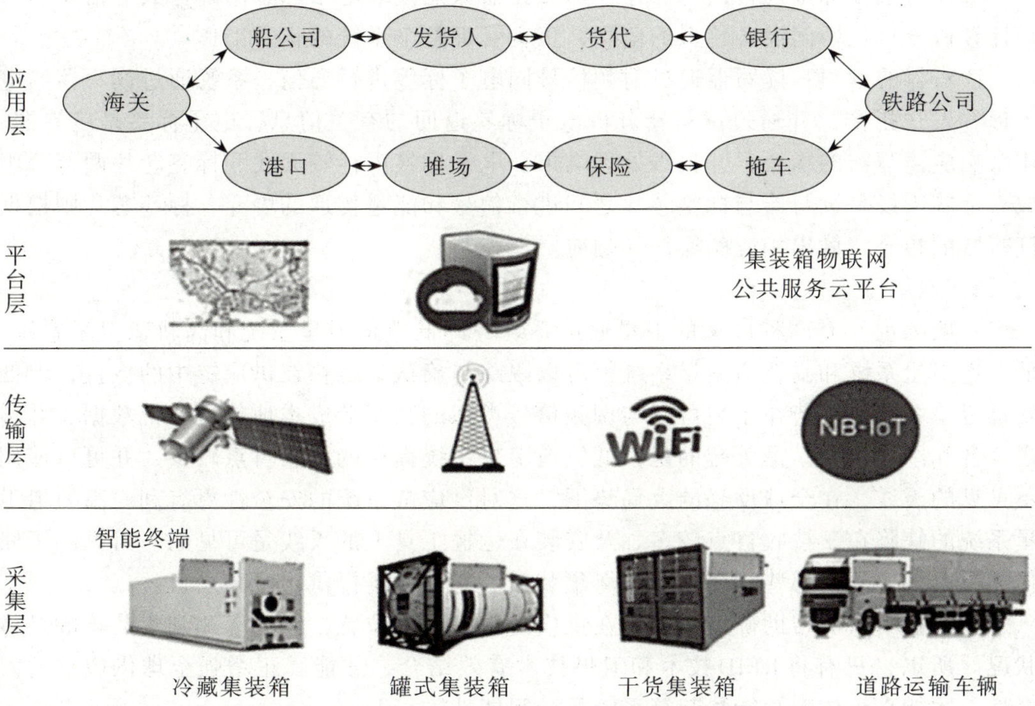

图7-7 智能集装箱的系统架构

7.4.5 智能集装箱的关键技术

1）RFID技术及系统

射频识别（radio frequency identification，简称RFID）技术，是从20世纪80年代走向成熟的一项自动识别技术。它利用射频方式进行非接触式双向通信交换数据以达到识别目的。基于射频识别技术的集装箱的智能化为满足世界运输界对集装箱运输的安全性日益增高的要求提供了很好的契机，所以基于射频识别技术的智能集装箱成为新的发展趋势。

在具体应用中，RFID系统包括TSS的导入、无线RFID硬件建置以及由某单位提供集装箱现场作业信息转换成TSS对外接口信息等3部分及其整合。RFID技术可以检测的相关信息有：

（1）安全性信息：是否载有爆炸性物质、放射性物质、危险性化学物质等危险性货物，是否有人藏匿，是否存在非法开箱行为等。

（2）运输信息：集装箱箱门开、关状态，集装箱是否满载、部分装载或者空箱，集装箱的位置等。

（3）设备信息：电池状态，集装箱自身状态及集装箱安全设备的状态等。

RFID系统由限量的后台计算机，若干的读写器、阅读器及电子标签等组成。其中，电子标签是物品识别的载体，其内部存放着物品的相关信息。读写器和阅读器是系统的中间设备，它们通过射频信号同电子标签进行通信，从而识别电子标签指代的物品信息，然后通过接口把信息汇总给后台计算机。读写器和阅读器的区别在于，读写器可以对电子标签进行读写操作，而阅读器只能读取电子标签内部存放的信息。后台计算机分析从中间设备传来的信息，负责管理整个系统的正常工作。

读写器的读写：读写器通过射频信号同电子标签进行通信，系统通过读写器给电子标签发送指令，并通过读写器分析电子标签返回的有关信息；电子标签是应答器，用来响应读写器的指令，并报告处理结果。电子标签由标签天线和标签芯片两部分组成。标签天线是读写器与标签芯片之间进行信号和能量传递的中介。标签芯片则根据读写器的指令，做出相应的操作和响应。

2）卫星技术

一般来说，有两种广义的卫星通信系统，即低轨道卫星系统和高轨道卫星系统。低轨道卫星系统和高轨道卫星系统都可以跟踪与确认集装箱在供应链中的位置，但低轨道卫星系统的优势在于它可以与调频信号类似的频率低成本地传送窄带数据，并传送声音和图像信号。最关键的是，低轨道卫星系统提供的接收盲点较少，并可以使用不可见的天线，在全球反恐的大局势下，这对供应链系统的安全性更有利。高轨道卫星系统的缺陷在于接收盲点较多，及安装在运输工具上的天线是可见的。可见的天线似无大碍，但是给那些想要劫持破坏集装箱的非法分子提供了可乘之机。

卫星技术只能帮助确定集装箱在供应链中所处的位置，无法探测到集装箱的具体状况。所以，只有将RFID技术和卫星技术有效结合，才能真正增强全球供应链的安全性，才能真正体现智能集装箱系统的“智能性”。

7.4.6 智能集装箱系统的作业流程

以在door-to-door（门到门）的运输模式下，对现有系统加装RFID设备的简单模式为例，说明智能集装箱系统的作业流程（举例如图7-8所示）。

1）发货人端

在发货人端，出口集装箱装箱完成作业后，须在集装箱上加装RFID电子标签并以手持终端机启动RFID电子标签，再由集装箱运输公司将集装箱运往码头集装箱堆场。

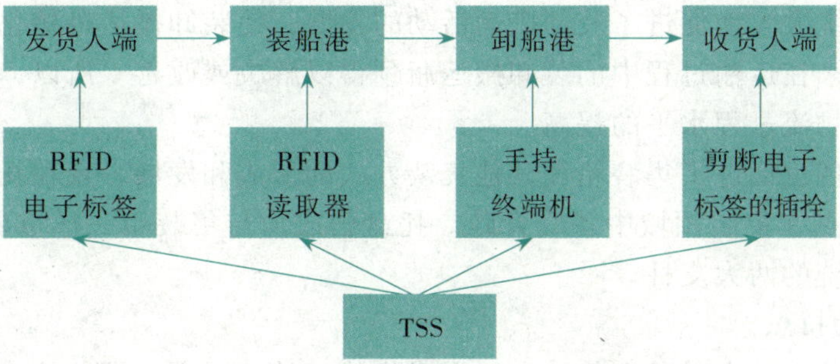

图7-8 智能集装箱系统的作业流程举例

2）集装箱装船港

待集装箱进入港口后，系统通过RFID读取器实时记录集装箱到达的时间与集装箱的安全状态，并适时将信息传送至TSS。同时，必须通过网络登录事先预设的账户，并在TSS上维护测试集装箱的舱单资料。集装箱进场信息经过码头集装箱场的港口管理系统确认后，集装箱场的集装箱监控作业就开始由RFID读取器进行全程监控。当集装箱开始装船作业时，架设在船边的龙门起重机上的RFID读取器记载集装箱装船作业的时间，同时确认该集装箱的安全状态，确保装船的集装箱为安全状态，之后确认集装箱船（经海运路线驶往目的港的集装箱船）上的集装箱为安全状态，之后集装箱船即经海运路线驶往目的港。

3）集装箱卸船港

集装箱船进港停靠码头后，经由卸货龙门起重机将集装箱调至集装箱堆场后，由现场的安全作业人员以手持终端机取得集装箱到港的信息。

4）收货人端

在门到门运输模式下，集装箱被直接运送到收货人所在位置。收货人在收到集装箱之后，直接剪断电子标签的插拴，完成集装箱的安全旅程。

因此智能集装箱必须具备以下三大基本功能：能够在集装箱现场密切监督和自动报告企图非法入侵集装箱内部的任何人的活动，并且正确显示这种入侵活动并未经过任何权威部门的事先批准；能够在法律和现场允许的条件下，向愿意支付有关信息费用的当事人提供其供应链内的动态和具体位置；能直接从集装箱内对外发送有关集装箱的舱单、提单和装箱单等有关数据。

7.5 托盘

7.5.1 概述

1）托盘的概念

托盘是为了使物品能有效地装卸搬运、运输、保管，将其按一定数量组合放置于一定形状的台面上的集装器具，这种台面有供叉车从下部叉入并将台板托起的叉入口。以这种结构为基本结构的平板台板和在这种基本结构基础上所形成的各种形式的集装器具，都可统称托盘。

托盘是一种重要的集装器具，是在物流领域中适应装卸搬运机械化而发展起来的一种集装器具。托盘的发展可以说是与叉车同步，叉车与托盘的共同使用，形成的有效装卸搬运系统大大地促进了装卸搬运活动的发展，使装卸搬运机械化水平大幅度提高，使长期以来在运输过程中的装卸搬运瓶颈得以解决或改善。所以，托盘的出现有效地促进了全物流过程水平的提高。

托盘的出现也促进了集装箱和其他集装方式的形成和发展，现在托盘尤其以其简单、方便的特点在集装领域中备受青睐。托盘已成为与集装箱一样重要的集装方式，形成了集装系统的两大支柱。

2）托盘的特点

托盘与集装箱都有其各自的特点，形成优势互补的局面，即往往难以利用集装箱的可利用托盘，托盘难以完成的可由集装箱完成。

托盘的主要优点有：

（1）自重量小，因而用于装卸搬运、运输托盘本身所消耗的劳动较小，集装箱的无效运输、装卸搬运更少。

（2）返空容易，返空时占用运力很少。由于托盘造价不高，又很容易互相代用，可互以对方托盘抵补，所以无须像集装箱那样必有固定归属者，也无须像集装箱那样返运。即使返运，也比集装箱容易。

（3）装盘容易，无须像集装箱那样深入到箱体内部，装盘后可采用捆扎、紧包等技术处理，使用更简便。

（4）装载量虽较集装箱小，但能集中一定的数量，比一般包装的组合量大得多。

托盘的主要缺点有：

（1）保护性比集装箱差，露天存放困难，需要有仓库等设施；

（2）回运需要一定的成本支出；

（3）托盘本身也占用一定的仓容空间。

7.5.2 托盘的分类

1）平托盘

平托盘是托盘中使用量最大的一种，可以说是一种通用型托盘。一般所称的托盘，主要指平托盘，其中，木制平托盘的基本构造如图7-9所示。

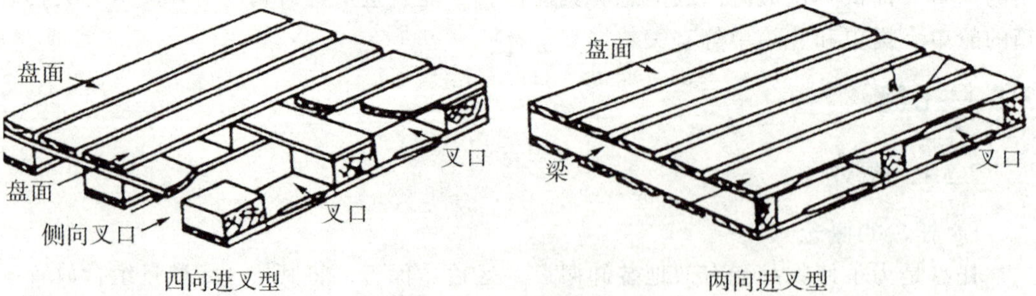

图7-9 木制平托盘的基本构造

平托盘按台面分类可以分成单面型、单面使用型、双面使用型、单面四向型、单面使用四向型、双面使用双翼型、单面单翼型、单面使用单翼型、双面使用四向型（如图7-10所示）。

平托盘按叉车叉入方式分类可以分成单向叉入型、双向叉入型、四项叉入型。

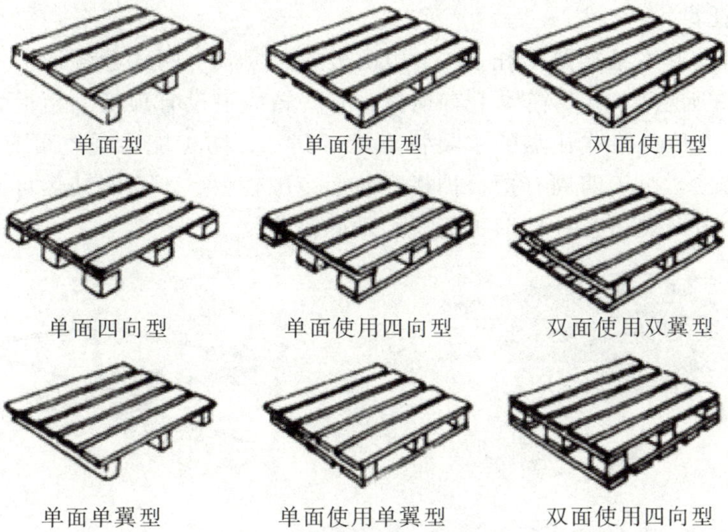

图7-10 按台面分类的平托盘类型

平托盘按制造材料分类可以分成木制、钢制、塑料制、高密度合成板制、纸制等（如图7-11所示）。

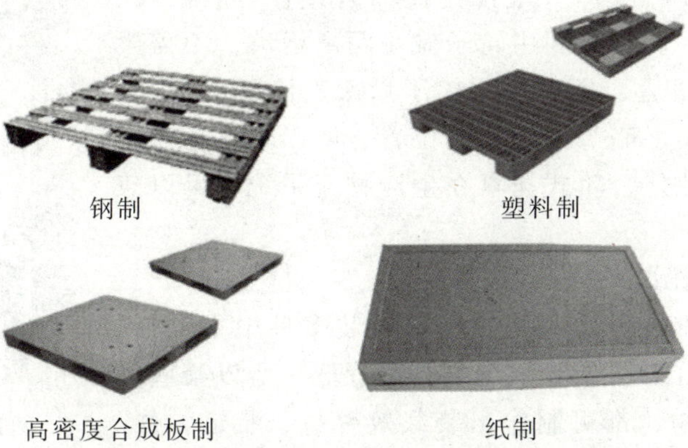

图7-11 按制造材料分类的部分平托盘类型

2）柱式托盘

柱式托盘的基本结构是托盘的4个角有固定式或可卸式的柱子，这种托盘又进一步发展为将柱子上端用横梁连接，使柱子成门框形（如图7-12所示）。柱式托盘的柱子部分用钢材制成，按柱子固定与否可分为固定柱式和可卸柱式两种。柱式托盘的主要作用有两个：其一是防止托盘上所置货物在运输、装卸等过程中发生塌垛；其二是利用柱子支撑承重，可以将托盘货载堆高叠放，而不用担心压坏下部托盘上的货物。

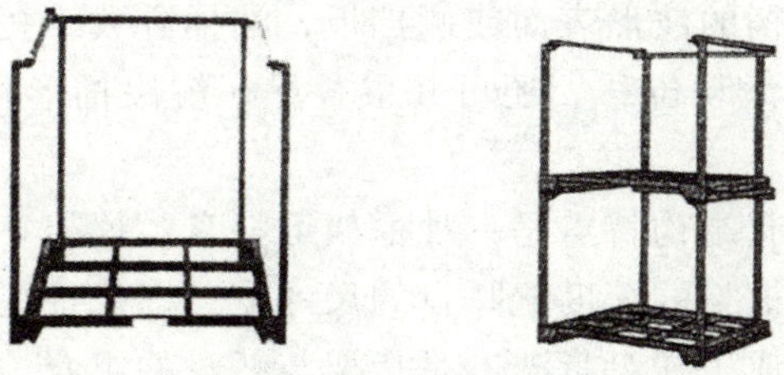

图7-12 柱式托盘

3）箱式托盘

箱式托盘的基本结构是沿托盘4个边由板式、栅式、网式等各种平面箱板组成箱体（如图7-13所示）。有些箱体上有顶板，有些箱体上没有顶板。箱板有固定式、折叠式和可卸式3种。箱式托盘的主要特点是：其一，防护能力强，可有效防止塌垛，防止货损；其二，由于四周有护板护栏，装运范围较大，不但能装运可码垛的整齐形状包装货物，也可装运各种异形不能稳定堆码的货物。

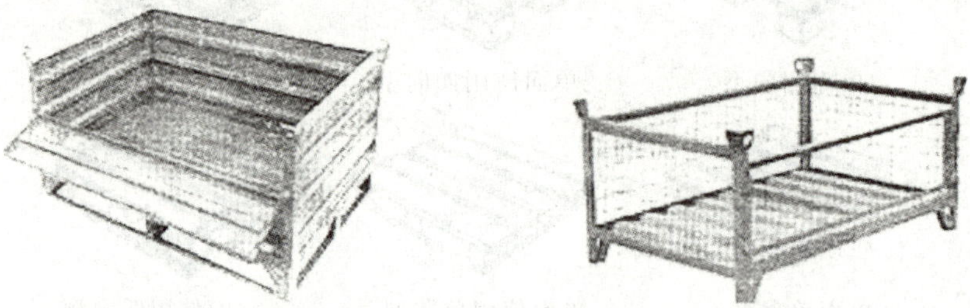

图7-13 各种箱式托盘举例

4）轮式托盘

轮式托盘的基本结构是在柱式、箱式托盘下部装有小型轮子（如图7-14所示）。这种托盘不但具有一般柱式、箱式托盘的优点，而且可利用轮子做小距离运动，不需搬运机具就能实现搬运，也可利用轮子做滚上滚下的装卸，还有利于在装放车、船等内后移动位置，所以轮式托盘有很强的搬运性。此外，轮式托盘在生产物流系统中可以兼做作业车辆。

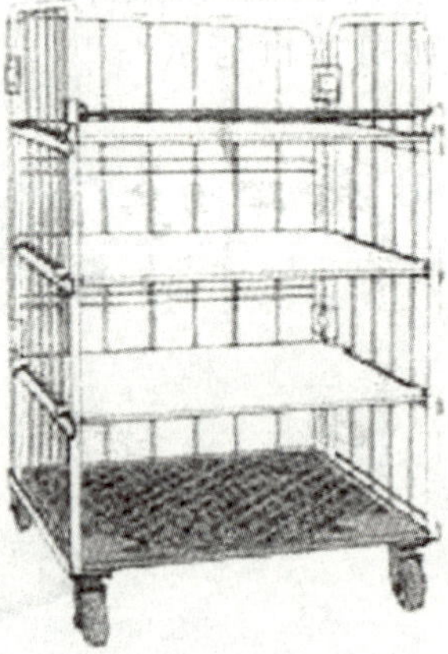

图7-14 轮式托盘

5）特种专用托盘

上述托盘都带有一定通用性，可适装多种中小件杂、散、包装货物。由于托盘制作简单，造价低，所以某些较大数量运输的货物，都可制作出装载效率高、装运方便、适于某种货物有特殊要求的专用托盘。现在各国采用的专用托盘种类不计其数，都在某些特殊领域发挥着重要作用，其中比较典型的有6种：

（1）航空托盘。它是航空货运或行李托运专用托盘，一般采用铝合金制造，为适应各种飞机货舱及舱门的限制，一般制成平托盘，托盘上所载物品以网覆罩固定。

（2）平板玻璃集装托盘。它又称平板玻璃集装架，能支承和固定立放的平板玻璃，在装运时，平板玻璃顺着运输方向放置以保持托盘货载的稳定性。

（3）油桶专用托盘。它是专门装运标准油桶的异形平托盘。油桶专用托盘为双面型，两个面皆有稳固油桶的波形表面或侧挡板，油桶卧放于托盘上面，由于波形槽或挡板的作用，不会发生滚动位移，还可几层叠垛，解决桶形物难以堆高码放的困难，也方便了储存。

（4）货架式托盘。其结构特点是一种框架形托盘，框架正面尺寸比托盘略宽，以保证托盘能放入架内，框架的深度比托盘的尺寸宽，以保证托盘能搭放在架上。这种架式托盘叠高组合，便成了托盘货架，是货架与托盘的组合。

（5）长尺寸物托盘。它是专门用于装放长尺寸材料的托盘，这种托盘叠高码放后便成了组装式长尺寸货架。

（6）轮胎专用托盘。轮胎的特点是耐水、耐蚀，但怕挤、怕压，轮胎专用托盘较好地解决了这个矛盾。

7.5.3 托盘标准

托盘的规格尺寸是包装尺寸、车厢尺寸、集装单元尺寸的核心。只有以托盘尺寸为标准，决定包装、卡车车厢、火车车厢、集装箱箱体等配套规格尺寸和系列化规格标准，才最能体现装卸搬运、保管、运输和包装作业的合理性与效率性。托盘的规格尺寸还涉及集装单元货物尺寸。托盘标准化是实现托盘联运的前提，也是实现物流技术装备标准化的基础以及产品包装标准化的依据。

国际标准托盘尺寸。《联运通用平托盘主要尺寸及公差》（ISO 6780）规定的托盘平面尺寸为 1 200mm×1 000mm、1 200mm×800mm、1 219mm×1 016mm、1 140mm×1 140mm、1 100mm×1 100mm、1 067mm×1 067mm。

我国标准托盘尺寸。我国现行的《联运通用平托盘主要尺寸及公差》为 GB/T 2934-2007，该标准规定了联运通用平托盘的平面尺寸及其公差、其他主要尺寸及其公差，适用于公路、铁路和水路的联运通用平托盘。托盘主要尺寸包括：托盘平面尺寸，托盘长度和宽度的公称平面外廓尺寸；托盘长度，纵梁或纵梁板方向上的面板尺寸；托盘宽度，横梁或横梁板方向上的面板尺寸。

（1）GB/T 2934-2007 规定的托盘平面尺寸为 1 200mm×1 000mm 和 1 100mm×1 100mm。优先推荐 1 200mm×1 000mm。平面尺寸是指一个水平面上的 4 个相互垂直相交的竖直平面在该水平面上所围成的矩形尺寸，这 4 个竖直平面能包容自由放置于该水平面上的单元货物（如图 7-15 所示）。木质托盘的上述尺寸应说明其具体的含水量。塑料托盘的上述尺寸应在 23℃±2℃温度环境下进行尺寸测量。给出的平面尺寸的制造公差在应为 $^{+3}_{-6}$mm。

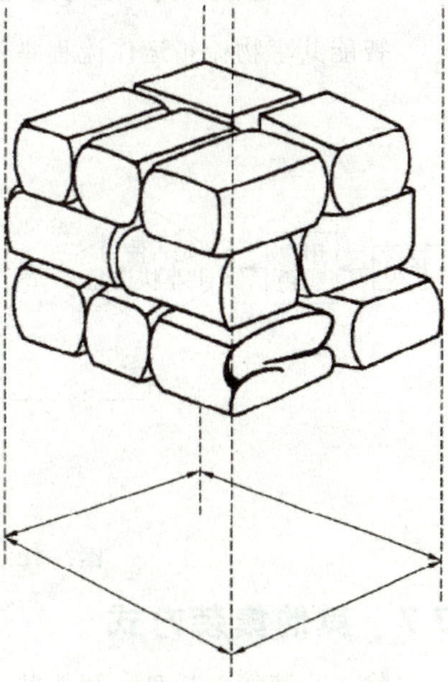

图 7-15 托盘平面尺寸

（2）GB/T 2934-2007 规定的托盘叉孔的竖向尺寸。托盘搬运货车使用的托盘叉孔高度即是竖向尺寸（见表 7-1）。

表7-1 托盘搬运货车使用的托盘叉孔的竖向尺寸 单位：mm

托盘类型	叉孔高度的最小值	叉孔高度的最大值
高托盘	100	
一般托盘	95	156
低托盘	89	

其中，叉车用托盘的叉孔高度不小于60mm，自动控制搬运、提升装置用托盘的叉孔高度不小于100mm。

自2014年以来，商务部会同有关部门开展商贸物流标准化专项行动及物流标准化试点，取得积极成效。截至2020年，全国托盘保有量从近10亿片增长至15亿片，标准托盘使用率由23%提升至34%，重点商贸领域托盘标准化率达到70%，社会化、开放式标准托盘综合运营服务体系初步形成。

7.6 智能共享物流箱

7.6.1 智能共享物流箱的概念

智能共享物流箱是基于共享经济理念和互联网平台，在物流箱上应用物联网技术，集成条码、RFID、DPS、LBS、Wi-Fi及各功能传感器等智能化模块，实行统一编码，实时定位跟踪，能够实现物流箱共享共用、顺畅周转、便捷管理，并通过大数据支持供应链上下游企业的库存、生产、物流优化，满足用户对箱体及货物的各种数据及状态的需求。

7.6.2 智能共享物流箱运作流程

智能共享物流箱运作流程举例如图7-16所示。

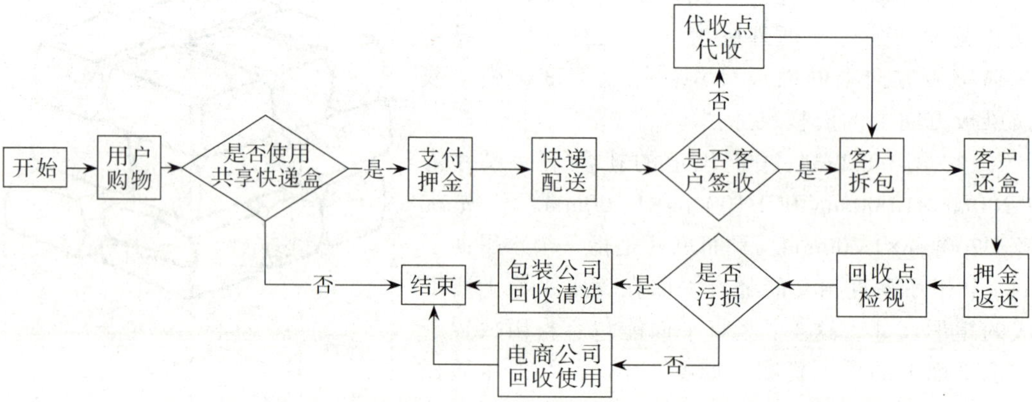

图7-16 智能共享物流箱运作流程举例

7.7 其他集装方式

除了集装箱、托盘、智能共享物流箱这些应用面广、适用种类多的主体集装方式外，还有若干种在某些物、某些领域能发挥特殊作用的集装方式。

7.7.1 集装袋

1）概述

集装袋是一种袋式集装容器，它的主要特点是柔软、可折叠、自重轻、密闭隔绝性强。集装袋的制作材料是各种高强度纺织材料，为保护基材，提高强度、整体性及加强密封性能，在表面上涂以橡胶或塑料材料复合而成。其主要基布材料是聚丙烯纺织材料，也采用天然纤维帆布材料，表面涂覆材料有EVA塑料、乳胶、聚丙烯及聚氯乙烯等。

采用集装袋，可利于粉粒体、液体等难于处理的物品的物流，而且可提高装卸搬运效率，降低费用和减少物流损失。由于集装袋体轻又可折叠，所以与同样用途的金属容器相比，易于整个物流过程的处理，在返空、清洗、存放方面更有优势。

2）种类

（1）按集装袋形状不同，集装袋可分为圆筒形和方形两种，一般以圆筒形居多。

（2）按适装物品形状不同，集装袋可分为粉粒体集装袋和液体集装袋两种。两种集装袋在构造及材质上均有区别。

（3）按吊带设置方式不同，集装袋有顶部吊带、底部托带和无吊带3种（如图7-17所示）。顶部吊带在顶部袋口处。底部托带有4根吊带从底部托过，从上部吊运。顶部吊带集装袋、底部托带集装袋在装卸时可叉可吊，而无吊带集装袋只能依靠叉车装卸搬运。

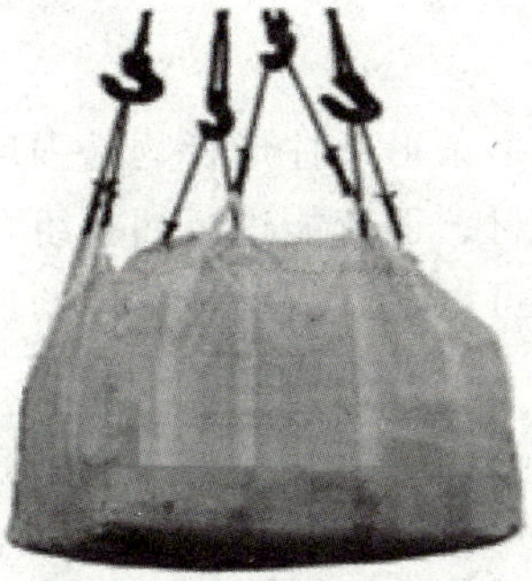

顶部吊带

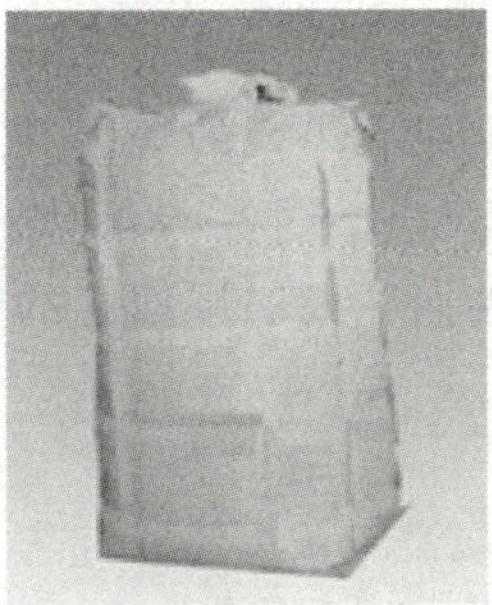

无吊带

底部托带

图7-17　集装袋

（4）按装卸料方式不同，集装袋可分为上部装料下部卸料两个口、上部装料并卸料一个口两种。

（5）按集装袋的材质不同，集装袋可分为涂胶布袋、涂塑布袋、交织布袋3种。

3）使用

集装袋使用领域很广，目前主要用于水泥、粮食、石灰、化肥、树脂类等易变质且易受污染并污染别的物品的粉粒状物的装运。在液体物品方面，适用于装运液体肥料、表面活性剂、动植物油、酱油、醋等。

7.7.2　集装网络

集装网络是用高强纤维材料制成的集装工具（如图7-18所示）。集装网络比集装袋更轻，因而运输中的无效运输更小，网络价格较低，节省集装费用。集装网络主要装运包装货物和无包装的块状货物，每网络通常一次装运500～1 500千克，在装卸中采取吊装方式。集装网络的缺点主要是对货物防护能力差，因而应用范围有较大限制。

图7-18　集装网络

7.7.3 罐体集装

罐体集装和罐式集装箱类似，但不属于集装箱系列，而单独构成专用系列，其集装能力有时超过罐式集装箱。这种集装方式有水泥散装罐和石油、燃料油罐两个典型的代表体系。

水泥散装罐采用专用的散装汽车、火车及船舶，以水泥散装仓库为配送节点，将火车或船舶运到的大批量散装水泥卸放入散装仓库，以散装仓库为节点，转换运输方式，利用罐式散装汽车将水泥运至用户的“门”。

石油、燃料油罐采用专门的油罐车进行运输，其物流过程为：专用大型油罐车或专用油船将油运至中转库，一般是大型地下油库或油罐，再用油罐分运至各加油站，在加油站完成对用户的服务。这种集装方式全部采用专用设备，运输效率高且安全，是油品运输的主体形式，在这一领域，罐式集装箱的应用反而较少。

7.7.4 货捆

货捆是依靠捆扎将货物组合成大单元的集装方式。许多条形及柱形货物是强度比较高的、无须防护的材料，如钢材、木材，各种棒、柱建材，还有能进行捆扎组合的铝锭、其他金属锭等，采用两端捆扎或四周捆扎的方式，可以组合成各种各样的捆装整体。

7.7.5 滑板

滑板又称薄板托盘的滑片，是托盘的一种变形体。其结构只是一片无支撑的薄板（如图7-19所示），也可使叉车的钢叉沿滑板滑动叉入板底，在不伤毁其他货物的情况下，对滑板连同滑板上的货物一起进行装卸操作。滑板和普通托盘相比，由于减少了一个盘面和纵梁、垫块，所以无效操作更少。

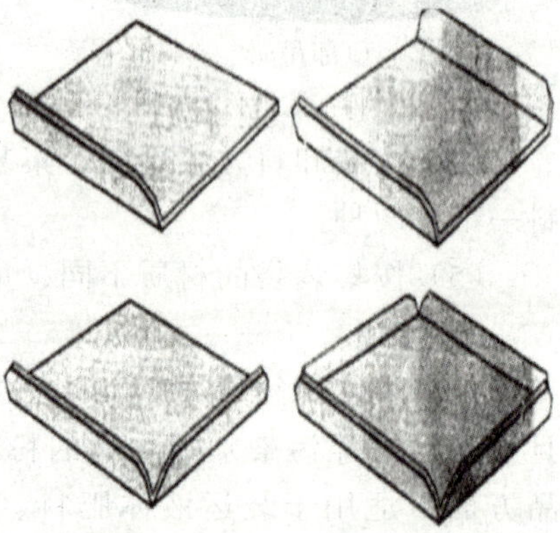

图7-19 各种形状的滑板

与滑板相匹配，需要有带钳口的推拉器的叉车。取货时先用推拉器的钳口夹住滑板的壁板，将叉向前伸，将滑板货物拉到叉上，卸货时先对好位，然后用推拉器将滑板货物推出，使货物就位。滑板集装的最大缺点是对叉车有特殊要求，影响叉车的通用性，且叉车附件造价高，另外，对操作人员的操作要求较高，操作难度大。

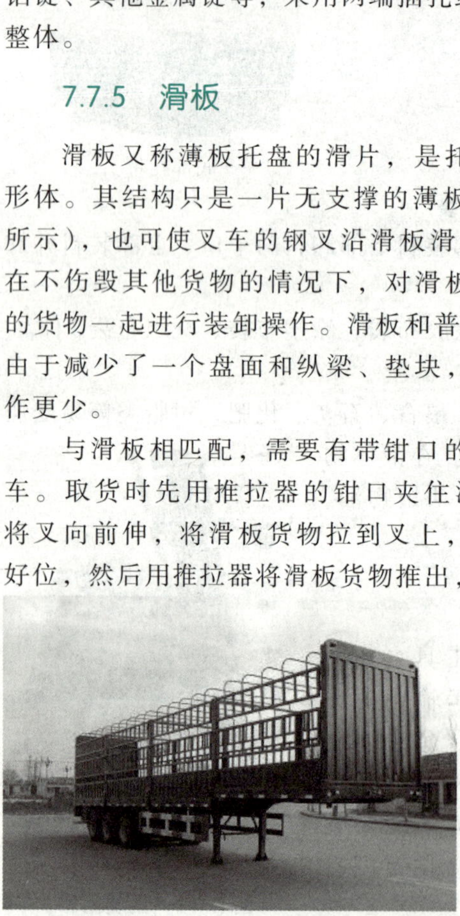

图7-20 半挂车

7.7.6 半挂车

半挂车是一种用于集装方式联运的集装与运输工具一体的车（如图7-20所示）。这种集装方式是以半挂车与车载的货物或车载集装箱为一个单元组合体进行物流，在途中不个别处置车载货物，而是连同半挂车一起进行装卸、换载。所以，利用半挂车，可以使整个物流过程浑然一体，充分利用联合运输的优势，实现“门到门”的运输。

拓展阅读7-1

伸缩机和自动装卸系统的市场需求分析

伸缩机在快递行业得到广泛应用。伸缩机是在带式输送机上增加伸缩机构，可以在长度方向上自由伸缩，主要应用在车辆装卸和有伸缩要求的货物传输系统中，可双向运转自动输送货物。伸缩机适用于多种场合、多种产品的装卸要求，并可与其他输送设备和物料分拣系统配合使用。伸缩机的使用价值体现在以下方面：缩短往返搬运货物的距离，减轻劳动强度；提高货物出入库与车辆装卸效率，减少装卸时间；节省人力，降低人工成本；提高作业安全性，减少货物损伤。

自动装卸系统是在货车安装辊筒、链条、链板等传输设备，与安装在装卸货平台上的传输设备协同运作，实现货物快速自动装卸，适用于袋装、箱装、整托（带板运输）、桶装及其他特殊包装的货物。按照货物装卸车方式，自动装卸系统有后装、上装、侧装等不同方案。国外也有不改装车辆的自动装卸系统，但价格不菲，车辆适应性不高。

大型生产企业从工厂向经销商或物流中心发货的装车作业量巨大，以袋装和箱装产品的自动装车需求为主，特别是在水泥、饲料、粮油、汽车零配件、快消品、家电、化工、五金工具、快递物流等行业，市场需求更为明确。不同行业对装卸设备与解决方案的需求存在较大差异。

快递行业的包裹特点主要表现在杂，即包裹类型多、体积大小不一、形状差异大、重量范围广，对装卸设备的要求是兼容性强、可靠性高，其需求量大约占伸缩机设备市场总量的50%。

电商行业处理的产品大多为小件，主要表现为体积小、重量轻，对装卸设备的需求是标准化、高效率，其需求量大约占伸缩机设备市场总量的20%。

烟草、饮料、奶制品等快消品，产品包装相对统一，重量轻，需要较高的作业效率以适应短时期内大量出货。

家电产品（冰、洗等白家电）对装卸作业的需求主要是装卸设备规格大型化和重型化。自动装卸系统的技术难点：一是装卸作业过程不能对产品造成包装损伤、内部挤压；二是货车/集装箱的空间利用率最大化；三是对种类多样的产品和作业环境的兼容性。陶瓷、卫浴、定制家具行业对装卸设备的要求与家电行业类似，但市场需求量相对较少。

粮食、化工、水泥行业主要是处理软包装产品，对夹具和作业方式要求特殊。

从设备类型看，伸缩机适合装卸货物的类型有纸箱、包裹、行李、轮胎、塑料盒/桶等，其在电商、快递、快消品、烟草、家电等行业已有广泛应用。综合业内人士分析，2018—2020年，伸缩机的国内市场销售量为4万~6万台，销售额为40亿~60亿元。

自动装卸系统目前在国内市场刚刚起步，基本处于技术探索与试验应用阶段，在家电、食品、汽车、水泥、粮食、化肥等行业有少量应用案例。

资料来源 《物流与技术应用》编辑部. 装卸设备篇丨2020年中国物流装备市场回顾与2021年展望（下）（四）[EB/OL]. [2021-05-14]. https: //www.sohu.com/na/466490410_649545.

思政专栏

5款新物流车亮相

2020年3月9日，北汽集团推出了紫外线消毒车、疫苗冷藏车、负压消毒车、医疗废物转运车等5款“卫健”物流车，抗击新冠肺炎疫情一线急需的部分车型已经进入了量产阶段。

新冠肺炎疫情发生后，各地急需具备消毒功能的物资运输车辆。“时间太紧迫，就决定在现有的北汽EV5车型基础上改装出紫外线消毒车。”接到任务时，北汽昌河负责该项目的刘安策正在辽宁老家过年。大年初二，他就开车急着往北京赶。在此之前，针对EV5车型的改装和拓展已经有了一些技术储备。赶回北京后，他就带着研发和技术团队分析标准、技术和法规要求，让紫外线消毒车有了雏形。

方案有了，像紫外线灯这样的零部件供应就成了难题。春节假期期间，供货商大多放假、存货又不多，团队跑到全国各地的几十家厂商里寻找足够的紫外线灯。与山东的一家厂商已经谈妥，但当地突然出现了新冠肺炎疫情，厂商不得不停产，于是又得重新选定方案，寻找其他的厂商。技术团队担心货源一时难以满足，硬是靠自己的力量研发出了一批紫外线灯……首款紫外线消毒车终于定型。紧接着新任务又来了——继续研发改造出适用于疫苗冷链运输、医疗废弃物运输等其他车型。于是，大年初一之后的40多天里，刘安策和团队的研发技术人员一共改造出5款不同的车型。

北汽EV5紫外线消毒车是国内首款配备病毒消杀设备的电动物流车，超大容量货厢可用来运输一线抗疫运输急缺的口罩、防护服等大批量医用物资。面向医院、药品采购、药品批发、制药公司的EV5疫苗冷藏车可以承担药品冷链运输重任。EV5负压消毒车利用技术手段使车内气压低于外界大气压，并将车内的空气进行无害化处理后排出。EV5医疗废物转运车和福瑞达K21医疗废物转运车可转运医院与急救中心每天产生的医疗废弃物，保证病毒和化学物质不外泄。

资料来源 曹政. 5款新物流车亮相[N]. 北京晚报，2020-03-10.

解读：车企应更好响应国家政策，全力推动商用车领域全面电动化。新能源物流车必须强化针对场景的深度开发，符合生态发展需要，要让“人、车、货、电、场”全面联动、配合，在提高收入、降低成本、优化效率上做足文章。

基本训练

1.单项选择题

（1）在货物的储运过程中，为便于装卸搬运，用集装单元器具或采用捆扎方法将货物组成标准规格的单元货件，称为货物的（　　）。

A.包装　　B.集装单元化　　C.捆装　　D.集合包装

（2）按运输方式不同分类，集装箱有海运集装箱、铁道集装箱、（　　）和空运集装箱。

A. 联运集装箱　　B. 罐式集装箱　　C. 车辆集装箱　　D. 拆解式集装箱

(3)（　　）是托盘中使用量最大的一种，可以说是一种通用型托盘。一般所称托盘，主要指的是这种托盘。

A. 柱式托盘　　B. 平托盘　　C. 箱式托盘　　D. 轮式托盘

2. 多项选择题

(1) 集装箱标准按使用范围不同分为（　　）4种标准。

A. 国际标准　　B. 国家标准　　C. 地区标准　　D. 公司标准

(2) 托盘的优点主要有（　　）。

A. 自重量小　　B. 返空容易

C. 装盘容易　　D. 装载量较集装箱大

(3) 其他集装方式主要有（　　）。

A. 集装袋　　B. 滑板　　C. 货捆　　D. 半挂车

3. 简答题

(1) 集装单元化的概念、类型以及突出优点分别是什么?

(2) 简述集装单元化系统的概念及其基本要素构成。

(3) 说明集装箱的种类、标准、特点及其基本构造。

(4) 集装箱应具备哪些功能?

(5) 简述托盘的种类、标准和特点。

综合应用

1. 案例分析题

马士基航运公司的成功经验

马士基（Maersk）航运公司素有“世界第一大航运公司”之称，是A. P. 穆勒-马士基集团旗下的一个最大的子公司，也是世界上最大的集装箱航运公司，由Maersk Sealand合并英国P&O Nedlloyd后改组而成，马士基航运公司所拥有和经营的集装箱船舶以及集装箱，可以确保可靠、全面的全球覆盖。

延伸产业链条发展综合物流。仅仅依靠集装箱运输技术，已经很难实现马士基航运公司利润的增长。马士基航运公司掌握着世界范围内的运输网络和代理机构，已经纯熟地运用多式联运的便利条件和先进的信息技术，这些都为发展综合物流埋下坚实的伏笔。集装箱市场的竞争从沿海延伸到内陆，内陆和沿海货运通道的重要性日趋凸显，培育强大的集装箱多式联运体系，尤其是海铁联运通道，已成为体现集装箱运输系统优势的关键一环。马士基航运公司必须不断优化船队结构，调整运输组织，发展以多式联运为中心的综合运输网，延伸物流增值服务，从“港到港”的服务模式延伸至“门到门”完整的、系统的物流服务，满足客户的要求，保持持续的竞争力。

联盟和全球合作战略。2009年，马士基航运公司重返已告别数年的泛太平洋运价稳定协议组织（TSA）。2004年，马士基航运公司离开TSA以便灵活定价，并在2006年挑起集运业的“价格战”，从此太平洋航线的运价持续低迷。金融危机爆发后，太平洋航线运价一蹶不振的态势更是雪上加霜。拉升运价的孤军作战注定失败，马士基航运公司这才重返TSA，希望与同行齐心协力，稳定运价从而平稳走出萧条。

从“价格战”的始作俑者到受害者，再到寄托于稳定价格、合作共赢的良性竞争市场秩序的倡导者，马士基航运公司的主观转变表明了“价格战”绝不可取，抱团取暖才是最好的出路，站在整个航运业的角度，各班轮公司一道寻找促进行业可持续发展的良策和随时根据市场变化调整经营战略。

马士基航运公司的重要目标是实现外部交易内部化，即通过尽可能多地控制世界范围内与集装箱业务相关的公司，以集装箱运输为核心，兼营造船、物流、码头等上下游关联企业来打造“马士基帝国”。依靠强大的资金实力和行业影响力，马士基航运公司可以无须借助合作伙伴的租舱而独自应对任何货主、货种的物流标准，往往单独经营航线，不参与航运联盟，向其他航商出售箱位而不是购买其他航商的箱位；马士基航运公司还成立自有品牌的船务代理，使用自己的物流与供应链系统，直接寻找货主，少借助其他船代、货代。因此，优于其他航运公司，马士基航运公司可以依据不断变化的形式灵活调整自己的战略。

资料来源　郑建风．马士基航运公司的成功经验［EB/OL］．［2022-04-25］．https：//wenku.baidu.com/view/62da1ce4a5e9856a571260ad.html.

问题：在制造业等行业纷纷选择专注于核心业务，将非核心业务外包的企业发展轨迹的今天，马士基航运公司的成功经验却是“实现外部交易内部化，即通过尽可能多地控制世界范围内与集装箱业务相关的公司，以集装箱运输为核心，兼营造船、物流、码头等上下游关联企业来打造‘马士基帝国’”，为什么？

2.实训题

深入一个实际生产企业，调查该企业在逆向物流、回收物流和绿色物流方面所采取的措施，写出调查报告并谈谈自己的想法。

第8章
运输设施与设备

● 学习目标
8.1 公路运输设备
8.2 铁路运输设备
8.3 水路运输设备
8.4 航空设备和管道运输设施
● 思政专栏
● 基本训练
● 综合应用

学习目标

□ 知识目标：认识具有代表性的运输设备；掌握物流运输设备的基本常识。

□ 能力目标：熟悉各种公路、铁路、水路、航空及管道运输工具的特点、功能、构造、种类、选用要求等；掌握不同物资运输时运输工具的选用。

□ 素养目标：树立资源共享意识和低碳环保意识。

【引例】

《关于加快推进冷链物流运输高质量发展的实施意见》摘要

2022年4月，交通运输部、国家铁路局、中国民用航空局、国家邮政局、中国国家铁路集团有限公司联合发布《关于加快推进冷链物流运输高质量发展的实施意见》，进一步推动冷链物流运输高质量发展，更好满足人民日益增长的美好生活需要，为加快构建新发展格局服务。

（1）创新冷链运输组织模式。依托多式联运示范工程，积极推进冷链物流多式联运发展。鼓励铁路企业开行冷链班列，推动冷链班列与冷链海运直达快线无缝衔接，积极发展“海运+冷链班列”海铁联运新模式。推动冷链陆空联运发展，支持发展冷鲜航班和冷链卡车航班网络，探索机场异地货站模式，提升一体化组织服务能力。大力发展面向高端生鲜食品、医药产品的航空冷链物流，支持口岸机场建设具有国际货运、冷链仓储、报关、检验检测检疫等功能的航空货运冷链物流服务通道，提升航空冷链运输效率。

（2）培育冷链运输骨干企业。组织开展冷链运输服务品牌宣传推广工作，宣传推广服务优质、组织高效、安全规范的冷链运输服务模式，打造一批知名冷链运输服务品牌。引导冷链运输企业加强与果蔬、水产、肉类等生产加工企业的联盟合作，积极发展公路冷链专线、多温区共同配送、“生鲜电商+冷链宅配”、“中央厨房+食材冷链配送”、“水产品深加工+冷链运输”等新模式。支持冷链物流企业建设网络货运平台，优化整合产品、冷库、冷链运输车辆等资源，培育龙头冷链物流企业，提升市场集中度。

（3）增强跨境冷链物流服务能力。支持国际物流企业通过合资合作、自建网络、兼并收购等方式，延伸境外地面服务网络，提升跨境冷链物流全程服务能力，培育一批具有较强国际竞争力的现代冷链物流企业。推进国际物流企业与跨境电商平台战略合作，充分发挥海运在跨境冷链物流服务中的优势作用，促进供应链上下游企业协同发展。提升中欧班列集结中心冷链物流服务水平，畅通亚欧陆路冷链物流通道，扩展西部陆海新通道等海铁联运、国际铁路联运、国际道路冷链物流业务。

资料来源 交通运输部，国家铁路局，中国民用航空局，国家邮政局，中国国家铁路集团有限公司. 交通运输部 国家铁路局 中国民用航空局 国家邮政局 中国国家铁路集团有限公司 关于加快推进冷链物流运输高质量发展的实施意见［EB/OL］.［2022-04-11］. https：//xxgk.mot.gov.cn/2020/jigou/ysfws/202204/t20220411_3650541.html.

运输是物流的核心和基础，承担了货物在空间各个环节的位置转移，解决了供应者和需求者之间场所的分离，是创造空间效用的主要功能要素，具有以时间换空间的特殊功能。运输作为社会经济赖以存在和发展的基础，是实现流通的主要物质手段，也是调整产业结构、提高劳动生产率、改善人民生活水平的动因。在运输的发展过程中，运输设施与设备发挥着重要的作用。按运行方式不同，运输设备可以分为公路运输设备、铁路运输设备、水路运输设备、航空运输设备和管道运输设备五大类型。

8.1 公路运输设备

公路运输是指使用公路设施与设备运送物品的一种运输方式。其特点是机动、灵活，投资少，受自然条件限制小，能够取货（接客）到家，为铁路、水运、空运提供集散服务。公路运输主要承担近距离、小批量的货运和水运、铁路运输难以到达地区的长途、大批量货运及水运、铁路运输优势难以发挥的短途运输。公路运输有很强的灵活性，近年来，随着我国高速公路的快速建设，在有铁路运输、水运的地区，较长路途的大批量运输也开始使用公路运输了。公路运输设备主要是指汽车。

8.1.1 汽车的分类与型号

根据国家标准，汽车是由动力驱动，具有4个或4个以上车轮的非轨道承载的车辆。

1）汽车的分类

现代汽车的种类繁多，各国的分类方法各不相同。我国习惯上按用途和结构不同把汽车分为以下几种类型：

（1）轿车。轿车是指乘坐2～8人的小型载客汽车。轿车一般按发动机排量分级（见表8-1）。

表8-1 **轿车的分类** 单位：升

类型	微型	普通型	中级	中高级	高级
发动机排量（L）	≤1.0	1.0<L≤1.6	1.6<L≤2.5	2.5<L≤4.0	>4.0

（2）客车。客车是指乘坐9人以上的载客汽车。按车辆长度不同，客车分为微型、轻型、中型、大型和特大型客车。

（3）载货汽车。载货汽车简称货车，主要用于运送各种货物。按最大总载质量不同，货车分为不同类型（见表8-2）。

表8-2 **货车的分类** 单位：吨

类型	微型	轻型	中型	重型
总载质量（T）	≤1.8	1.8<T≤6.0	6.0<T≤14.0	>14.0

（4）越野汽车。越野汽车主要用于非公路上载运人员和货物的牵引。越野汽车的全部车轮都可以作为驱动轮。

（5）牵引汽车。牵引汽车专门或主要用于牵引挂车，可分为全挂牵引车和半挂牵引车。

（6）自卸汽车。自卸汽车是指货厢能自动倾翻的载货汽车。

（7）专用汽车。专用汽车是指特种用途汽车，分布于商业、环卫、环保、建筑、农牧副渔、石油地质、机场、医药卫生、公安消防、林业等领域，提供相对应的专门作业服务，如救护车、消防车、检测车、冷藏车等。

2）汽车的型号

传统的汽车型号由企业名称代号、车辆类别代号、主参数代号、产品序号几个部分组成，对于专用汽车及专用半挂车还应增加专用汽车分类代号，必要时附加企业自定代号（如图8-1所示）。

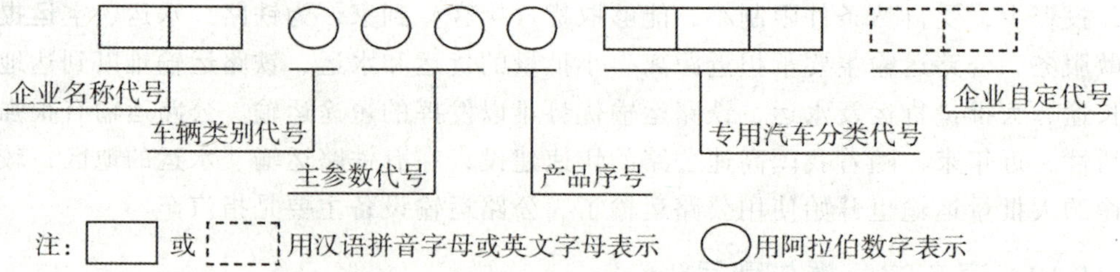

图8-1 汽车型号表示方法

各部分的含义及规定如下：

第一部分是企业名称代号，用于识别车辆制造企业，用代表企业名称的两个或3个汉语拼音字母或英文字母表示，如CA为一汽、EQ为东风、TJ为天汽、HF为哈飞集团等。

第二部分是车辆类别代号，是用于表明车辆分类的代号，各类汽车的类别代号见表8-3，用一位阿拉伯数字表示。

表8-3 车辆类别代号及含义

数字	1	2	3	4	5	6	7	8	9
含义	载货汽车	越野汽车	自卸汽车	牵引汽车	专用汽车	客车	轿车	未定	半挂车及专用半挂车

第三部分是主参数代号，用于表明车辆的主要特性参数，用两位阿拉伯数字表示。货车、越野汽车、自卸汽车、牵引汽车及半挂车均用车辆总载质量（吨）表示；客车为车辆长度（米），小于10米时，应精确到小数点后一位，并以其值的10倍数表示；轿车为发动机排量（升），精确到小数点后一位，并以其值的10倍数表示。

第四部分是产品序号。产品序号表示一辆汽车的生产顺序号。

专用汽车分类代号为：X——厢式汽车；G——罐式汽车；C——仓栅式汽车；T——特种结构汽车。第二、第三格为表示其用途的两个汉字的第一个拼音字母。

企业自定代号是企业按需要自行规定的补充代号。

如CA1091表示中国第一汽车集团生产的9吨货车；TJ7100表示天津汽车厂生产的排量为0.99升的轿车。

8.1.2 汽车的基本构造

汽车的类型很多，但其基本结构是由发动机、底盘、电气设备和车身四大部分组成的。

1）发动机

发动机是汽车的动力装置，其作用是将燃料燃烧时产生的热能转变成机械能，并通过底盘的传动系统将动力传到驱动车轮，使汽车行驶。

2）底盘

底盘是汽车的基础，其作用是支承汽车质量、接受发动机的动力，并保证汽车能够安全正常行驶。它由传动系统、行驶系统、转向系统和制动系统组成。

3）电气设备

电气设备由电源和用电设备两大部分组成，电气设备的作用是保证发动机正常运行、汽车安全行驶和乘客乘坐舒适等。

4）车身

车身用来安置驾驶员、乘客和货物。客车和轿车车身一般为整体式结构；货车车身通常由驾驶室和货厢两部分组成。

8.1.3　汽车运输的特点

1）操作简单

汽车的运行操作和火车、轮船、飞机相比，比较简单，很容易掌握，培养一名驾驶员一般只需3个月左右的时间。

2）活动范围大

汽车的体积小，对道路的要求不高，不受车站、港口的限制，可以广泛地深入工厂、矿山、山区、城镇等，具有较大的活动范围，可实现直达运输，是理想的"门到门"运输工具。

3）自由度大

汽车的适应性很强，可以针对客货的不同情况采取不同的运输方式，如既可以单车运输，也可以拖挂运输；既能散货运输，也能集装箱运输。同一目的地有多种运输线路可以选择，运输时间也可灵活控制等。

4）成本较低

汽车相对火车、飞机、轮船而言造价较低，若经营得好，一年左右即可收回购车成本。就运行成本而言，在中短途运距内，通过高速公路运输，大吨位汽车的运送速度和经济效益均较铁路运输优越。

5）污染较大

汽车主要以燃油为动力，因此产生尾气排放、燃油蒸发等问题，同时汽车一般运行在城区附近，因此所产生的空气污染、噪声污染等远比其他运输设备严重，需要采取特殊的技术、管理手段进行控制，如可采用天然气和酒精作为燃料，加装尾气过滤装置，控制货车进入城区的时间等。

6）不适合远程运输

汽车由于装载量小，因此从经济效益上一般适合于200公里以内的中短程运输。超过200公里运距的汽车运输成本通常要高于铁路运输。

8.1.4　货车的选用

1）厢式货车

厢式货车除具备普通车的一切构成外，还必须具备全封闭的厢式车身、便于装卸作业的车门（如图8-2所示）。封闭式的车厢可使货物免受风吹、日晒、雨淋，将货物置于车厢内，防止货物散失、丢失，安全性好，比较适合于各种家用电器、电子产品、纺织品等轻工产品和邮政运输。

2）自卸式货车

自卸式货车的车箱可以自动后翻或侧翻，使货物能够依靠本身的重力自行卸下，具有较大的动力和较强的通过能力，矿山和建筑工地上一般采用自卸式货车（如图8-3所示）。

图8-2 普通厢式货车

图8-3 自卸式货车

3）拦板式货车

拦板式货车具有整车重心低、载重量适中的特点，适于企事业单位、批发商店、百货商店的货物用车，用于装卸百货和杂品，在装卸过程中，可以将拦板打开（如图8-4所示）。

4）罐式货车

罐式货车具有密封性强的特点，运送易挥发、易燃、危险品应选用罐式货车（如图8-5所示）。

图8-4 拦板式货车

图8-5 罐式货车

5）集装箱牵引车和挂车

集装箱牵引车专门用于拖挂集装箱全挂车或半挂车（如图8-6所示），两者结合组成车组，是长距离运输集装箱的专用设备。它主要用于港口码头、铁路货场与集装箱堆场之间的运输。集装箱挂车按拖挂方式不同，分为半挂车和全挂车两种，以半挂车最为常用。

6）保温及冷藏车

保温及冷藏车车体设有隔热层，加装有冷冻设备以控制温度，用于装运生鲜和易腐货物（如图8-7所示）。根据制冷机制不同，冷藏车可分为冰冷藏车和机械冷藏车两大类。

8.1.5 公路运输站场与枢纽

公路运输站场与枢纽是进行物流生产活动的重要基础设施，近年来国家和各级政府高度重视其建设与发展，交通运输部先后颁布了《道路货物运输及站场管理规定》

图8-6　集装箱牵引车

图8-7　保温及冷藏车

《国家公路运输枢纽布局规划》《现代综合交通枢纽体系“十四五”发展规划》等，为公路运输站场与枢纽的规划建设和运营管理，制定了严格的制度和要求。

1）道路货运站

道路货运站是指以场地设施为依托，为社会提供有偿服务的具有仓储、保管、配载、信息服务、装卸及理货等功能的货运服务经营场所。

道路货运站的主要类型有综合货运站（场）、零担货运站和集装箱中转站等。综合货运站可以组织整车货物、零担货物和集装箱等多种货物运输，这是最主要的货运站类型，大多数道路货运站都属于综合货运站；零担货运站主要从事零担货物和快件货物运输；集装箱中转站是专门进行集装箱中转运输组织的货运站，主要为水路和铁路集装箱进行中转作业。对于各种类型的货运站，国家标准化管理委员会和交通运输部分别制定了相应的标准，对其规划建设和级别划分都制定了明确的规范与要求。

（1）道路货运站的业务功能。

道路货运站的业务功能包括货物运输组织功能、货物中转和装卸储运功能、货运中介代理功能、货运信息和通信功能及其他辅助服务功能。

（2）经营道路货运站的基本条件。

从事道路货运站经营的企业和组织，应当具备下列条件：

① 有与其经营规模相适应的货运站站房、生产调度办公室、信息管理中心、仓库、仓储库棚、场地和站内道路等设施。

② 有与其经营规模相适应的安全设备、消防设备、通信设备、装卸设备及计量设备等。

③ 有与其经营规模、经营类别相适应的管理人员和专业技术人员。

④ 有健全的业务操作规程和安全生产管理制度。

（3）道路货运站的生产设施构成和设备配置。

①主要生产设施。道路货运站的生产设施主要包括业务办公设施、仓库（货棚）设施和场地设施等。

业务办公设施主要包括货运站站房、生产调度办公室和信息管理中心；有国际运输业务的货运站，可设置由海关、检疫、商检、商务等部门构成的国际联运代理业务办公室。

仓库（货棚）设施包括中转库、零担库、集装箱拆装箱库、仓储库等，分别用作货物的短期存放、集装箱拆装作业和货主待收或待发货物仓储等；货棚主要用于堆放不便进库但又不宜露天存放的零担或仓储货物。

场地设施主要包括集装箱堆场、装卸场或作业区、货场和停车场。

②设备配置。道路货运站的主要生产设备包括货场和仓库装卸搬运设备、集装箱堆场和作业区装卸搬运设备、计量设备、管理信息系统设备及车辆和集装箱维修设备等。

(4) 道路货运站的级别划分。

道路货运站的级别用以反映货运站的经营规模和生产能力大小，并表明货运站的经营资质高低。货运站级别的评定，通常由企业提出申请，由省、市、县等交通主管部门对不同级别进行核定。

①综合货运站的级别划分。综合货运站级别的评定依据是货运站年换算货物吞吐量，共分为4个级别。年换算货物吞吐量是指把货运站一年内各类货物吞吐量按照一定的换算系数换算为普通货物吞吐量后所得的吞吐量计算值（普通货物换算系数为1，零担货物为1.25，快件货物为1.3，集装箱拼箱货物为1.25）。

一级货运站，年换算货物吞吐量为60万吨以上；二级货运站，年换算货物吞吐量为30万～60万吨；三级货运站，年换算货物吞吐量为15万～30万吨；四级货运站，年换算货物吞吐量为不足15万吨。

②零担货运站的级别划分。零担货运站级别的评定依据是零担货运站年货物吞吐量，共分为3个级别。年货物吞吐量是指货运站一年内发出与到达的货物数量，包括中转、收、发量的总和。

一级零担站，年货物吞吐量为6万吨以上；二级零担站，年货物吞吐量为2万～6万吨；三级零担站，年货物吞吐量为不足2万吨。

③集装箱中转站的级别划分。集装箱中转站级别的评定依据是中转站设计年度的年箱运组织量和中转站设计年度的年箱堆存量，共分为3个级别，并且对沿海地区和内陆地区规定了不同的划分标准。

一级中转站，位于沿海地区，年箱运组织量在3万TEU以上或年箱堆存量在0.9万TEU以上；位于内陆地区，年箱运组织量在2万TEU以上或年箱堆存量在0.6万TEU以上。二级中转站，位于沿海地区，年箱运组织量在1.6万～3万TEU或年箱堆存量在0.65万～0.9万TEU；位于内陆地区，年箱运组织量在1万～2万TEU或年箱堆存量在0.4万～0.6万TEU。三级中转站，位于沿海地区，年箱运组织量在0.6万～1.6万TEU或年箱堆存量在0.3万～0.65万TEU；位于内陆地区，年箱运组织量在0.4万～1万TEU或年箱堆存量在0.25万～0.4万TEU。

2）公路运输枢纽

(1) 公路运输枢纽的概念。公路运输枢纽是指在两条或者两条以上运输线路的交汇、衔接处形成的，具有运输组织与管理、中转换乘及货物换装、装卸储存、多式联运、信息流通和辅助服务等功能的综合性设施；是在公路网络的节点上形成的货物流、旅客流及客货信息流的转换中心。

公路运输枢纽是重要的交通运输基础设施，作为公路交通运输的生产组织基地和公路交通运输网络中客货集散、转运及过境的关键环节，对提高国家和区域客货运输速度与效率具有极其重要的作用。

公路的基本构成包括路基、路面、桥梁、涵洞、排水系统、防护工程设施、交通服务设施等。

长期以来，各级政府都在积极规划全国性的和区域性的公路运输枢纽，积极建设提供公共客、货运输服务的场地设施，对实现公路交通的可持续发展具有重大的现实和战略意义。

（2）国家公路运输枢纽。国家公路运输枢纽是位于重要节点城市的国家级公路运输中心，主要由提供与周边国家之间、区域之间、省际以及大、中型城市之间公路客、货运输组织及相关服务的客运枢纽站场和货运枢纽站场组成，是保障公路运输便捷、安全、经济、可靠的重要基础设施，与国家高速公路网共同构成国家最高层次的公路运输基础设施网络。

（3）我国公路的行政分级。我国公路的行政级别分为：国道——国家干线公路；省道——省、自治区、直辖市干线公路；县道——县级公路；乡道——乡村公路；专用公路——工业专区、军事要地与外部联系的公路。

（4）我国国道分类。我国国道分为三大类：第一类以北京为中心向全国各地延伸的国道主干线，五纵七横（共12条），1+序号，如107国道（北京—深圳）；第二类南北纵线国道（不通过北京）（共28条），2+序号，如210国道（包头—南宁）；第三类东西横线国道（不通过北京）（共20条）3+序号，如310国道（连云港—天水）。

3）综合交通枢纽规划布局要求

《现代综合交通枢纽体系“十四五”发展规划》指出，综合交通枢纽城市应系统考虑城市功能、空间形态、产业分布、交通需求等因素，合理布局枢纽港站及集疏运体系、连接系统。

（1）综合客运枢纽规划布局要求。一是选址符合城市发展方向，与城镇体系形态和城市功能空间结构相协调；二是统筹枢纽机场、铁路客站、客运码头等各类站场，合理确定枢纽港站层次、类型与功能；三是综合考量人口分布、旅游资源禀赋及客运中转需求，合理确定枢纽港站规模；四是具备良好的集疏运条件，与城市道路网、轨道交通网、高速公路等有效衔接；五是有可拓展空间，为后续发展留有余地。

（2）综合货运枢纽规划布局要求。一是选址符合区域产业发展布局，靠近产业基地或集聚区；二是统筹枢纽机场、铁路货站、港口码头等各类站场，合理确定枢纽港站层次、类型与功能；三是综合考量区域经济、产业结构以及邮政快递、城乡物流等需求，合理确定枢纽港站规模；四是具有良好的集疏运条件，实现与高速公路、铁路等有效衔接；五是有可拓展空间，为后续发展留有余地。

（3）枢纽集疏运体系规划布局要求。一是与枢纽港站紧密衔接，统一规划、统筹建设；二是与枢纽港站的功能定位相适应，合理配套集疏运方式、路线及规模；三是统筹考虑集疏运体系的功能设置与优化，做好与铁路网、公路网、轨道交通网等在空间与功能上衔接。原则上，国际航空枢纽应实现2条及以上轨道交通衔接；全国性铁路综合客运枢纽应实现2条及以上市域（郊）铁路或城市轨道交通衔接；全国沿海、内河主要港口的集装箱、大宗干散货作业区应实现铁路连接，大宗货物年货运量150万吨以上的新建货运枢纽（物流园区）应实现铁路连接；统筹推进航空货运枢纽集疏运体系建设。

（4）枢纽连接系统规划布局要求。一是依托枢纽机场、重要铁路客站、邮轮母港等规划建设快速交通连接系统，鼓励具备条件的区域建设大型综合客运枢纽间直接连接的铁路环线或直达轨道交通；二是全国沿海、内河主要港口与内陆无水港之间、边境口岸与后方综合货运枢纽之间，业务联系紧密的综合货运枢纽之间应根据货运需求规模，适时建设（开辟）快速连接的货运通道。

4）促进综合交通枢纽港站一体化建设

按照“统一规划、统一设计、统一建设、协同管理”原则，发挥主导运输方式在枢纽港站功能布局、换乘换装设施设备配置、建设管理等方面的主体作用，推进枢纽港站内各种运输方式，枢纽港站与集疏运体系、连接系统一体融合发展。

（1）提升新建综合客运枢纽换乘衔接水平。新建综合客运枢纽要强化铁路、水运、民航与公路、城市轨道、城市公共汽电车等功能区集中布设，按照功能空间共享、设施设备共用和便捷高效换乘要求，优化流线设计，打造全天候、多场景、一体化换乘环境。合理配置无障碍设施设备和便民设施，提高特殊人群出行便利程度，创造适老化、无障碍出行环境。航空主导型综合客运枢纽应统一设置交通中心，同步规划、同场建设轨道交通、公路客运、城市公交等设施，实现陆空运输无缝衔接。水运主导型综合客运枢纽应实现水运与公路客运等共享共用服务功能空间。铁路主导型综合客运枢纽应紧凑布设轨道交通、公路客运、城市公交以及旅客换乘空间，促进不同运输方式客运站房主体建筑贴临建设、内部功能空间直接贯通，推动具备条件的枢纽实现各种运输方式主体功能位于同一建筑体内，推动枢纽交通导向标志统一、连续、一致、明晰。

（2）推动新建综合货运枢纽集约高效发展。新建综合货运枢纽要强化铁路、公路、水运、航空、邮政等有效衔接，加强方式间转换设施设备配置，提升设施设备现代化水平，优化不同运输方式间货物流转安检流程，推动安检互认，实现货物集中快速转运，打造高效的多式联运作业平台。航空主导型综合货运枢纽应集中布局货机站坪、货运库、航空快件处理中心、邮政快递处理中心等设施，优化作业流线，扩大货运区域进深尺度，预留拓展空间。铁路主导型、水运主导型综合货运枢纽应注重统筹布局专业化的集装箱联运转运、装卸堆存、短驳等设施设备，提高多式联运效率。完善铁路站场物流配套设施及综合功能，推进铁路快运发展。促进邮政快递处理中心与综合货运枢纽统一布局建设，提升枢纽寄递配套能力。推动国家物流枢纽与综合货运枢纽统筹规划建设，加大存量资源整合优化力度，补齐铁路专用线、联运转运等设施短板。

（3）加大存量资源的改造提升力度。推动铁路客站、机场、客运码头向换乘更便捷的综合客运枢纽转型。推进既有综合客运枢纽完善换乘接驳设施，优化换乘、候车、售取票、停车等功能空间布局和管理流程，强化旅客直通和中转换乘功能，有效缩短换乘距离。鼓励配置专用候车座椅、双向电梯、自动扶梯、楼梯升降机、盲道等无障碍设施设备，以及盲文标志等无障碍标志，实现连续地引导特殊人群进出枢纽主要区域。改善司机等人员从业环境，推进“司机之家”建设。推动港口、机场、铁路货站、公路货运站向具备现代物流功能的综合货运枢纽转变，通过整合物流资源、应用先进技术、拓展服务功能、完善集疏运体系等方式，提升联运转运效率。

(4) 加强枢纽集疏运体系及连接系统建设。推动大型综合客运枢纽通过专用通道、高架匝道等形式便捷接入高速公路、快速路，优化枢纽出入站及周边交通组织。推动国际、区域枢纽机场、大型铁路客站等与轨道交通高效联通，强化多向衔接。鼓励通过城市轨道交通、快速公交等方式，强化主要客运站间便捷衔接。加快大型综合客运枢纽间直达轨道交通建设。加大政策力度，推动完善港口、机场、铁路货站、公路货运站等集疏运体系，提升综合货运枢纽集疏运能力。根据货运物流需求，完善综合货运枢纽等各类物流设施之间的线路连接，优化枢纽周边车辆通行管控等措施，提升设施间衔接联动水平。

5）综合交通枢纽港站建设重点

(1) 综合客运枢纽。重点推进一体化综合客运枢纽建设。一体化综合客运枢纽是指两种及以上对外运输方式位于同一建筑体内或主体建筑（站房、到发车位）贴临建设、换乘功能空间直接连通实现便捷换乘的项目。加大对重大综合客运枢纽建设的支持力度。重大综合客运枢纽是指位于国际性、全国性综合交通枢纽城市内，依托国际或区域枢纽机场、国际邮轮港、全国重要铁路客站形成的综合客运枢纽，原则上枢纽内交通功能设施总投资超过100亿元。依托上海浦东、成都天府、西安咸阳等枢纽机场，杭州西站等重要铁路客站，以及海口新海港等国际邮轮港，重点推进一批门户作用突出、辐射作用显著、现代化水平高、一体化示范带动作用强的重大综合客运枢纽建设。推动杭州萧山机场、厦门翔安机场、长沙黄花机场、昆明长水机场等接入轨道交通。推动北京、上海、成都等城市内机场间轨道交通建设。

(2) 综合货运枢纽。加快推进湖北国际物流核心枢纽（鄂州）、广州东部公铁联运枢纽、重庆国际物流枢纽园区等综合货运枢纽建设。优化完善北京、上海、广州、深圳和郑州等综合性枢纽机场货运设施。推进北京、天津、雄安、上海、南京、杭州、南昌、郑州、武汉（鄂州）、长沙、广州、深圳、南宁、重庆、成都、西安、大连、义乌等邮件快件处理中心、进出境处理设施、快递物流园区建设。推进北京空港型、深圳空港型、大连港口型、宁波-舟山港口型、重庆陆港型、长沙陆港型等国家物流枢纽建设与完善，继续推进120个左右国家物流枢纽布局建设。推动完善上海港、天津港、青岛港、宁波舟山港、深圳港、北部湾港等港口集疏运系统，推动实施唐山京唐、天津东疆、青岛董家口、上海外高桥、苏州太仓、深圳盐田等港区集疏运铁路项目。

拓展阅读8-1

重点建设的国家综合交通枢纽城市

2021年11月交通运输部、国家铁路局、中国民用航空局、国家邮政局和中国国家铁路集团有限公司联合下发了《现代综合交通枢纽体系“十四五”发展规划》的通知，其中提出提升全国性综合交通枢纽城市中转组织能力。以服务区域重大战略和区域协调发展战略为重点，完善全国性综合交通枢纽城市运输组织功能，推进与国际性、区域性枢纽城市协同发展。加强全国性综合交通枢纽城市间有机联系，完善国际、区际、城际等不同层次有效衔接的服务网络，提高运输整体效率与服务水平。鼓励组合型综合交通枢纽城市协同联动与互联互通，发挥各自比较优势，共商、共建、共享重大枢纽设施，提升整体效益。以枢纽机场、枢纽海港、铁路枢纽站场等为重点，完善换乘换装功能设施和配套服务网络，增强跨区域人员交往和物资中转组织功能。

优化提升20个左右国际性综合交通枢纽城市服务功能。提升北京、天津、上海、杭州、南京、广州、深圳、成都、重庆、沈阳、大连、哈尔滨、青岛、厦门、郑州、武汉、海口、昆明、西安、乌鲁木齐等枢纽城市全球联通水平和辐射能级，拓展海陆空多元化交通网络，增强国际门户功能。

加快推进80个左右全国性综合交通枢纽城市建设。提高石家庄、太原、呼和浩特、长春、宁波、合肥、福州、南昌—九江、济南、长沙—株洲—湘潭、南宁、贵阳、拉萨、兰州、西宁、银川等枢纽城市集聚辐射能力，增强宁波、合肥、长沙等枢纽城市国际服务功能。推进唐山—秦皇岛、雄安、邯郸、大同、包头、通辽、营口、吉林、齐齐哈尔、连云港—徐州—淮安、苏州—无锡—南通、温州、金华（义乌）、蚌埠、芜湖、泉州、赣州、上饶、烟台、潍坊、临沂、洛阳、商丘、南阳、襄阳、宜昌、黄冈—鄂州—黄石、岳阳、怀化、衡阳、珠海、湛江、汕头—揭阳—潮州、柳州、桂林、钦州—北海—防城港、三亚、攀枝花、泸州—宜宾、万州—达州—开州、广元、遵义、曲靖、大理、宝鸡、榆林、安康、酒泉—嘉峪关、格尔木、中卫、喀什、库尔勒、伊宁等枢纽城市建设，优化枢纽港站及集疏运体系、连接系统的布局，提升跨区域人员交往和物资中转组织功能。鼓励和支持都市圈功能互补的城市，根据发展需求和现实条件共建组合型枢纽。

资料来源　交通运输部，国家铁路局，中国民用航空局，国家邮政局，中国国家铁路集团有限公司. 交通运输部 国家铁路局 中国民用航空局 国家邮政局 中国国家铁路集团有限公司 关于印发《现代综合交通枢纽体系“十四五”发展规划》的通知［EB/OL］.（2021-11-05）. https：//www.mot.gov.cn/zhuanti/shisiwujtysfzgh/202201/P020220129657756692258.pdf.

8.2 铁路运输设备

铁路运输是指利用机车、车辆等技术设备沿铺设轨道运行，运送旅客和货物的一种运输方式。铁路运输设备是指通过铁路轨道运行的各种机车与车辆。按列车的支持和驱动方式不同可分为普通铁路运输和悬浮式铁路运输；按其应用类型不同可分为轻轨交通列车、快速轨道交通列车、市郊铁路列车、铁路客货运输列车、高速铁路列车、磁悬浮列车等。

8.2.1 铁路运输的特点

（1）运输能力大，运营费用低，适合于大批量低值商品的长距离运输。

（2）运行的计划性强，运输的准时性好。

（3）维护工作少，耐久性高，安全性强。

（4）可以方便地实现背驮运输、集装箱运输及多式联运。

（5）运行需要进行列车编组、解体和中转改编等作业环节，占用时间较长，因而增加了货物的运输时间。

（6）由于装卸次数多，货物毁损或丢失事故通常比其他运输装备多。

（7）通常需要有其他运输装备的配合，才能实现“门到门”运输。

（8）对铁路的依赖性强，一旦某一路段发生故障，将影响全线的正常运行。

8.2.2 铁路机车与车辆

1）铁路机车

机车是铁路运输的基本动力。由于铁路车辆大都不具备动力装置，列车的运行和车辆在车站内有目的地移动均需机车牵引或推送。从原动力来看，机车分为蒸汽、内燃及电力机车。按使用目的不同，机车分为客运机车、货运机车、调车机车。客运机车要求速度快，货运机车要求功率大，调车机车要有机动灵活的特点。

图8-8 蒸汽机车

（1）蒸汽机车。蒸汽机车是通过蒸汽机，把燃料的热能转换成机械能，用来牵引列车的一种机车（如图8-8所示）。在现代铁路运输中，蒸汽牵引已逐渐被其他新型牵引形式取代。

（2）内燃机车。内燃机车是以内燃机为原动力的一种机车（如图8-9所示）。一般来说，内燃机车主要由动力装置（即柴油机）、传动装置、车体车架、走行部、辅助设备、制动装置和车钩缓冲装置等部分组成。根据从柴油机到动轮之间采用传动装置的不同，内燃机车可分为两类：一类是将内燃机所产生的动力，经变速箱以机械的方式传递至车轮，称为柴油机车；另一类则是利用内燃机发电后供给马达，用电带动车轮产生动力，称为柴电机车。

（3）电力机车。电力机车靠其顶部升起的集电弓从接触网上取得电能，并转换成机械能牵引列车运行（如图8-10所示）。电力机车主要由电气设备、车体与车架、走行部、车钩缓冲装置和制动装置等部分组成。电力机车功率大，获得能量不受限制，因而启动加速快，爬坡性能强，能高速行驶和牵引较重的列车，容易实现多机牵引，更适用于坡度大、隧道多的山区铁路和繁忙干线。

图8-9 内燃机车

图8-10 电力机车

2）铁路车辆

铁路车辆是指不具备动力装置，连接成列后由机车牵引运行的铁道运输装备。铁路车辆由车体、车底架、走行部、车钩缓冲装置和制动装置5个基本部分组成。根据其用途不同，铁路车辆分为客车和货车两大类。

（1）客车。按照旅客旅行生活的需要和长、短途旅客的不同要求，常见的客车有硬座车（YZ）、软座车（RZ）、硬卧车（YW）、软卧车（RW）、餐车（CA）、行李车（XL）、邮政车（UZ）等。

（2）货车。货车是指以运输货物为主要目的的铁路车辆。在特殊情况下，货车也可用来运送旅客或兵员。有些铁路车辆并不直接参加货物运输，而是用于铁路线路施工、桥架架设及轨道检测等，这些车辆也归入货车类。为了适应不同货物的运送要求，货车的种类很多，在物流领域使用的铁路货车主要有：

①棚车（P）。棚车具有车顶、侧墙、端墙，并设有窗和滑门，主要承运粮食、食品、日用工业品等怕晒、怕湿货物和贵重物品，必要时还可运送人员和马匹（如图8-11所示）。

图8-11　棚车

②敞车（C）。敞车具有端墙、侧墙而无车顶，主要装运煤、矿石、沙、木材、钢材等不怕日晒及雨淋的货物；货物上盖上防水篷布可代替棚车运送怕湿货物（如图8-12所示）。

③平车（N）。平车没有侧墙、端墙和车顶，但有的具有可以放倒的侧板和端板，总体讲为单纯的底架承载结构（如图8-13所示）。平车自重较小，装运吨位较大，适合装运大型建筑材料、集装箱、钢材、汽车等货物。

图8-12　敞车

图8-13　平车

④罐车（G）。罐车是铁道上用于运输气、液、粉等货物的主要专用车型，有横卧圆筒形（如图8-14所示），也有立置筒形、槽形、漏斗形。其可分为装载轻油用罐车、黏油用罐车、酸类罐车、水泥罐车、压缩气体罐车等多种。

图8-14　罐车

⑤漏斗车（K）。漏斗车车体的下部设有一个或多个漏斗形卸货口，卸货时货物从这里卸下。漏斗车可分为无盖漏斗车和有盖漏斗车两类。其主要特点是卸货方便，打开漏斗口的挡板，货物靠重力自行卸下。漏斗车主要用于装运煤、石渣、粮食（如图8-15所示）、石灰石等散装货物。

⑥特种车（T）。特种车是指装运特殊货物的车辆，如长、大货物车，家畜车（如图8-16所示），毒品车等。

图8-15 粮食漏斗车

图8-16 家畜车

8.2.3 货车装卸要求

1）装车要求

货车装车时应注意以下几点：

（1）货物均衡、稳固、合理地分布在货车底板上，不超载、偏载、集重、偏重；

（2）充分利用货车容积巧装满载，有条件时货车采取大小套装、轻重配装的办法，充分利用货车载重力；

（3）能够经受住正常调车与列车运行中产生的各种撞击，在运输过程中，货物不发生移动、滚动、倾覆、倒塌、坠落等；

（4）危险、鲜活、易腐等使用特种车辆的货物，因其性质特殊，必须严格按规定要求使用；

（5）装载的宽度、高度，除超限货物外不得超过铁路机车车辆限界和特定区段的装载限制，货物重量不得超过货车的容许重量。

2）卸车要求

货车卸车时应注意以下几点：

（1）货物卸净，不残留货底，并进行清扫；

（2）货物装备物品，用于捆绑加固的铺垫物、索具、货车内壁和底板上的紧固物等都要清理干净；

（3）卸车车辆的车门、车窗、端侧板，冷藏车的顶盖、仪表盖，罐车的车盖、阀、螺栓都要关闭、拧牢；

（4）装运活动物、鲜鱼和某些易腐货物的车辆要按规定进行洗刷、除污；

（5）装运剧毒品和受到危险品、污秽品污染的货车，要按规定进行洗刷、消毒。

8.3 水路运输设备

水路运输是指利用船舶等在海洋、湖泊、河流以及人工水道上运送旅客和货物的一种运输方式。水路运输占全球总运输量的70%以上。水路运输按其航行的区域不同，大体上可划分为海洋运输和内河运输两种类型。海洋运输又有远洋、近洋和沿海之分。内河运输是指利用船舶、排筏和其他浮运工具，在江、河、湖泊、水库及人工水道上从事的运输，内河运输通常利用天然河流，因此建设投资少，运输成本低。

8.3.1 水路运输的优缺点和功能

1）水路运输的主要优点

（1）可以利用天然水道，与其他运输方式相比，水路运输对货物的载运和装卸要求不高，因而占地较少；

（2）水上航道四通八达，它的通航能力几乎不受限制，一般来说，水运系统综合运输能力主要是由船队运输能力和港口通过能力所决定；

（3）可以实现大吨位、长距离的运输，水运的特点是运量大、成本低，非常适合大宗货物的运输。

2）水路运输的主要缺点

（1）船舶平均航速较低；

（2）水路运输生产过程由于受自然条件影响较大，特别是气候条件，因而呈现较大的波动性和不平衡性。

3）水路运输的主要功能

（1）承担大批量货物运输，特别是集装箱运输；

（2）承担原料、半成品等散货运输，如建材、石油、煤炭、矿石、粮食等；

（3）承担国际贸易运输，系国际商品贸易的主要运输工具之一。

拓展阅读8-2

我国水上交通运输发展的总体情况

到目前为止，我国已经成为世界上最具有影响力的水运大国，同时正在稳步开启加快建设交通强国的水运篇的新征程，主要有以下几方面的特点：

第一，我国港口规模居世界第一。2020年全国港口货物吞吐量完成145.5亿吨，港口集装箱吞吐量完成2.6亿标箱，港口货物吞吐量和集装箱吞吐量都居世界第一位。在全球港口货物吞吐量排名前10名当中，中国港口占有8席；集装箱吞吐量排名前10名当中，中国港口占有7席。

第二，海运船队规模持续壮大。到2020年年底，我国海运船队运力规模达到3.1亿载重吨，居世界第二位。中远海运集团、招商局集团经营船舶运力规模已经分别达到全球综合类航运企业第一位和第二位。

第三，内河货运量连续多年居世界第一位。2020年全国内河货运量完成38.15亿吨，到2020年年底，全国内河航道通航里程超过12万公里，居世界第一，长江干线连续多年都成为全球内河运输最繁忙、运输量最大的黄金水道。

第四，科技创新达到世界先进水平。到2020年累计建成全自动化的集装箱码头有9个，还有7个码头在建。全自动集装箱码头引领世界智慧港口的新潮流，自动化码头的设计建造技术、港口机械装备制造技术已经达到世界领先水平。

下一步，我们将以加快建设交通强国为统领，推动水运的发展质量变革、效率变革、动力变革，着力补短板、转动能、优服务，推动水运事业高质量发展，更好地服务于构建新发展格局。

资料来源　交通运输部．我国水上交通运输发展的总体情况［EB/OL］．［2021-06-24］．https：//www.mot.gov.cn/2021wangshangzhibo/gxb6/zhibozhaiyao/202106/t20210625_3610597.html.

8.3.2 货船

船舶是指能航行或停泊于水域进行运输或作业的运输工具，按不同的使用要求具有不同的技术性能、装备和结构形式。这里只介绍以载运货物为主的货船，货船的船型很多，大小不一。

1）杂货船

杂货船是以装运各种包装、桶装以及成箱、成捆的零批件货为主要业务的货船（如图8-17所示）。杂货船具有2～3层全通甲板，根据船的大小有3～6个货舱，每个货舱的甲板上有舱口及吊杆或吊车以装卸货物，底部常采用双层底结构以保证船舶的安全。其机舱大多在船的中后与尾部，以将船体中部设置为货舱，有利于装货、理货和清舱。杂货船分为普通型杂货船与多用途杂货船，其中多用途杂货船既可装杂货，又可装散货、集装箱甚至滚装货。

图8-17 杂货船

2）散货船

散货船指专门用于载运粉末状、颗粒状、块状等非包装类大宗货物（如谷物、矿砂、煤炭及水泥等）的运输船舶（如图8-18所示）。它具有运货量大、运价低等特点。2012—2021年，全球干散货运力稳步增长，其中干散货船舶数量从9 503艘增长至12 685艘，年复合增长率为3.26%；干散货船舶运力规模从6.80亿载重吨增长至9.44亿载重吨，年复合增长率为3.71%。一般散货船吨位在2.5万～6万吨之间，也有15万吨的巨轮。普通散货船一般为单层甲板尾机型船，货舱截面呈八角形，舱室的分隔要求不高，一般不设装卸货设备。根据散货船的功能不同分为专用散货船、兼用散货船和特种散货船。

图8-18 散货船

3）冷藏船

大多数食品类货物，如鱼、肉、蛋、水果及蔬菜等，在常温条件下进行长时间的运输、保管，会发生腐败，失去食用价值。冷藏船通过特有的制冷和隔热系统，将货物保持在一定的低温条件下，以使货物到达目的地仍能保持一定的新鲜程度。冷藏船舱口尺寸较小，有多层甲板，间舱高度较小，船壳多漆成白色，以防日晒的热气辐射（如图8-19所示）。冷藏船最大的特点就是其货舱实际上是一个大型冷藏库，可保持适合货物久藏的温度。由于不同种类的货物所要求的冷藏温度不同，因此冷藏船还可分为专门运输水果、蔬菜等的保温船和运输鱼、肉等冻结状态货物的冷藏船。

图8-19 中国自制冷藏船

4）油轮

油轮是专门用于载运散装原油及成品油的船舶（如图8-20所示），一般分为原油船和成品油船两种。油轮一般为只有单层甲板的尾机型船，随着环保要求的提高，结构上正向双壳、双底的形式演变。甲板上无大的舱口，用泵与输油管道装卸原油和成品油。原油船设有加热设施，在低温时对原油加热。成品油船有很高的防火、防爆要求。由于原油和成品油的运量巨大，所以油轮在所有船舶中吨位最大，单船最大吨位可达70万吨以上。

5）液化气船

液化气船是专门运输液化气体的船舶（如图8-21所示）。所运输的液化气体有液化石油气、液化天然气、氨水、液态乙烯、液氯等。这些液货的沸点低，多为易燃易爆的危险品，有的还有剧毒和强腐蚀性，因此液化气船货舱结构复杂，造价高。

图8-20　油轮

图8-21　液化气船

6）集装箱船

集装箱船是装运规格统一的标准集装箱的货船（如图8-22所示）。集装箱船在船型与结构上与常规的杂货船有明显的不同，其外形瘦长，通常设置单层甲板，设有巨大的货舱口，上甲板平直，货舱内部和甲板上可积载集装箱。绝大多数的集装箱船上不设装卸设备，因而需停靠专用集装箱码头，通过岸上专用起重机、集装箱装卸桥来进行装卸。集装箱船具有装卸率高、经济效益好等优点，因而得到迅速发展。

图8-22　集装箱船

7）滚装船

图8-23　滚装船

滚装船主要用来运送汽车和集装箱（如图8-23所示）。这种船本身不需装卸设备，一般在船的侧面或船的首、尾有开口斜坡连接码头，装卸货物时，汽车或者集装箱（装在拖车上）直接开进或开出船舱。这种船的优点是不依赖码头上的装卸设备，装卸速度快，是普通船的10倍，适宜装载特大、特重、特长货物，便于实现“门到门”运输。但滚装船的舱容效率较低，通常为30%～40%，空船较重且为调整稳定性需加压载，船舶造价较高。

8）驳船、推船与拖船

驳船常指靠拖船或推船带动且为单甲板的平底船，是内河运输货物的主要工具。驳船上层建筑简单，一般无装卸设备，有的驳船自己有动力装置，称为自航船。驳船往往用于转驳那些因为吃水等不便进港靠泊的大型货船上的货物，或组成驳船队运输货物。推船是用以顶推驳船队的机动船，有强大的功率和良好的操纵性能；而拖船是专门用于拖曳其他船舶、船队、木排或浮动建筑物的工具，是一种多用途的工作船，与推船一样具有强大的功率和较高的操纵性。

9）载驳船

载驳船是专门载运货驳的船舶，又称母子船。其运输方式与集装箱运输方式相仿，因为货驳亦可视为能够浮于水面的集装箱。母船到锚地时，驳船队从母船卸到水中，由拖船或推船将其带走，母船再去装载另一批驳船后即可开航。载驳船的优点是可缩短停港时间，不受港口水深限制，不受码头拥挤影响，能实现江海联运或直达运输；其缺点是造价高，经济效益较差。

8.3.3 船舶的主要性能

船舶的主要性能有浮性、稳性、抗沉性、快速性、耐波性、操纵性和经济性等。

（1）浮性是指船在各种装载情况下，能浮于水中并保持一定的首、尾吃水和干舷的能力。船舶的浮性关系到船舶的装载能力和航行的安全。

（2）稳性是指船受外力作用离开平衡位置而倾斜，当外力消失后，船能恢复到原平衡位置的能力。稳性是与船舶安全密切相关的一项重要性能。

（3）抗沉性是指船体水下部分发生破损，船舱淹水后仍能浮于水面而不沉和不倾覆的能力。安全限界线指船侧舱壁甲板边线下76毫米平行于甲板边线的曲线，按《国际海上人命安全公约》的规定，船舶遭受海损船舱进水后，其吃水应不超过安全限界线。

（4）快速性是表明船舶在静水中直线航行的速度与其所需主机功率之间关系的性能。它是船舶的一项重要技术指标，对船舶营运开支影响较大。

（5）耐波性是指船舶在风浪中遭受由于外力干扰所产生的各种摇荡运动及抨击上浪、失速飞车和波浪弯矩等，仍具有足够的稳性和船体结构强度，并能保持一定的航速安全航行的性能。耐波性不仅关系到船上乘员的舒适和安全，还影响船舶安全和营运效益等，因而日益受到重视。

（6）操纵性是指船舶能按照驾驶者的操纵保持或改变航速、航向或位置的性能，主要包括航向稳定性和回转性两个方面，是保证船舶航行中少操舵、保持最短航程、靠离码头灵活方便和避让及时的重要环节，关系到船舶航行的安全和营运经济性。

（7）经济性是指船舶投资效益的大小。它是促进新船型的开发研究、改善航运经营管理和造船工业发展的最活跃因素。船舶的经济性属船舶工程经济学研究的内容，涉及使用效能、建造经济性、营运经济性和投资效果等指标。

8.3.4 船舶的装载能力要求

为了提高装卸效率，最大限度地利用船舶的装载能力，获得较好的经济效益，应尽可能地提高船舶的装载能力，合理地装载货物。提高船舶装载能力的基本途径有：

1）提高船舶的载重能力

（1）根据航线上限制水深或航次所应使用的载重线正确确定总载重量；

（2）确定合理的燃料、淡水补给方案，尽可能减少航次储备量；
（3）清除船上垃圾、废料和污物，减小船舶常数C；
（4）确定船舶的净载重量。

2）轻重货物合理搭配

当货源充足时，船舶能否达到满仓满载，取决于货物的组成，即取决于船舶仓容系数与所运货物的加权平均积载因数之间的关系。货物积载因数是指货物所具有的平均量尺体积与货物的重量之比，单位为立方米/吨。量尺体积是指货物的最大外形尺寸之长、宽、高的乘积。积载因数小于仓容系数，称为重货，反之为轻货。在为船舶分配货载时，应注意轻、重货的合理搭配，尽量做到满仓满载。

3）合理确定货位及提高堆装质量，减少亏仓

除了轻重搭配外，实际工作中还要根据货件特点合理选择舱位。如将笨重大件货尽量装在体积较大、形状规则的舱室，并配备一些小件货填空位；狭窄的舱位应堆装体积小的货或软包货。堆装质量的高低直接影响到舱容的利用程度，因此要使装卸工人与船方密切配合，按照积载图要求使货物在舱内紧密堆装，尽量减少亏舱损失。

4）利用特殊舱室和舱面甲板装载货物

当舱容紧张而载重能力又未得到充分利用时，可考虑利用特殊舱室和舱面甲板装载货物。如当深舱和冷藏舱没有得到利用时，可考虑把一些小包装、重量轻、易于搬运的货物装载在这些舱室里。另外，当有可供在甲板上积载的货物，如重大件、坚固包装的桶装货，在征得货物托运人同意的条件下，应尽量利用舱面甲板装载。这些措施也是充分发挥船舶装载能力不可忽视的有效办法。

8.3.5 港口设施与设备

港口是指具有船舶进出、停泊、靠泊，旅客上、下，货物装卸、驳运、储存等功能，具有相应的码头设施，由一定范围的水域和陆域组成的区域（如图8-24所示）。港口可以由一个或者多个码头组成。

图8-24 港口

1）港口水域设施

港口的水域设施主要包括港池、航道和锚地。

港池是指码头周边的水域，具有足够的深度和广度，供船舶临时停泊、靠离码头和调头操作。港池内水域要求不受风浪和水流的影响，为船舶提供一个稳定的安全作业条件。对于开敞海岸港口的港池，必须修筑防浪堤坝，以阻挡海上的风浪和泥沙，保持港池内水面的平静和水深。对于河港，一般不需要修筑防浪堤坝。港池的水深和范围大小，决定了港口可以通过和靠泊的船舶规模大小。

航道是指在内河、港口等水域内供一定尺度的船舶安全航行的通道。港口水域的航道是指船舶进出港口的航道。为了保证船舶安全通航，航道必须具有足够的水深与宽度，而且弯曲度不能过大。航道水深必须保证通航船舶航行时其龙骨基线以下留有足够的富裕水深。航道宽度可以根据船舶通航的频繁程度确定单向航道或双向航道，一般单向航道宽度为通航船舶宽度的5倍，双向航道宽度为通航船舶宽度的8倍。

锚地是供船舶抛锚候潮、等候泊位、避风、办理进出口手续、接受船舶检查或过驳装卸等停泊的水域。锚地要求有足够的水深，离进出口航道要有一定的距离。锚地水域面积的大小一般根据港口进出口船舶数量和风浪、潮水等统计数据而定。

2）港口陆域设施

港口陆域设施主要包括码头、泊位、港口作业区、港口集疏运设施部分。

图8-25 码头

（1）码头和泊位。码头是指沿港口的水域和陆域交界线构筑的供船舶停泊、旅客上下船、货物装卸和其他船舶作业的水上建筑物（如图8-25所示）。港口的水域和陆域的交界线称为码头岸线。供一艘船停泊的码头岸线长度称为泊位。一个泊位的长度一般根据所能停靠的船舶的船型长度而定。一个港口码头的泊位数量是反映一个港口规模大小的主要依据，一般主要取决于码头岸线的长度大小。另外，一个港口码头所能够停泊的船舶吨位大小，反映港口的船舶靠泊能力大小，通常按照码头能靠泊的船舶最大吨级分类，例如能够停靠5万吨级船舶的码头泊位，称为5万吨级泊位。一般把供万吨级以上船舶停靠的泊位称为深水泊位。一个港口拥有的泊位数量，特别是深水泊位数量，是衡量港口规模大小和测算港口通过能力的主要依据。

码头的基本布局形式主要有顺岸式和突堤式。顺岸式码头是指顺着港口水域的自然岸线建筑的码头。这种形式的码头建筑工程量较小，造价较低，但对港湾天然条件要求较高，对岸线的利用率较低。突堤式码头是指由岸边向水中建筑突堤或栈桥，在突堤或栈桥两侧形成泊位的码头，突堤和栈桥的方向可以与岸线垂直或倾斜。由于突堤和栈桥伸向水域，所以可以充分利用港口资源，适宜于岸线资源受限的沿海港口。但这种形式的码头建筑工程量较大，造价较高。

（2）港口作业区。为了便于港口的生产管理，通常根据货物种类、吞吐量、货物流向、船型和港口布局等因素，将港口划分为若干个相对独立的装卸生产单位，称为港口作业区。划分作业区可使同一类货物最大限度地集中到一个作业区内进行装卸，提高机械化、自动化程度和充分发挥机械设备的效率，提高管理水平，避免不同货种间的相互影响，防止污染，保证货物的质量和安全，便于货物储存与保管，并充分利用仓库和堆场的储存能力。一般港口可根据装卸货物种类的不同划分为通用杂货作业区、大宗散货作业区（还可以更具体地划分为粮食作业区、矿砂作业区和煤炭作业区等）、液体化学品作业区、原油和成品油作业区及集装箱作业区等多种类别作业区。由于港口作业区主要是根据码头装卸货物种类的不同而划分的，所以通常也根据货物的类别将其称为杂货码头、粮食码头、煤炭码头、液体化工码头、石油码头和集装箱码头等。

港口作业区一般由码头前沿作业地带和仓库及堆场等设施组成。

① 码头前沿作业地带。码头前沿作业地带就是沿着码头岸边设置的具有一定宽度的船舶装卸作业区，用于货物装卸、转运和临时堆存。该区域设有专用的装卸搬运设备，一般采用混凝土或块石等铺砌成坚硬平整的地面，以满足各种机械行走和场地操作的要求；其宽度根据装卸搬运货物的类别和作业量大小有较多差别，例如沿海港口、件杂货码头前沿作业地带的宽度一般在25～40米。

② 仓库和堆场。港口是车船换装的地方，是货物的集散地。一般来说，出港口的货物需要在港口内聚集成批等候装船；进港口的货物需要在港口内暂时储存，等待疏散和转运，并进行检查、分类或包装等相关作业。因此，港口必须拥有足够容量的仓库和堆场，用以储存进、出港口的货物，以保证港口的吞吐能力。

港口中的仓库和堆场按照所在位置的不同分为前方仓库和堆场、后方仓库和堆场。前方仓库和堆场位于码头前沿作业地带附近的区域内，主要用于临时储存准备装船和从船上卸下的货物；后方仓库和堆场位于离码头前沿作业地带较远的区域内，用于较长期储存货物。

港口中仓库的结构形式根据用途和储存货物的不同分为普通平房仓库、筒形仓库、罐式仓库等多种。普通平房仓库主要用于储存件杂货；筒形仓库用于储存粮食和水泥等散装货；罐式仓库用于储存油品和液体化学品等液体货物。

码头堆场是没有建筑结构的露天仓库，主要用于堆存煤炭、矿石和矿砂、钢材及木材等大宗货物、集装箱，也可以用于堆垛存放袋装的粮食、化肥等货物。堆存后者的堆场需要有专用垫石等将货物垫高，并用篷布等将货物苫盖，以防雨雪侵蚀。

(3) 港口集疏运设施。港口集疏运设施是指与港口相互衔接、为集中与疏散港口吞吐货物服务的交通运输设施，主要由港口道路、铁路、内河航道及相应的交接站场组成。各个港口集疏运系统的具体特征，如集疏运线路数量、运输方式构成和地理分布等，主要取决于各港口与腹地运输联系的具体方式、规模、方向、运距及货种结构等因素。

港口道路是港口货物集疏运输的主要基础设施，主要用于通行各种货运车辆和港口流动式装卸搬运机械。港口道路可分为港内道路和港外道路。港内道路主要用于各种货运车辆和港口流动式装卸搬运机械通行，因此对道路的轮压、车道宽度、纵坡和转弯半径等方面都有特殊要求。港外道路是港区与公路和城市道路相连接的通路，直接并入路网，其功能和技术条件与普通道路相同。

港口铁路设施是指在港口范围内专为港口货物装卸、转运的铁路线路及设备。铁路运输是港口大宗货物集疏运输最主要的手段，合理配置港口铁路，对扩大港口通过能力具有十分重要的意义。完整的港口铁路设施应当包括港口车站、分区车场、码头和库场的装卸线，以及连接各部分的港口铁路区间正线、联络线和连接线等。港口车站负责港口列车的到发、交接和解编集结；分区车场负责管辖范围内码头、库场的车组到发、编组及取送；港口铁路区间正线用于连接铁路网接轨站与港口车站；装卸线承担货物的装卸作业；联络线连接分区车场与港口车站；连接线连接分区车场与装卸线。

3）港口装卸搬运设备

港口装卸搬运设备是港口的主要生产设备，主要用于船舶和车辆货物的装卸，仓库和堆场货物的堆码、拆垛和转运作业，以及船舱内、车厢内、仓库内货物的搬运作业。港口装卸搬运设备的种类繁多、专用性强，按照功能的不同可分为通用型装卸搬运设备（常用的有通用桥式起重机、门式起重机、轮胎起重机、带式输送机、螺旋输送机、斗式提升机、气力输送机和各式叉车等）和港口专用型装卸搬运设备（主要有门座起重机、岸边起重机、多用装卸桥和各种装卸船机等）。港口装卸搬运设备一般都具有较高的工作速度和生产率，并能适应频繁的连续作业的要求。

随着港口趋于绿色化、智慧化、集约化发展，传统燃油型港口机械已无法满足绿色港口发展需求。物流装备制造企业坚持节能减排技术研发，深度融入绿色智慧港口升级、铁路货运散改集和多式联运发展行业变革，聚力突破核心技术，快速拓展产品型谱，为绿色发展注入强劲科技动能。纯电动正面吊、堆高机和重叉等系列新能源产品的出现，不仅满足了港口、堆场、物流园区等场所对超长续航与超低能耗产品的技术要求，也进一步解决了区域高质量发展与环境保护的矛盾。

8.4　航空设备和管道运输设施

8.4.1　航空运输的特点

航空运输设备主要指通过空中运行实现客货运输的各种航空器，如气球、汽艇、飞机等。航空运输之所以能在短短半个世纪内得到快速的发展，是与其自身的特点分不开的，与其他运输方式相比，航空运输的主要优点有：

（1）快速性。这是航空运输的最大特点和优势。现代喷气式飞机，巡航速度为800～900公里/小时，一般比汽车快7～15倍，比火车快5～10倍，比轮船快20～30倍。距离越长，航空运输所能节约的时间越多，快速的特点也就越显著。

（2）机动性大。飞机在空中飞行，受航线条件限制的程度比汽车、火车、轮船小得多。它可以将地面上任何距离的两个地方连接起来，可以定期或不定期飞行。

（3）舒适、安全。喷气式飞机巡航高度一般在10公里左右，飞行不受低空气流的影响，平稳舒适，现代民航客机的客舱宽敞，噪声小，机内设施齐全，旅客乘坐的舒适程度较高。

（4）基本建设周期短、投资少。要发展航空运输，从设备条件上讲，只要添置飞机和修建机场即可。一般来说，这与修建铁路和公路相比，建设周期短、占地少、投资小、收效快。

航空运输的主要缺点是飞机机舱容积和载重量比较小，运载成本和运价比地面运输高。由于飞行受一定的气候条件限制，影响其正常飞行和准确性。此外，航空运输速度快的优点在短途中难以充分发挥。航空运输比较适宜500公里以上的长途客运，以及时间性强的鲜活易腐和价值高的货物的中长途运输。

8.4.2　飞机的构成与分类

1）飞机的构成

飞机主要由机翼、机身、动力装置、起落装置、操纵系统等部件构成。

（1）机翼：是为飞机飞行提供升力的部件。机翼受力构件包括内部骨架、外部蒙皮以及与机身连接的接头。

（2）机身：是装载人员、货物、燃油、武器、各种装备和其他物资的部件，连接机翼、尾翼、起落架和其他有关部件。

（3）动力装置：主要用来产生拉力或推力，使飞机前进。飞机飞行速度提高到需要突破“音障”时，要用结构简单、重量轻、推力大的涡轮喷气式发动机。涡轮喷气式发动机包括进气道、压气机、燃烧室、涡轮和尾喷管5个部分。

（4）起落装置：飞机起落装置使飞机能在地面或水面上进行起飞、着陆、滑行、停放，起落装置分陆上和水上两大类。陆上起落装置由吸收着陆撞击能量的机构、减震器、机轮和收放机构组成。改善起落性能的装置包括增举装置、起飞加速器、机轮刹车和阻力伞或减速伞等。

（5）操纵系统：飞机操纵系统分为主操纵系统和辅助操纵系统。主操纵系统指对提升降舵、方向舵和副翼3个主要操纵面的操纵；辅助操纵系统指对调整片、增举装置和水平安定面等的操纵。

2）飞机的分类

依据其分类标准的不同，飞机可有以下划分方法：

（1）按飞机的用途不同分，有国家航空飞机和民用航空飞机。国家航空飞机是指军队、警察和海关等使用的飞机；民用航空飞机主要是指民用飞机和直升机，民用飞机指民用的客机、货机和客货两用机。

（2）按飞机发动机的类型不同分，有螺旋桨飞机和喷气式飞机。螺旋桨飞机利用螺旋桨的转动将空气向机后转动，借其反作用力推动飞机前进。喷气式飞机是将空气多次压缩后喷入飞机燃烧室内，使空气与燃料混合燃烧后产生大量气体以推动涡轮，然后于机后以高速度将空气排出机外，借其反作用力使飞机前进。喷气式飞机结构简单，制造、维修方便，速度快，节约燃料费用，装载量大，使用率高，所以目前已经成为世界各国机群的主要机种。

（3）按飞机的发动机数量不同分，有单发动机飞机、双发动机飞机、三发动机飞机和四发动机飞机。

（4）按飞机的航程不同分，有近程、中程、远程飞机。远程飞机的航程一般为8 000公里以上，可以完成中途不着陆的洲际跨洋飞行。中程飞机的航程一般为3 000~5 000公里，近程飞机的航程一般小于1 000公里。近程飞机一般用于支线，因此又称支线飞机，中、远程飞机一般用于国内干线和国际航线，又称干线飞机。

用于物流领域的航空运输设备主要有货机和客货机两类。客货机以运送旅客为主，运送货物为辅。货机专门用于运送各类货物，现役货机多由客机改装而来（如图8-26所示）。

图8-26 波音747货机

拓展阅读8-3

交通运输部关于推动交通运输领域新型基础设施建设的指导意见

为贯彻落实党中央、国务院决策部署，加快建设交通强国，推动交通运输领域新型基础设施建设，交通运输部提出了到2035年，交通运输领域新型基础设施建设发展目标，以及打造融合高效的智慧交通基础设施的主要任务。

1.智慧公路。推动先进信息技术应用，逐步提升公路基础设施规划、设计、建造、养护、运行管理等全要素、全周期数字化水平。应用智能视频分析等技术，建设集监测、调度、管控、应急、服务于一体的智慧路网云控平台。依托重要运输通道，推进智慧公路示范区建设。鼓励应用公路智能养护设施设备，提升在役交通基础设施检查、检测、监测、评估、风险预警以及养护决策、作业的快速化、自动化、智能化水平，提升重点基础设施自然灾害风险防控能力。

2.智能铁路。运用信息化现代控制技术提升铁路全路网列车调度指挥和运输管理智能化水平。建设铁路智能检测监测设施，实现动车组、机车、车辆等载运装备和轨道、桥隧、大型客运站等关键设施服役状态在线监测、远程诊断和智能维护。建设智能供电设施，实现智能故障诊断、自愈恢复等。发展智能高速动车组，开展时速600公里级高速磁悬浮、时速400公里级高速轮轨客运列车研制和试验。提升智能建造能力，提高铁路工程建设机械化、信息化、智能化、绿色化水平，开展建筑机器人、装配式建造、智能化建造等研发应用。

3.智慧航道。建设航道地理信息测绘和航行水域气象、水文监测等基础设施，完善高等级航道电子航道图，支撑全天候复杂环境下的船舶智能辅助航行。建设适应智能船舶的岸基设施，推进航道、船闸等设施与智能船舶自主航行、靠离码头、自动化装卸的配套衔接。打造"陆海空"一体化的水上交通安全保障体系。

4.智慧港口。引导自动化集装箱码头、堆场库场改造，推动港口建设养护运行全过程、全周期数字化，加快港站智能调度、设备远程操控、智能安防预警和港区自动驾驶等综合应用。鼓励港口建设数字化、模块化发展，实现建造过程智能管控。建设港口智慧物流服务平台，开展智能航运应用。建设船舶能耗与排放智能监测设施。应用区块链技术，推进电子单证、业务在线办理、危险品全链条监管、全程物流可视化等。

5.智慧民航。加快机场信息基础设施建设，推进各项设施全面物联，打造数据共享、协同高效、智能运行的智慧机场。鼓励应用智能化作业装备，在智能运行监控、少人机坪、机坪自主驾驶、自助智能服务设备、智能化行李系统、智能仓储、自动化物流、智慧能源管理、智能视频分析等领域取得突破。推进内外联通的机场智能综合交通体系建设。

6.智慧邮政。推广邮政快递转运中心自动化分拣设施、机械化装卸设备。鼓励建设智能收投终端和末端服务平台。推动无人仓储建设，打造无人配送快递网络。建设智能冷库、智能运输和快递配送等冷链基础设施。推进库存前置、智能分仓、科学配载、线路优化，实现信息协同化、服务智能化。推广智能安检、智能视频监控和智能语音申诉系统。建设邮政大数据中心。开展新型寄递地址编码试点应用。

资料来源 交通运输部. 交通运输部关于推动交通运输领域新型基础设施建设的指导意见［EB/OL］.［2020-08-06］. https://www.mot.gov.cn/2020wangshangzhibo/2020eighth/xiangguanziliao/202008/t20200806_3448021.html.节选.

8.4.3 管道运输概述

管道运输是利用管道设施设备输送气体、液体和粉状固体的一种运输方式。其运输形式是通过机泵给货物以压能，使货物本身连续不断地沿着管道流向目的地，所运货物主要有油品、天然气、二氧化碳气体、煤浆及其他矿浆等。传统的管道运输常见于城市生活和工业生产的自来水输送系统、污水排放系统、煤气或天然气输送系统，以及工业石油输送系统等。新兴的管道运输主要是指用管道来输送煤炭、矿石、垃圾等固体货物的输送系统。

管道运输与其他运输方式最大的不同是：管道既是运输工具设备，又是运输通道设施。由于管道设备是静止不动的，属于密封设备，在运输过程中可避免散失、丢失等损失，也不存在其他运输设备本身在运输过程中消耗动力所形成的无效运输问题。另外，管道运输量大，适合于大量且连续不断运送的物资。

据统计，世界上超过85%的原油通过管道方式进行输送。管道运输作为输送原油和成品油最主要的方式之一，其发展与能源工业，尤其是石油工业的发展密切相关。现代管道运输起源于19世纪中叶，1865年美国宾夕法尼亚建成世界上第一条原油管道。输油管道的建设发展至今已近160年，由于发展初期技术比较落后，发展速度较为缓慢，直到20世纪60年代，全球原油管道的发展才进入了快速时期。

相比于世界原油管道的发展，我国原油管道的发展起步较晚。我国的管道网建设始于20世纪50年代末期新疆建成的全长为147公里、管径为150毫米的克拉玛依—独山子输油管道。1974年12月27日，我国第一条“地下大动脉”——大庆至秦皇岛输油管道建成并成功输油。它不仅确保了大庆油田原油的外输，也令管道运输成为我国继铁路、公路、航运、水运之后的第五大新兴运输行业。1970年8月至1975年9月间，东北地区先后铺设8条输油管道，长达2 471公里，累计输油量超过20亿吨，相当于4 000多万个火车皮的运力，从根本上扭转了我国油田“以运定产”的生产被动局面，为我国的工业生产及经济发展做出了巨大的贡献。根据统计，截至2020年年底，我国油气管道总里程达16.5万公里，其中原油管道为3.1万公里，成品油管道为3.2万公里，天然气管道为10.2万公里。

近年来，我国逐步建立了东北、西北、西南、东部沿海等国内原油管网，逐步落实了东北通道、西北通道、西南通道等陆上原油进口通道的建设。截至2017年年中，我国建成舟山、舟山扩建、镇海、大连、黄岛、独山子、兰州、天津及黄岛国家石油储备基地，共9个国家石油储备基地，利用上述储备库及部分社会企业库容，储备原油3 773万吨。随着2017年以来国际油价持续低迷，国内经济发展步入新常态，油气储运行业发展也迎来新的挑战。通过“一带一路”倡议构建的亚投行、丝路基金、中非发展基金等投融资平台，都将为我国国际油气通道建设发展带来新的历史性机遇。面对我国经济快速发展、能源供需不平衡等问题，我国急需大力创新发展原油管道创新技术。2021年4月，国家石油天然气管网集团有限公司（以下简称国家管网集团）正式接管原中国石油昆仑能源下属北京天然气管道有限公司（以下简称北京管道公司）和大连液化天然气有限公司（以下简称大连LNG公司）股权。它标志着我国油气体制改革的关键一步——油气主干管网资产整合已全面完成，实现了我国全部油气主干管网并网运行，进一步实现了我国油气管网的互联互通，加速打造了“全国一张网”。在此次收购的资产中，北京管道公司下属资产主要为陕京管道系统，主要包括陕京一线、陕京二线、陕京三线、陕京四线、永唐秦管道、唐山LNG外输管道、大唐煤制气外输管道北京段、港清线、港清复线、港清三线及两座储气库群（大港、华北），总里程为5 387公里，途经陕西、内蒙古、山西、河北、北京、天津四省两市，连接西北、华北和华东天然气资源，主要服务于华北地区与环渤海区域，全年总供气量超350亿立方米，是“全国一张网”不可或缺的重要组成部分。此次国家管网集团资产重组交易完成，使我国油气体制更加凸显市场在资源配置中的关键作用；同时，国家管网集团的全国干线油气管网布局更加完善，对于进一步打造“全国一张网”、提升油气资源配置效率、保障国家能源安全具有重要意义。未来，这一改革成果必将进一步带动油气产供储销体系建设，实现公平开放、运销分离，为“十四五”期间油气体制改革的持续深化提供有力支持。

8.4.4 管道运输的特点

管道运输与其他运输方式相比，有如下特点：

（1）运量大。根据其管径的大小不同，其每年的运输量可达数百万吨到几千万吨，甚至超过亿吨。

（2）占地少。运输管道通常埋于地下，埋于地下的部分占管道总长度的95%以上，对土地的占用少，仅为公路的3%、铁路的10%左右。

（3）建设周期短，费用低。通常管道运输系统的建设周期要比相同运量的铁路建设周期短1/3以上。管道建设费用比铁路低60%左右。

（4）管道运输耗能少，成本低，效益好。原油管道的单位能耗只相当于铁路的1/12~1/7。以运输石油为例，管道运输、水路运输、铁路运输的运输成本之比为1 : 1 : 1.7。

（5）安全可靠，连续性强。管道运输装备将石油、天然气等与空气、水、土壤隔绝，安全密闭，基本上不产生废渣废液，不会对环境造成污染，能较好地满足运输工程的绿色化要求。同时，不受恶劣气候的影响，能够长期安全稳定运行。

（6）灵活性差。管道运输不如其他运输方式灵活，承运的货物比较单一，主要适用于液体和气体的输送。对一般用户来说，管道运输常要与铁路运输或汽车运输、水路运输配合才能完成全程输送。

8.4.5 管道运输设施的组成与运输管道的分类

1）管道运输设施的组成

管道运输设施包括：管线设施；管道站、库设施；附属设施。

长距离输油管组成及输油的流程如图8-27所示。

（1）管线设施。管道的线路设施是管道的主体，主要有石油管道和天然气管道。

① 管道本体，由钢管及管阀件组焊而成。

② 管道的防腐保护设施，包括阴极保护站、阴极保护测试桩、阳极地床和杂散电流排流站。

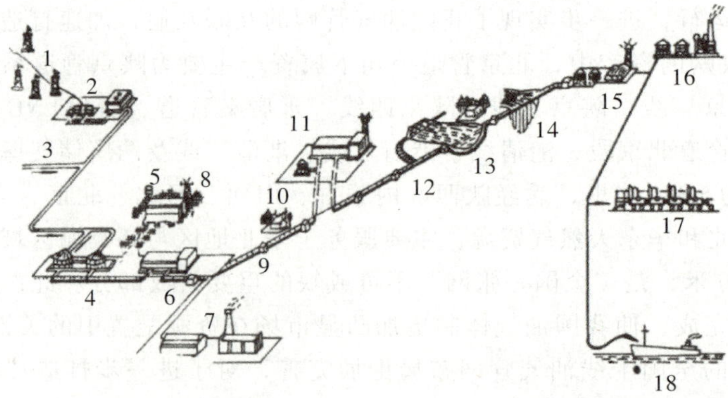

1——井场；2——输油站；3——来自油田的输油管；4——首站罐区和泵房；5——全线调度中心；6——清管器发放室；7——首站锅炉房；8——微波通信塔；9——线路阀室；10——维修人员住所；11——中间输油站；12——穿越铁路；13——穿越河流；14——跨越工程；15——车站；16——炼厂；17——火车装油线桥；18——油轮码头。

图 8-27　长距离输油管组成及输油的流程

③ 管道水工防护构筑物、抗震设施、管堤、管桥及管道专用涵洞和隧道。

（2）管道站、库设施。按照管道站、库位置的不同，管道站分为首站（起点站）、中间站和末站（终点站）。按照所输介质的不同，管道站又可分为输油站和输气站。输油站包括增压站（泵站）、加热站、热泵站、减压站和分输站；输气站包括压气站、调压计量站和分输站等。

（3）附属设施。管道附属工程主要包括管道沿线修建的通信线路工程、供电线路工程和道路工程。此外还有管理机构、维修机构及生活基地等设施。

2）运输管道的分类

（1）按所输送的物品不同分类。

①原油管道。原油运输是将原油输送到炼油厂、港口或铁路车站，其运输特点是输量大、运距长、收油点和交油点少，世界上的原油有85%以上是用管道输送的。

②成品油管道。成品油管道输送汽油、煤油、柴油、航空煤油和燃料油，以及从油气中分离出来的液化石油气等。其特点是批量多、交油点多，因此管道的起点段管径大，输油量大；经多处交油分输以后，输油量减少，管径亦随之变小，从而形成成品油管道多级变径的特点。

③天然气管道。输送天然气和油田伴生气的管道，包括集气管道、输气干线和配给气管道（如图 8-28 所示）。

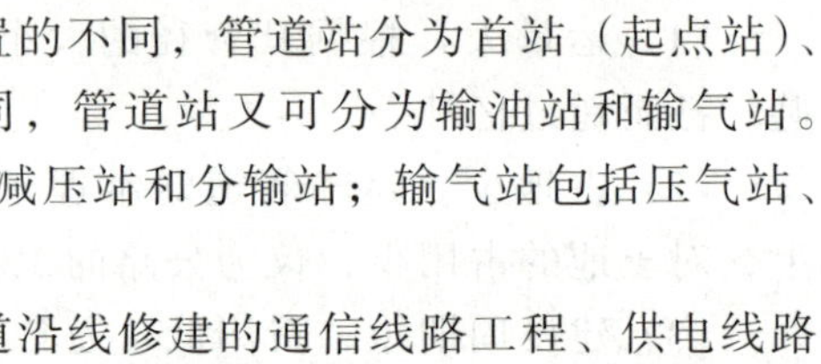

图 8-28　中国的西气东输工程跨越黄河

④固体料浆管道。固体料浆管道是20世纪50年代中期发展起来的，到70年代初已建成能输送大量煤灰的料浆管道。其输送方法是将固体粉碎，掺水制成浆液，再用泵按液体管道输送工艺进行输送。

（2）按用途不同分类。

① 集输管道。它是指从油（气）田井口装置经集油（气）站到起点压气站的管道，主要用于收集从地层中采出的未经处理的原油（天然气）。

② 输油（气）管道。以输气管道为例，它是指从气源的气体处理厂或起点压气站到各大城市的配气中心、大型用户或储气库的管道，以及气源之间相互连通的管道，输送经过处理符合管道输送质量标准的天然气，是整个输气系统的主体部分。

③ 配油（气）管道。对于油品管道来说，它是指在炼油厂、油库和用户之间的管道；对于输气管道来说，是指从城市调压计量站到用户支线的管道，压力低、分支多、管网稠密、管径小，除大量使用钢管外，低压配气管道也可用塑料管或其他材质的管道。

8.4.6 管道设施的维护

1）管道防腐

尽管管道运输设施具有便于管理、运行安全的特点，但由于其输送管道大多深埋于地下，受到来自大气腐蚀、细菌腐蚀、土壤腐蚀、杂散电流腐蚀等威胁，因此应根据具体情况，采取防护措施。

（1）选用耐腐蚀材料，如聚氯乙烯管、含铅和含钛的合金钢管等。

（2）采用内外壁防腐绝缘层，将钢管与腐蚀介质隔离。

（3）埋地管线的阴极保护，通常有两种办法：一种是给埋地管线施加外电流以抑制其原来存在的腐蚀电流；另一种办法是在待保护的金属管线上连接一种电位更负的金属材料，形成一个新的腐蚀电池，通过对这一金属材料的腐蚀来保护管线。

（4）杂散电流腐蚀的保护，是根据判断管道杂散电流强度的大小，采取相应的保护措施，如采用直排流保护，即利用导线连接管线与电气化铁路的回归线，将杂散电流送回。

（5）在输送或储存介质中加入缓蚀剂抑制内壁腐蚀。

（6）根据不同情况，对上述几种方法进行组合使用，达到综合防腐的效果，如常采用防腐绝缘层加阴极保护。

2）管道清洗

（1）物理清洗。它包括高压水射流清洗、机械法清洗、喷砂清洗、电子跟踪清洗、爆炸法清洗等。

（2）化学清洗。向管道内投入含有化学试剂的清洗液，与污垢进行化学反应，然后用水或蒸汽吹洗干净，多用于金属管道、不锈钢管道和管道脱脂。

（3）物理和化学结合清洗。将物理方法和化学方法进行结合，开发出多种实用的复合清洗方法，实现两种方法的取长补短、相辅相成，达到较好的清洗效果。

此外，管道虽然是一种最安全的运输装备，但一旦发生事故，其后果是灾难性的，因此必须加强对管道运输装备的风险管理。

拓展阅读8-4

2021年交通运输行业发展统计公报

一、基础设施

（一）铁路。

年末全国铁路营业里程达15.0万公里，其中高铁营业里程达4万公里。铁路复线率为59.5%，电化率为73.3%。全国铁路路网密度为156.7公里/万平方公里。

（二）公路。

年末全国公路总里程为528.07万公里，比上年年末增加8.26万公里。公路密度为55.01公里/百平方公里，增加0.86公里/百平方公里。公路养护里程为525.16万公里，占公路总里程比重为99.4%。

（三）水路。

1．内河航道。

年末全国内河航道通航里程为12.76万公里，比上年年末减少43公里。等级航道通航里程为6.72万公里，占总里程比重为52.7%，其中三级及以上航道通航里程为1.45万公里，占总里程比重为11.4%。

2．港口。

年末全国港口生产用码头泊位为20 867个，比上年年末减少1 275个。其中，沿海港口生产用码头泊位为5 419个、减少42个，内河港口生产用码头泊位为15 448个、减少1 233个。

年末全国港口万吨级及以上泊位为2 659个，比上年年末增加67个。从分布结构看，沿海港口万吨级及以上泊位为2 207个，增加69个；内河港口万吨级及以上泊位为452个，减少2个。从用途结构看，专业化万吨级及以上泊位为1 427个，增加56个；通用散货万吨级及以上泊位为596个，增加4个；通用件杂货泊位为421个，增加6个。

（四）民航。

年末颁证民用航空运输机场为248个，比上年年末增加7个，其中定期航班通航机场为248个，定期航班通航城市（或地区）为244个。

全年旅客吞吐量达100万人次以上的机场为96个，比上年年末增加11个，其中全年旅客吞吐量达1 000万人次以上的机场为29个，增加2个。全年货邮吞吐量达10 000吨以上的机场为61个，增加2个。

二、运输装备

（一）铁路。

年末全国拥有铁路机车2.2万台，其中内燃机车为0.8万台、电力机车为1.4万台；拥有铁路客车7.8万辆，其中动车组为4 153标准组、动车为33 221辆；拥有铁路货车96.6万辆。

（二）公路。

年末全国拥有公路营运汽车1 231.96万辆，比上年年末增长5.2%。分结构看，拥有载客汽车58.70万辆、1 751.03万客位，分别下降4.2%和4.9%；拥有载货汽车1 173.26万辆、17 099.50万吨位，分别增长5.7%和8.3%，其中普通货车为406.94万辆、4 923.43万吨位，分别下降1.7%和增长5.6%，专用货车为60.39万辆、718.76万吨位，分别增长19.2%和20.5%，牵引车为346.68万辆，增长11.5%，挂车为359.25万辆，增长7.4%。

（三）水路。

年末全国拥有水上运输船舶12.59万艘，比上年年末下降0.7%，其中净载重量为

28 432.63万吨，增长5.1%；载客量为85.78万客位，下降0.3%；集装箱箱位为288.43万标准箱，下降1.6%。

（四）城市客运。

年末全国拥有城市公共汽电车70.94万辆，比上年年末增长0.7%，其中纯电动车为41.95万辆，增长10.8%，占整个城市公共汽电车比重为59.1%，提高5.4个百分点；拥有城市轨道交通配属车辆5.73万辆，增长15.9%；拥有巡游出租汽车139.13万辆，下降0.2%；拥有城市客运轮渡船舶196艘，增长1.0%。

资料来源　交通运输部．2021年交通运输行业发展统计公报［EB/OL］．［2022-05-25］．https：//xxgk.mot.gov.cn/2020/jigou/zhghs/202205/t20220524_3656659.html.节选．

思政专栏

提高"一带一路"物流保障能力

国际物流保障是"一带一路"建设的重要方面，在推动"一带一路"建设走深走实上发挥着重要作用。当前，共建"一带一路"的国际物流保障能力还比较薄弱，不仅部分参与国家和地区内部面临基础设施瓶颈，各参与国家和地区之间在基础设施互联互通上也存在一些短板，导致一些国家和地区难以发挥资源、劳动力等方面的比较优势，也影响生产要素和商品顺畅流动。为提升"一带一路"参与国家和地区基础设施互联互通水平，提高共建"一带一路"的国际物流保障能力，我国可发挥自身在资金、技术和基础设施建设等方面的优势，加强同其他参与国和地区在基础设施建设等方面的合作，依托交通基础设施互联互通，打造国际物流合作平台，通过物流技术体系建设、物流供需精准对接、物流新领域的前瞻性布局，为共建"一带一路"走深走实提供切实有效的国际物流保障。

加强物流技术体系建设合作。加强我国与"一带一路"参与国家和地区的物流技术合作，是提高共建"一带一路"国际物流保障能力的重要基础。物流技术体系涉及硬件设施、技术装备、服务模式和国际规则等，对国际物流发展的先导和支撑作用日益凸显。因此，强化共建"一带一路"的国际物流保障能力，应以物流技术体系建设为先，按照参与国家和地区的产能与经贸合作要求，共建包括港口铁路管网等设施的标准与技术等级、物流装备技术性能、跨国物流运行规程、国际规则标准等在内的物流技术体系，以技术支撑物流一体化运作，提高"一带一路"建设的国际物流保障能力。

强化海陆重要贸易大通道的国际物流组织能力。"一带一路"建设跨越大洋、横穿大陆，构建"一带一路"国际物流保障体系应坚持海陆并重，尤其要强化重要贸易大通道的国际物流组织能力建设。应发挥我国远洋商船队的规模优势，引导国际航线网络科学布局，确保"一带一路"新兴投资热点区域、经济增长区域的重要枢纽节点顺畅接入网络，形成符合"一带一路"建设格局的远洋物流新布局。应以新亚欧大陆桥等经济走廊为引领，以中欧班列、陆海新通道等大通道和信息高速路为骨架，依托内陆枢纽扩大货源组织规模与范围，携手相关国家和地区打造陆路物流服务新品牌，与沿线国家和地区共同制定适用于陆路物流与贸易的新规则，提高陆上物流保障能力。

资料来源　谢雨蓉，樊一江．提高"一带一路"物流保障能力［N］．人民日报，2019-11-11（13）．节选．

解读："一带一路"参与国大多是发展中国家，基础设施短缺、服务体系不健全是造成这些国家物流保障能力不强的重要原因。因此，加强与沿线国家和地区的物流技术体系建设合作，强化海陆重要贸易大通道的国际物流组织能力，能为共建"一带一路"走深走实提供切实有效的国际物流保障。

基本训练

1.单项选择题

(1) 能够实现门对门取货的运输方式是（　　）。

A.公路运输　B.铁路运输　C.水路运输　D.航空运输

(2) 客车是指乘坐（　　）人以上的载客汽车。

A.7　B.8　C.9　D.10

(3) 从经济效益上讲，汽车的运输距离应在（　　）公里以内。

A.200　B.500　C.1000　D.2000

(4) 全球运输量最大的是（　　）。

A.公路运输　B.铁路运输　C.水路运输　D.航空运输

(5) 下列（　　）是铁路货车的卸车要求。

A.货物可以残留　B.车内壁的紧固物要清理干净

C.运送任何货物都不必洗刷　D.车门不必关闭

(6) 专用于粉末状、颗粒状、块状等非包装类大宗货物运输的船舶是（　　）。

A.杂货船　B.散货船　C.滚装船　D.驳船

(7) 航程在3 000～5 000公里的飞机属于（　　）。

A.远程飞机　B.中程飞机　C.近程飞机　D.中远程飞机

(8) 对于液体和气体的运输，最适合的运输方式是（　　）。

A.公路运输　B.铁路运输　C.水路运输　D.管道运输

2.多项选择题

(1) 汽车的基本结构是由（　　）组成的。

A.发动机　B.底盘　C.电气设备　D.车身

(2) 汽车运输的特点有（　　）。

A.活动范围大　B.成本较低　C.污染比较严重　D.适合远程运输

(3) 铁路运输的优点有（　　）。

A.运输能力大　B.安全性强

C.货物毁损或丢失事故少　D.能够实现门到门服务

(4) 船舶的主要性能有（　　）。

A.浮性　B.稳性　C.经济性　D.耐波性

(5) 航空运输的主要优点有（　　）。

A.快速性　B.安全性强　C.机动性大　D.投资少

3.简答题

(1) 汽车的型号是如何规定的？

（2）汽车运输的特点有哪些？
（3）道路货运站的生产设施构成和设备配置有哪些？
（4）铁路运输的特点是什么？
（5）货车在装卸货时需注意哪些问题？
（6）提高船舶装载能力的基本途径有哪些？
（7）港口作业区由哪些设施构成？
（8）如何进行管道设备的维护？

综合应用

1.案例分析题

打造中国高铁亮丽名片

高铁是交通运输现代化的重要标志，也是一个国家工业化水平的重要体现。我国高铁发展虽然比发达国家晚40多年，但依靠党的领导和新型举国体制优势，经过几代铁路人接续奋斗，实现了从无到有、从追赶到并跑、再到领跑的历史性变化。

成功建设了世界上规模最大、现代化水平最高的高速铁路网。以2008年我国第一条设计时速350公里的京津城际铁路建成运营为标志，一大批高铁相继建成投产。特别是党的十八大以来，我国高铁发展进入快车道，年均投产3 500公里，发展速度之快、质量之高令世界惊叹。

——营业里程世界最长。到2020年年底，我国高铁营业里程达到3.79万公里，占世界高铁总里程的69%。其中，时速300~350公里的高铁营业里程为1.37万公里，占比为36%；时速200~250公里的高铁营业里程为2.42万公里，占比为64%。

——商业运营速度世界最快。目前，在京沪、京津、京张、成渝等高铁线路上，复兴号以时速350公里运营。我国是世界上唯一实现高铁时速350公里商业运营的国家，树起了世界高铁商业化运营标杆，以最直观的方式向世界展示了“中国速度”。

——运营网络通达水平世界最高。从林海雪原到江南水乡，从大漠戈壁到东海之滨，我国高铁跨越大江大河、穿越崇山峻岭、通达四面八方，“四纵四横”高铁网已经形成，“八纵八横”高铁网正加密成形，高铁已覆盖全国92%的50万人口以上的城市。

形成了具有自主知识产权的世界先进高铁技术体系。目前形成了涵盖高铁工程建设、装备制造、运营管理三大领域的成套高铁技术体系，高铁技术水平总体进入世界先进行列，部分领域达到世界领先水平，迈出了从追赶到领跑的关键一步。目前，我国已经形成涵盖时速160~350公里不同速度等级，能够适应高原、高寒、风沙等各种运营环境的复兴号系列产品。2021年6月25日，随着拉萨至林芝铁路开通运营，复兴号高原内电双源动力集中动车组顺利开进西藏、开到拉萨，历史性地实现了复兴号对31个省（区、市）的全覆盖。为适应我国高铁成网运营对通信信号和牵引供电技术的特殊要求，自主研发了CTCS-3级列车控制系统，建成了高铁供电调度控制系统(SCADA)，使高铁网具备功能强大、安全可靠的中枢神经系统和电力供应系统。北斗导航、5G、大数据等先进技术在高铁得到成功应用。

资料来源 陆东福．打造中国高铁亮丽名片［J］．求是，2021（15）．节选．

问题：中国高铁见证着中国综合国力的飞跃。中国高铁的发展，承载着习近平总书记和党中央的殷切期望。习近平总书记对我国高铁发展极为关怀，从指出“复兴号奔驰在祖国广袤的大地上”“复兴号高速列车迈出从追赶到领跑的关键一步”，到肯定“高铁动车体现了中国装备制造业水平”“是一张亮丽的名片”，再到提出“我国自主创新的一个成功范例就是高铁”“现在已经领跑世界”，为高铁发展提供了强大动力。中国高铁的发展给了我们什么启示？

2. 实训题

● 目标

了解各种形式的运输设备的特点。

● 内容

结合当前物流业的发展趋势，通过互联网收集有关智能运输设备应用的代表性案例。

● 时间

本章授课后的周末时间。

● 步骤

（1）同学们3～5人一组，制订资料收集方案。

（2）进行相关资料收集工作。

（3）对收集得到的资料进行分析，整理成文字材料，并制作PPT。

（4）各组在班级进行交流、讨论。

第9章 信息平台与设备

- 学习目标
- 9.1 条码设备
- 9.2 条码数据采集设备
- 9.3 射频设备
- 9.4 IC卡识读设备
- 9.5 POS及POS系统的应用
- 9.6 GPS设备
- 9.7 北斗卫星导航系统
- 9.8 道路运输车辆卫星定位系统
- 9.9 物联网技术及其在物流中的应用
- 思政专栏
- 基本训练
- 综合应用

学习目标

□ 知识目标：明确信息平台设备的类型，掌握硬件组成的特点、性能指标。

□ 技能目标：掌握条码识别系统的组成和条码的识别原理；通过学习能够掌握信息平台设备与经济的可持续发展之间的关系。

□ 素养目标：充分认识现代信息技术对物流业发展的重要影响。

【引例】

形成商贸流通新平台新业态新模式　物流企业亟须降本增效加速整合

2022年4月10日，《中共中央 国务院关于加快建设全国统一大市场的意见》（以下简称《意见》）发布，提出建设现代流通网络，优化商贸流通基础设施布局，加快数字化建设，推动线上线下融合发展，形成更多商贸流通新平台、新业态、新模式。

“建立统一大市场众望所归。”安能物流相关负责人对《证券日报》记者说道，物流行业具有跨省运输的天然属性，但各地不同的标准正在加速暴露行业短板，尤其在新冠肺炎疫情期间，各地防疫标准不统一正在拉低物流业运输效率。因此，需要一个全国统一大市场。

安能物流方面表示，建立全国统一大市场的核心是打破地方壁垒，在全国范围内物通天下，货畅其流。

“打通堵点、打破地方保护和市场分割，有助于商品要素资源在更大范围内畅通流动，这意味着市场空间进一步扩展以及经营成本降低。”有物流企业相关人士向《证券日报》记者表示，希望有关部门加强政策宣导、政策执行和监督，让好的政策切实落地，以促进第三方物流企业更好地服务于实体经济发展，加快建设全国统一大市场。

长久物流方面相关负责人亦对《证券日报》记者表示，《意见》从强化市场基础制度规则统一、推进市场设施高标准联通、打造统一的要素和资源市场等6个方面提出30项意见，涵盖全国统一大市场建设的方方面面。

“大力发展第三方物流，有助于降低社会整体的物流运作成本。”易观分析品牌零售行业分析师魏建辉向《证券日报》记者表示，目前，我国具备世界影响力的第三方物流企业较少，且具备综合化服务能力的物流供应链企业更少。而物流综合化服务水平是支撑未来我国消费升级和产业结构改革的重要力量。

《意见》提出，大力发展第三方物流，支持数字化第三方物流交付平台建设，推动第三方物流产业科技和商业模式创新，培育一批有全球影响力的数字化平台企业和供应链企业，促进全社会物流降本增效。

由此可见，物流行业变革已是大势所趋。

资料来源　李春莲，李乔宇. 形成商贸流通新平台新业态新模式　物流企业亟须降本增效加速整合［N］. 证券日报，2022-04-12.

在我国物流费用结构中，运输费用占比最高，有时甚至超过一半。物流业要降本增效，运输环节是重头。支持数字化第三方物流交付平台建设，打造商贸流通新平台新业态新模式，是加快建设全国统一大市场的重要举措。

9.1　条码设备

9.1.1　条码识别系统

条码技术是在计算机技术与信息技术基础上发展起来的一门集编码、印刷、识别、数据采集和处理于一身的新兴技术。条码技术的核心内容是利用光电扫描设备识读条码符号，从而实现机器的自动识别，并快速准确地将信息输入到计算机进行数据处理，以达到自动化管理的目的。实现自动识别及数据自动录入，就是对商品在出库、入库、分拣、运输等过程中的各种信息进行及时捕捉，以解决数据录入和数据采集的“瓶颈”问题。随着计算机网络技术和信息技术的发展，可通过网络系统实现各类物流数据和信息的传输，包括日常查询、计划等。

条码设备是物流信息处理中使用最广泛的一种信息处理设备。

1）条形码概述

条形码简称“条码”，是由一组黑白相间、宽度不同、反射率不同的条和空，按照一定的编码规则（码制）编制成的，用以表达一组数字或字母符号信息的图形标识符。到目前为止，条码技术已经由一维条码、二维条码发展到三维条码。

（1）一维条码。一维条码符号是由一组规则排列的黑白相间的条纹组成的图形符号（如图9-1所示）。根据排列规则的规定，这组图形符号用来表示数字、字符和符号等信息。阅读时，当一束光通过条码符号时，因为条码的码条与间隔反射径不同，所以反射回来的光强也不同，利用光敏元件接收它并输出与之对应的高低电平，这种脉冲经过译码就转变为可输入到计算机的信息。

9190000001120929

919000004452111

图9-1　一维条码

（2）二维条码。二维条码也叫二维码（如图9-2所示），是用某种特定的几何图形按一定规律黑白相间地分布在平面（二维方向上）中来记录数据符号信息的；在代码编制上巧妙地利用构成计算机内部逻辑基础的0、1比特流的概念，使用若干个与二进制相对应的几何形体来表示文字数值信息，通过图像输入设备或光电扫描设备自动识读以实现信息自动处理。

12345678901234567890l2

（a）Code one　（b）Data Matrix　（c）Maxicode

（d）四一七条码　（e）49k码　（f）16k码

图9-2　二维条码

PDF417条码是一种堆叠式二维条码（如图9-3所示），目前应用较广泛。PDF417条码是由美国SYMBOL公司发明的，PDF（portable data file）意思是“便携数据文件”。组成条码的每一个条码字符由4个条和4个空共17个模块构成，故称为PDF417条码。PDF417条码需要有417解码功能的条码阅读器才能识别。PDF417条码最大的优势在于其庞大的数据容量和极强的纠错能力。

图9-3 PDF417条码

（3）三维条码。三维条码也叫三维码（如图9-4所示），在相同的编码面积上，其最大可表示的数据量是PDF417条码的10倍以上，所以可以在普通大小的编码内包含大量的、足够识别真伪的辅助信息。它主要利用色彩或灰度（或称黑密度）表示不同的数据并进行编码，可在各种需要保密及防伪等重要领域中应用，如对各种证件、文字资料、图标及照片等进行编码。由深圳大学光电子学研究所开发的任意进制三维码技术，是一项具有完全自主知识产权的条码技术。与传统二维条码相比，三维码具有更大的信息容量、相同的识别便易性和较好的安全性。在中国物联网校企联盟的“科技融合体”模型中，三维码的出现是图像识别以及信息时代的需求共同催生的产物。

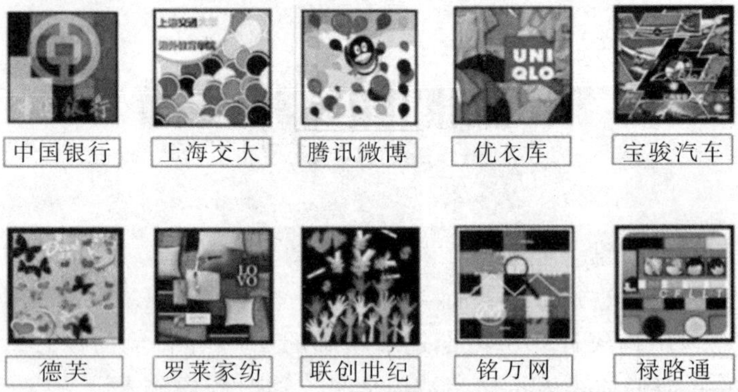

图9-4 三维条码

2）商品条码

国际上通用的商品条码是EAN码，最早被大规模应用的商品条码是UPC码。

（1）国际通用商品条码（EAN码）。EAN（european article number）码是国际物品编码协会制定的一种商品用条码，通用于全世界。EAN码有标准版（EAN-13码）和缩短版（EAN-8码）两种。标准版由13位数字构成，又称EAN-13码；缩短版由8位数字构成，又称E-AN8码。EAN码由前缀码、厂商识别码、商品项目代码和校验码组成。前缀码是EAN组织标识各会员组织的代码，我国为690～699；厂商识别码是EAN组织在EAN分配的前缀码的基础上分配给厂商的代码；商品项目代码由厂商自行编码；校验码是为了校验代码的正确性。在编制商品项目代码时，厂商必须遵守商品编码的基本原则：对同一项目的商品必须编制相同的商品项目代码；对不同项目的商品必须编制不同的商品项目代码。保证商品项目与其标识代码一一对应，即一个商品项目只有一个代码，一个代码只标识一个商品项目（如图9-5所示）。

图9-5　EAN码

我们日常购买的商品包装上所印的条码一般就是EAN码。另外，图书和期刊作为特殊的商品采用了EAN-13表示ISBN和ISSN。前缀977被用于期刊号ISSN，图书号ISBN用978为前缀，我国被分配使用7开头的ISBN号，因此我国出版社出版的图书上的条码全部为9787开头。

（2）美国商品条码（UPC码）。UPC（universal product code）码是最早被大规模应用的商品条码，是美国统一代码委员会制定的一种商品用条码，是一种长度固定、连续性的条码，主要被应用于美国和加拿大地区。由于其应用范围广泛，故又称万用条码。

UPC码也有标准版和缩短版两种，标准版由12位数字构成，缩短版由8位数字构成。UPC-A码由左侧空白区、起始符、左侧数据符、中间分隔符、右侧数据符、校验符、终止符、右侧空白区及供人识别字符构成，符号结构基本与EAN-13码相同。UPC-E码是UPC-A码的简化，其编码方式是将UPC-A码整体压缩成短码，以方便使用，因此其编码形式须经由UPC-A码来转换。UPC-E码由6位数码与左右护线组成，无中间线。6位数字码的排列方法取决于检查码的值。UPC-E码只用于国别码为0的商品（如图9-6所示）。

图9-6　UPC码

3）条形码识读系统的组成

条形码识读系统是条码系统的重要组成部分。它由扫描系统、信号整形、译码3部分组成（如图9-7所示）。扫描系统由光学系统及探测器（即光电转换器）组成；信号整形部分由信号放大、滤波和整形组成；译码部分则由译码器及通信部分（即接口电路）组成。

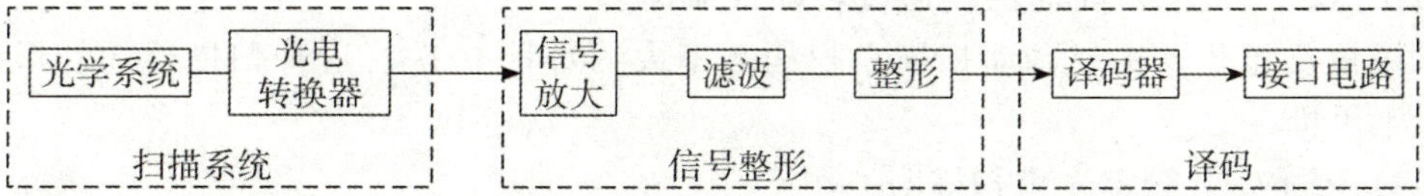

图9-7　条形码识读系统组成

9.1.2 光电扫描器

人们根据不同的用途和需要设计了各种类型的光电扫描器。光电扫描器的结构如图9-8所示。按物理形式（如形状、操作方式等）和扫描机理（如扫描方式、光电特性等）不同把光电扫描器分成如下几类：

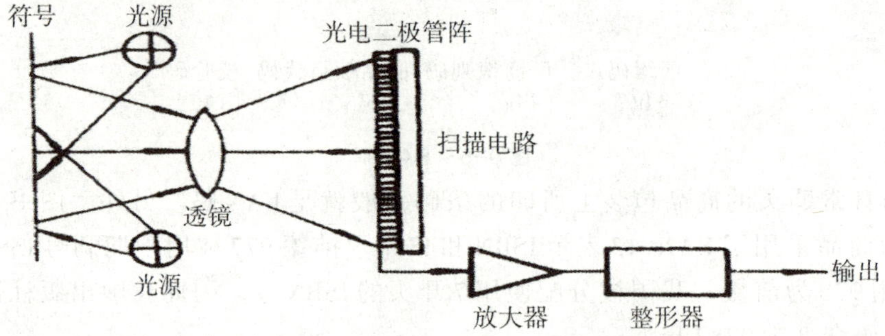

图9-8 光电扫描器的结构

1）手持固定光束接触式扫描器

这种扫描器的光束是相对固定的，靠手动接触条码符号才能进行扫描动作。由于扫描动作是靠操作者手动来实现的，所以从外形上看，这种扫描器通常有两种形状，即杆形和手枪形，又称光笔。

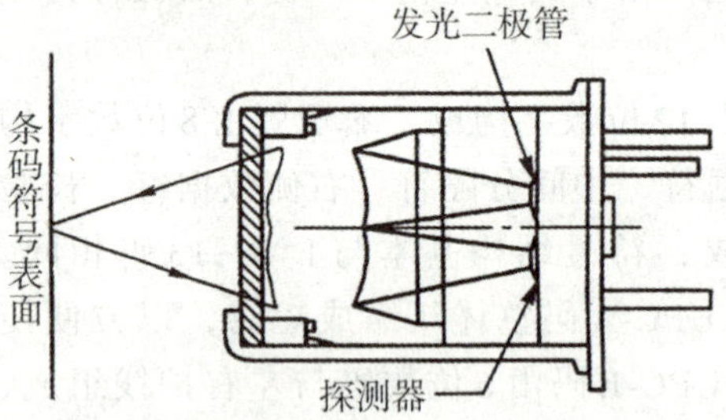

图9-9 杆形扫描器的工作原理

杆形扫描器的工作原理如图9-9所示，发光二极管发出的光经成像聚焦到条码符号表面，光点的反射光再经光学系统聚焦到探测器上，经光电转换成电信号，电信号经信号整形后输入译码器。

2）手持固定光束非接触式扫描器

这种扫描器也是靠手动实现扫描的，其扫描光束相对于它的物理基座是固定的。在扫描时，扫描器不直接与条码符号接触，而是与条码符号有一定的距离，因而特别适合于软体物品或表面不平物品上的条码符号的扫描，也能对具有较厚保护膜的条码符号进行扫描。为便于操作，通常将这种扫描器设计成手枪形（如图9-10所示）。

图9-10 手持固定光束非接触式扫描器

3）手持移动光束扫描器

这种扫描器一般采用非接触式，扫描动力由扫描器内装的机电系统提供，通过转动或振动多边形棱镜反光装置实现自动扫描。扫描频率大约每秒40次。这种扫描器的外形结构类似于手枪。

4）固定安装固定光束扫描器

由其名称便可知道这是一种安装在某一固定位置的扫描器，一般采用非接触式扫描。它的光束相对于物理基座是固定的，工作方式是利用条码符号相对于扫描器的相对运动来实现扫描。由于它是非接触式扫描，因而具有一定的工作距离和扫描景深。对于被扫描的条码符号来说，它必须在有效的扫描景深和距离范围内从扫描窗口前移动，才能有效地实现扫描。固定安装固定光束扫描器常用于自动流水线上，用来扫描传送带上运动的物品（如图9-11所示）。

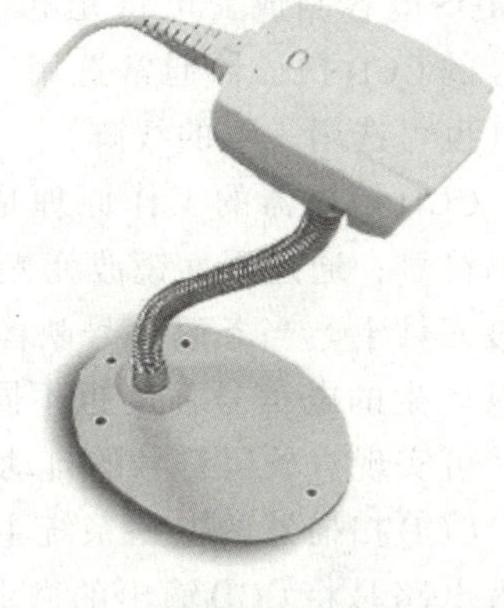
图9-11 固定安装固定光束扫描器

5）固定安装移动光束扫描器

这种扫描器安装在固定的位置上，其工作方式类似于手持移动非接触式扫描器，扫描动作由其内部的机电系统提供。它通常是利用转动或振动多边形棱镜反光装置而实现自动扫描的。扫描频率一般为每秒40次左右。这种扫描常用于无人操作的环境中，用来对流水生产线和自动传送带上的物品进行分类或对数据进行自动采集。它通过扫描器内扫描机构的高速运动，实现对条码符号的扫描。

这种扫描器的扫描光束可以横向扫描，也可以纵向扫描。当条码符号采用“栅栏式”印刷时以横向扫描（如图9-12a所示）；当条码符号采用“阶梯式”印刷时以纵向扫描（如图9-12b所示）。

还有一种被称为全角度的固定安装移动光束扫描器，利用了光的反射现象，对面向扫描光束的、不同角度的条码符号都能阅读。但必须指出的是，任何辅助装置的使用都降低了正常方向扫描的效率。

6）CCD扫描器

这种扫描器与前面介绍的几种扫描器的扫描机理不同，其主要区别是采用了CCD——电荷耦合装置。CCD元件是一种电子自动扫描的光电加热器，也叫CCD图像感应器。它可以代替移动光束的扫描运动机构，不需要增加其他任何运动机构，便可以实现对条码符号的自动扫描。

CCD扫描器通常有两种类型：一种是手持式CCD扫描器（如图9-13所示）；另一种是固定式CCD扫描器。这两种扫描器均属于非接触式，只是形状和操作方式不同，其扫描机理和主要元器件完全相同。其扫描景深和操作距离取决于照射光源的强度与成像镜头的焦距。

a b

图9-12 栅栏式条码和阶梯式条码

图9-13 手持式CCD扫描器

CCD元件采用半导体器件技术制造，通常选用具有电荷耦合性能的光电二极管或MOS电容制成，可将光电二极管排列成一维的线阵和二维的面阵。用于扫描条码符号的CCD扫描器通常选用一维的线阵，而用于平面图像扫描的通常选用二维的面阵（也可选用一维的线阵）。

CCD扫描器的工作原理是：使用多个发光二极管固定泛光源照射系统，以照明条码符号；通过平面镜改变光的方向，再经透镜和光阑等光学系统将条码符号映像到CCD元件上。当条码符号映像到光电二极管阵列上时，由于条和空的反光强度不同，所以产生的电信号强度也不同；通过采集光电二极管阵列中每个光电二极管的电信号，可实现对条码符号的自动扫描。

CCD扫描器的电路系统主要是由放大电路、整形电路、CCD控制电路等组成的。放大电路是将CCD输出的微弱电流进行放大；整形电路是将放大后的模拟脉冲信号整形为数字信号；CCD控制电路主要是为CCD元件提供工作条件，如工作电压、移位脉冲信号等。有些CCD扫描器与译码器一体，如手持便携式条码阅读器。

9.1.3 条码打印机

图9-14 条码打印机

条码打印机是一种专用的条码打印设备，一般为热敏型和热转印型。热敏型需要专用的热敏纸，热转印型使用碳带。条码打印机一般使用标签纸，标签检测装置可自动检测标签的大小和起始位置，可以以标签为单位进行高速打印（如图9-14所示）。

条码打印机的打印精度一般为203dpi，宽度一般为104mm，打印速度可达101.6～254mm/s。其内置的条码生成功能可以高速地打印条码标签，而普通的打印机则需要专门的条码生成程序来生成条码。

条码打印机的编程控制方法较特别，一般的条码打印机都有自己的编程控制语言，如ZEBRA的ZPL语言、DATAMAX语言和DPL语言等，它们与过去DOS时代的针打控制语言相似，利用打印机的控制语言可直接控制打印机的行为，并充分利用条码打印机内置的条码生成功能来提高打印效率。目前大多数条码打印机也提供标准的打印驱动程序，如果将条码打印机当作普通打印机使用，就不能体现条码打印机本身的优越性，如不能利用条码生成功能等。

9.1.4 光电扫描器的选择

在设计自己的条码应用系统时，选择哪种识读设备应视具体情况而定，不同的应用场合对识读设备有着不同的要求，用户必须综合考虑，以达到最佳的应用效果。在选择识读设备时，应考虑以下几个因素：

1）光电扫描器的分辨率与条形码符号的密度

无论选择何种类型的光电扫描器，其分辨率都是所要考虑的重要因素。光电扫描器的分辨率通常分为高、中、低3种，不同的分辨率对应不同的条形码符号密度。

2）对工作距离和扫描景深的选择

工作距离是指扫描器到条形码符号之间必要的正常工作距离。这个工作距离有一个范围，即从最大工作距离到最小工作距离。扫描景深是指最大工作距离与最小工作距离之差（如图9-15所示）。

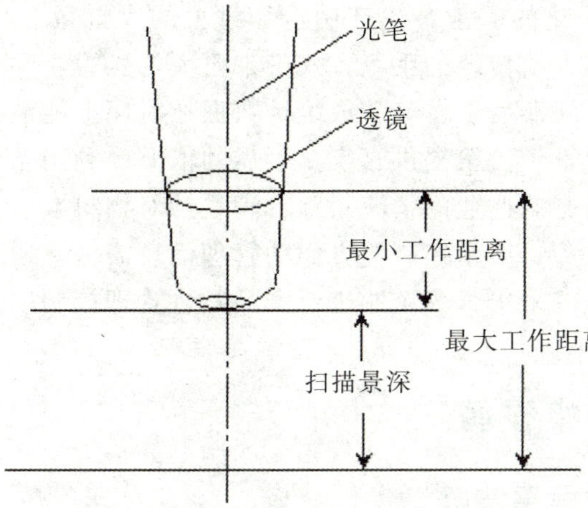

图9-15　扫描器扫描景深示意图

3）对首读率的要求

首读率是条形码阅读系统的一个综合性指标，与条形码符号印刷质量、译码软件设计和光电扫描器的性能均有一定的关系。在工业生产、工业自动控制、自动化仓库等应用领域中往往要求有很高的首读率，因为条形码符号载体在自动流水线上或传送带上移动，只有一次采集数据的机会，如果首读率不能达到100%将会发生丢失数据的现象，造成严重后果。因此在这些应用领域需要选择高首读率的扫描器。

4）条形码符号长度

条形码符号长度是选择扫描器时应考虑的一个因素。有些光电扫描器由于制造技术和元器件技术的限制，规定了最大扫描尺寸。有些行业所使用的条形码符号的长度是随机变化的，在商品编码中通常选用UPC、EAN等码制，这些码制规定了位数，但符号的长度还受印刷密度的影响。因此在变长度的应用领域，要考虑条形码符号的最大长度。

9.1.5　条码技术在供应链物流管理中的应用

一次完整的物流过程是从产品生产出来，通过运输、仓储、加工，再配送到消费者的物流全过程，具体分为以下几个方面：先由生产厂家将生产的单个产品进行包装，并将多个产品集中在大的包装箱内；然后经过运输、批发等，在这一环节中通常需要更大的包装；最后，产品通过零售环节流通到消费者手中，产品通常在这一环节中再还原为单个产品。人们将上述过程的管理称为供应链物流管理。

商品从厂家到消费者的物流过程是客观存在的，长期以来人们缺少主动地、系统地、整体地去考虑，因而未能发挥其系统的总体优势。在供应链物流系统中，生产、分配、销售都不是孤立的行为，而是一环扣一环、相互制约、相辅相成的，因此必须要协调一致，才能发挥其最大效益。

条码技术是在计算机的应用实践中产生和发展起来的一种自动识别技术。它是为实现对信息的自动扫描而设计的，也是实现快速、准确、可靠地采集数据的有效手段。条码技术的应用，解决了数据录入和数据采集的“瓶颈”问题，为供应链物流管理提供了有力的技术支持。

为了满足市场多元化的需求，生产制造从过去的大批量、单品种的模式向小批量、多品种的模式转移，给传统的手工方式带来更大的压力。手工方式效率低，由于各个环节统计数据的时间滞后性，又造成统计数据在时序上的混乱，无法进行整体的数据分析，进而无法给管理决策提供真实、可靠的依据。利用条码技术对物流信息进行采集跟踪，通过对生产制造业的物流跟踪，满足针对物料准备、生产制造、仓储运输、市场销售、售后服务、质量控制等方面的管理信息需求。通过上述各个环节的产品物料信息、产品信息的采集，为企业进行产品质量管理控制以及分析提供了强有力的依据。

9.2 条码数据采集设备

9.2.1 便携式数据采集器

便携式数据终端（portable data terminal，PDT），也称便携式数据采集器或手持终端（hand-hold terminal，HT），又因其用于自动识别条形码，故称作便携式条码扫描终端（以下统称便携式数据采集器）。便携式数据采集器是集激光扫描、汉字显示、数据采集、数据处理、数据通信等功能于一体的高科技产品（如图9-16所示）。它相当于一台小型的计算机，将电脑技术与条形码技术完美结合，利用物品上的条形码作为信息快速采集手段。简单地说，它兼具了掌上电脑、条码扫描器的功能。便携式数据采集器硬件上具有计算机设备的基本配置——CPU、内存、各种外设接口，依靠电池供电；软件上具有计算机运行的基本要求——操作系统、可以编程的开发平台、独立的应用程序。它可以下载电脑网络的部分程序和数据，并可以脱离电脑网络系统独立进行某项工作。其基本工作原理是：首先按照用户的应用要求，将应用程序在经过计算机编制后下载到便携式数据采集器中。便携式数据采集器中的基本数据信息必须通过计算机的数据库获得，而储存的操作结果也必须及时地导入到数据库中。便携式数据采集器作为电脑网络系统的功能延伸，满足了日常工作中人们对各种信息移动采集、处理的任务要求。

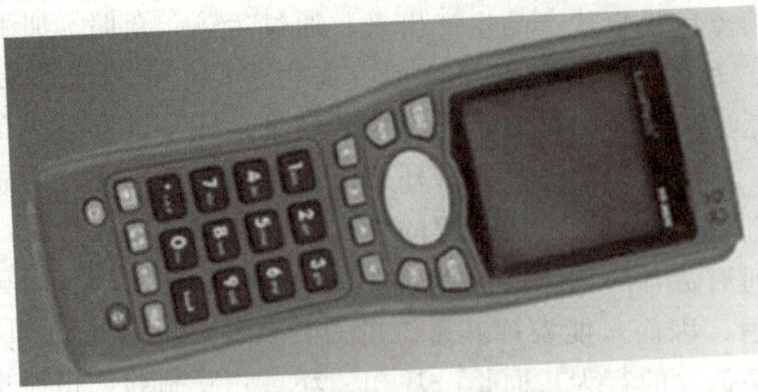

图9-16 便携式数据采集器

严格意义上讲，便携式数据采集器不是传统意义上的条码产品，它的性能在更多层面取决于其本身的数据计算、处理能力，这恰恰是计算机产品的基本要求。

9.2.2 无线数据采集器

便携式数据采集器对于传统手工操作的优势是不言而喻的，然而一种更先进的设备——无线数据采集器则将普通便携式数据采集器的性能进一步扩展。无线数据采集器大都是便携式的，除了具有一般便携式数据采集器的优点外，还有在线式数据采集器的优点，它与计算机的通信是通过无线电波来实现的，可以把现场采集到的数据实时地传输给计算机。相比普通便携式数据采集器，无线数据采集器更进一步地提高了操作员的工作效率，使数据从原来的本机校验、保存转变为远程控制、实时传输。

无线数据采集器之所以称为“无线”，就是因为它不需要像普通便携式数据采集器那样依靠通信座和计算机进行数据交换，而可以直接通过无线网络和计算机、服务器进行数据通信。要使用无线手持终端就必须先建立无线网络。无线网络设备——登录点（access point，AP）相当于一个连接有线局域网和无线局域网的网桥，通过双绞线或同轴电缆接入有线网络（以太网或令牌网），无线手持终端则通过与无线登录点（AP）的无线通信和局域网的服务器进行数据交换。

无线数据采集器的通信数据实时性强、效率高。无线数据采集器直接和服务器进行数据交换，数据都是以实时方式传输的。数据从无线数据采集器发出，通过无线网络到达当前无线终端所在频道AP，AP通过连接的双绞线或同轴电缆将数据传入有线LAN网，数据最后到达服务器的网卡端口进入服务器，然后服务器将返回的数据通过原路返回到无线数据采集器，所有数据都以TCP/IP通信协议传输。可以看出，操作员在无线数据采集器上进行操作而得到的数据，都会在第一时间进入后台数据库，也就是说，无线数据采集器将数据库信息系统延伸到每一个操作员的手上。

无线数据采集器的硬件技术特点与便携式数据采集器的一样，包括CPU、内存、屏幕显示、输入设备、输出设备等，除此之外，比较关键的就是无线通信机制。目前使用比较广泛的有无线跳频技术、无线扩频技术两种。应该说，两种技术各有优缺点，但是对于普通的仓储物流、零售应用来说，无线跳频技术由于其抗干扰能力较强，数据传输稳定，所以采用较广泛。

每个无线数据采集器都好似一个自带IP地址的网络节点，通过AP实现与网络系统进行实时的数据交换。

9.2.3 数据采集器的软件功能

数据采集器的软件功能一般分为操作系统、应用软件两部分。

操作系统目前没有统一的标准。由于数据采集器采用各个厂家独立开发生产的CPU、主板等关键零部件，所以OS操作系统大多采用不同标准，也有部分厂家推出了基于PALM/WinCE平台的操作系统，但是此类产品只是针对数据管理型的应用领域，对于传统供应链物流领域的数据采集不是非常适用。同时，由于此类产品目前的功耗比较高，而且对于普通的操作员来讲，上面两种平台过于复杂，使用起来维护量较大，所以在供应链物流领域较少采用。

应用软件通常要根据用户的应用流程进行开发。软件开发工具一般采用C语言或其他语言，对于数据采集器的应用而言，随着条码技术与IT技术更加广泛的结合，便携式数据采集器将得到更为广泛的应用，与行业应用结合得也会更加紧密，成为行业解决方案的一部分。

以目前条码技术应用比较集中的供应链物流管理为例，从产品生产到成品下线，销售、运输、仓储、零售等各个环节，都可以应用条码技术，使用数据采集器进行方便、快捷的管理。

下面以某工厂为例，详细介绍如何使用数据采集器与用户的计算机系统相结合，解决产品在零部件入库、生产线管理（人员、生产管理）、成品下线入库、销售和出入配送、售后服务等各个环节的管理问题。

（1）入库管理。搬运工（或叉车司机）只需扫描准备入库的物料箱上的标签和准备存放此箱的货架的标签即可。入库分间接入库和直接入库两种：间接入库指货物堆放在任意空位上后，通过条码扫描记录其地址；直接入库指将某一类货物存放在指定货架。通过入库管理，为每一个物料箱及其存放位置建立一个记录。

（2）提料管理。提料指根据配料任务从库房中提取原料和半成品的操作。其过程如下：

工作人员首先在数据采集器上扫描输入配料任务条码号；数据采集器的屏幕上显示哪些原料和半成品被分配给这一任务，它们存放在何地；提料员提取物料，并扫描其标识号进行验证；系统记录被提出的物料，并建立一份跟踪档案。

（3）销售出库管理。提货作业要与同一顾客的各项货物订单结合在一起，订单可分解为以货箱为单位，或者以批、货盘的满载能力为单位，有时也可按特殊情况或容器来确定装货作业。

操作员从数据采集器上选择了销售出库模式后，就开始扫描提货箱上的条码，系统会确认货箱里是否含有提货单上的物品，其数量和品种是否正确等。在应发货数量与实际提货数量出现不一致时，系统均要求操作员输入一个原代码，对此差异做出解释，然后由系统重置代码和报告。这样系统就具有一定的柔性，可让操作员在货盘不满的时候装载更多的货物，或在货盘已满时撤走一些货物。最后，系统把出库货物从数库中清除，并明确表示此订单已完成提货。

（4）市场供应链管理。这是目前使用最多、见效最快的应用。因为产品最终都要走上市场，生产就是为了在市场上获得利润。及时准确地了解产品是否符合市场要求、销售量的大小、什么产品好销或什么产品滞销等，可以为企业的决策提供依据，尤其是某些产品企业，如服装、家电等企业，只有及时了解市场行情，准确把握市场动态，才能较好地生存。

在销售管理中有两种方式可以采集数据：一种是每一环节都从产品上撕下一个条码，拿回来后进行扫描；另一种是采用数据采集器进行及时扫描、记录。无论采用哪一种方式，都可记录哪一种产品在什么时间，在哪一个部门，卖给了什么人，以及是谁卖的，完成了哪一份订单或合同。有了这些基本信息，我们可以很方便地进行分析和统计。

（5）售后服务和管理。售后服务直接影响到一个企业的业绩和销售形象，而且可能需要很大的投入。既要好的服务，又要节约投资，这是一个矛盾，要想妥善解决，必须有准确及时的数据做保证。

如果用户来投诉或保修，厂家需要知道产品是否在保修期内，是否是正式销售的产品，是否是本厂原装，以前是否进行过维修等。一般可以在产品上、包装上、保修单和产品档案上贴上条码，这些条码可以相同，也可以不同，但通常要有对应关系。当用户来维修或发生质量投诉时，可以立即查到这一产品是在何时何地由何人售出的，价格是多少，销售合同的内容和保修记录，发生问题的零部件是由哪一位供应商提供的及为什么安装等，可以追究供应商或分销售的责任。实际上，通过售后服务体系，我们不但可以统计出产品的质量规律，还可以提高服务质量，降低服务投资。

从上面的例子可以看出，数据采集器与用户的应用系统相结合，在用户的各个应用环节都发挥着巨大的作用。随着信息科技的快速发展及企业信息化的日益普及，在物流仓储、物流配送、制造业、邮政、图书管理等行业的人工单品管理，已经不能适应市场经济的发展，从而出现对移动数据采集信息系统的迫切需求，便携式数据采集器也就成了不可或缺的必备设备。条码扫描型掌上电脑作为一种快速、高效的移动信息采集、处理终端，在国防、公共安全、医疗、工业、金融、商业、邮政、货物运输等领域均有极为广泛的应用前景。

9.2.4 数据采集器的选择

根据用途的不同，数据采集器大体上可分为两类：在线式数据采集器和便携式数据采集器。在线式数据采集器又可分为台式和连线式两种，它们大部分直接由交流电源供电，一般是非独立使用的，采集器与计算机之间由电缆连接，不能脱机使用。这种采集器向计算机传输数据的方式一般有两种：一种是键盘仿真；另一种是通过通信口向计算机传输数据。对于前者无须单独供电，其动力由计算机内部引出；后者则需单独供电。因此，在线式数据采集器必须安装在固定的位置，并且需要把条码符号放到其扫描器前阅读。目前，一些物流企业在出入库管理中使用。但是，在线式数据采集器在使用范围和用途上有一些限制，不能应用在脱机场合，如不能应用于盘点、大件物品的扫描等，为了弥补在线式数据采集器的不足，便携式数据采集器应运而生。

便携式数据采集器是为适应现场数据采集和扫描笨重物体的条码符号而设计的，适合于脱机场合使用。识读时，与在线式数据采集器相反，它是将其扫描器带到条码符号前扫描，因此又称手持终端机、盘点机。它由电池供电，与计算机之间的通信并不和扫描同时进行。它有自己的内部存储器，可以储存一定量的数据，并可在适当的时候将这些数据传输给计算机。几乎所有的便携式数据采集器都有一定的编程能力，再配上应用程序便可成为功能很强的专用设备，从而可以满足不同场合的应用需要。越来越多的物流企业将目光投向便携式数据采集器，将其用于仓库管理、运输管理以及物品的及时跟踪。

目前，在世界各国从事条码技术及其系列产品的开发研究、生产经营的厂家达几千家，产品的品种近万种，已经推出了能储存上千万个条码信息的便携式数据采集器，并广泛应用于仓库管理、商品盘点以及各种野外作业等。便携式数据采集器受益于电子技术的发展而不断向小型化、微型化、智能化方向发展。今天在市场上出售的一些便携式数据采集器，实际上就是全功能的小型计算机。

随着条码技术的普遍推广，我国商场现代化发展迅速，商业管理电子化的水平得到极大提高，便携式数据采集器的市场已经形成，并有较大需求。数据采集系统的应用可节省时间、减少工作量、降低管理费用及有效改善库存结构，是有许多好处的，而且在物流企业建立数据采集系统，使用便携式数据采集器也是十分可行的。选择便携式数据采集器应从以下几方面进行考虑：适用范围、译码范围、接口要求、对首读率的要求、价格。

9.3 射频设备

9.3.1 射频识别概述

射频识别（RFID）技术，又称无线射频识别，俗称电子标签，是一种通信技术，可通过无线电信号识别特定目标并读写相关数据，而无须在识别系统与特定目标之间建立机械或光学接触。

RFID技术与其他的短距离无线通信技术的区别在于其被动的工作模式，即利用反射能量进行通信。RFID技术具有无接触、精度高、抗干扰、速度快以及适应环境能力强等显著优点，可广泛应用于诸如物流管理、交通运输、医疗卫生、商品防伪、资产管理以及国防军事等领域。

RFID技术在历史上的首次应用可以追溯到第二次世界大战期间。在此期间，英国为了识别返航的飞机，就在盟军的飞机上装备有高耗电量的活动标签（active tag），当控制塔上的探询器向返航的飞机发射一个询问信号后，飞机上的标签就会发出适当的响应，探询器根据接收到的回传信号来识别敌我。这是有记录的第一个RFID敌我识别系统IFF（identify：friend or foe），也是RFID技术的第一次实际应用。20世纪70年代末期，美国开始将RFID技术转向民用。RFID技术最先在商业上的应用是在牲畜身上。到了80年代，美国与欧洲的几家公司开始着手生产RFID标签。今天，RFID技术已经广泛应用于各个领域，从门禁管制、牲畜管理，到物流管理等，都可以见到其踪迹。

最简单的RFID系统由电子标签（tag）、阅读器（reader）及天线（antenna）组成，实际应用时需与计算机及应用系统（数据管理系统）相结合（如图9-17所示）。

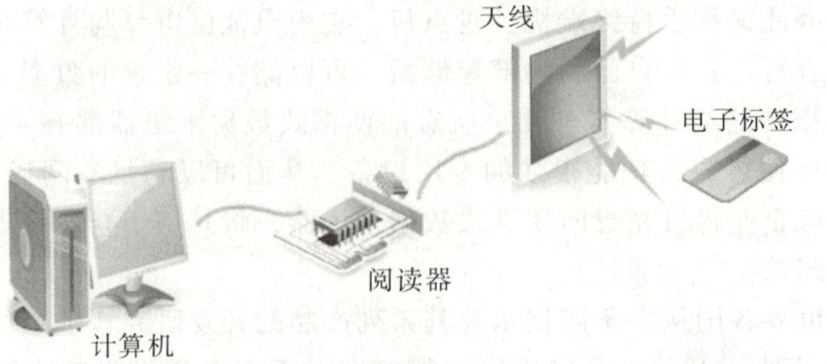

图9-17 RFID系统的组成示意图

电子标签中一半保存有约定格式的电子数据。电子标签是RFID系统的主要核心部件，也称射频卡，用于储存物体的识别信息，内部包含一个电子芯片和一个微型天线。每个芯片都含有唯一的识别码，在实际的应用中，电子标签粘贴在待识别物体的表面（如图9-18所示）。

图9-18 RFID电子标签

阅读器又称读出装置，是RFID系统中最重要的基础设施，可无接触地读取并识别电子标签中保存的电子数据，从而达到自动识别物体的目的，并进一步通过计算机及计算机网络实现对物体识别信息的采集、处理及远程传送等管理功能。UHF频段的RFID阅读器可分为射频电路和基带电路两部分。射频电路部分用于完成高频调制信号的调制/解调、发射/接收。基带电路部分主要实现编解码、帧成形等功能，同时完成UHF频段的RFID阅读器与外部设备或者Host主机之间的通信接口的任务（如图9-19所示）。

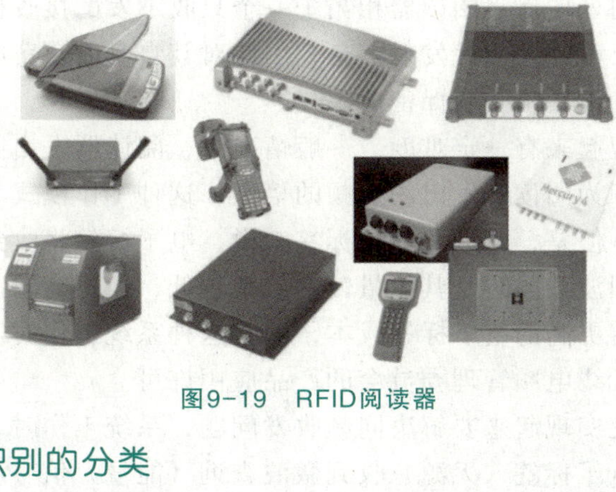

图9-19 RFID阅读器

9.3.2 射频识别的分类

射频识别技术依其采用频率的不同，可分为低频系统和高频系统两大类；根据电子标签内是否装有电池为其供电，可分为有源系统和无源系统两大类；根据电子标签内保存的信息的注入方式不同，分为集成电路固化式、现场有线改写式和现场无线改写式三大类；根据读取电子标签数据的技术实现手段不同，可分为广播发射式、倍频式和反射调制式三大类。

低频系统一般指其工作频率小于30MHz的系统，典型的工作频率有125kHz、225kHz、13.56MHz等。这些频率应用的射频识别系统一般都有相应的国际标准予以支持。其基本特点是电子标签的成本较低、标签内保存的数据量较少、阅读距离较短（无源情况，典型阅读距离为10cm）、电子标签外形多样（卡状、环状、纽扣状、笔状）、阅读天线方向性不强等。

高频系统一般指其工作频率大于400MHz，典型的工作频率有915MHz、2 450MHz、5 800MHz等。高频系统在这些频率上也有众多的国际标准予以支持。其基本特点是：电子标签及阅读器成本较高、标签内保存的数据量较大、阅读距离较远（可达几米甚至十几米）、适应物体高速运动性能好、外形一般为卡状、阅读天线及电子标签天线均有较强的方向性等。

例如，《托盘共用系统电子标签（RFID）应用规范》（GB/T 35412-2017）规定的通用技术工作频率为：900Hz～925Hz，信息传输距离不少于5m。

有源电子标签内装有电池，一般可适用于较远的阅读距离，不足之处是电池的寿命有限（3～10年）；无源电子标签内无电池，它接收到阅读器（读出装置）发出的微波信号后，将部分微波能量转换为直流电供自己工作，一般可做到免维护。相比有源系统，无源系统在阅读距离及适用物体运动速度方面略有限制。

集成电路固化式电子标签内的信息，一般在生产集成电路时即将信息以ROM工艺模式注入，其保存的信息是一成不变的。现场有线改写式电子标签，一般将电子标签保存的信息写入其内部的E2存储区中，改写时需要专用的编程器或写入器。改写电子标签数据所花费的时间远大于读取电子标签所花费的时间，常规改写所花费的时间为秒级，阅读花费的时间为毫秒级。

广播发射式系统实现起来最简单，电子标签必须采用有源方式工作，并实时地将其储存的标识信息向外广播，阅读器相当于一个只收不发的接收机。这种系统的缺点是由于电子标签需要不停地向外发射信息，因此对其自身而言费电，对环境而言造成电磁污染，同时系统不具备安全保密性。

倍频式系统实现起来有一定难度，一般情况下，阅读器发出射频查询信号，电子标签返回的信号载频为阅读器发出的射频的倍频。这种工作模式为阅读器接收处理回波信号提供了便利。但是，对无源电子标签来说，电子标签将收到的阅读器发来的射频能量转换为倍频回波载频时，其能量转换效率较低，而提高转换效率需要较高的微波技术，也就意味着更高的电子标签成本，同时这种系统工作时需要占用两个工作频率，一般较难获得无线电频管理委员会的产品应用许可。

反射调制式系统实现起来要解决同频收发问题，系统工作时，阅读器发出微波查询（能量）信号，电子标签（无源）收到微波查询（能量）信号后，将其一部分整流为直流电源供电子标签内的电路工作，另一部分微波查询（能量）信号被电子标签内保存的数据信息调制后反射回阅读器。阅读器接收反射回的幅度调制信号，从中提取出电子标签中保存的标识性数据信息。系统工作过程中，阅读器发出微波查询（能量）信号与接收反射回的幅度调制信号是同时进行的。反射回的信号强度较发射信号要弱得多，因此技术实现上的难点在于同频接收。

9.3.3 射频识别在物流行业中的应用

RFID技术发展异常迅速，并且已经深入应用到很多领域，例如铁路车辆的自动识别、生产线的自动化及过程控制、货物的跟踪及管理等。在物流领域主要用于对物品跟踪、运载工具和货架等的识别方面，以下是一些典型运用：

（1）集装箱自动识别系统。集装箱上安装射频识别标签，当运送集装箱的汽车、火车、货船等到达或离开货场时，通过射频识别设备，对集装箱进行自动识别，并将识别信息通过包括EDI在内的各种网络通信设施传递给各种信息系统，实现集装箱的动态跟踪管理，提高集装箱的运输效率。

（2）智能托盘系统。在每个托盘上都安装射频识别标签，把射频识别器安装在托盘进出仓库的必经通道口的上方。当叉车装载着托盘货物通过时，射频识别器便获取标签内的信息，并传递给计算机，记录托盘的通过情况；当托盘装满货物时，自动称重系统便会自动比较装载货物的总重量与储存在计算机中的单个托盘的重量，从而获取差异，了解货物的实时信息。通过使用射频识别技术，可以实时地获得仓库中的货物、托盘状况，进而提高仓库的管理水平。

（3）通道控制系统。为仓库中可重复使用的各个包装箱都安装上作为唯一标识的射频识别标签，在包装箱进出仓库的通道进出口处安装射频识别器，识别器天线固定在上方。当包装箱通过天线所在处时，计算机把从标签里获得的信息与主数据库里的信息进行比较，正确时绿色信号灯亮，包装箱可以通过，如果不正确，则激活红色信号灯，同时将时间和日期记录在数据库中。该系统消除了以往采用纸张单证管理系统时常出现的人为错误，排除了以往不堪重负的运输超负载荷现象，从而建立了高速、有效的信息输入途径。这样就可以在高速移动的过程中获取信息，大大节省时间。同时，系统采用的射频识别标签可使公司快速获得信息回馈，包括损坏信息、可能取消的订货信息等。

例如，工业仓库库存射频识别跟踪。劳动和时间密集型库存流程，常常存在代价高昂的误分拣、装运错误和过期产品损失的错误。利用安装在货站入口、传送带和叉车等处的射频识别器，借助地面上的射频识别标签等实现位置跟踪，通常装运、收货和检验处理时间缩短了2～60倍，配送中心可节省20%的运营成本（如图9-20所示）。

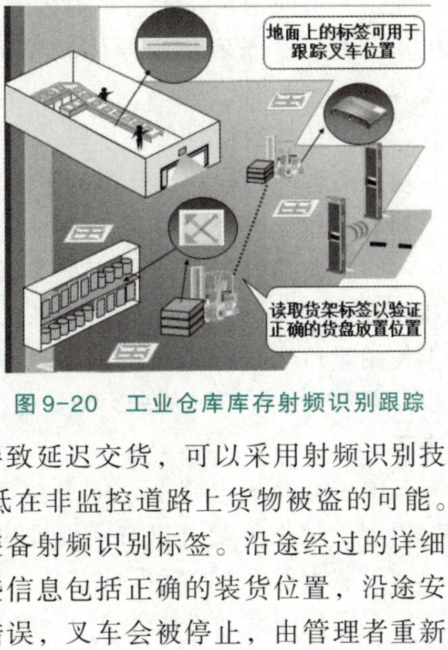

图9-20 工业仓库库存射频识别跟踪

（4）配送过程中贵重物品的保护。在保税仓库中可能会储存着价值贵重的物品，为了防止物品被盗，及防止装着这些物品的托盘放错位置而导致延迟交货，可以采用射频识别技术，以保证叉车按正确设置的线路移动托盘，减低在非监控道路上货物被盗的可能。在仓库内配备悬浮在上方的射频识别器，给叉车装备射频识别标签。沿途经过的详细资料通过射频连接从中央数据库下载到标签，这些信息包括正确的装货位置，沿途安装的射频识别器将提供经由路径。如果标签发现错误，叉车会被停止，由管理者重新设置交通路径，同时自动称重并实时提供监控信息。

（5）货物防盗系统。在需要重点防盗的商品上都装有射频识别标签。当装有商品的车辆通过装有射频识别器的出口时，射频识别器可实时识别每件商品上的标签信息，如有不被授予有权出去的商品，就可被限制运出。通过运用射频识别系统可识别高速移动的物体及可同时识别有多个标签的特点，从而实现多件商品在运输过程中的实时监控。

9.4 IC卡识读设备

9.4.1 IC卡的类型及组成

IC（integrated circuit）卡的英文名字有“IC card”“smart card”等，在我国将带CPU（中央处理器）的IC卡统称智能卡。国际标准化组织（ISO）在ISO 7861标准中规定的IC卡，是指在聚氯乙烯醋酸乙烯酯（PVCA）材料制成的塑料卡内嵌入微处理器和存储器等，数据卡、CPU和存储器可以集成在一个芯片上。

根据卡中所镶嵌的集成电路的不同，IC卡可分为存储卡、非接触式IC卡、光卡、非接触式智能IC卡等。

（1）存储卡。存储卡也称记忆卡，卡内有具有存储功能的集成电路存储器，还有数据存储器、工作存储器或程序存储器。存储卡使用半导体存储器。存储器中所有存储单元的总和称为存储容量。

（2）非接触式IC卡。非接触式IC卡又称射频卡，将射频识别技术和IC卡技术结合在一起，解决了无源（卡中无电源）和免接触的技术问题。非接触式IC卡与接触式IC卡相比，有以下特点：可靠性高；操作方便；防冲突；可适应多种应用；加密性好。

（3）光卡。光卡技术是计算机光盘存储技术的孪生兄弟，出现于20世纪80年代中期。光卡的记录介质由半导体激光材料组成，基板材料为聚碳酸酯。光卡的大小与IC卡一样。光卡利用半导体激光照射来记录和提取信息，是能够存储并再生信息的大容量卡式媒体。光卡的特点：容量大；安全性好，不怕强电、强磁干扰；可靠性好，拥有独特的信息保密手段；读写信息速度快；具有很强的兼容性，光卡系统可以与现行的各种各样的计算机程序兼容；用专利技术制造，可以防止伪造，且运用了一系列加密技术；使用简便，价格相对便宜。

（4）非接触式智能IC卡。非接触式智能IC卡的性能：芯片在工作时，电压供应和时钟永不间断，能够提供更高的数据传送速率。非接触式智能IC卡的特点：适用于使用量巨大、小金额的消费；系统维护简便；可以减少人为破坏；重量轻、体积小；可靠性好；可以有多种多样的数据载体；可以应付各种环境；其读写器更加小巧。

IC卡是集成电路卡，IC卡芯片具有写入数据和存储数据的能力，IC卡存储器中的内容，根据需要可以有条件地供外部读取，或供内部信息处理和判定之用。在卡上，封装有符合ISO标准的芯片，有6个或8个触点与外部设备进行通信，在IC卡上可以有彩色图案和说明性文字。图9-21为IC卡示意图。

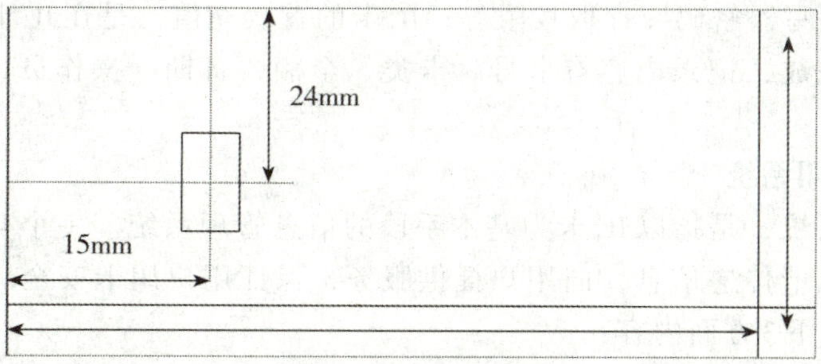

图9-21 IC卡示意图

按ISO标准，部分触点及其定义为：VCC——IC卡工作电源；GND——接地；VPP——存储器编程电源；CLK——有关信号的定时与同步；I/O——卡中串行数据的输入与输出；RST——复位信号。

当IC卡插入IC卡读卡器后，各触点对应接通，IC卡上的超大规模集成电路就开始工作。IC卡基本内部结构如图9-22所示。

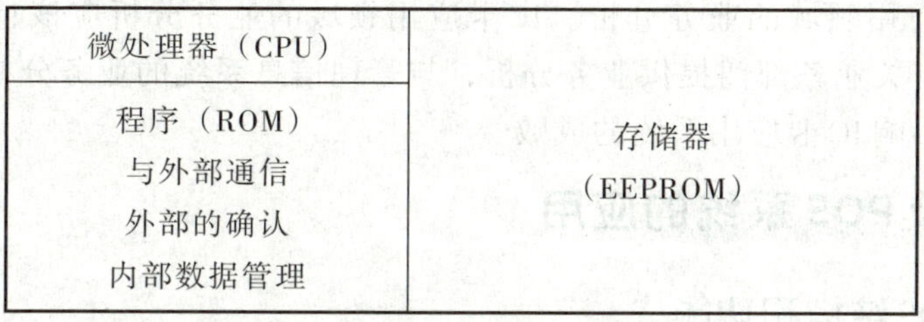

图9-22 IC卡基本内部结构

IC卡体积小，采用先进的集成电路芯片，并具有独特的功能和保密措施，因此受到人们广泛的欢迎。不仅如此，IC卡系统的最大特点是可以实现真正的脱机运行。所谓脱机运行，是指IC卡系统不依赖计算机就可以正常工作，可以自动识别、判断、读写、记录、存储持卡人的信息，也可以将持卡人的信息传输给计算机。IC卡的优点具体来说有以下几点：存储容量大，存储容量从几十字节到几兆字节；使用方便，便于携带；有一系列加密措施，能有效地防止密码被盗或被破坏；对网络实时性、敏感性的要求较低；防磁、防静电、抗干扰等性能较好；使用寿命长。

9.4.2 IC卡系统组成

1）IC卡操作系统

从接口设备的角度来看，IC卡操作系统相当于一个命令解释器，通过指令访问IC卡内部的命令解释器。当IC卡接收到命令后，操作系统经过指令分析，再转到相应的功能模块，完成规定的操作。IC卡操作系统的地位和作用类似于微机上的各种操作系统，是以功能函数的形式对IC卡的具体应用进行操作和管理的一种系统软件，一般具有输入/输出模块、安全管理模块、命令解释模块、文件管理模块、内存管理模块。对智能操作系统而言，最重要的是文件管理模块与安全管理模块。

2）IC卡发卡系统

IC卡发卡系统由IC卡的初始化和IC卡首次充值组成。IC卡的初始化，是指由空白卡（只封装芯片）变成个人卡的全过程，包括设定某种应用项目的专利编号、发行者编号、认定读写器密码、存取权限等；IC卡的首次充值，是在IC卡充值点由IC卡应用系统人员完成，记录内容有卡号、卡类、金额、日期、操作员、机号等。IC卡充值后即刻发行。

3）IC卡应用系统

IC卡应用系统，是指以IC卡为基本手段的信息管理系统。一个IC卡应用系统必须能发卡，能以卡传递信息，向用户提供服务，保证用户用卡安全。一般认为IC卡应用系统包括以下3方面内容：

（1）硬件技术。硬件技术包括IC卡芯片技术、IC卡模块技术、IC卡装配技术、IC卡测试技术、IC卡卡基技术、IC卡读写机具研制技术等。

（2）软件技术。软件技术包括系统软件和应用软件。系统软件包括计算机网络系统、通信系统和卡片内操作系统（COS）的开发，IC卡读写机具与各种高级语言接口函数的开发，I/O接口，存储管理，密码技术，安全方案等；应用软件包括COS的发卡界面和与应用管理信息系统有关的应用软件。

（3）IC卡应用领域的业务分析。IC卡应用领域的业务分析应该且必须由开发IC卡应用系统的有关业务部门提供业务分析，与管理信息系统的业务分析一样，它的深度和广度直接影响IC卡应用系统的成败。

9.5 POS及POS系统的应用

9.5.1 POS结构和功能

POS指的是销售终端。它是由银行设置在商业网点或特约商户处的储蓄卡或信用卡授权终端机。无论从外形或内部结构上看，POS很像一台小小的计算机，但与计算机相比，在组成部件上又略有不同。

POS一般由主控机、凭证打印机和用户密码键盘3部分构成（如图9-23所示，图中所示POS没有用户密码键盘）。

图9-23　POS

POS的主控机就是一台微型计算机，包括显示器、键盘、卡读写设备、网络接口等。卡读写设备接受用户的储蓄卡或信用卡，读取用户信息，网络接口用于和银行的主机或网络相连，传输信息。

凭证打印机将交易的内容，如购物名称、消费金额、账号等打印出一个凭证，交与用户作为收费完成的依据。

多数POS为保护储蓄卡或信用卡持有者的利益，一般都设置PIN（personal identification number）识别方式来鉴别卡持有人是否为原合法所有者，以防止被窃取盗用。银行发卡时会让用户输入并记录一个号码作为用户密码，这个密码就是PIN。持卡人在POS消费时必须先敲入这个PIN，POS通过银行网络将PIN和储蓄卡或信用卡账号核对无误后才允许用户进行消费。这个输入PIN主设备就是用户密码键盘。

除了以上几部分外，许多POS还配有条码阅读器、钱箱等部件。现在许多商店都靠条形码来识别、分辨商品，既准确又可靠，这样，条码阅读器就必不可少。有的POS除了接受储蓄卡或信用卡外，还可以让普通用户直接用现金付款，因而这种POS配有钱箱。另外，有的POS配有顾客显示牌，供顾客观看交易结果。总之，虽然POS的厂家和用途不同，外形和组成的差别也比较大，但其核心是一致的，即都是用来收款的。

先进的POS融入了商店自动化的内容，在POS软件中加入了库存管理、进货管理和销售管理等功能，POS从单一的收款机变成融收款和管理于一体的高性能系统。

POS根据装入的软件的不同，具有多种功能，如读卡、显示、接受交易金额和密码、与银行计算机联网、存储交易信息、打印以及商店自动化管理等。就用户而言，持卡人可以购物消费、查询和转账。对特约商户而言，POS可以简化商户与银行之间资金清算的手续，加快资金周转速度，提高效率。

9.5.2 POS的类型

POS分为3种类型：简易授权型专用终端、转账终端和收银式终端。

简易授权型专用终端包括读卡器、键盘、显示器，以及内置Modem（调制解调器），起沟通银行主机和持卡人的作用。这种终端操作简单，能有效防止人工输入，自动查找黑名单；通过自动拨号即可将磁卡上的资料及键盘输入的金额送往银行主机，银行主机处理后授权POS进行交易，通过联机方式提高系统的可靠性和保密性。实际上，用户（持卡人和特约商户）是通过这种类型的终端直接跟银行主机进行交易。POS主要起到信息传输作用，所以这种终端重点在其网络部分。

转账终端除用作储蓄卡或信用卡授权以外，还具有查询余额、转账、冲正、清算等多种功能。转账终端一般带有密码键盘和收据打印机，比起简易授权型专用终端，保密性和灵活性提高了许多。

收银式终端是最高档的POS，本身是一台微机，带钱箱、读卡机、收据打印机及流水账打印机。它可以将现金账和储蓄卡或信用卡账同时汇总，在完成每一笔交易的同时，将库存、销售会计等项目更新，给商户带来更大的方便。这种POS综合了计算机技术、通信技术等，使收款机从早期单纯的信息采集工具进化为多功能的信息处理工具，因而对POS本身、对商户的自动化水平提出了比较高的要求。

以上3种类型的POS，从简易授权型到收银式，结构越来越复杂，功能也越来越齐全，反映了POS发展的一个趋势。随着POS提供功能的增多，持卡用户或普通现金、支票用户到商户购物消费也更加方便。

9.5.3 POS系统的构成与作用

根据商户自动化水平、银行金融网的发展状况以及用途的不同，POS系统的构成方式多种多样，典型的有独立型和联机型两种方式。

独立型（stand alone）POS系统由POS和外围设备构成。这种POS系统用在商户自动化程度低的场合，只起电子收款机的作用。用户将现金或支票交给收款人，收款人通过POS打印一个收款凭据交给用户作为收费完成的标志。用户也可以持储蓄卡或信用卡进行小额（一定限额内）消费。每天POS将当天交易的流水账打印出来，报告给商户和银行对账，进行清算。这种POS系统的功能非常有限，不能充分发挥POS的作用。严格地说，这种构成方式甚至不能称为系统。

联机型（on-line）POS系统是一个销售点电子资金转账服务系统（electronic fund transfer point of sales system，简称EFT-POS，E-POS）。它是指利用银行、商业网点或特约商户的储蓄卡或信用卡授权机，由银行计算机通过公用数据交换网构成的电子转账服务系统。其功能是使持卡人在指定销售点购物或消费后，通过电子扣款或信用记账。

EFT系统一般包括3部分：银行主机、通信网络和金融终端。典型的POS系统的结构是：多台主机利用网络相互连接，众多的POS直接或通过网络连到主机上，主机放在银行内，存放用户和商户的账目。用户通过设在商户中的POS进行交易。主机接到POS传来的信息后，检查磁卡（或IC卡）账号的合法性，是否超过有效期，要求的授权额是否超过可授权限额等。如发现问题，主机发送相应错误信息到POS；如检查通过，主机修改顾客账户文件的授权金额（或顾客账户余额），将回答码回送至POS。这个过程不论授权成功与否，主机自动记录授权、交易情况，以备查询。

从计算机应用的角度来看，这种POS授权系统是一种实时信息交换系统；而从银行业务的角度，POS授权系统是电子化的支付系统。

有的大型商户构建系统时，POS并不直接与银行主机或金融网相连，而是先在商户内部自成一网络系统，再与银行金融网相接。这样构成的系统，融电子资金转账与商店管理于一体，既可通过金融网对持卡用户授权，又可收集用户信息，进行进货、销售、库存、财务等方面的管理，可以大大提高商户自动化水平，从而提高效率，增强商户的竞争力。同时，商户可以通过自己的网络提高交易效率，缓解金融网因拥挤而造成的压力。在这种系统中，POS不仅充当信用授权的角色，还具有了数据处理能力，真正发挥了POS的潜力。

联机型POS系统是建立在计算机网络基础上的，如果用户持储蓄卡或信用卡支付，POS系统会通过网络与银行联系，完成授权，实现持卡消费，其过程如图9-24所示。发卡银行将储蓄卡或信用卡发给持卡人后，持卡人就可在商户的POS上付款消费了。当用户将储蓄卡或信用卡插入POS的读卡设备，储蓄卡或信用卡的信息以及交易信息就经过POS送至交换中心（过程3），经判别后交易信息转发至发卡行。发卡行将处理结果经交换中心转回POS，对商户和持卡人授权，实现交易（或拒绝交易），完成联机授权过程。

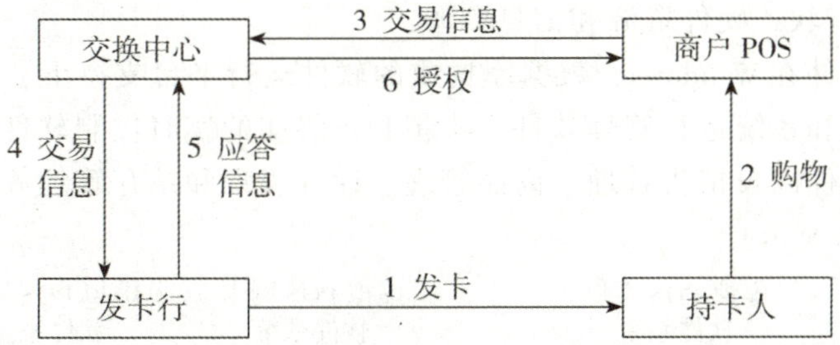

图9-24 在POS上使用储蓄卡或信用卡的流程

商户每天将所有POS上交易的信息交给银行（收单行与发卡行可以不是一家银行）。收单行将信息发至交换中心，经汇总后向发卡行发出清算信息，由发卡行向收单行划出清算资金，进行清算。

9.5.4 虚拟POS系统

POS系统不仅是商业收款业务处理系统，也是商业自动化系统数据采集的前端。要实现商业自动化和计算机管理，首先要保证营业过程中大量原始数据准确、及时地进入系统。因此，POS是实现商业自动化的底层关键设备，也是建立商业自动化系统中用量最大、投资最多的设备。

1）虚拟POS概念

POS的大部分时间是在等待顾客到达或处理数据的输入与输出，真正进行信息存取和信息加工的时间极短，从而使POS的CPU、存储器等主要硬件和软件资源的利用率很低。

为了提高POS的利用率，把数据处理输入/输出功能做成体积小、高度简化的专用终端，然后通过网络POS（计算机）相连，就会使一台POS变成多台POS，并将大大降低POS的使用成本。

2）基本构成

虚拟POS由虚拟POS主机、多种类型的虚拟POS终端、虚拟POS网络和虚拟POS软件系统构成。每台虚拟POS主机可以连接多达32个不同类型的虚拟POS终端，从而形成相当于32台三代POS组成的分布式收款系统，或者形成由若干售货员终端和收款员终端共同组成的售货-收款集成系统。

虚拟POS主机由一台PC-POS构成，它既是虚拟POS终端的主机，又实时兼做后台商品管理。

虚拟POS终端由单片机、键盘、微型打印机、显示器、控制电路和通信驱动电路等组成，并可同条码阅读器、钱箱、顾客显示牌、磁卡及IC卡读写装置等外部设备相连接。虚拟POS终端分为两大类，即收款员终端和售货员终端，分别用于前台收款、柜台售货和柜台自收款。每一类别的终端依据不同的应用要求可分为多种型号。

虚拟POS网络由虚拟POS智能网卡、虚拟POS主机的通信接口及网卡驱动程序、虚拟POS终端的通信接口及通信程序和网络通信线路等组成，用于虚拟POS主机与虚拟终端及各虚拟终端之间的实时通信和数据交换，保证各虚拟终端实时共享一台PC或PC-POS的所有软、硬件资源和信息资源。

虚拟POS软件在Windows、数据库构成的软件运行平台支持下，由虚拟POS主机的销售实时处理和系统运行管理软件、虚拟POS终端的实时控制软件、虚拟POS网络的通信与管理软件以及销售管理、商品管理、库存管理和结存管理等应用软件系统所构成（如图9-25所示）。

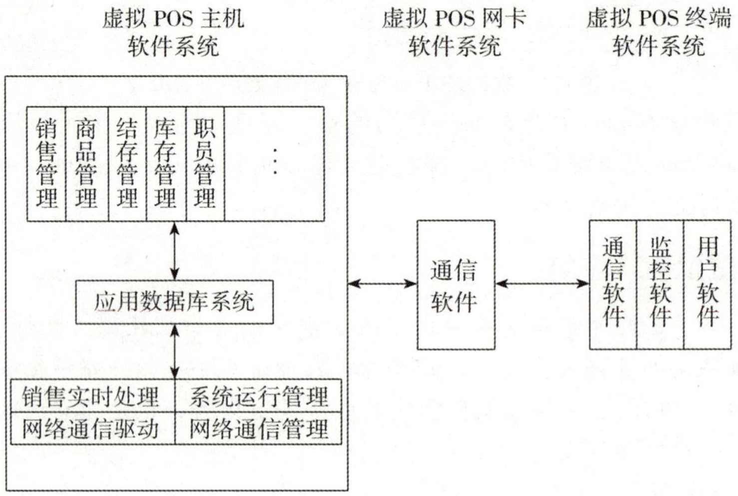

图9-25 虚拟POS软件系统结构

虚拟POS适用于各类经营场所（如各类零售百货商店、商场、购物中心、超级市场等）的售货、收款和经营管理。它能向售货员、收款员和管理人员分别提供很强的使用功能，具有投资少、单品管理、能力强、效率高、一机实时多用、多种终端模式、软件开放式结构、体积小等特点。

9.5.5 手机当POS刷信用卡简介

手机当POS刷信用卡是一种利用移动支付技术，将智能手机变为虚拟POS的新型移动支付方式。此种支付方式允许用户使用智能手机或其他移动设备，利用移动支付平台进行信用卡支付。

手机当POS刷信用卡不仅可以支持信用卡支付，而且可以允许多种支付方式，包括支付宝、微信支付等，可以满足多种支付需求，实现多种支付方式的统一。同时，手机当POS刷信用卡可以支持实时账户查询、交易记录查询等功能。

9.6 GPS设备

9.6.1 GPS定义

全球定位系统（global positioning system，GPS）是美国20世纪70年代开始研制，历时20年、耗资200亿美元，于1994年全面建成的具有在海、陆、空进行全方位实时三维导航与定位能力的新一代卫星导航与定位系统。经我国测绘等部门10多年的使用表明，GPS以全天候、高精度、自动化、高效益等显著特点，赢得了广大测绘工作者的信赖，并成功地应用于大地测量、工程测量、航空摄影测量、运载工具导航和管制、地壳运动监测、工程变形监测、资源勘察、地球动力学等多种学科，从而给测绘领域带来了一场深刻的技术革命。

9.6.2　GPS系统组成及用途

GPS系统包括三大部分：空间部分——GPS卫星星座；地面控制部分——地面监控系统；用户设备部分——GPS信号接收机。

GPS最初是为军方提供精确定位而建立的，至今它仍然被美国军方控制。军用GPS产品主要用来确定并跟踪在野外行进中的士兵和装备的坐标与给海中的军舰导航，为军用飞机提供位置和导航信息等。GPS在商业领域也大显身手，消费类GPS主要用在勘测制图，航空、航海导航，车辆追踪系统，移动计算机和蜂窝电话平台等方面。勘测制图由一系列的定位系统组成，一般都要求特殊的GPS设备。在勘测方面的应用包括结构和工程勘测、道路测量、地质研究等。收集到的数据可以以后再估算，也可以就地野外实时使用。许多商业和政府机构使用GPS设备来跟踪其车辆位置，这一般需要借助无线通信技术。一些GPS接收器集成了收音机、无线电话和移动数据终端以适应车队管理的需要。消费类GPS手持机基本上都有12个并行通道和数据功能，有些甚至能与便携式电脑相连，可以上传/下载GPS信息，并且使用精确到街道级的地图软件，可以在PC的屏幕上实时跟踪或自动导航。

（1）GPS车辆监控系统。GPS车辆监控系统是新一代集车辆定位、报警、寻址、救援以及无线电通信为一体的多功能开放系统。该系统集成了GPS定位、无线通信（例如卫星通信、GSM通信等）、GIS（地理信息系统）以及现代计算机网络等多种先进技术，由用户端、无线通信网、管理中心构成一个大范围的公众服务网络系统。

（2）车辆导航系统。车辆导航系统应用先进的GPS技术、地理信息系统、计算机技术和现代通信技术，实现大范围车辆的双向动态导航、跟踪、调度和可视化监控。利用此系统，可加强对车辆的集中管理和调度，提高交通运输效率，有效改善城市交通状况（如图9-26所示）。

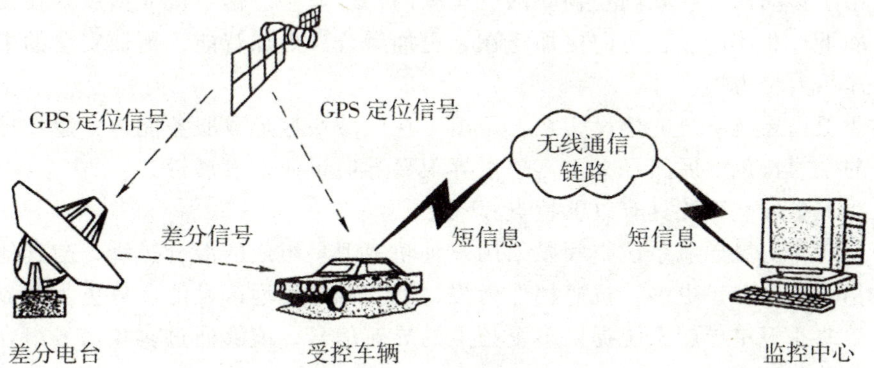

图9-26　车辆导航系统

9.7 北斗卫星导航系统

9.7.1 北斗卫星导航系统的构成

北斗卫星导航系统是由中国自主研发、独立运行，并与世界上其他卫星导航系统兼容共用的全球卫星导航系统。

同其他全球卫星导航系统一样，北斗卫星导航系统也是由空间段、地面段和用户段三个部分组成的。空间段由若干地球静止轨道卫星、倾斜地球同步轨道卫星和中圆地球轨道卫星等组成；地面段包括主控站、时间同步/注入站和监测站等若干地面站，以及星间链路运行管理设施；用户段包括北斗兼容其他卫星导航系统的芯片、模块、天线等基础产品，以及终端产品、应用系统与应用服务等。北斗卫星导航系统可以在全球范围内全天候、全天时为各类用户提供高精度和高可靠性的定位、导航、授时服务，并兼具短报文通信能力。

9.7.2 北斗卫星导航系统的建设和特点

北斗卫星导航系统（BeiDou navigation satellite system，简称BDS）是中国自行研制的全球卫星导航系统，是继美国全球定位系统（GPS）、俄罗斯格洛纳斯卫星导航系统（GLONASS）之后第三个成熟的卫星导航系统。中国BDS和美国GPS、俄罗斯GLONASS、欧盟GALILEO，是联合国全球卫星导航系统国际委员会（ICG）已认定的卫星导航服务供应商。

20世纪后期，中国开始探索适合国情的卫星导航系统发展道路，逐步形成了“三步走”发展战略：2000年年底，建成北斗一号系统，向中国提供服务；2012年年底，建成北斗二号系统，向亚太地区提供服务；2020年，建成北斗三号系统，向全球提供服务。

2020年7月31日，北斗三号全球卫星导航系统正式开通，标志着中国北斗成功实现了“三步走”战略。随着北斗三号的成功组网，精准时空服务正逐渐取代位置服务，成为产业发展的核心方向。未来，北斗PNT（定位、导航、授时）技术将更广泛地被应用于移动网、互联网、物联网、车联网，产业生态体系极大拓展。在民用示范工程推动下，北斗产业也将向更加泛在、更加融合、更加智能、更加安全的中国新时空服务体系大步迈进。

北斗卫星导航系统的建设实践，走出了在区域快速形成服务能力、逐步扩展为全球服务的中国特色发展路径，丰富了世界卫星导航事业的发展模式。

北斗卫星导航系统具有以下特点：

一是北斗卫星导航系统空间段采用三种轨道卫星组成的混合星座，与其他卫星导航系统相比高轨卫星更多，抗遮挡能力强，尤其低纬度地区性能优势更为明显。

二是北斗卫星导航系统提供多个频点的导航信号，能够通过多频信号组合使用等方式提高服务精度。

三是北斗卫星导航系统创新融合了导航与通信能力，具备定位导航授时、星基增强、地基增强、精密单点定位、短报文通信和国际搜救等多种服务能力。

9.7.3 北斗卫星导航系统的服务功能

北斗卫星导航系统的服务功能目标是向全球用户提供高质量的定位、导航和授时服务，并可以根据用户需要提供短报文通信服务，服务方式包括开放服务和授权服务两种。

开放服务是向全球免费提供定位、测速和授时服务，定位精度优于10米，测速精度优于0.2米/秒，授时精度优于20纳秒。授权服务是为有高度精密、高可靠卫星导航需求的用户提供定位、测速、授时和通信服务以及系统完好性信息。短报文通信是北斗卫星导航系统特有的服务功能，北斗卫星导航系统可以根据需要直接向用户终端传送文字形式的短报文信息，用户终端也可以通过北斗卫星导航系统进行双向短报文通信。

为了推动北斗卫星导航系统在我国各个领域的广泛应用，并满足用户对GPS和BDS两种系统的选择性使用，我国现在和今后生产的卫星定位服务设备，都提供对这两种系统的支持功能。

9.8 道路运输车辆卫星定位系统

9.8.1 道路运输车辆卫星定位系统的概念和应用

道路运输车辆卫星定位系统是卫星定位系统在我国道路运输车辆管理领域中的具体应用实例。

道路运输车辆卫星定位系统是指以提供道路运输车辆实时位置和状态信息为特征，具有为运输车辆驾乘人员及运输车辆管理者等用户提供远程信息服务，反映运输车辆实时动态数据，满足政府监管部门及运营企业对系统信息运用要求，并且能对服务范围内的车辆进行管理和控制的综合性信息处理的系统。

道路运输车辆卫星定位系统的基本功能是用于道路运输车辆的实时定位，而车辆定位的目的是便于对车辆的运行状况和运输活动实施动态监管。我国的道路运输车辆卫星定位系统，由政府交通运输管理部门负责构建并监管，由卫星定位平台系统运营商组织运营，由运输车辆驾乘人员及企业用户参与使用，是一个覆盖全国范围内的道路运输车辆动态管理系统。

道路运输车辆卫星定位系统已在我国各类道路运输车辆上得到了广泛的应用。应用情况表明，道路运输车辆卫星定位系统是加强道路运输安全管理的有效技术手段，能对道路运输车辆实施动态监管，实时监控运输车辆驾驶员是否有超速行驶、疲劳驾驶等行为，有效遏制重特大交通事故，实现道路运输科学发展、安全发展。

为了加强对重要运输车辆实施动态监管，按照交通运输部、公安部等有关部门的规定，自2012年1月1日起在道路旅游包车、三类以上班线客车和运输危险化学品、烟花爆竹、民用爆炸物品的道路专用车辆（简称“两客一危”车辆）上强制安装使用具有刑事记录功能的卫星定位装置，并接入全国重点营运车辆联网联控系统，保证车辆监控数据准确、实时、完整地传输，确保车载卫星定位装置工作正常、数据准确、监控有效。

2012年7月22日，国务院下发的《国务院关于加强道路交通安全工作的意见》明确规定，重型货车和半挂牵引车应在出厂前安装卫星定位装置，并接入道路货运车辆公共监管与服务平台。运输企业要落实安全监控主体责任，切实加强对所属车辆和驾驶员的动态监管，确保车载卫星定位装置工作正常、监控有效。

9.8.2 道路运输车辆卫星定位系统的构成及工作原理

道路运输车辆卫星定位系统由政府监管平台、企业监控平台、车载终端和无线通信网络等组成。通过系统各组成部分之间的互联互通，实现业务管理及数据的交换和共享。

政府监管平台主要通过平台接口及统计分析功能来实现对上级平台的数据报送、对下级政府平台的管理和对企业监控平台的监管与服务；企业监控平台接入到政府监管平台，主要通过对车载终端的控制来实现对营运车辆安全运营的监控，并实时上报各项数据给政府监管平台；车载终端通过定位功能实现车辆实时位置和状态信息的采集，并通过无线通信网络与企业监控平台或政府监管平台进行数据传输。政府监管平台之间通过专线网络或互联网VPN方式进行连接，企业监控平台之间通过无线通信网络进行连接。

道路运输车辆卫星定位系统的基本工作原理是：安装在车辆上的卫星定位车载终端自动接收卫星定位信号对车辆进行实时定位；当接收到监控中心的定位请求时或按照监控中心设定的指令，车载终端内部的无线通信系统即可将卫星定位数据上传给企业监控平台监控中心，车辆每一时刻的位置、速度和运行方向等状态信息可以在监控中心的系统中显示出来；监控中心还可以根据需要通过无线通信系统向车辆发出指挥和控制指令，从而实现对运输车辆的动态跟踪控制与指挥管理。

9.8.3 道路运输车辆卫星定位系统各组成部分的功能

1）政府监管平台

政府监管平台是以计算机系统及通信信息技术为基础，通过卫星定位技术等手段，实现对管辖范围内的车载终端和接入平台进行管理的系统平台，主要实现对上级平台的数据报送和对下级政府平台的管理以及对企业监控平台的监管和服务。

政府监管平台的主要功能是对接入平台（包括下级政府监管平台和企业监控平台）进行管理，导出平台数据查询及统计分析报表，定时下发车辆数据，接受并管理接入平台上报的报警信息，以及进行危险品车辆和运输企业管理、班线客运车辆和企业管理、旅游包车和企业管理、货运车辆和企业管理、车辆动态监控管理、平台管理统计分析以及车辆管理统计分析等。

道路运输车辆卫星定位系统的政府监管平台，是由交通运输部和各级政府交通运输管理部门负责构建与监管的营运车辆联网联控系统平台。该系统充分整合了各省级道路运输监控系统资源，完成重点营运车辆各省间的信息互通。该系统一方面实现了重点营运车辆动态信息的跨区域交换以及跨地区联合监管；另一方面，作为一个全开放系统，建立了数据交换通道，进而实现了同一地区不同政府管理部门之间的信息沟通，为多部门协同办公、应急联动等方面的应用奠定了基础。该系统实现了车辆动态信息和静态信息的有效结合，将车辆位置信息、运政信息以及车辆货物运输信息实时转发给相应的平台，使接收平台不但可以清晰地了解车辆的行驶轨迹，还可以全面掌握车辆的货物信息和属性信息。该系统实现了数据在交通运输部部级层面的统一集中，可以有效掌握道路运输行业的总体运行情况，加强道路运输行业的监管，提升道路运输行业信息化管理水平，为现代物流业、应急指挥系统、路网拥堵情况分析和交通经济运行分析等多个方面提供数据支持。

2）企业监控平台

企业监控平台是由企业自建或委托第三方技术单位建设的卫星定位系统平台。它以计算机系统为基础，通过接入通信网络对服务范围内的车载终端和用户进行管理，并提供安全运营监控的系统平台（通常称为监控中心），主要实现对平台中的车辆安全运营进行实时监控。

企业监控平台的主要功能是：导出平台数据查询及统计分析报表；报警和警情处理；车辆动态监控管理；与政府监管平台进行信息交互，对车载终端进行管理；驾驶员身份识别、疲劳驾驶警报等。其中，车辆动态监控管理功能包括车辆调度、车辆监控、车辆跟踪、车辆点名、车辆查找、区域查车和车辆远程控制等具体功能。

3）车载终端

车载终端是指安装在道路运输车辆上满足工作环境要求，并通过卫星定位系统、移动网络接口、道路运输车辆行驶记录及道路运输车辆相关信号的采集和控制设备、其他车载电子设备进行通信，以提供政府监管平台或企业监控平台所需要的信息，进而完成卫星定位系统对车辆控制功能的装置。

车载终端的主要功能包括定位功能、通信功能、信息采集功能、行驶记录功能、警示功能。

（1）定位功能。车载终端能够提供实时的时间、经度、纬度、高度、速度和方向等定位状态信息，并将其存储到终端内部，同时通过无线通信方式上传至监控中心。它能够接受一个或多个监控中心的定位请求，并按监控中心要求中止上报。车载终端定位状态信息的报送方式有定时报送、定距报送和定时定距报送等，具体方式按监控中心指令执行。

（2）通信功能。车载终端能够支持基于GSM、CDMA等多种无线通信网络以及北斗微型导航系统传输机制下的通信模式，也能够支持主监控中心和备份监控中心的远程连接。

（3）信息采集功能。车载终端能够通过IC卡方式采集驾驶员从业资格证信息，并上传给监控中心，还能够进行电子运单、车辆货载状态、车辆运营数据、收费结算以及图像、音频、视频等信息的采集。

（4）行驶记录功能。装有行驶记录仪的车载终端能够记录车辆行驶状态数据。按照国家有关部门的要求，“两客一危”车辆等重点营运车辆必须安装使用具有行驶记录功能的卫星定位装置，即把车载终端与行驶记录仪合为一体。

（5）警示功能。车载终端的警示功能分为人工报警和自动提醒。人工报警是驾驶员根据现场实际情况触发的报警，主要是当遇到抢劫、交通事故、车辆故障等紧急状况时，驾驶员通过触动应急报警按钮向监控中心上传报警信息。自动提醒是指驾驶员不对车载终端进行任何操作，终端根据监控中心设定的条件自动发出提醒警示，主要包括区域提醒（当车辆进入禁区时触发）、线路偏离提醒（当车辆驶离设定的线路时触发）、超速提醒（当车辆行驶速度超过设定的速度限值时出发）、疲劳驾驶提醒（当车辆或驾驶员连续驾驶时间超过设定的时间限值时触发）以及断电提醒、终端故障提醒等。自动提醒一般是以语音报读方式，并结合声、光、文字等向驾驶员提示警示信息。

9.8.4 车载终端的基本结构

车载终端主要由主机和外部设备等组成。

1）主机

主机一般包括微处理器、数据存储器、卫星定位模块、车辆状态信息采集模块、无线通信传输模块、实时时钟、数据通信接口、显示器、打印机和读卡器等。

2）外部设备

外部设备主要包括卫星定位天线、无线通信天线、应急报警按钮和语言报读装置等，有的还包括通话设备以及图像、视频、音频、驾驶员身份和车辆运营状况等相关信息的采集设备等。

车载终端主机一般安装在通风、散热条件较好的位置，要便于驾驶员察看和操作，并且要远离过热环境、阳光直射、废气、水和灰尘，避免碰撞。

9.9 物联网技术及其在物流中的应用

9.9.1 物联网的概念

物联网，即 internet of things，顾名思义，就是“物物连接的互联网”。其中具有两层含义：第一，物联网的核心和基础仍然是互联网，是在互联网基础上延伸和扩展的网络；第二，其用户端延伸和扩展到了任何物品之间的信息交换与通信。

物联网通过智能感知、识别技术与普适计算等通信感知技术，被广泛应用于网络的融合中，也因此被称为继计算机、互联网之后世界信息产业发展的第三次浪潮。物联网是互联网的应用拓展，与其说物联网是网络，不如说物联网是业务和应用。因此，应用创新是物联网发展的核心，以用户体验为核心的创新是物联网发展的灵魂。因此，物联网技术可以定义为：

通过射频识别（RFID）、红外感应器、全球定位系统、激光扫描器等信息传感设备，按约定的协议，将任何物品与互联网相连接，进行信息交换和通信，以实现智能化识别、定位、追踪、监控和管理的一种网络技术。

物联网作为一种智能化的互联网，与传统的互联网相比具有以下鲜明的特点：

第一，物联网是各种感知技术的综合应用。物联网上部署了海量的多种类型传感器，每个传感器都是一个信息源，不同类型的传感器所捕获的信息内容和信息格式也不同。传感器获得的数据具有实时性，按一定的频率周期性地采集环境信息，不断更新数据。

第二，物联网是一种建立在互联网上的泛在网络。物联网的重要基础和核心仍旧是互联网，通过各种有线和无线网络与互联网融合，将物体的信息实时、准确地传送出去。在物联网上的传感器实时采集的信息需要通过网络传输，由于其数量极其庞大，形成了海量的信息，在传输过程中，为了保证数据的正确性和及时性，必须适应各种异构网络和协议。

第三，物联网能够对物体实施智能控制。物联网本身也具有智能处理的能力，将传感器和智能处理相结合，利用云计算、模式识别等各种智能技术，扩充其应用领域。从传感器获得的海量信息经过分析、加工和处理输出有意义的数据，以适应不同用户的不同需求，发现新的应用领域和应用模式，从而对物体实施智能控制。

因此，物联网的本质概括起来主要体现为3个方面的特征：一是互联网特征，即对需要联网的“物”一定要有能够实现互联互通的互联网络；二是识别与通信特征，即纳入物联网的“物”一定要具备自动识别与物物通信的功能；三是智能化特征，即网络系统应具有自动化、自我反馈与智能控制的特点。

近几年来，物联网技术得到了世界各国的广泛关注。我国政府和社会各界也高度重视与积极推行物联网的发展和研究，目前已经把物联网明确列入了国家中长期科学技术发展规划，并把物联网正式列为我国新兴战略产业之一。

物联网的用途十分广泛，可用于公共安全、工业监控、平安家居、政府工作、智能交通以及现代智能物流等社会各领域。

9.9.2　物联网的原理与组成

物联网是在计算机互联网的基础上，利用条形码技术、射频识别技术、传感技术、全球定位技术等先进的物联网技术通过信息处理和网络通信技术平台广泛应用于物流业运输、仓储、配送、包装、装卸等基本活动环节，实现货物运输过程的自动化运作和高效率优化管理，提高物流行业的服务水平，降低成本，减少自然资源和社会资源消耗。在这个网络中，物体能够彼此进行“信息交流”，而不需要人的干预。其实质是利用射频识别技术，通过计算机互联网实现物体的自动识别和信息的互联与共享。

在物联网的构想中，射频识别标签中存储着规范的且具有互用性的信息，通过无线通信网络可以自动传输到中央信息系统来实现物体的识别，进而通过开放性的计算机网络实现信息交换和共享，实现对物体的“透明”管理。

从技术架构上来看，物联网可分为感知层、网络层和应用层3个层次。

感知层由各种传感器以及传感器网构成，包括二氧化碳浓度传感器、温度传感器、湿度传感器、二维码标签、RFID标签和读写器、摄像头、GPS等感知终端。感知层的作用相当于人的眼、耳、鼻、口和皮肤等神经末梢，是物联网识别物体、采集信息的来源，其主要功能是识别物体并采集物体的相关信息。

网络层由各种私有网络、互联网、有线和无线通信网、网络管理系统和云计算平台等组成，相当于人的神经中枢和大脑，负责传递和处理感知层获取的信息。

应用层是物联网和用户（包括个人、组织和其他系统）的接口，与行业需求相结合，进而实现物联网的职能应用。物联网的行业特性主要体现在其应用领域内，目前绿色农业、工业监控、公共安全、城市管理、远程医疗、智能家居、智能交通和环境监测等各个行业均有物联网应用的尝试，有些行业已经积累了一些成功的经验。

9.9.3 物联网在物流领域的应用

现代信息技术是现代物流业的重要技术支撑，现代物流业是物联网的重要应用领域。在物流领域中，应用物联网将彻底变革和改造传统的物流作业方式与物流管理模式，实现物流管理的自动化、智能化、高效化和低成本化。也就是说，要以物联网技术为基础，以信息化、智能化设备为载体，全面推动物流业与制造业、商贸业的融合，物流与商流、信息流、资金流的融合，互联网、移动互联网、物联网与车联网的融合，形成智能物流信息系统（如图9-27所示）。

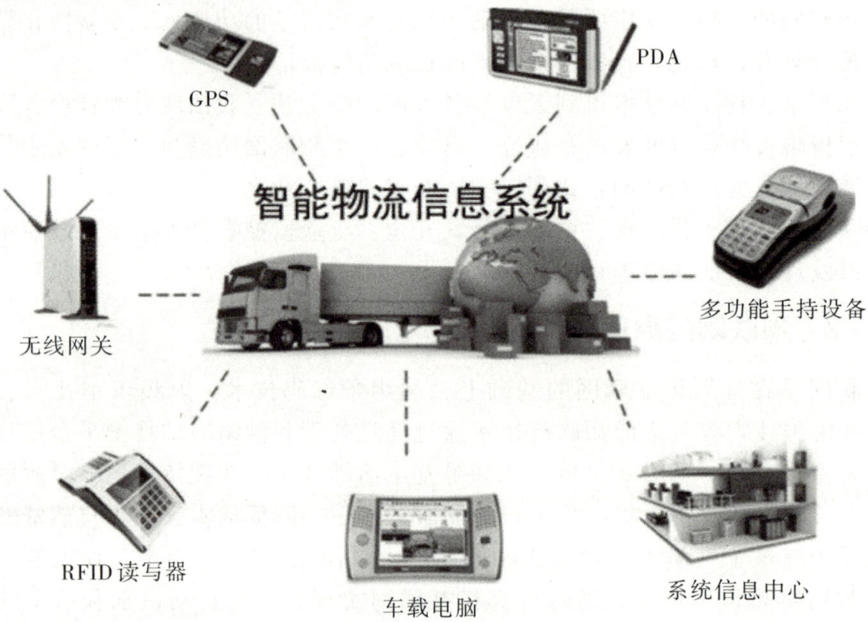

图9-27 智能物流

目前物联网在物流行业相对成熟的应用主要集中在以下几个方面：

（1）产品的智能可追溯网络系统。

在医药、农产品、食品、烟草等行业领域，产品追溯系统发挥着货物追踪、识别、查询、信息采集与管理等方面的巨大作用，基于物联网技术的智能可追溯系统为保障产品的质量与安全提供了保障。

（2）物流过程的可视化智能管理网络系统。

基于GPS卫星导航定位技术、RFID技术、传感技术等多种技术，在物流过程中实时实现对车辆定位、运输物品监控、在线调度和配送可视化与智能管理。目前，物流作业的透明化、可视化管理已经初步实现，全网络化与智能化的可视管理网络还有待发展。

（3）智能化的企业物流配送中心。

基于传感技术、RFID技术等物联网技术建立物流作业的智能控制、自动化操作的网络，实现物流配送中心的全自动化，实现物流与生产联动，并与商流、信息流、资金流全面协同。

（4）企业的智慧供应链。

基于物联网技术升级智慧物流和智慧供应链的后勤保障网络系统，满足电商快速发展及智能制造等环境下产生的大量个性化需求与订单，帮助企业准确预测客户需求，实现整个供应链的智慧化。

物联网在物流领域的最新应用有以下几个方面：

（1）电商+物联网。电商的蓬勃发展推动了物流管理运作水平的提高，进入物流智能化新阶段，而物流系统自动化、信息化能力的提升又反过来促进了电商的进一步发展。电商物流为物联网技术提供了良好的应用环境，未来几年，物联网技术将是解决该行业所面对的人员紧张、信息阻塞、合规问题的最佳途径，成为电商企业进一步抢占市场的重要技术支撑。电商企业正在积极寻求与物联网企业多维度的合作，力求借助物联网技术实现物流持续升级，强化自身竞争力。例如，2017年1月，京东、斑马技术和神州数码联合宣布成立“物联网+电商物流联合实验室”，聚焦三大场景的改善：提升现有拣选和复核打包的生产效率、托盘和笼车资产可视化智能管理、寻找视觉和数据分析在物流中的应用。基于电商物流的大规模、高要求以及复杂度，电商物流中心的自动化、智能化水平几乎代表了物流行业的最高水平，正因为此，电商企业正在加快布局无人仓。在无人仓的各种技术中，最基础的便是数据感知。可以想象，未来物联网技术在电商领域的应用需求将是巨大的。除此之外，电商带来的O2O与新零售，也为物联网带来了新的应用场景。

（2）车联网+物联网。车联网借助物联网技术，已经初步实现了运输过程的透明化、可视化管理，以及货运资源的优化与整合配置，从而提升运输、装载效率，实现货物的实时跟踪与追溯管理。物联网技术实现了货运资源、车辆资源、卡车司机和卡车后市场消费信息的全方位融合，可以说，车联网已经成为物流运输发展最基本的配置。最新的物联网技术应用，不仅提高了企业对运输成本、时效及客户体验这三大指标的满意度，更在安全性、可靠性、即时通信、算法优化、仓储管理和效率提升等方面有了更深入的优化。例如，研华推出的智慧车队管理解决方案，不仅能采集相关数据回传给管理后台，在云端对车辆、人、货品的信息进行稳定点的运算与统计处理，还可以直接进行边缘运算处理，通过在车辆上安装的车用电脑对采集到的数据进行复杂的边缘计算，即时防止、修正司机的危险驾驶行为，实现主动式安全保障。

（3）智能制造+物联网。随着智能制造、工业4.0的推进，制造业对物流信息化、自动化、智能化需求越来越高，纷纷在物流系统中采用物联网技术，尤其是传感和智能控制技术的应用最多。智能制造除了要求物流系统的智能化，还需要与生产线相匹配，进行无缝对接，实现信息系统的互联互通。

拓展阅读9-1

商务部等8单位关于开展全国供应链创新与应用示范创建工作的通知

2021年3月30日，商务部等8单位联合印发《商务部等8单位关于开展全国供应链创新与应用示范创建工作的通知》（以下简称《通知》），部署开展示范创建工作，力争用5年时间，培育一批全国供应链创新与应用示范城市和示范企业。

《通知》指出，各地要促进供应链协同化、标准化、数字化、绿色化、全球化发展，着力构建产供销有机衔接和内外贸有效贯通的现代供应链体系。要求各示范城市和示范企业积极推动供应链优势培育取得新成效，供应链效率效益得到新提高，供应链安全稳定达到新水平，供应链治理效能得到新提升。

《通知》强调，要统筹大中小企业协同发展，既要注重"大而强"核心企业，也要兼顾"小而精"中小企业，突出宽领域、多维度的代表性。将现代供应链理念融入实体产业体系、组织管理、经营机制、业态模式等各领域，重塑和改造产业链、价值链，为传统产业转型与实体经济发展注入新动能，全面提升产业链、供应链发展层次。

资料来源 王雨萧. 商务部等8单位开展全国供应链创新与应用示范创建工作［EB/OL］.［2021-04-01］. http://www.xinhuanet.com/2021-04/01/c_1127284802.htm.

思政专栏

12月21—23日，由商务部指导、中国物流与采购联合会与厦门市人民政府联合主办的"2022第三届中国供应链管理年会"在厦门成功举办，会上发布了《2021—2022全国供应链创新与应用示范案例》（以下简称《示范案例》）。《示范案例》的指导单位为商务部流通发展司，编写单位为中国物流与采购联合会与商务部国际贸易经济合作研究院。中国物流与采购联合会会长助理胡大剑担任发布嘉宾。

习近平总书记在党的二十大报告中强调，要增强国内大循环内生动力和可靠性，提升国际循环质量和水平，加快建设现代化经济体系，着力提升产业链供应链韧性和安全水平。国家"十四五"规划提出，要提升产业链供应链现代化水平，坚持自主可控、安全高效，分行业做好供应链战略设计和精准施策，推动全产业链优化升级。

资料来源 中物联采购与供应链专业委员会.《2021—2022全国供应链创新与应用示范案例》重磅发布!［EB/OL］.［2022-12-30］.http：//cgw.chinawuliu.com.cn/gzdt/202212/30/596155.shtml.

解读：此次新冠肺炎疫情，充分暴露了供应链的脆弱性，无论是城市还是企业，都需要在供应链的强健性上发力建设，并逐步向海外延伸，向全球价值链中高端跃升，构建全球的物流枢纽，掌控通道资源，不让供应链成为双循环的卡脖子环节。此外，随着"碳达峰 碳中和"的提出，供应链的绿色发展逐渐成为风尚，优选绿色供应商、减少空载、单元化载具共享共用以及绿色包装等逐渐被政府以及企业所倡导。

基本训练

1.单项选择题

（1）常见的条形码是由反射率相差很大的（　　）和（　　）组成的。

A.黑条、白条　　B.红条、蓝条
C.罗马数字、字母　　D.阿拉伯数字、字母

(2) 条码打印机是一种专用的条码打印设备，一般为（　）和热转印型。
A.红外型　B.热敏型　C.喷墨型　D.激光型

(3) 数据采集器的软件功能一般分为操作系统、（　）两部分。
A.应用软件　B.技术软件　C.硬件系统　D.应用系统

2.多项选择题

(1) 便携式数据采集器是集激光扫描、（　）等功能于一体的高科技产品。
A.汉字显示　B.数据采集　C.数据处理
D.数据通信　E.字母显示

(2) IC卡是集成电路卡，IC卡芯片具有（　）的能力。
A.写入数据和存储数据　　B.写入数据和读取数据
C.存储数据和读取数据　　D.识别数据和分析数据

(3) POS一般由（　）3部分构成。
A.主控机　B.凭证打印机　C.卡读写设备　D.客户密码键盘

3.简答题

(1) 简述条形码识别系统由哪些部分组成。

(2) 选择条码扫描器时，要注意哪些问题？

(3) 简述射频识别的分类。

(4) 何谓物联网？它在物流中的作用有哪些？

综合应用

1.案例分析题

物联网技术在智慧物流中的应用

根据物联网所具有的特点以及在实际中的运用就可以了解到，物联网技术并不是单项的技术，而是在应用的过程中组成网络系统的技术。在物联网技术体系划分的过程中，通常会将物联网技术划分为关键性技术、支撑性技术与共性技术，物联网技术就是这几种技术的相互融合。物联网技术在智慧物流中的综合应用就是该项技术应用价值的体现。实现智慧物流需要应用不同层面的物联网技术来支撑。物联网技术在智慧物流中的应用体现在以下几方面：

(1) 感知互动层。物联网技术在智慧物流中的应用体现在多层次，而不同的层次又包含不同的技术。在感知互动层包含这么几项技术：首先，射频识别（RFID）技术。可以说RFID技术应用最广泛的领域就是物流业，利用RFID技术，对物流车辆、货物、集装箱等进行动态监控，这样就可以实现对车站汽车与港口货轮等的智能调度；通过RFID技术还可以实现智能仓储的管理、产品防伪的辨识，以及物流配送的可视化等。从某种层面上可以说，RFID技术的应用，促使智慧物流在原有发展的基础上上升到了一个更高水平的管理层面。其次，无线传感器网络（WSN）。在无线传感器内，多种技术相互结合，就能够实现自动、实时、远程地获取物流产品流通中的重要数据，检测数据的可靠性，掌握物流产品的整个运输过程的状态，并在获取数据

的时候及时回应所获得的信息，随后就可以实现自动决策与智能调控等，这种技术的应用很显然可以提高物流作业的智能化管理水平。最后，全球定位系统（GPS）。在物流配送的过程中，应用GPS就可以进行物流配送的动态调控，并且在整个货物输送的过程中跟踪、定位，将路线优先、紧急救援与车辆优先等多项功能应用到货物的供应状态中。

（2）网络传输层。相较于感知互动层，网络传输层同样包含了多种应用技术。第一，云计算。云计算属于虚拟的资源，综合运用互联网、移动通信、人工智能与云计算等技术就可以对物流信息进行高效、智能化的分析和处理，进而从中获取有效的信息，实现海量数据的传输，这样就可以为智慧物流提供有力的支持。云计算的应用从某种层面上来说，就是要为智慧物流提供决策数据，促使智慧物流在运转的过程中不会偏离方向。第二，M2M（machine to machine）技术。在智慧物流中，应用M2M技术对物流整个过程中的搬运设备、搬运物料、搬运环境与搬运工进行监控和追踪，这对物流中各项资源的合理调配、提高搬运效率具有非常重要的作用，同时可以在智慧物流中体现绿色搬运。第三，数字集群移动通信技术。在物联网技术中，有一种系统综合传输数据、图片信息，同时以无线数据传输、交换与控制为主，该种系统就是数字集群移动通信技术。该种技术应用范围最为广泛的区域就是港区、物流园区堆场，而这些区域相对而言作业较为集中，环境较为复杂。

（3）应用服务层。物联网技术在智慧物流中的应用，其最重要的一个层面就是应用服务层。应用服务层直接关系物流产业最终的服务质量。首先，嵌入式智能技术。在实际应用的过程中，该项技术能够增强系统的语言与图像处理能力，并且能够最大限度地使用软、硬件设施，可以有效防止资源的浪费。在该项技术应用的过程中，将计算、数据挖掘与数据存储等多项技术运用到各个行业中，可以实现跨行业、跨系统与跨应用的信息系统共享和互通。其次，公共物流信息平台。公共物流信息平台在智慧物流中具有非常重要的意义，该项技术对智慧物流后续发展起着决定性的作用。公共物流信息平台可以通过对公共信息的收集、处理与分析，进而可以为物流企业信息系统完成各项活动提供支持功能，其中就包含了数据服务、物流应用服务、公共信息服务等。公共物流信息平台应用中最为明显的特点就是信息的共享。在智慧物流中，如果能够达到信息共享，这对物流信息的掌握具有非常重要的意义，并且可以保证物流信息的准确性。

资料来源　佚名．物联网技术在智慧物流中的应用［EB/OL］．［2021-07-02］．https：//www.xzbu.com/8/view-6911459.htm.

问题：物联网技术的进一步发展将推动智慧物流呈现出怎样的图景？

2.实训题

供应链管理：供应链是由供应商、制造商、仓库、配送中心和渠道商等构成的物流网络。同一企业可能构成这个网络的不同组成节点，但更多的情况下是由不同的企业构成这个网络中的不同节点。比如，在某个供应链中，同一企业可能既在制造商、仓库节点，又在配送中心节点等占有位置。在分工愈细、专业要求愈高的供应链中，不同节点基本上由不同的企业组成。在供应链各成员单位间流动的原材料、在制品库存和产成品等就构成了供应链上的货物流。

目标：在满足客户需要的前提下，对整个供应链（从供应商、制造商、分销商到消费者）的各个环节进行综合管理。

实施：（1）分析市场竞争环境，识别市场机会；（2）选择合作伙伴。

请画出供应链的基本结构模型，并谈谈对其的理解。

第10章
现代物流设备管理

- 学习目标
- 10.1　现代物流设备管理概述
- 10.2　物流设备的选配管理
- 10.3　现代物流设备的使用管理
- 10.4　现代物流设备的更新和技术改造
- 思政专栏
- 基本训练
- 综合应用

学习目标

□ 知识目标：了解现代物流设备管理的基本含义、特点、内容。

□ 技能目标：能明确掌握现代物流设备的配置及使用管理；具备判断现代物流设备的更新和技术改造趋势的能力。

□ 素养目标：培养物流人的社会责任感、可持续发展意识、创新意识和培育物流人的钻研精神。

【引例】

物流快递行业设备维护管理痛点有哪些？如何解决？

随着物流行业的快速发展，物流信息化取得长足的进步，但有些物流快递公司尚未建立一套完善的设备信息管理及巡检系统，设备维护成本高昂，严重影响快件输送效率。

耕云合作客户之一是物流行业标杆企业，它成立20年，业务发展迅速，目前在全国有60多个分拣中心，设备资产价值超过30多亿元，维护维修团队人员超过400人。

通过与耕云合作，客户实现了对设备的全生命周期管理，完成了智能化的设备维保、点巡检查工作，让设备健康运行有了保障。

物流快递行业存在的一些痛点：维保流程不规范，工作内容不透明；维保计划不科学，无法统计哪些设备保养过；缺少设备运行前后的点检规范，容易造成设备运行时停机；备件消耗无记录，用多用少无统计。

针对这些痛点，耕云设备维护管理系统给出了相应的解决方案：

（1）建立维修、保养、点巡检工单流程，进行数字化管理；

（2）按设备运行周期、运行状况，制订合理的维保计划、巡检计划，避免突发故障，减少故障率；

（3）制定操作人员点检规范，在设备运行前后进行检查，及时进行设备故障诊断，发现问题及时上报；

（4）备件领用，维修工程师申领备件，用于设备维修和保养中，系统进行详细记录。

耕云设备维护管理系统针对设备资产进行全生命周期管理，将现有的各个文件资料或系统中的数据进行梳理、整合、标准化，导入到数据库系统中，对所有设备资产进行统一盘点，更新完善设备资产数据库，作为系统建设初期数据库，通过业务系统的日常运转来确保数据库数据的同步更新。

资料来源 耕云现场服务云. 物流快递行业设备维护管理痛点有哪些？如何解决？[EB/OL]. [2021-09-03]. https://www.toutiao.com/article/6868151642752025095/? channel=&source=search_tab.

10.1 现代物流设备管理概述

10.1.1 现代物流设备管理的含义

现代物流设备管理是以物流设备的一生为研究对象，以设备寿命周期费用最经济和设备综合效能最高为目标，动员全员参加的综合管理。其目的是充分发挥设备效能，并寻求设备寿命周期费用最经济，从而获得最佳投资效果。

设备有两种形态：实物形态和价值形态。实物形态是价值形态的物质载体，价值形态是实物形态的货币表现。在整个设备寿命周期内，设备处于这两种形态的运动之中。对应设备的两种形态，设备管理也有两种方式，即设备的实物形态管理和价值形态管理。

1）实物形态管理

设备从规划设置到报废的全过程即为设备实物形态运动过程。设备的实物形态管理就是从设备实物形态运动过程出发，对设备实物的可靠性、维修性、工艺性、安全性、环保性以及在使用中发生的磨损、性能劣化、检查、修复、改造等进行管理，其目的是使设备的性能和精度处于良好的技术状态，确保设备的输出效能最佳。

2）价值形态管理

在整个设备寿命周期内的最初投资，使用费用、维修费用的支出，折旧，改造、更新资金的筹集与支出等，构成了设备价值形态运动过程。设备的价值形态管理就是从经济效益角度研究设备价值的运动，即对新设备的研制、投资及设备运行中的投资回收，运行中的损耗补偿，维修、技术改造的经济性评价等进行管理，其目的就是使设备的寿命周期费用最经济。

现代设备强调综合管理，其实质就是将设备实物形态管理和价值形态管理相结合，追求在输出效能最佳的条件下同时使设备寿命周期费用最经济。只有把两种形态管理统一起来，并注意不同的侧重点，才能实现这个目标。

10.1.2 现代物流设备管理的特点

现代物流设备管理除了具有一般管理的共同特征外，与企业的其他专业管理相比，还有一些自己的特点。

1）技术性

作为企业的主要生产手段，设备是物化了的科学技术，是现代科技的物质载体，因此现代物流设备管理必然具有很强的技术性。首先，现代物流设备管理包含了机械、电子、液压、光学、计算机等许多方面的科学技术知识，缺乏这些知识就无法合理地设计制造或选购设备；其次，正确地使用、维修这些设备，还需要掌握状态监测的诊断技术、可靠性工程、摩擦磨损理论、表面工程、修复技术等专业知识。可见，现代物流设备管理需要以工程技术作为基础，不懂技术就无法搞好设备管理工作。

2）综合性

综合性表现在：①现代物流设备包含了多种专门技术知识，是多门科学技术的综合应用。②设备管理的内容是工程技术、经济财务、组织管理3者的综合。③为了获得设备的最佳效益，必须实行全过程管理，它是对设备整个寿命周期各阶段的综合。④设备管理涉及物资准备、设计制造、计划调度、劳动组织、质量控制、经济核算等多方面的业务，汇集了企业多项专业管理的内容。

3）随机性

许多设备故障具有随机性，使得设备维修及其管理也带有随机性。为了减少突发故障给企业带来的损失和干扰，设备管理部门必须能够应付突发故障、承担意外突击任务。这就要求设备管理部门信息渠道畅通、器材准备充分、组织严密、指挥灵活；人员作风过硬，业务技术精通；能够随时为现场提供服务，为生产排忧解难。

4）全员性

现代企业管理强调应用行为科学调动广大员工参与的积极性，实行以人为本的管理。设备管理的综合性更加迫切需要全体员工参加，只有建立从经理或厂长到第一线员工都参加的企业全员设备管理体系，实行专业管理与群众管理相结合，才能真正搞好设备管理工作。

10.1.3　现代物流设备管理的内容

现代物流设备管理是以追求设备综合效能的最高和寿命周期费用的最经济为目的，从工程技术、财务经济和组织管理3个层面对设备实行管理。因此，现代物流设备管理应包括以下3方面内容：

1）设备的工程技术管理

它主要包括：设备的规划、选购、自制与安装调试；设备的合理使用和维护保养管理；设备的计划检修；设备的状态监测与技术诊断；设备的安全技术管理和事故处理；设备的备件管理；设备的资料管理；设备的技术改造；设备的技术档案管理等。

2）设备的财务经济管理

它主要包括：设备投资效益分析；资金筹集和使用；设备移交验收、分类编号、登记卡片和台账管理、库存保管、调拨调动、年终清查等资产管理；折旧的提取与管理；费用的收支核算；设备更新等。现代物流设备的财务经济管理必须遵循价值规律和寿命周期费用变化规律，对现代物流设备管理的各项内容进行经济论证、经济核算、经济分析和成本控制等，开展多种形式的增收节支和经营，使企业取得最佳经济效益投资。

3）设备的组织管理

它主要包括：员工的教育和培训；设备管理制度和规范的制定；设备管理、使用的监督检查和评比等。

现代物流设备管理必须遵循机械使用与磨损的客观规律，运用行政手段，科学地把现代物流设备工程技术管理、财务经济管理和组织管理结合起来，全面完成现代物流设备管理任务。设备管理的3个方面内容是相互联系的一个整体。其中，工程技术管理是基础，财务经济管理是目的，组织管理是手段。只有3者相结合，才能实现综合管理的目标。

10.2　物流设备的选配管理

10.2.1　现代物流设备的特点

随着现代物流技术的发展，近几年来，我国的物流设备的现代化水平不断提高，在一些大型物流和生产企业，设备的先进性已与国外先进水平相差不大，这些设备的自动化程度较高，体现出集成化、大型化和生产连续化的发展趋势。具体来说，现代物流设备具有以下共同特点：

（1）设备的社会化程度愈来愈高。这具体表现在两个方面：一是设备结构越来越复杂，零部件品种、数量越来越多，备品配件的管理工作涉及的地域面广；二是设备从研究、设计、制造、选型、购置、安装调试、使用、维修一直到报废，环节多，各环节之间互相影响、互相制约。

（2）设备中体现的科学技术知识门类越来越多，如液压、机械、电子等。

(3) 设备大型化（功率、容量、参数大）、高速化、连续化、电子化，生产率都很高，因而在使用中若管理不慎，将导致故障损失大、污染严重、磨损快等严重后果。

(4) 现代物流设备多为能源密集型，能源消耗大。

(5) 现代物流设备又是资金密集型的，设备投资和使用费用十分高昂，迫切要求提高管理的经济效益。

10.2.2 物流设备选配的总体原则

物流设备的配置与选择是物流企业经营决策的一项重要工作。物流设备一般投资规模大，使用期限较长。在配置与选择时，一定要进行科学决策和统一规划。正确地配置与选择物流设备，可为物流作业选择出最优的技术设备，使有限的投资发挥最大的技术经济效益。

配置与选择物流设备应遵循技术上先进，经济上合理，生产作业上安全适用、无污染的总体原则。

1）系统化原则

系统化就是在物流设备配置与选择中用系统的观点和方法，对物流设备运行所涉及的各环节进行系统分析，把各个物流设备与物流系统总目标、其他物流设备、操作人员、物流作业任务等有机严密地结合起来，改善各个环节的机能，使物流设备配置与选择最佳，使物流设备发挥最大的效能，并使物流系统整体效益最优。

在企业物流系统中，用系统观点和方法解决物流设备配置与选择问题，是提高企业资源的利用率、实现最合理投资的重要手段。按系统化原则配置与选择物流设备，不仅要求物流设备与整个系统相适应，各物流设备之间相匹配，还要求全面、系统地分析物流设备单机的性能，进行综合评价，做出决策，使设备配置达到整体最优。

2）适用性原则

适用性是指物流设备满足使用要求的能力，还包括实用性。在配置与选择物流设备时，应充分注意到与物流作业的实际需要和发展规划相适应，符合货物的特性、货运量的需要，适应不同的工作条件和多种作业性能要求，操作使用灵活方便。因此，首先应根据物流作业特点，找到必要功能，再选择相应的物流设备。这样的物流设备才有针对性，才能充分发挥其功能。有人认为，物流设备的适用性越强，要求的功能越多，其实不然。功能太多，厂家的成本一定大，物流设备的价格也会提高，购置时一次支付的费用增高，况且功能太多，不一定是实际作业所需要的，花了钱买了不需要的功能，物流设备就得不到充分利用，肯定造成浪费，不可能取得良好的经济效益。功能太少，不能满足作业要求，物流效益低，同样是不可取的。只有充分考虑使用要求，按必要功能去选择物流设备，才能充分体现物流设备的适用性，获得较大的投资效益。

3）技术先进性原则

技术先进性是指配置与选择的物流设备能够反映当前科学技术先进成果，在主要技术性能、自动化程度、结构优化、环境保护、操作条件、现代新技术的应用等方面具有先进性，并在时效性方面能满足技术发展要求。物流设备的技术先进性是实现物流现代化所必备的技术基础。但先进性是以物流作业适用为前提，以获得最大经济效益为目的，绝不是不顾现实条件和脱离物流作业的实际需要而片面追求技术上的先进。当然，也要考虑企业未来发展规划及技术改造的潜力，防止购置技术上已落后、已被淘汰的机型。

4）低成本原则

低成本是指物流设备的寿命周期成本低，不仅是一次购置费用低，更重要的是物流设备的使用费用低。任何先进的物流设备的使用都受着经济条件的制约，低成本是衡量设备的技术可行性的重要标志和依据之一。在多数情况下，物流设备技术先进性与低成本可能会发生矛盾，但在满足使用的前提下应对技术先进与经济上的耗费进行全面考虑和权衡，做出合理的判断。这就需要进一步做好成本分析。有些物流设备原始费用比较低，但其能耗大、故障率高、维修费用高而导致了运行成本很高；相反，有些物流设备的原始费用高，但其性能好、能耗小、维修费用低，因而运行成本较低。因此，应全面考察物流设备的购置费用和使用费用，选择整个寿命周期费用相对低的物流设备，才能取得良好的经济效益。

此外，为完成某些轻量级工作而购买价格昂贵的重量级物流设备，或选用使用寿命很短的物流设备，或非标准物流设备，都可能会带来经济上的不合理。

5）可靠性和安全性原则

可靠性是指物流设备在规定的使用时间和条件下，完成规定功能的能力。它是物流设备的一项基本性能指标，是物流设备功能在时间上的稳定性和保持性。如果可靠性不高，无法保持稳定的物流作业能力，也就失去了物流设备的基本功能。物流设备的可靠性与经济性是密切相关的。从经济上看，物流设备的可靠性高就可以减少或避免因发生故障而造成的停机损失与维修费用支出，但是可靠性并非越高越好。因为提高物流设备的可靠性需要在物流设备研发制造中投入更多的资金，受到其制约，价格较贵。因此，不能片面追求可靠性，而应全面权衡提高可靠性所需的费用开支与物流设备不可靠造成的费用损失，从而确定最佳的可靠度。

安全性是指物流设备在使用过程中保证人身和货物安全以及环境免遭危害的能力。它主要包括设备的自动控制性能、自动保护性能，以及对错误操作的防护和警示性能等。

随着物流作业现代化水平的提高，可靠性和安全性日益成为衡量设备好坏的重要因素。在配置与选择物流设备时，应充分考虑物流设备的可靠性和安全性，以提高物流设备利用率，防止人身事故，保证物流作业顺利进行。

6）一机多用原则

一机多用是指物流设备具有多种功能，能适应多种作业的能力。配置用途单一的物流设备，使用起来既不方便，也不利于管理，因此应发展一机多用的物流设备。配置和选择一机多用的物流设备，可以实现一机同时适宜多种作业环境的连续作业，有利于减少作业环节，提高作业效率，并减少物流设备台数，便于物流设备管理，从而充分发挥物流设备潜能，确保以最低的投入获得最大的效益。如叉车具有装卸和搬运两种功能，正是这点使其得到极为广泛的应用。再如多用途门座起重机，通过集装箱吊具、吊钩、抓斗等多种取物装置的调换，可适用于装卸集装箱、钢材和超长超大重件等件杂货及煤和砂石等散装货物。在配置与选择物流设备时，要优先考虑一机多用的物流设备。

此外，还有环保性原则，要求物流设备噪声低、污染小等，具有较好的环保性。

10.2.3 物流设备选配流程

1）了解企业设备规划的要求

设备规划是企业根据生产经营发展总体规划和本企业设备结构的现状而制订的用于提高企业设备结构合理化程度和机械化作业水平的指导性计划。科学的设备规划能减少购置设备的盲目性，使企业的有限投资保证重点需要，从而提高投资效益。

设备规划主要包括设备更新规划、设备现代化改造规划、新增设备规划。设备规划的编制依据主要有：企业经营发展的需求；现有设备的技术状况；有关安全、环境保护、节能等方面法规的要求；国内外新型设备的发展和科技信息；可筹集用于设备投资的资金。

在确定配置方案之前，要根据设备规划，确定需更新的物流设备，再根据要求进行物流设备配置。

2）搜集有关资料，并进行详细分析比较

（1）经济资料。货物的种类及其特性、物流设备货运量、物流设备作业能力、货物流向等是最主要的经济资料，直接影响着物流设备的配置与选择，因此必须多渠道、正确地搜集这些资料。在搜集有关经济资料时，不仅要掌握目前和近期的情况，还需要摸清发展远景或变化趋势。调查所得的资料应加以必要的整理、审查、核实、分析研究，并做出有关的统计分析表。

（2）技术资料。它包括物流设备技术性能现状及发展趋势、主要生产厂家技术水平状况、使用单位对设备技术评价等。这些资料是从整体上把握物流设备技术状况的重要数据和资料。

（3）自然条件资料。它主要包括货场仓库条件、地基的承受能力、地基基础、作业空间等资料。

3）拟订物流设备配置的初步方案

对于同一类货物、同一作业线、同一个物流作业过程，可以配置不同的物流设备，因而在拟订初步方案时，就可提出多个具有不同程度优缺点的配置方案。然后，按照配置原则和作业要求确定所配置物流设备的主要性能，分析各个初步方案的优、缺点，并进行初步选择，去劣存优，最后保留2～3个较为可行的、各具优点的初步方案，并估算投资，计算出物流设备生产率或作业能力以及初步的需要数量。

4）物流设备配置方案的技术经济评价与方案的确定

为了比较各种配置方案，从经济上分析哪些方案较为有利，必须进行技术经济评价，以便选择一个最有利的方案。在确定配置方案时，如果具体方案中出现不可比因素，就要求将不可比因素做一些换算，尽量使比较项目有可比性。常用的技术经济评价方法有投资回收期法、净现值比较法、综合效率有效度法等。

5）物流设备选型的步骤

物流设备配置方案确定后，接下来就是全面衡量各项技术经济指标，选择合适的机型，选型的步骤如下：

（1）预选。预选要在广泛搜集物流设备市场货源情报的基础上进行。货源情报的来源主要包括产品样本、产品购销指南、产品目录、广告、展销会以及采购人员搜集到的情报等，并进行分类汇编，从中筛选出可供选择的机型和厂家。

（2）细选。对预选出来的机型和厂家进行调查、联系和询问，详细了解：物流设备的各项技术性能参数、质量指标、作业能力和效率；生产厂商的服务质量和信誉，使用单位对其设备的反映和评价；货源及供货时间；订货渠道、价格、随机附件及售后服务等。将调查结果填写在“设备货源调查表”上，并经分析比较，从中选择符合要求的两三个厂家作为联系目标。

（3）选定。先对选出的厂家进行联系，必要时派专人进行调查和深入了解，针对有关问题，如机械性能情况、价格及优惠条件、交货期及售后服务条件、附件、图纸资料、配件的供应等，同厂家进行协商谈判，并做出详细记录。然后由企业有关部门进行可行性论证，选出最优的机型和厂家作为第一方案，同时准备第二、第三方案以应付订货情况变化的需要，经主管领导及部门批准后定案。

10.3　现代物流设备的使用管理

10.3.1　物流设备使用管理的基本要求

物流设备的正常使用是指在规定的工作条件下，物流设备从事物流作业、发挥其规定效能的工作过程。物流设备使用管理是从采购、验收、投入使用到报废的全过程管理，包括设备组织管理、技术管理、安全管理、经济管理等具体内容。

物流设备使用管理的基本要求是：保持设备处于良好技术状态，进行合理的生产组织，充分发挥物流设备的效能，安全、优质、高效、低耗地完成所担负的作业任务，并取得最佳的经济效益。

物流设备在使用过程中，由于受到工作环境条件、使用操作方法、工作持续时间、工作量、工作负荷等因素的影响，使其应有的功能和技术状态不断发生变化而劣化。为控制这种变化过程，除要创造物流设备适宜的工作环境外，还应正确使用物流设备，这是控制设备技术状态劣化和延缓工作能力下降的先决条件。

10.3.2　物流设备的正确使用

物流设备的正确使用包括技术合理和经济合理两个方面。技术合理是按有关技术文件规定的设备性能、使用说明书、操作规程、安全规则、维护保养规程以及不同的工作状况、工作环境、自然条件下的使用要求，正确操作设备。经济合理是在设备性能允许的范围内，通过合理的组织管理，充分发挥设备的效能，以高效、低耗地获得较高的经济效益。

1）物流设备正确使用的衡量指标

评价物流设备是否得到正确使用，可从以下3个方面的指标加以考察：

（1）高效率。物流设备的作业能力是否得到充分发挥是衡量设备是否正确使用的主要指标之一，在物流作业流水线或综合机械化组合中，至少应保证主要物流设备的作业能力得到充分发挥。

（2）经济性。物流设备的使用经济性是要求物流设备在完成一定工作量的作业时所需的运行成本最低，包括设备的日常消耗品费用、养护费、人工操作费等。不同的物流设备、不同的作业性质，应有相应的使用经济性指标。

（3）故障率。物流设备的故障率是指在规定的使用寿命内发生故障的概率。引起设备故障的主要原因除设备的自然磨损和老化外，还有人为因素、维护保养、使用环境条件等。制定合理的设备操作规程及维护保养制度，并严格执行，是降低设备故障率、保持设备技术状态完好和延长使用寿命的重要手段。

2）保证设备正确使用的措施

（1）严格按规程操作设备。设备操作规程规定了设备的正确使用方法和注意事项、对异常情况应采取的应急处理措施及异常事故的报告制度。

（2）实行使用设备的各级技术经济责任制。要求操作者按规程操作，按规定交接班，按规定进行维护保养。班组、车间、生产调度部门和企业领导等都应对设备正确使用承担责任，不允许安排不符合设备规范和操作规程的作业任务。

（3）严格使用程序管理。对重要设备采取定人定机、教育培训、操作考核和持证上岗，建立严格交接班制度，严肃处理设备事故等。

（4）实行设备养护的奖励制度。将提高使用人的积极性同物质奖励结合起来。

3）物流设备正确使用的注意事项

正确、合理地使用物流设备，能减轻设备的自然损耗，保持设备良好的工作性能，充分发挥设备效能，延长设备使用寿命。为此，在物流设备使用中，应做好以下工作：

（1）健全组织保障体系，做好设备安装工作。从企业领导到一线操作人员都应树立关心设备、爱护设备的思想，人人参与设备管理。在使用前要严格按质量标准安装设备，安装后要经试运行验收合格后才能投入使用。

（2）合理安排设备的工作量负荷。在安排设备工作量时，要根据设备本身的性能参数和物流作业任务量，经科学的计算，合理确定设备工时定额。不同设备，其性能、结构、效率、使用范围、工作条件和能力等都不相同，故在安排工作量时，需按照设备的不同技术性能等分别确定，既要充分发挥设备的效能，提高设备利用率，又要防止设备的过度疲劳和磨损，更不能超负荷使用。合理安排设备工作量也为设备的计划维修打下基础。

（3）加强对操作人员的规范管理，做到正确使用设备。设备操作人员必须熟知设备性能、操作和使用程序。这就要求不断对操作人员进行技术培训，严格考核制度。合格的操作人员必须做到“四懂四会”，即懂性能、懂结构、懂原理、懂用途，会使用、会维护保养、会检查、会排除故障。

（4）完善设备使用的技术保障工作。要及时提供规格、质量符合要求的燃油、润滑油、液压油、备品配件等日常消耗品和替换件，这是保证物流设备正常运行的物质条件。

10.3.3 物流设备的维护保养管理

1）物流设备维护保养管理的基本内容

物流设备要经常处于完好状态，除正确使用设备外，正确的维护保养也非常重要。良好的设备维护保养能有效减少设备故障及修理次数，延长设备的使用寿命。

维护保养是指对设备进行清洁、润滑、调整、防腐、检查等一系列工作的总称。其目的是减少设备的磨损，及时发现和处理设备运行中出现的异常现象。尽管物流设备的结构、性能和使用方法不同，设备维护保养工作的具体内容也不完全相同，但设备维护保养工作的基本内容是一致的，即清洁、安全、润滑、防腐等。

（1）清洁是指各种物流设备要清洁，做到无灰、无尘、整齐，保持良好的工作环境。

（2）安全是指设备的保护装置要齐全，各种装置不漏水、不漏油、不漏气、不漏电，保证安全，不出事故。

（3）润滑是指设备要定时、定点、定量加油，保证运转部件正常润滑，保证运转畅通。

（4）防腐是指要防止设备腐蚀，提高设备运行的可靠性和安全性。

2）物流设备的日常保养和定期保养

物流设备的维护保养可以采用日常保养和定期保养的二级保养制度。

（1）物流设备的日常保养。

物流设备的日常保养是全部维护工作的基础。它的特点是经常化、制度化。一般日常保养包括班前、班后和运行中维护保养。参加日常保养的人员主要是操作工人。在设备的日常使用过程中，要注意观察设备和仪器、仪表运转，通过声音、气味等发现异常情况。设备不能带病运行，如有故障，应停机及时排除，并做好故障排除记录。

日常保养的内容大部分在设备的外部。其具体内容有：搞好清洁卫生；检查设备的润滑情况，定时、定点加油；坚固易松动的螺丝和零部件；检查设备是否有漏油、漏气、漏电等情况；检查各防护、保险装置及操纵机构是否灵敏可靠，零部件是否完整等。

（2）物流设备的定期保养。

①定期保养的含义。

物流设备的定期保养是指在设备运行一定时间后，由操作人员和保养人员按规范有计划进行的强制性保养，是对物流设备的全面性维护保养工作，定期保养是物流设备运行管理和状态维修管理的重要组成部分，是使物流设备能经常保持良好技术状态的预防性措施。

该含义主要突出以下4项要求：

一是定期保养是由操作人员和保养人员按各自的职责分工，相互合作共同完成的。

二是定期保养是按一定的运行间隔期制订的保养作业计划，这个计划是物流设备运行管理和状态维修管理的组成部分。保养必须按计划顺序进行，执行计划必须具有严肃性。

三是定期保养是一项强制性的管理措施。

四是定期保养是对物流设备进行全面性维护，使其保持应有的技术状态。

②定期保养的三大特点。

一是强调定期保养是推行状态维修的基础。物流设备在使用过程中，由于存在运动、摩擦、内部应力等物理变化及化学变化，必然会导致技术状态的不断劣化，并且通过机械零部件松动、温升异常、异响等现象表现出来。通过点检、保养、检测等手段把上述现象的信息及时采集起来，分析后做出维修决策，实施有针对性的维修，这就是以状态为基础的维修管理模式。

定期地对设备进行保养，可使设备运行情况得到及时改善，消除可以避免的磨损和损坏，减缓设备的劣化趋势，延长设备修理周期，减少修理工作量。因此，执行定期保养是推行状态维修的基础，没有保养的基础保证，也就无法推行状态维修。

二是定期保养具有强制性。定期保养贯穿于设备运行的全部过程中，使设备运行状态得到及时的改善，消除可以避免的磨损和损坏，所以说定期保养伴随着设备运行全过程，不是可有可无的作业行为，而是必须进行的强制性行为。

三是定期保养具有全面性。物流设备是由各个零部件组合而成的，各部件运转状态的正常与否直接对整机的技术状态产生影响，整机的技术状态如何也是通过零部件反映出来的，所以对物流设备必须实施全面性的定期保养。实施全面性定期保养的项目不宜过多，应根据具体设备的复杂程度和结构特点，以及影响安全的零部件和装置为重点，以重点兼顾全面，达到对物流设备全面保养的目的。

③定期保养的基本内容。

一是对设备进行清洁和擦洗。

二是检查、调整、坚固各操纵、传动及连接机构的零部件。

三是对各润滑点进行检查、注油或清洗换油。

四是调整和检查安全保护装置，保证其灵敏可靠。

五是更换已磨损的零部件。

六是使用相应的检测仪器和工具，按规范对主要测试点进行检测，并做好检测记录。

10.3.4 物流设备的点检制度

检查设备的目的是判断和确定设备的技术状态是否在规定范围内，并据此做出继续使用、采取预防措施或停机修理的结论。物流设备的点检是一种现代化的先进的设备检查制度，是对影响设备正常运行的关键部位进行经常性检查和重点控制的方法。

1）设备点检的含义

设备的点是指预先规定的设备关键部位或薄弱环节。设备的检是指通过人的五官或运用检测的手段进行检查，及时准确地获取设备部位（点）的技术状况或劣化的信息，及早预防维修。

进行设备点检能够减少设备维修工作的盲目性和被动性，及时掌握故障隐患并予以消除，从而掌握主动权，提高设备完好率和利用率，提高设备维修质量，并节约各种费用，提高总体效益。

2）设备点检的类别

（1）日常点检。每日通过感官检查设备运行中的关键部位的声响、振动、温度、油压等，并将检查结果记录在点检卡中。

（2）定期点检。时间周期长短视设备具体情况而定，有一周、半月、一月、数月不等。定期点检除凭感官外还要使用专用检测仪表工具。定期点检主要是针对重要设备的，要检查设备的性能状况、缺陷、隐患以及设备的劣化程度，为设备的大修、项修方案提供依据。

（3）专项点检。专项点检是有针对性地对设备某些特定项目的检测，要使用专用仪器工具，在设备运行中进行。

3）设备点检的方法

（1）运行中检查。

（2）停机检查，其中包括停机解体检查和停机不解体检查。

（3）凭感官和经验检查。

（4）使用仪表仪器检查。

某设备的点检方法一经确定，点检人员不能随意自行改变。

4）设备点检的步骤

（1）确定设备的检查点。设备的检查点往往是设备的关键部位或薄弱环节，检查点一经确定，轻易不要变动，并要长期积累历次检查数据和资料。

（2）确定点检线路。检查点确定后，要根据设备的分布和类型等具体情况组成一条点检线路，并明确点检前后顺序，点检线路确定后，不能轻易变动。

（3）确定点检标准。设备的点检标准要根据设备的各种资料并结合实际经验来制定，其标准要定量化，便于检查。

（4）确定点检周期。设备的各自性能不同、特点不同、寿命不同，点检周期也不同，因此要根据实际情况，分别制定各个设备的点检周期，以保证设备按时接受检查。

设备点检人员必须有高度的责任心和技术水平，切实做好点检工作，点检人员对检查信息记录要准确、简明、全面、规范，设备点检工作完成后，相关信息必须妥善保存、归档，以便今后工作使用。

5）设备点检工作的检查和考核

做好点检工作，对今后设备的修理工作会起到重要作用，因此要加强领导，定期检查、考核，杜绝不负责任的点检，使点检工作真正起到成效。

10.3.5 物流设备的故障维修管理

1）设备的故障规律

设备的故障规律是指设备从投入使用直至报废为止的全过程中，设备故障的发展变化规律。设备的典型故障强度曲线如图10-1所示，形似浴盆，故称浴盆曲线。

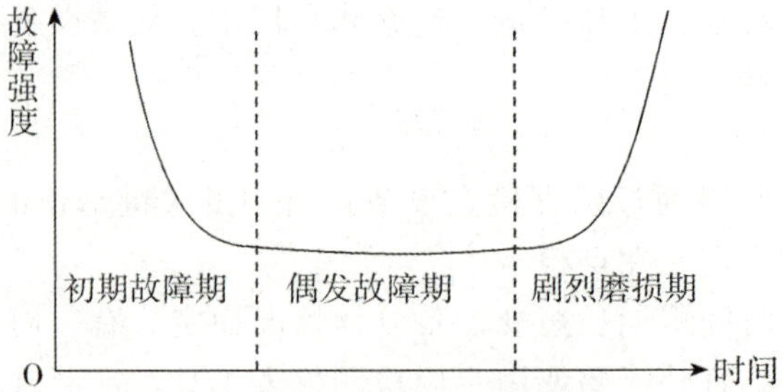

图10-1 设备的典型故障强度曲线

浴盆曲线可分为三个阶段。第一阶段称初期故障期，这一阶段的故障率较高，发生故障一般是由于设计上的疏忽、制造质量欠佳和操作不协调引起的。第二阶段称为偶发故障期，在这一阶段设备已进入正常的运行阶段，故障率较低，基本上为一常数，大部分故障属于维护不好和操作失误而引起的偶发故障。第三阶段称为剧烈磨损期，在此阶段，设备的某些零件已经老化，因而故障率剧增。

维护保养的作用就在于使设备技术状态缓慢劣化，使浴盆曲线更趋水平，并使剧烈磨损期尽可能晚一些出现，即无故障工作时间尽可能长一些。

2）物流设备故障管理的内容

物流设备故障管理的主要内容包括以下几个方面：

（1）掌握异常信息。通过感官检查和利用各种专用故障状态监测仪器对设备进行状态监测，掌握设备关键部位和易产生故障部位的异常现象或故障征兆等信息，如振动、噪声、温度变化等。

（2）搜集故障资料。做好物流设备故障资料的记录和搜集工作，对故障信息及时、准确、完整地进行记录和总结分析，存入专业档案保管。有关记录内容应包括物流设备的编号、名称、型号规格、故障发生的机构或部位，故障原因、停机修理时间、修理内容与工艺措施、所用工艺装备、工时材料和主要修换件、维修费用、经济损失等。

（3）信息处理。充分利用数理统计等分析方法，如利用直方图、因果图、控制图等进行记录数据处理，分析故障产生的原因，找出故障规律，制定故障处理对策。

（4）故障处理与信息反馈。根据设备技术人员和故障现场的实际情况，制定具体对策，提出故障处理和维修方案，并及时组织力量对故障进行处理，有关信息向主管部门和设计制造部门反馈。

3）物流设备的修理管理

修理的作用是恢复设备已失去的工作能力，使设备恢复到良好的技术状态。设备的修理不同于设备的维护保养，修理的主要目的是修复和更换已经磨损或腐蚀的零部件，使设备恢复其技术性能和使用性能，保证发挥其正常功能。对自然有形磨损的修理称为正常修理；对事故性损坏的修理称为非正常修理。修理是恢复物流设备功能的有效措施，是有形磨损的局部补偿，也是物流设备管理的一个重要内容。

（1）物流设备修理方式。

① 事后修理。物流设备在发生故障而丧失其基本功能后进行的修理称为事后修理（又称故障修理）。它一般为非计划性修理，适用于利用率低、修理复杂程度低、

能及时提供备件、预防修理经济上不经济的中小型物流设备，如中小型起重机等。

② 改善修理。根据故障记录和状态监测结果，在修复故障部位的同时对设备性能或局部结构加以改进，根除故障根源的措施，称为改善修理。改善修理适用于设备的某些结构的原设计制造不合理的情况，目的在于提高和改善局部结构或系统的可靠性与维修性。

③ 预防修理。根据设备的工作环境、零部件及控制系统的工作状况，事先编制修理计划和修理项目及相应的工艺方案，开展对设备的维修作业，称为预防修理。预防修理可分为两大类：一是定期修理；二是定检定项修理。

定期修理是以时间为基础或以工作时数为基础，不考虑零部件磨损规律的修理方式。其特点是具有周期性，人力、备件等资源可事先预计，并可做长期计划安排，适用于连续或多班作业场合、使用频繁、平时难以停机修理的物流设备。

定检定项修理是以设备运行技术状态为基础的预防修理，又称针对性修理或状态监测修理。它用人工或仪器对设备工作状态进行监测和诊断，通过数据分析处理，了解并掌握设备或零部件的劣化程度、故障隐患，选择适当的时机安排修理工作。这种修理方式的特点是针对性强，可有计划地排除故障，使设备经常处于完好技术状态，并有效地提高零部件、结构件等的使用寿命。这种修理方式适用于大中型物流设备，如门座起重机、岸边集装箱装卸桥等。

以上修理方式各有优、缺点，企业可根据自己的物流作业特点、物流作业机械的特征、故障规模、修理费用、停机损失、资金、修理效果等情况分别择优选用。

（2）物流设备的修理类别。物流设备工作能力的下降和技术状态的劣化是逐渐发生的过程，而设备的修理是间断发生的过程。根据修理内容和工作量的不同，修理作业可以划分成不同的类别。

① 大修。设备大修是旨在全面恢复设备工作能力的修理工作，其特征为将设备全部或大部分拆卸分解，修复基准件，更换或修理所有不宜继续使用的零件，整新外观，使设备精度、性能等达到或接近原出厂水平。为了改进和提高设备工作能力，可以对需要改进的部位（部件或项目）或整机，结合大修进行现代化改装。

② 项目修理。项目修理简称项修，这里的项目是指设备部件、装置或某一项设备输出参数。项目修理是在设备运行状态管理的基础上，针对设备技术状态的劣化程度，特别是在已判明故障的情况下，所采取的有针对性的修理活动。项目修理的特点是修理内容明确，针对性强，可节省修理时间、人力、物力和费用，效果较好。

③ 小修。小修指工作量较小的修理。小修的工作内容除日常保养和定期保养的全部内容之外，还要根据物流设备的磨损规律，进行机、电检修，对故障部分进行分解、检查、调整和修理。小修属局部修理，目的在于排除故障，恢复局部功能。

物流设备的大修、项修、小修都以技术状态监测为基础，提高了修理的计划性、准确性和经济性，减少了不必要的拆卸或过度修理。大修、项修、小修三者都具有恢复物流设备技术性能和使用性能的功用，但具体的工作内容和范围各不相同。大修是整机全面性恢复的修理，项修是局部性调整与恢复的修理，小修是排除故障的修理。

10.3.6 物流设备维护的新趋势

1）组建联合维护公司

在物流行业协会的帮助下成立联合维护公司，各物流企业相当于把自己的维护业务外包给相关的物流企业。这种做法有以下优点：

（1）维护能力强。由于联合维护公司整合了多家物流企业的维护资源，具有很强的维护能力，能及时排除设备故障。

（2）维护成本低。由于联合维护公司同时负责多家物流企业的物流设备维护，能产生规模效益，比单家物流企业设备维护成本低。

（3）维护水平高。联合维护公司使物流企业从设备维护中解脱出来，专注于物流核心业务，有利于企业提高物流服务能力和服务水平。

（4）响应时间快。联合维护公司与各家物流企业的利益相关性强，能解决外部维护服务提供商维护反应周期长等问题。

（5）新增维护设备，价格优惠。联合维护公司整合了业内多家企业的设备维护需求，在进行新维护设备采购时，比单一企业具有更强的商务谈判能力，能争取到维护设备提供商更优惠的价格和更高水平的服务。

2）组建区域备件公司

由于物流设备占用资金大，备件的消耗具有很强的随机性，因此为节约资金，业内物流企业可联合组建区域备件公司，以应对物流设备的备件采购问题。这种区域备件公司既降低了库存、减少了资金积压，又能及时为设备维护提供备件。

3）设立区域物流设备诊断技术服务中心

根据物流企业所在的服务区域，设立区域物流设备诊断技术服务中心，为区域内的物流企业设备提供培训、诊断、咨询和人才培养培训服务，为物流设备维护提供技术指导，提高诊断设备的专业化水平和维护质量。

4）维护服务外包

根据物流设备的类型和企业的综合实力，将设备维护尤其是物流信息技术设备的维护、智能化设备的维护等委托给专业维护公司，使企业致力于物流核心业务，专业维护公司为物流设备的稳定运营提供保障。

5）外包与自主维护相结合

物流企业在其发展过程中，有的已有一定的维护能力，维护人才充足，对这类企业可采取自主维护与外包相结合的维护方式。旧的物流设备以企业的维护人员为主，小的和新的物流设备外包给专业维护公司。

6）与设备维护商组成供应链联盟

将设备维护商纳入物流企业的供应链管理范畴，与其组成供应链联盟，共享业务效益，支付合理的维护费，为物流设备提供实时的维护服务。

物流设备的维护是一个跨学科的系统工程，当前自动化、智能化的物流设备越来越多，设计、制造物流设备所涉及的学科知识也越来越广泛，对维护物流设备的专业人员的要求也越来越高。因此物流设备维护将向外包与联盟方向发展，联合维护公司或与物流企业结盟的维护服务外包将在今后的设备维护中占有极其重要的地位。

10.4 现代物流设备的更新和技术改造

物流设备在使用过程中，由于各零部件的磨损、老化、腐蚀等，在使用到一定寿命期限时，其技术性能和使用性能必然会下降，使维持费用增加，必须根据不同的情况，采取修理、更换、改造的补偿措施。

10.4.1 物流设备磨损的分类与补偿

1）设备磨损的分类

广义的磨损概念，除通常所说的摩擦、磨损外，还包括设备零部件老化、贬值、陈旧等。设备磨损一般分为有形磨损和无形磨损。

有形磨损是指设备实体上的磨损，又称物质磨损。设备使用过程中，在外力的作用下，其零部件会发生摩擦、振动、冲击和疲劳等，以致设备的实体发生磨损，这种磨损称为第一类有形磨损。设备在闲置或封存中，由于自然力的作用（如金属件生锈、腐蚀，橡胶件和塑料件的老化等），也会使设备发生实体磨损，这种磨损称为第二类有形磨损。无论哪种有形磨损，都会造成设备技术性能的劣化，使其部分或完全丧失工作能力。从磨损的补偿角度看，设备的有形磨损还可分为可消除的有形磨损和不可消除的有形磨损两种。

设备的无形磨损是指设备实体看不见的磨损，又称精神磨损。设备无形磨损可分为两种形式：一种是因设备生产厂劳动效率提高，原材料、动力消耗减少，生产相同型号设备的再生产价值降低，使设备原有价值降低；另一种是由于不断出现性能更加完善、生产效率更高的设备，使原有设备无形中变得陈旧、落后，需提前报废。一般来说，技术进步越快，无形磨损也越快。

2）设备磨损的补偿

为让物流设备的正常运行，并使其处于良好的技术状态，必须对物流设备的磨损及时予以补偿。设备的磨损形式不同，所采取的磨损补偿的方式不同。一般补偿可分为局部补偿和完全补偿。设备有形磨损的局部补偿是修理；设备无形磨损的局部补偿是技术改造；有形磨损和无形磨损的完全补偿则是更新（如图10-2所示）。

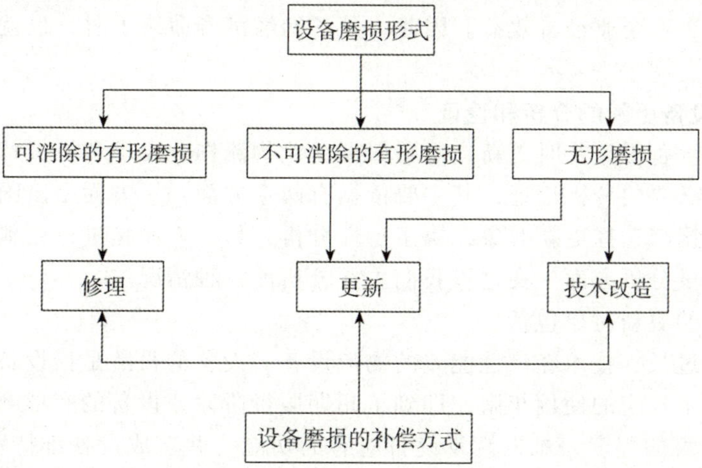

图10-2 设备磨损与补偿的相互关系

10.4.2 物流设备的更新

1）物流设备更新的含义和方式

设备更新是指以技术性能更完善、经济效益更显著的新设备代替原有技术上不能继续使用或经济上不宜继续使用的旧设备。设备更新可分为简单更新和技术更新两种方式。

简单更新是指用相同型号的新设备替换原来使用的陈旧设备的方式，又称原型更新。它只能完全补偿原有设备的有形磨损，并不能提高设备本身的技术水平。因此，这种方式一般适用于原有设备严重磨损，已无修复价值，又无适宜的新型设备能够替代的情况。

技术更新是指用结构更完善、性能更先进、作业效率更高、能源和材料消耗更少的新型设备替换原有的陈旧设备。技术更新又称新型更新，不但能完全补偿设备的有形磨损，也能补偿设备的无形磨损，提高设备自身的技术水平。因此，技术更新应当是设备更新的主要方式，是企业技术发展的基础。

2）物流设备更新时机的选择

设备更新时机的选择要以设备寿命时间长短为依据。由于计算依据的不同，设备的寿命周期可分为物质寿命、技术寿命、经济寿命。

设备的物质寿命，又称自然寿命或物理寿命，是指设备实体存在的时间长短，即设备从投入使用直到报废所经历的时间。虽然设备的合理使用、正确维护可以延长其物质寿命，通过修理可以局部或全部恢复设备的使用性能，但设备的物质寿命不是无止境的，对设备的修理并不能使之完全恢复到初始的最佳状态。

设备的技术寿命，是指设备在技术上存在价值的时期，即设备从开始使用直到技术落后而被淘汰所经历的时间。技术寿命取决于设备无形磨损的速度。科技发展加快了设备更新换代的速度，使设备技术寿命趋于缩短。要延长设备的技术寿命，就必须用新技术对设备加以改造。

设备的经济寿命，是依据设备的使用费用最经济来确定的使用期限，通常是指设备平均使用费用最低的年数。超过该年数，如不进行改造或更新，设备使用费用就会大幅度增加，影响企业经济效益。因此，设备的经济寿命终了时，也就是设备的最佳更新期。

3）物流设备更新的分析和论证

为使物流设备得到及时更新，需要根据企业物流作业要求和机械特性、使用状况与现实情况做必要的分析论证，其主要依据有两个方面：一方面是以国家规定的机械报废条件为依据来选择更新对象，属于定性分析；另一方面是进行更新后的经济效果比较，属于定量分析方面。在这里我们主要分析前一种情况。

物流设备的更新对象包括：

（1）役龄过长、技术经济性能差的物流设备。设备的役龄是指设备投入使用的年限。设备超过了规定的使用年限，即到了超期服役阶段，设备的有形磨损和无形磨损都达到了相当大的程度，难以恢复设备应有的功能，并造成设备维持费用大量超支，这样的设备是更新的主要对象。

（2）大修次数过多或修理后技术状况仍不能恢复的设备。设备每经过一次大修，其性能保持性就会下降一次，运行和修理等维持费用增大，大修周期也会缩短。过多的大修不仅经济上不合理，而且会阻碍技术进步。一般物流设备超过3次大修时应考虑更新。

（3）先天性制造质量低劣的物流设备。对一些制造质量低劣的设备，使用性能和维修性能都较差，难以改善其性能，又无改造修理的价值，应作为更新对象。

（4）严重浪费能源的物流设备。有些物流设备在制造时就存在耗能高的缺陷，不仅对企业经济效益不利，而且违背国家节能的方针。因此，对耗能高又难以改造或无改造价值的设备，应果断地进行更新。

（5）技术落后或相对陈旧的物流设备。有些设备技术落后，不仅劳动生产率低、劳动条件较差，安全性也不能满足物流作业要求，严重影响操作人员或周围人员的安全。这些设备经过分析论证后应予以更新。

（6）严重污染环境的物流设备。这些设备在使用中对周围环境造成极大的危害，在难以采取改进措施或经济上不合算时，应予以更新。

10.4.3 物流设备的技术改造

1）物流设备技术改造的含义和内容

物流设备技术改造是指根据物流作业的需要，应用现代科学技术和先进经验，改变现有设备的局部结构，以补偿设备的无形磨损和有形磨损，提高设备的使用性能和技术水平。

物流设备的技术改造是在基本功能不变的情况下，改造原机结构，以提高其技术性能和使用性能，其主要内容有：

（1）改造或更新物流设备的动力装置，提高设备的技术性能和作业效率。

（2）加装节能装置或改善耗能装置，以降低能源消耗，降低使用费用。

（3）增加安全装置或改造原机结构，提高物流设备的安全性和环保性，保证设备的运行安全，并防止或减少污染。

（4）改造或增加必要装置，扩充物流设备的功能，做到一机多用。

（5）对物流设备的薄弱环节进行改造，以提高设备的可靠性和耐用性。

（6）改进原机结构，更换某些装置，统一机型，以利于维修和配件的供应。

2）物流设备技术改造应注意的问题

在进行物流设备技术改造时应注意以下问题：

（1）要从实际出发，充分考虑企业人力、物力、财力条件，合理确定技术改造项目，并制定切实可行的技术改造规划，将有限的资金、技术等资源用在重点和关键设备的技术改造上。

（2）物流设备的技术改造既要考虑经济上的合理性，又要考虑技术上的可行性，即通过经济论证后还必须进行技术可行性分析。

（3）要统揽全局，统筹安排，把当前的与长远的技术经济效益相结合，既要看到当前取得的技术经济效益，也要估计到未来的技术经济效益。

（4）物流设备的技术改造要使专业队伍和广大员工积极参与，既需要有精通技术的专家，也要注意培养技术人才，充分发挥企业员工特别是设备操作人员、管理人员的积极性，大力发展技术革新和技术协作活动。

拓展阅读10-1

聚焦物流设备的预测性维护

近年来，国内物流系统建设项目大幅增加，应用在各个行业领域的物流设备数量急剧上升。目前，设备发生故障后的紧急抢修、定期维护保养是较常采用的物流设备维护模式。

当前，终端客户对于物流设备维护主要采用自主与外包两种模式。技术能力强的企业大多选择自主维护模式，通常配备软件、电气、机械三类专业人员。但对于大多数企业来说，组建一支专业、合规的维护技术团队并不容易，出于降低成本的考虑，很多企业选择将维护任务整体外包给物流系统建设单位或专业维护公司，同时将相应责任转出。

从长远来看，专业化分工是发展趋势，因此物流系统维护外包市场潜力很大。

目前，常见的物流设备维护模式有事后维修和预防性维护模式，而预测性维护模式刚刚出现，应用企业不多。

所谓事后维修（break-down maintenance）模式，即“有故障才维修”，是等到设备用坏再修理的模式，属于非计划性维修。

预防性维护（preventive maintenance）模式又称定期维护模式，是根据生产计划和行业经验，按规定的时间间隔进行停机检查、维护保养、更换零部件等，以预防设备损坏造成意外停机带来损失。这是目前普遍采用的物流设备维护模式。

预测性维护（predictive maintenance，简称PdM）模式是以设备状态为依据的新兴的维护模式，在设备运行时对其主要部位进行周期性或持续监测，判定其所处的状态，预测状态未来的发展趋势，并依据该状态发展趋势和可能的故障模式，预先制订维修计划，确定机器应该修理的时间、内容、方式。

预测性维护与预防性维护虽然只有一字之差，在理念上却截然不同。预测性维护是以设备的状态作为依据的维护，状态监测和故障诊断是基础，状态预测是重点，得出最终的维护活动要求。与之相对应的是，预防性维护不考虑系统设备当前的运行状态和健康状态，是按照已经安排好的时间来完成计划内的维护工作。两种方式的特点对比见表10-1。物流设备预测性维护的使用见表10-2。

表10-1 预防性维护与预测性维护的对比

方式	预防性维护	预测性维护
维护触发点	固定周期，不考虑设备实际状态，可能带来过度维护	必要时，预留足够应对时间给一线人员在故障前做出应对
维护方式	根据零部件的平均损坏率进行维护，不考虑实际运行状态	根据设备的实际运行状态决定维护方式以及关注点
维护成本	维护成本高；停机停产时间较长	维护成本低；停机停产时间较短
适用场景	无法准确获知单体设备运行状态	单体设备运行状态可获知

表10-2 **物流设备预测性维护的使用**

企业类型	使用对象	使用价值	投入产出
物流设备商	售后及产品部门	提升售后服务能力 发现产品质量问题，改善提升产品质量 降低突发性维修维护次数及成本	投入低，产出高
系统集成商	售后及规划部门	提升售后服务能力 评估整体工程质量，为后期项目的设备选型及改进做出决策	投入较低，产出较高
终端客户	运维部门	提升设备稼动率 降低突发性维修维护次数及成本 提高设备使用寿命	投入较低，产出高

专业人士普遍认为，对于定期的常规性维护，技术人员只能进行设备情况检查与常规保养，本质上属于无目的性维护，很难完全发现问题并排除故障隐患，因此“该出事还会出事”。如果缩短维护周期，则会导致过度维护，增加人力投入，带来成本上升。预测性维护如果做得到位，能够实时掌握物流设备的运行状态，避免突发性故障出现，保证系统设备的稳定运行，减少维护成本，无论是物流装备企业还是终端客户都将从中获益。

资料来源 江宏．聚焦物流设备的预测性维护［J］．物流技术与应用．2021（26）．节选．

思政专栏

受疫情影响，物流业数字化与智能化加速

新冠肺炎疫情的突然暴发，不仅给民众健康与生活造成巨大影响，也给包括物流业在内的各行各业发展带来深远而广泛的影响。新冠肺炎疫情之下，不仅考验物流业仓库、车辆、分拣设备等硬件配置，更加考验物联网、大数据、人工智能等软实力。在抗击新冠肺炎疫情中，物流业在运输防疫物资、保障民众生活物资配送等方面发挥了重要作用。

2020年1月下旬，美团外卖在武汉优先试点推出“无接触配送”服务。随后，美团“无人配送防疫助力计划”率先在北京落地，将无人配送技术应用在相关业务的配送环节及疫区智能化建设过程中，通过无人车和室内机器人配送服务降低人际接触带来的潜在感染风险。2月6日，在防控新冠肺炎疫情的最前线武汉，京东物流也推出了配送机器人，成功将医疗和生活物资从京东物流武汉仁和站运送至武汉第九医院。

无接触配送/无人配送的实现，降低了配送人员以及居民在高危环境下被感染的风险，给民众生活带来了极大便利。便利的背后，离不开强大技术的支撑。以美团送菜机器人为例，车身除了装有摄像头、传感器、信号传输天线等装置，还配备了5G通信设施，以解决自动驾驶的用网需求。

显然，新冠肺炎疫情对物流业提出了无人化/无接触化、智能化的新需求。这些需求也引发了物流企业对数字化、智能化技术的新一轮思考与尝试。与此同时，政府部门对物流业数字化、智能化在新冠肺炎疫情中所表现出的巨大优势进行了肯定。下

一步，国家发改委将着力创造良好的政策条件和发展环境，促进运用物联网、大数据、云计算、5G、人工智能等新一代信息技术的智能化设施设备与物流活动的深度融合，充分发挥智慧物流在提高应急物流保障能力等方面的重要作用，为深入推进物流业降本增效和高质量发展提供有力支撑。

资料来源 庞彪. 受疫情影响，物流业数字化与智能化加速［EB/OL］.［2020-05-17］. https：//www.toutiao.com/article/6827694971156431368/? channel=&source=search_tab.

解读：在应对新冠肺炎疫情当中，一些骨干的物流企业和创新型的企业积极运用大数据、人工智能、5G等新技术，以无人机自动分拣等为代表的智慧物流设备，在提高物流效率、减少人员交叉感染方面凸显其优势。这不仅对突发公共卫生事件、重大自然灾害等这些场景下提高应急保障能力具有重要意义，对促进物流业整体提质增效也具有深远影响。无接触配送/无人配送技术以及智能化技术等都是助力物流业提升运行效率的技术支撑，新冠肺炎疫情使得这些技术的研发与应用加速。

基本训练

1.单项选择题

（1）现代物流设备管理的内容包括设备的技术管理、经济管理和（　　）。

A.登记卡片和台账管理　　B.折旧的提取与管理

C.资料管理　　D.组织管理

（2）物流设备的修理类别包括大修、小修和（　　）。

A.改善修理　　B.事后修理　　C.项目修理　　D.预防修理

（3）设备有形磨损的局部补偿是（　　）。

A.修理　　B.现代技术履行　　C.更新　　D.技术改造

2.多项选择题

（1）现代物流设备管理的特点包括（　　）。

A.技术性　　B.综合性　　C.随机性　　D.全员性

（2）物流设备正确使用的衡量指标包括（　　）。

A.高效率　　B.经济性　　C.故障率　　D.技术性

（3）下列（　　）是物流设备的修理方式。

A.项目修理　　B.事后修理　　C.改善修理　　D.预防修理

3.简答题

（1）简述物流设备点检的含义和步骤。

（2）简述物流设备的磨损规律。

（3）物流设备的磨损形式有哪些？分别采用什么样的补偿方式？

综合应用

1.案例分析题

物流设备管理中如何应用TMP

TMP（全员生产维修）的核心是由日本提出的，取得了惊人的成效后走向了全世界。

TMP是以最有效的设备利用为目标，以维修预防（MP）、预防维修（PM）、改善维修（CM）和事后维修（BM）综合构成生产维修（PM）为总运行体制。由设备的计划、使用、维修等所有相关人员，从最高经营管理者到第一线作业人员全体参与，以自主的小组活动来推行生产维修，使损失为零。

TMP理念在引入中国后，国内企业一直注重把它作为高效的生产管理工具使用于生产制造领域。作为一个高效的生产管理工具，我们尝试把它引入到企业物流设备管理的实际运作中，在引入TMP理念工具后，我们发现用TMP解决物流设备管理中的物流设备分布广、流动性大、作业环境恶劣等问题是一个高效的解决方法。TMP用于实际的物流设备管理操作中，可以按以下的方法分步骤执行：

要在物流设备管理中引入TMP，首先需要将所有分散的物流设备统一划归一个部门管理（以下简称设备管理部），将所有的设备统一编号，建立设备总台账，由设备管理部统一管理，并根据设备的分布片区由使用部门成立多个TMP活动小组，设备管理部引导小组活动，小组活动围绕TMP活动目标思路开展。

将每台设备按照编号在设备管理部处建立一个基本台账，标明设备的基本信息(资产编号、使用人、使用时间等)、维修记录、更换备件情况、维修费用等，方便随时追溯，年终统计以及制订来年维保计划时也有佐证。

开展以“5S”为基础的自主设备维护。“自己的设备自己维护”，自主维护的目的是防止设备的劣化。只有使用部门承担了“防止劣化的活动”，维护部门才能发挥出其所承担的专职维护手段的真正威力，使设备得到真正有效的维护。自主维护的7个步骤为：

（1）初期清扫：初期清扫就是以设备为中心彻底清扫灰尘、垃圾等。建立日、周、月、年保养制度；在清扫中检查，检查能发现问题，发现设备的潜在缺陷，并及时加以处理。同时通过清扫可有助于操作人员对设备产生爱护之心。

（2）难点改善：为了巩固和提高初期清扫的成果，就要杜绝灰尘、污染等的根源(发生源)，为此可采取消除或加盖、密封等对策。对难于维护的部位，如加油、除污等，也应采取有效对策，提高设备的可维护性。

（3）维护标准：根据第一、第二步活动所取得的经验，编写一个临时基准，以维护自己分管的设备，如清扫、加油、紧固等基本条件。

（4）总点检：为了充分发挥设备的固有功能，要学习设备结构、功能及判断基准，检查设备各主要部分的外观，发现设备的异常并使之复原，同时使自己掌握必要的检查技能。再者，对以前编写的基准可考虑不断完善，以利检查。

（5）自主点检：在第三步编写的清扫基准、加油基准等的基础上，加上第四步学到的内容，并完全遵照执行，这就是自主检查基准。在学习和执行的过程中，还要不断学习与熟悉设备的操作和动作、质量与设备等的关联性，具有正确操作设备和早期发现异常情况的能力。

（6）固化提高：将前期取得的成功，制定的标准通过正式文件的形式发布，强力推行，建立起设备完善的保养、点检体系。

（7）自主管理：通过前6步的活动，已获得了不少的成果，人员也得到了很大的锻炼，所以第七步就要建立起不断改善的意识，结合公司的方针、目标，制定出适合自己的新的小组活动目标，做到自主管理的彻底化。

资料来源 佚名. 物流设备管理中如何应用TMP［EB/OL］.［2021-06-30］. http://www.chinaTMP.net/TMP/5353.html.

问题：为什么TMP管理方法能很好地解决已往物流设备管理混乱、设备保养不到位现象的发生，能最大限度地保证设备的正常运行、降低设备故障率和维修费用、保障物流业务的正常开展呢？

2. 实训题

● 目标

了解物流设施与设备的日常维护与使用管理内容。

● 内容

观察在日常生活中见到的某一类物流设施与设备，结合其用途和特点，制定设施与设备检修保养计划。

● 时间

本章授课后的周末时间。

● 步骤

（1）同学们3～5人一组，制订观察方案。

（2）进行实地观察。

（3）对观察得到的资料进行分析，整理成文字材料。

（4）各组在班级进行交流、讨论。

主要参考文献

[1] 刘小玲，刘海东. 物流装卸搬运设备与技术［M］. 杭州：浙江大学出版社，2018.

[2] 王雅华，朱晓燕. 物流设施与设备［M］. 2版. 北京：清华大学出版社，2018.

[3] 张翠花. 物流设备使用与维护［M］. 北京：机械工业出版社，2017.

[4] 肖生苓. 现代物流设施与设备［M］. 北京：科学出版社，2017.

[5] 蒋祖星. 物流设施与设备［M］. 4版. 北京：机械工业出版社，2016.

[6] 刘廷新，何民爱. 物流设施与设备［M］. 2版. 北京：高等教育出版社，2015.

[7] 柳健. 新编物流管理案例及解析［M］. 北京：北京大学出版社，2013.

[8] 徐辉增. 物流设施与设备［M］. 北京：中国财富出版社，2014.

[9] 魏波. 物流设施设备认知与操作［M］. 西安：西安交通大学出版社，2004.

[10] 温兆麟，李玲俐，高志刚. 物流设施与设备［M］. 北京：清华大学出版社，2013.

[11] 傅莉萍，涂华斌. 物流设施与设备［M］. 北京：北京大学出版社，2013.

[12] 刘筱霞. 包装机械与设备［M］. 北京：化学工业出版社，2012.

[13] 于汶艳. 物流设施与设备［M］. 北京：清华大学出版社，2013.

[14] 罗松涛. 物流设施与设备［M］. 北京：中国水利水电出版社，2012.

[15] 缪兴锋. 现代物流技术与装备实务［M］. 武汉：华中科技大学出版社，2014.

[16] 戢守峰. 现代设施规划与物流分析［M］. 北京：机械工业出版社，2013.

[17] 韩昉. 物流设施规划与设计［M］. 北京：中国财富出版社，2014.

[18] 王海文，丁玉书. 物流设施设备管理［M］. 北京：电子工业出版社，2013.

[19] 李刚. 物流设施设备实务［M］. 北京：国防工业出版社，2013.

[20] 王欣. 物流设施设备［M］. 北京：中国劳动社会保障出版社，2013.

[21] 段满珍. 国际集装箱运输与多式联运［M］. 北京：北京交通大学出版社，2011.

[22] 项峻松. 港口装卸搬运机械［M］. 北京：人民交通出版社，2014.

[23] 赵秋园，郑永生. 港口装卸搬运机械［M］. 大连：大连海事大学出版社，2013.

[24] 王雅蕾. 物流设施与设备［M］. 重庆：重庆大学出版社，2012.

［25］赵庆祯，张斌．现代物流设施与设备［M］．北京：北京理工大学出版社，2012.

［26］钟声，夏宇阳，陈福月．物流机械设备［M］．成都：西南交通大学出版社，2014.

［27］金跃跃，刘昌祺．物流储存分类机械及实用技术［M］．北京：中国财富出版社，2012.

［28］陈雅萍．第三方物流［M］．北京：清华大学出版社，2013.

［29］冯晖．现代物流学［M］．北京：科学出版社，2011.

［30］王健．现代物流概论［M］．北京：北京大学出版社，2012.

［31］张志勇，赵淮．包装机械选用手册［M］．北京：机械工业出版社，2012.

［32］徐勇谋，郭湖斌．现代物流管理［M］．上海：上海大学出版社，2014.

［33］伍玉坤，潘波．现代物流设备与设施［M］．北京：机械工业出版社，2014.

［34］张书源．物流学概论［M］．上海：复旦大学出版社，2013.

［35］曲衍国．物流技术装备［M］．北京：机械工业出版社，2014.

［36］刘洪贤．物流设施与设备［M］．武汉：武汉理工大学出版社，2010.

［37］刘丙午．现代物流信息技术及应用［M］．北京：机械工业出版社，2013.

［38］中华人民共和国国家质量监督检验检疫总局，中国国家标准化管理委员会．GB/T 33454-2016仓储货架使用规范［S］．北京：中国标准出版社，2017.

［39］中华人民共和国工业和信息化部．JB/T 5323-2017立体仓库焊接式钢结构货架技术条件［S］．北京：机械工业出版社，2017.

［40］中华人民共和国国家发展和改革委员会．WB/T 1066-2017货架安装及验收技术条件［S］．北京：中国标准出版社，2018.

［41］中华人民共和国国家质量监督检验检疫总局，中国国家标准化管理委员会．GB/T 35738-2017物流仓储配送中心输送、分拣及辅助设备分类和术语［S］．北京：中国标准出版社，2018.

［42］中华人民共和国国家质量监督检验检疫总局，中国国家标准化管理委员会．GB/T 31006-2014自动分拣过程包装物品条码规范［S］．北京：中国标准出版社，2015.

［43］中华人民共和国国家质量监督检验检疫总局，中国国家标准化管理委员会．GB/T 35201-2017系列2集装箱分类、尺寸和额定质量［S］．北京：中国标准出版社，2018.

［44］中华人民共和国国家质量监督检验检疫总局，中国国家标准化管理委员会．GB/T 35973-2018集装箱环保技术要求［S］．北京：中国标准出版社，2018.

［45］中华人民共和国国家质量监督检验检疫总局，中国国家标准化管理委员会．GB/T 31148-2014联运通用平托盘　木质平托盘［S］．北京：中国标准出版社，2015.

［46］中华人民共和国国家质量监督检验检疫总局，中国国家标准化管理委员会．GB/T 34394-2017平托盘最大工作载荷［S］．北京：中国标准出版社，2018.

[47] 中华人民共和国国家质量监督检验检疫总局，中国国家标准化管理委员会. GB/T 35412-2017 托盘共用系统电子标签（RFID）应用规范［S］. 北京：中国标准出版社，2018.

[48] 中华人民共和国国家质量监督检验检疫总局，中国国家标准化管理委员会. GB/T 35290-2017 信息安全技术 射频识别（RFID）系统通用安全技术要求［S］. 北京：中国标准出版社，2018.

[49] 蒋亮，王志山，李庆斌，等. 物流设施与设备［M］. 2版. 北京：清华大学出版社，2021.

[50] 邹霞. 智能物流设施与设备［M］. 北京：电子工业出版社，2020.

[51] 黎红. 物流设施设备基础与实训［M］. 北京：中国人民大学出版社，2021.

[52] 王海兰. 物流设施与设备管理［M］. 北京：中国人民大学出版社，2021.